# Diffé~~renciation~~

## et inversion de l'histoire

Un étrange sentiment d'impuissance règne en Occident, dans le contexte d'une révolution technologique qui semblait au contraire rendre tout possible. Marchandises, images et paroles circulent librement et rapidement. Nous sentons venir une révolution médicale qui permettra un allongement prodigieux de la vie humaine. Les rêves prométhéens s'enchaînent. Entre 1999 et 2014, la proportion d'utilisateurs d'Internet dans le monde est passée de 5 % à 50 %. Les pays ont été transformés en villages et les continents en cantons.

Dans les pays les plus développés pourtant, le sentiment d'un déclin et d'une incapacité à l'enrayer se répand. Aux États-Unis, le revenu médian des ménages est tombé, durant la même période, de 57 909 à 53 718 dollars[1]. La mortalité des Américains blancs de 45-54 ans a augmenté[2]. La révolte de l'électorat blanc a conduit, en novembre 2016, à l'élection d'un candidat improbable, inquiétant, Donald Trump.

De diverses manières, les autres démocraties semblent suivre l'Amérique sur cette trajectoire économique

1. « Real Median Household Income in the United States », Federal Reserve Bank of S$^t$ Louis.
2. « Rising Morbidity and Mortality in Midlife Among White Non-Hispanic Americans in the 21$^{st}$ Century », *PNAS*, www.pnas. org/cgi/doi/10.1073/pnas.1518393112.

et sociale régressive. La montée des inégalités et la baisse du niveau de vie des jeunes générations sont des phénomènes presque universels. Des formes politiques populistes d'un genre nouveau se dressent un peu partout contre l'élitisme des classes supérieures. Nous sentons toutefois des variantes dans ces imitations. Tandis que le Japon semble vouloir se replier sur lui-même, l'Europe, désormais pilotée par l'Allemagne, se transforme en un immense système hiérarchique, plus fanatique encore que les États-Unis de la globalisation économique.

### Il n'y a pas de mystère économique

L'explication économique de ces phénomènes est aisée. L'analyse critique en a largement fait le tour depuis le début des années 1990. Le libre-échange et le libre mouvement du capital, s'ils permettent une remontée du taux de profit, entraînent aussi une dépression des revenus ordinaires, une progression des inégalités, une insuffisance de la demande globale, ici planétaire, et, au terme d'une course folle, le retour des crises économiques. Bien loin d'être émancipé par la technique, l'homme du monde le plus avancé repasse donc sous le joug. Insécurité de l'emploi, baisse du niveau de vie, allant parfois jusqu'à celle de l'espérance de vie : notre modernité ressemble fort à une marche vers la servitude. Pour qui a connu le rêve d'émancipation des années 1960, le basculement, en une génération à peine, est stupéfiant.

Ceux qui s'intéressent à la mécanique économique de ces phénomènes disposent d'une abondante littérature. Citons, par exemple, les livres de Joseph Stiglitz, Paul Krugman et de Thomas Piketty pour la dynamique de

*Pour Laurent*

# Où en sommes-nous ?

Une esquisse de l'histoire humaine

*Emmanuel Todd*

# Où en sommes-nous ?

## Une esquisse de l'histoire humaine

*Éditions du Seuil*

**Cartes et graphiques : Légendes Cartographie**

ISBN 978-2-7578-7411-0
(ISBN 978-2-02-131900-2, 1re publication)

© Éditions du Seuil, 2017

l'inégalité et ses effets dépressifs[1]. Notons que certains économistes ont mené leur discipline à ses limites : James Galbraith en révélant que les ultralibéraux comptaient désormais beaucoup sur l'État pour s'enrichir, Pierre-Noël Giraud en démontrant que la logique de l'*homo oeconomicus* pouvait conduire à affirmer l'existence, ici et là, d'« hommes inutiles[2] ».

Reste que la plupart des économistes issus de l'establishment sont faibles, inexistants même parfois, dans la critique du libre-échange. Ils n'osent pas suggérer sa modération par quelques mécanismes de contrôle. Trop d'audace mettrait en péril leur position dans l'Université, ou pire, dans le système de distribution des prix de la profession[3]. Cette passivité n'est pas une grande perte théorique. Nous trouvons tout ce qu'il faut sur les effets réels du libre-échange dans le *Système national d'économie politique* de Friedrich List, qui date de... 1841, ouvrage classique auquel nous pouvons ajouter quelques articles de Keynes et un livre plus récent de Ha-joon Chang, un Coréen installé à Cambridge, en Angleterre[4]. Dans *L'Illusion économique*, j'avais souligné

---

1. Joseph Stiglitz, *Freefall. America, Free Markets and the Sinking of the World Economy,* New York, Norton, 2010 ; Paul Krugman, *End this Depression Now !,* New York, Norton, 2012 ; Thomas Piketty, *Le Capital au XXI<sup>e</sup> siècle,* Paris, Seuil, 2013.

2. James K. Galbraith, *The Predator State,* New York, Free Press, 2008 (*L'État prédateur,* Paris, Seuil, 2009) ; Pierre-Noël Giraud, *L'Homme inutile,* Paris, Odile Jacob, 2015.

3. Joseph Stiglitz et Paul Krugman ont entamé leur carrière « critique » après l'obtention du prix Nobel d'économie, attribué par la Banque royale de Suède, mais même après qu'ils ont été libérés du souci d'atteindre à la reconnaissance suprême, ils n'ont pu transgresser ce tabou fondamental.

4. Friedrich List, *Système national d'économie politique,* Paris, Gallimard, 1998 ; John Maynard Keynes, *La Pauvreté dans l'abondance,* Paris, Gallimard, 2000 ; Ha-joon Chang, *Kicking away the*

en 1997 l'effet dépressif du commerce non régulé sur une économie globalisée[1]. Nous pouvons aussi nous rappeler, tout simplement, qu'Adam Smith n'envisageait pas dans *La Richesse des nations* un déchaînement libre-échangiste qui nierait la réalité des nations et de leurs intérêts supérieurs.

En dépit de la qualité de tous ces travaux, il nous faut admettre que la régression du monde avancé n'est pas, en tant que phénomène purement économique, un sujet d'étude bien intéressant. Ce qui ne cesse de me fasciner en revanche, c'est le sentiment d'impuissance qui persiste malgré l'effort de compréhension : nous disposons du diagnostic mais ne faisons rien, nous assistons passivement au déroulement de la séquence économique.

La grande récession avait donné, en 2008-2009, l'impression qu'un retour à un mode d'action de type keynésien lié à la restauration de barrières tarifaires était nécessaire. L'insuffisance de la demande est en effet la préoccupation centrale de la fameuse *Théorie générale de l'emploi, de l'intérêt et de la monnaie*, et un minimum de bon sens conduit à la conclusion que, sans protectionnisme, la relance intérieure finit par fabriquer de la demande pour les voisins plutôt que pour soi-même. Les journaux américains, anglais ou français ont un court moment communié dans la célébration du « come-back » de Keynes. Robert Skidelsky, le plus grand de ses biographes, écrivit même un *Keynes. The Return of the Master*[2].

---

*Ladder. Developmental Strategy in Historical Perspective*, Londres, Anthem Press, 2003.

1. Emmanuel Todd, *L'Illusion économique*, Paris, Gallimard, 1998 et 1999, notamment au chapitre VI.

2. Robert Skidelsky, *Keynes. The Return of the Master*, New York, Public Affairs, 2009.

Dès les années 2010-2015, pourtant, nous avons dû constater l'évaporation de cette lucidité. Durant les élections américaines de 2016, l'irruption du débat sur le libre-échange et le protectionnisme, porté par Bernie Sanders et Donald Trump, a donc pris journalistes et politiques de l'establishment par surprise et mis les économistes labellisés fort en colère. 16 Prix Nobel et 200 membres des plus prestigieuses universités américaines ont ainsi pétitionné contre Trump et en faveur du libre-échange, sans d'ailleurs parvenir à convaincre un peuple américain dont les conditions de vie, insensibles aux beautés de la théorie, se dégradaient. Comment expliquer aujourd'hui le retard intellectuel persistant des élites spécialisées qui, aux États-Unis et en Europe, après avoir nié les effets mortifères du libre-échange, nient désormais l'élection de Trump ? Comment expliquer ce refus multidimensionnel de la réalité du monde, par des gens sérieux qui ont fait de bonnes études ? Voilà le vrai mystère.

Entre 2010 et 2016, donc, la marche à l'inégalité a repris son cours et l'insuffisance mondiale de la demande est toujours plus menaçante. Le taux de croissance des pays émergents a baissé, pour tendre vers zéro au Brésil. La Chine elle-même, usine du monde, suffoque dans une pollution industrielle digne du XIXᵉ siècle et oscille au bord du gouffre, sur le point de s'enfoncer dans une crise aux conséquences géopolitiques incalculables. Dans ce monde économique qui patauge, et dont les systèmes politiques se détraquent, on nous avertit, un peu plus chaque jour, que le populisme menace nos « valeurs » et que nous devons les défendre. Mais quelles valeurs, au fond ? L'inégalité ? La pauvreté ? L'insécurité ? Ah non, pardon, la « démocratie libérale », concept désormais creux, vidé de ses valeurs fondatrices, que furent la souveraineté du peuple, l'égalité des hommes et leur droit au bonheur.

Ce que nous devons expliquer n'est donc pas à strictement parler d'ordre économique. C'est bien plutôt l'impossibilité d'une prise de conscience réelle, c'est-à-dire suivie d'action, que l'historien du présent doit comprendre. Mais il nous faut, pour y parvenir, admettre que le mouvement de l'histoire ne se limite pas à la sphère économique et que certaines transformations vitales se produisent dans des couches plus profondes de la vie sociale.

Les structures que je vais évoquer sont banales, évidentes même, mais nous allons devoir admettre qu'elles sont plus déterminantes encore pour l'action des hommes que l'économie : l'éducation, la religion, la famille, la nation enfin, qui ne représente que la forme tardive et actuelle de l'appartenance au groupe, inclusion sans laquelle la vie d'*homo sapiens* n'a pas de sens.

Je vais ici proposer une vision anthropologique de l'histoire, mais, je le précise d'emblée, sans professer le moindre mépris pour l'économie : la nullité des économistes issus de l'establishment, universitaires ou mercenaires de la banque, ne doit pas nous conduire à rejeter l'analyse économique. Gardons précieusement à l'esprit le postulat si utile de l'individu rationnel, cet *homo oeconomicus* égoïste, mais n'oublions jamais qu'*homo oeconomicus* n'agit pas dans le vide, que ses capacités et ses buts sont définis par le groupe, la famille, la religion et l'éducation. Il existe bien une logique des marchés. Il est même vrai, comme l'avait affirmé Bernard Mandeville en 1714 dans *The Fable of the Bees : or, Private Vices and Public Benefits,* que le capitalisme utilise ce qu'il y a de moins altruiste en l'homme, de pire au point de vue moral, pour faire fonctionner le système productif le plus efficace. Adam Smith a donné en 1776, dans *The Wealth of Nations,* une vision moins agressive de cette optimisation économique par agrégation des égoïsmes individuels. Mais justement, la problématique morale de Smith doit nous inciter à explorer les profondeurs d'une vie sociale plus vaste que celle qui est engagée par le système économique, là où se produisent les transformations mentales qui définissent les conditions du mouvement économique.

### La crise des pays avancés

Il est tellement facile, en 2017, de montrer que l'immense bouleversement du monde que nous avons sous les yeux, l'économie politique ne saurait le saisir. Pour le comprendre, nous nous en tiendrons aux pays les plus avancés. Les difficultés actuelles du Brésil et de la Chine nous débarrassent de l'illusion d'une histoire qui serait désormais déterminée par les pays en rattrapage. C'est aux États-Unis, en Europe, au Japon qu'ont été définies les règles du jeu de la globalisation économique. C'est cette « triade » qui a, depuis 1980, mis au travail les populations actives récemment alphabétisées du tiers-monde, écrasant ses propres salaires ouvriers et relevant globalement, c'est le cas de le dire, le taux de profit. La domination du monde avancé vieillissant s'exprime peut-être encore mieux par sa capacité à attirer des actifs formés ailleurs, pompant à sa périphérie, au gré de ses besoins, ouvriers, techniciens, informaticiens, infirmières, artistes et médecins, assurant ainsi sa propre survie par une véritable prédation démographique. Ce pillage des ressources humaines est beaucoup plus grave que celui des ressources naturelles, parce que, à une certaine échelle, il met en péril le développement des pays qui décollent en les privant de leurs cadres et de leurs classes moyennes.

Le pouvoir mondial ne s'est donc pas déplacé de façon décisive. C'est d'ailleurs en Russie, vieille puissance européenne, que la seule force indépendante du système globalisé a réussi à se maintenir. Les acteurs de la Seconde Guerre mondiale sont toujours aux commandes de l'histoire mondiale. Mais ils vivent eux-mêmes un basculement d'une ampleur telle qu'il faut parler d'une mutation anthropologique, comparable à la révolution néolithique plus encore qu'à la révolution industrielle. Comme la sédentarisation et l'agriculture, la transformation en cours bouleverse le mode de vie de l'espèce humaine dans toutes ses dimensions. Évoquons ses éléments les plus importants.

• *Enrichissement massif* de tous, mais particulièrement des classes moyennes et des milieux populaires, entre 1920 et 1960 aux États-Unis, entre 1950 et 1990 en Europe et au Japon, hausse soudaine du niveau de vie dont les effets psychologiques sont innombrables.

• *Baisse brutale de la fécondité entre 1960 et 1980.*

• *Accroissement de la longévité* et vieillissement des populations à une échelle jamais vue dans l'histoire. L'âge médian des Européens a oscillé entre 20 et 25 ans jusqu'au milieu du XXᵉ siècle. Il est, en 2015, de 41,7 ans. Celui des Anglais qui firent la révolution de 1688 était d'environ 25 ans[1]. La révolution industrielle l'a fait baisser outre-Manche à 20 ans en 1821, et il y était toujours de 22 ans en 1871. Mais il atteint 40 ans

---

1. Estimation d'après la structure par âge de la population donnée par Tony Wrigley et Roger Schofield dans *The Population History of England, 1521-1871*, Cambridge, Cambridge University Press, 1989, p. 203, 204-205, et 218.

en 2015. En 1900, l'âge médian des Américains était de 22,9 ans, en 1950 de 30,2 ans. La hausse de la fécondité d'après-guerre l'a ramené temporairement à 28,1 ans vers 1970. Il remonte à 38,3 ans en 2015, soit une hausse de 10 ans en à peine 45 ans.

• *Hausse spectaculaire du niveau éducatif.* Le développement des systèmes éducatifs secondaires et supérieurs – dès l'entre-deux-guerres aux États-Unis, après 1950 en Europe et au Japon – a conduit à une stratification culturelle nouvelle avec, tendanciellement, 40 % d'éduqués supérieurs, 40 % d'éduqués secondaires longs et 20 % d'un « reste » s'étageant entre « sans diplômes » et « analphabètes fonctionnels ». D'importantes variations nationales sont ici observables.

• *Dépassement éducatif des hommes par les femmes* avec, ici encore, d'importantes divergences entre les nations avancées. C'est la mutation la plus impressionnante aux yeux d'un spécialiste des structures familiales.

• *Effacement terminal de la religion,* y compris sans doute aux États-Unis.

• *Effondrement du modèle de mariage hérité des temps religieux.*

On pourrait allonger la liste et multiplier les exemples de transformations fondamentales.

La prise en compte de ces mutations, présentées ici dans le désordre, mène à une vision singulièrement enrichie de l'individu unidimensionnel des économistes : nous pouvons conserver l'hypothèse d'une rationalité du comportement de l'homme tout en nous demandant ce qu'il advient de ses objectifs existentiels lorsqu'il devient, statistiquement, plus riche, plus vieux, plus éduqué, plus féminin, plus rare…

**Tableau 0.1. Espérance de vie et vieillissement**

| | Espérance de vie 2015 | | Âge médian | | Vieillissement |
| --- | --- | --- | --- | --- | --- |
| | Hommes | Femmes | 1950 | 2015 | 1950-2015 en années |
| États-Unis | 76 | 81 | 30,0 | 38,3 | 8,3 |
| Royaume-Uni | 79 | 83 | 34,9 | 40,0 | 5,1 |
| Australie | 80 | 84 | 30,4 | 37,5 | 7,1 |
| Canada | 79 | 84 | 27,7 | 40,6 | 12,9 |
| Allemagne | 78 | 83 | 35,3 | 46,2 | 10,9 |
| Suède | 80 | 84 | 34,2 | 41,0 | 6,8 |
| Japon | 80 | 87 | 22,1 | 46,5 | 24,4 |
| Corée du Sud | 79 | 85 | 19,0 | 40,6 | 21,6 |
| France | 79 | 85 | 34,7 | 41,2 | 6,5 |
| Italie | 80 | 82 | 28,6 | 45,9 | 17,3 |
| Espagne | 80 | 85 | 27,5 | 43,2 | 15,7 |
| Russie | 65 | 76 | 23,3 | 38,7 | 15,4 |
| Chine | 73 | 78 | 23,7 | 37,0 | 13,3 |
| Moyen-Orient | 71 | 76 | 20,8 | 26,3 | 5,5 |

Sources : Données ONU.

C'est bien entendu dans l'observation de l'évolution de ces individus réels que nous allons découvrir les conditions historiques du sentiment d'impuissance qui a envahi les sociétés les plus avancées. Pour l'atteindre dans sa complexité, nous allons devoir ajouter à l'économie trois champs d'investigation, marqués du sceau de l'évolution : l'éducation, la religion et la famille. L'appartenance au groupe national, elle, est une constante, un élément structurel dont nous devrons mesurer l'action en nous interdisant de fantasmer sur sa possible disparition, à rebours du rêve ultime de l'idéologie globalisatrice. Et donnons tout de suite la bonne réponse à la question posée en ouverture de ce livre : si nous ne comprenons pas ce qui se passe aujourd'hui dans le monde, c'est parce que l'économie, en tant qu'idéologie dominante, est une magicienne de la fausse conscience, qui fait obstacle à la description complète du monde, et, qui, lorsque la réalité filtre, déclare secondaire ce qui est primordial, ou mieux, prend l'effet pour la cause et la cause pour l'effet.

### *Conscient, subconscient et inconscient des sociétés : économie et politique, éducation, famille et religion*

Un modèle simplifié pastichant une topique freudienne permet de procéder à une représentation par couches des sociétés humaines et de leur mouvement. À la surface de l'histoire, nous trouvons ce qui est conscient, l'économie des économistes, dont les médias nous parlent quotidiennement, dont l'orthodoxie néolibérale nous assure, en un bizarre retournement du marxisme, qu'elle est déterminante. La politique relève aussi du conscient bien sûr, on pourrait même dire du bruyant.

Plus en profondeur, nous trouvons un subconscient de la société, l'éducation, couche dont les citoyens et les commentateurs peuvent percevoir l'importance quand ils pensent à leur vie réelle, mais dont l'orthodoxie se refuse à admettre pleinement le caractère déterminant, l'action puissante sur la couche consciente. Les parents savent bien que le destin de leurs enfants – réussite, survie ou naufrage économique – dépendra de leur performance scolaire. Chacun peut sans peine concevoir qu'une société efficace sur le plan éducatif réussira économiquement.

Les succès scolaires finlandais ou coréens expliquent des trajectoires économiques exceptionnelles. Dans la mesure où l'OCDE (Organisation de coopération et de développement économiques) a fait de la comparaison des performances éducatives des nations une de ses préoccupations statistiques, on peut affirmer que le subconscient n'est désormais plus très loin du conscient, même si cette bureaucratie intellectuelle a du mal à admettre que la performance éducative dépend davantage des traditions religieuses et familiales que de l'investissement économique.

Car, plus en profondeur encore, il y a le véritable inconscient des sociétés, la famille et la religion, en leur interaction complexe.

Les structures familiales – autoritaires ou libérales, égalitaires ou inégalitaires, exogames ou endogames selon le pays – conditionnent, à l'insu des acteurs, valeurs politiques et performances éducatives. J'avais formulé cette double hypothèse au début des années 1980 dans deux livres, *La Troisième Planète. Structures familiales et systèmes idéologiques* (Seuil, 1983) et *L'Enfance du monde. Structures familiales et développement* (Seuil, 1984)[1].

J'avais, en effet, constaté que la carte du communisme achevé de la fin des années 1970 s'emboîtait dans celle d'un système familial paysan spécifique, présent en Russie, en Chine, au Vietnam, en Yougoslavie, en Albanie, forme qui associait un père à ses fils mariés, autoritaire pour ce qui concerne les rapports entre parents et enfants, égalitaire dans les rapports entre frères. Autorité et égalité représentent bien le noyau dur de l'idéologie communiste et la coïncidence entre famille et idéolo-

---

1. Réédités en 1999 en un seul volume, *La Diversité du monde. Structures familiales et modernité*, Paris, Seuil, et « Points Essais » nº 821, 2017.

gie n'était pas difficile à expliquer. Elle résultait d'une séquence simultanément historique et anthropologique : urbanisation et alphabétisation décomposent la famille paysanne communautaire ; celle-ci, désintégrée, relâche dans la vie sociale générale ses valeurs d'autorité et d'égalité ; l'individu, émancipé de la contrainte paternelle, cherche un substitut à sa servitude familiale dans l'adhésion au parti unique, dans l'intégration par l'économie centralisée, dans le contrôle par le KGB dans le cas russe.

Partant de cette constatation empirique très simple, et de son explication, j'avais généralisé le résultat obtenu pour le communisme aux idéologies concurrentes de l'époque du décollage éducatif et économique, puis associé chacune d'entre elles – social-démocratie, démocratie chrétienne, anarchisme, nationalisme ethnocentrique, libéralisme pur anglo-américain, libéralisme égalitaire français – à une structure familiale sous-jacente.

Le dynamisme éducatif – le subconscient modernisateur, l'un des agents principaux de la rupture du système anthropologique traditionnel – paraissait, quant à lui, maximal dans les régions dominées par des systèmes familiaux autoritaires et favorables, ou en tout cas point trop défavorables, aux femmes – en Allemagne, Suède, Japon, Corée, Finlande. Mais, partout, un mécanisme de diffusion conduisait, quel que soit le type familial, à l'alphabétisation de masse, réalisée en Europe entre la Réforme protestante du XVIᵉ siècle et le milieu du XXᵉ siècle.

À ma très grande surprise, cette identification d'un inconscient familial de la vie idéologique, auquel j'étais parvenu de manière purement empirique, suscita une résistance, un rejet même, du côté des chercheurs en sciences humaines, particulièrement dans les sociétés les plus libres de tempérament et de mœurs. Les réactions à la publication originelle de ces deux titres en français, ainsi qu'à leurs traductions, m'ont convaincu de ce que l'action de la famille était niée avec une vigueur particulière dans les sociétés individualistes, en France et dans le monde anglo-américain notamment. Au Japon, pays de famille-souche où la coutume traditionnelle, samurai ou paysanne, avait désigné un héritier unique, le plus souvent par primogéniture masculine, l'hypothèse familiale ne choquait pas. Les nombreuses conférences que j'ai pu faire en France m'ont révélé une grande réceptivité du Sud-Ouest à l'hypothèse familiale. Mais c'est que le Sud-Ouest est notre grande région de famille-souche, un petit Japon intérieur, avec ses pôles particulièrement forts du Béarn et du Pays basque.

L'explication du rejet comme de l'acceptation est simple. Dans une culture familiale autoritaire et inégalitaire, la contrainte collective générale qui en résulte est un fait d'évidence et sa « révélation » n'en est pas une. En revanche, dans le monde libéral, l'hypothèse d'une détermination de l'idéologie par la structure familiale heurte de front l'idéologie dominante d'un individu qui se pense autonome, décidant et agissant à sa guise, sans contrainte.

Le paradoxe fondamental d'une théorie qui explique l'idéologie par la famille est qu'elle suggère que *l'adhésion à l'idéal de liberté est elle-même déterminée*. Celui-ci s'épanouit dans les régions de famille nucléaire, forme anthropologique qui ne contient jamais plus qu'un couple conjugal et ses enfants. La famille nucléaire est libérale dans les rapports entre générations, avant l'apparition de toute philosophie politique lockienne ou rousseauiste. Lorsque les paysans des régions concernées apprennent à lire et écrire, ils deviennent actifs politiquement et adhèrent comme « naturellement » à l'idéal de liberté, pourtant prédéterminé. La liberté, politique et économique, s'exprime bien alors dans la vie sociale et dans l'histoire d'une manière tout à fait réelle et concrète ; elle produit de grands effets positifs sur la vie intellectuelle et scientifique. Mais cette liberté n'en est pas moins qu'une illusion. En poussant le raisonnement à l'extrême, on peut affirmer que les hommes et les femmes d'un système familial nucléaire n'ont pas la liberté de construire ensemble une société totalitaire. Une chance pour eux, mais un drame pour les métaphysiciens de la liberté humaine.

Le concept d'inconscient familial s'applique donc pleinement au cas des sociétés libérales. Dans un pays comme le Japon, où la tradition idéologique inclut l'action de la famille, la notion d'inconscient est plus discutable. Elle ne vaut que dans la mesure où le pays demeure officiellement sous la tutelle de l'idéologie libérale imposée par les États-Unis.

Le cas de l'Allemagne, et avec elle d'une bonne partie de l'Europe continentale, est particulier. Le nazisme fut la claire réalisation du potentiel autoritaire et inégalitaire d'une famille-souche très dure, dans une phase historique de crise religieuse et économique. Mais l'Allemagne eut, après 1945, l'obligation de rentrer dans le rang et de se penser démocratique et libérale à la manière du monde anglo-américain. Elle y réussit beaucoup mieux que le Japon, parce que l'abomination absolue du nazisme conduisit à faire de l'amnésie une thérapie. Dans son cas, la fausse conscience est maximale, mais elle n'est pas isolée en Europe. L'Italie, dont la famille communautaire, prédominante au centre de la botte, a successivement produit le fascisme puis un vote communiste massif, se trouve dans une situation analogue de fausse conscience. Le verbe libéral-démocratique de la classe dirigeante italienne ne reflète aucunement le potentiel hérité des structures familiales anciennes du pays. Et nous verrons, dans l'avant-dernier chapitre de ce livre, comment le retour du refoulé antilibéral européen, qui avait produit entre les deux guerres Mussolini, Salazar, Hitler, Franco et Pétain, explique l'étrange, triste mais logique destin de la zone euro.

La religion, autrefois, relevait du conscient. Elle définissait explicitement le cadre de la vie sociale, particulièrement dans les mondes juif, chrétien et musulman. Le reflux des croyances (la sécularisation) a modifié son statut, la faisant plonger par étapes dans un inconscient presque absolu. Elle n'existe plus guère pour des citoyens qui se pensent athées, laïques et modernes et s'inquiètent de sa persistance dans les populations issues de l'immigration. L'analyse sociologique nous révèle cependant qu'elle continue d'exister chez les citoyens des pays les mieux sécularisés, en creux, comme un vide dont nous devons tenir compte si nous voulons comprendre l'angoisse des sociétés avancées.

Curieusement, ce vide n'est pas partout le même : il se colore de traces importantes et diverses de croyances sociales et de façons d'être héritées des systèmes religieux disparus. J'ai évoqué dans deux livres le comportement social spécifique des provinces françaises où le catholicisme n'est mort que durant les quarante dernières années. J'avais, pour saisir ce phénomène de survie partielle après la mort, défini le concept de *catholicisme zombie*[1]. Mais d'autres religions que le catholicisme survivent à leur mort apparente. Pour comprendre l'efficacité éducative et économique persistante de la Scandinavie, ou la xénophobie spécifique du nord et de l'est de l'Allemagne, on aurait grand besoin du concept de *luthéranisme zombie*. Des formes inverses du phénomène zombie sont d'ailleurs

1. Hervé Le Bras et Emmanuel Todd, *Le Mystère français*, Paris, Seuil/République des idées, 2013, et Emmanuel Todd, *Qui est Charlie ? Sociologie d'une crise religieuse*, Paris, Seuil, 2015.

24

observables : le protestantisme et le judaïsme américains sont sans doute morts alors qu'ils se croient vivants. Le Dieu des États-Unis est devenu un copain sympa et les Juifs américains se sont mis à croire au Paradis[1] !

Système familial et système religieux sont le plus souvent difficiles à dissocier complètement. Il est bien rare que la religion n'ait rien à dire sur la sexualité et le mariage, sur le statut des femmes, sur l'autorité des parents, sur l'égalité ou l'inégalité des frères. J'aurai l'occasion d'étudier dans ce livre l'interaction entre la famille nucléaire indifférenciée et le judaïsme, entre la famille nucléaire égalitaire et le premier christianisme, entre la famille-souche et le protestantisme. Je conserverai dans tous ces cas l'idée d'une primauté de la famille, capable de favoriser l'apparition de certaines formes religieuses, mais pour admettre aussitôt l'idée d'une action en retour autonome de la religion en émergence, avec une indéniable capacité à renforcer certains traits du système familial qui avait permis sa naissance. Parler d'une coévolution de la famille et de la religion est sans doute la bonne formulation.

## Temps du conscient, du subconscient et de l'inconscient

Se représenter les sociétés comme superposant des couches conscientes, subconscientes et inconscientes conduit à une nouvelle représentation de l'histoire, nécessairement schématique, mais qui ouvre sur un paradoxe

---

1. Andrew M. Greeley et Michael Hout, « Americans' Increasing Belief in Life After Death : Religious Competition and Acculturation », *American Sociological Review*, vol. 64, n° 6, décembre 1999, p. 813-835, notamment graphique p. 817.

fondamental et aboutit à une révolution intellectuelle d'ampleur copernicienne.

Le modèle d'une société pourvue d'une structure stable à un moment donné n'est qu'une représentation. Le temps s'écoule, toujours. Chacun des niveaux de la structure évolue. Mais le rythme du changement n'est pas le même pour tous. On peut dire, en première approche, que plus on s'enfonce vers les profondeurs inconscientes de la vie sociale, plus le temps s'écoule lentement, plus les formes durent.

• Au niveau conscient de la globalisation économique, le libre-échange et la financiarisation du monde ont pris à peine plus d'un demi-siècle pour s'imposer, si l'on fait démarrer le mouvement d'ouverture commerciale à la victoire américaine de 1945. L'hystérisation du processus a commencé, ici vers 1979-1980, avec Margaret Thatcher et Ronald Reagan, là vers 1989-1990, avec la chute du mur de Berlin et l'effondrement de l'Union soviétique. La globalisation est aussi un processus politique dont la conscience est maximale, puisque la puissance impériale des États-Unis a, d'un bout à l'autre, piloté la mise en place des marchés mondiaux des marchandises, du capital et du travail. Ces phénomènes conscients, qui incluent des traités, des guerres, des échanges commerciaux et l'installation de paradis fiscaux, se sont étalés sur quelques décennies seulement – six, quatre ou trois décennies selon que l'on s'intéresse à l'ensemble du processus, à sa montée en puissance ou à son emballement.

• Au niveau subconscient, le temps s'écoule plus lentement. Le mouvement des sociétés vers l'alphabétisation universelle a commencé en Allemagne au XVIe siècle avec la Réforme protestante, qui a exigé un accès direct des croyants aux Écritures saintes et à Dieu. On a pu observer ensuite une diffusion en couronne à partir de ce pôle initial, qui a touché d'abord les pays convertis au protestantisme – la Scandinavie, le cœur des Pays-Bas, l'Angleterre et l'Écosse, les colonies américaines –, puis la France, enfin le sud et l'est de l'Europe. Au lendemain de la Seconde Guerre mondiale, on peut considérer que l'alphabétisation de masse du continent est réalisée. Le processus a essaimé partout, à partir des pôles américain, japonais et des grandes villes coloniales anglaises et françaises. Vers 2030, les jeunes générations sauront partout lire et écrire, y compris en Afrique. Il aura fallu cinq siècles pour atteindre ce résultat, c'est-à-dire, en simplifiant, dix fois plus de temps que pour la globalisation économique.

• Au niveau inconscient, le mouvement des structures familiales est encore plus lent. Je l'ai reconstitué pour l'Eurasie dans *L'Origine des systèmes familiaux*[1]. L'évolution de la famille s'inscrit cependant dans le temps de l'histoire, nullement dans un passé immémorial. Pour comprendre ses mécanismes de différenciation et de diffusion, on doit partir de Sumer en Mésopotamie, vers 3000 avant l'ère commune (AEC), et de Chine du Nord vers 1500 avant l'ère commune. Il s'agit des époques où fut inventée, par deux fois, l'écriture, qui, par convention, définit le début de l'histoire au sens strict. Si nous choisissons Sumer comme lieu et moment zéro de la différenciation des structures familiales d'*homo sapiens*, nous comptons jusqu'à aujourd'hui 5 000 ans d'évolution, soit une multiplication par 10 de l'échelle du temps de l'alphabétisation, par 100 de celui de la globalisation économique et politique.

En arrondissant, disons que le conscient économique fonctionne à l'échelle de 50 ans, le subconscient éducatif de 500 ans, l'inconscient familial de 5 000 ans.

---

1. Paris, Gallimard, 2011.

Le temps religieux, sans surprise, a pour unité de base, comme le temps familial, le millénaire, mais il est quand même deux fois plus court en moyenne. Si nous datons la rédaction de la Bible du VIIIe siècle AEC, nous obtenons 2,8 millénaires pour le judaïsme, 2 millénaires pour le christianisme et 1,4 millénaire pour l'islam. L'histoire du bouddhisme débute au Ve siècle AEC si on la fait commencer à l'éveil de Siddharta Gautama, mais trois ou quatre siècles plus tard si l'on prend comme point de départ les premiers textes écrits, soit 2,5 à 2,1 millénaires de développement. La différence de rythme entre temps familial et temps religieux est conforme à l'hypothèse d'une primauté de la structure familiale.

Économie, éducation, religion et famille : la recherche, élargie et organisée par les notions de conscient, de subconscient, d'inconscient, peut donner une représentation réaliste de la crise du monde occidental au sens large, c'est-à-dire incluant le Japon et la Corée du Sud. L'atomisation individualiste du niveau économique et l'incapacité de l'action collective du niveau politique trouveront ainsi leurs fondements dans le développement de l'éducation supérieure, dans la disparition de la religion, dans la mutation des structures familiales. La divergence des trajectoires anglo-américaine, allemande, suédoise ou japonaise pourra être ramenée à la diversité des structures familiales originelles, tout comme la résistance russe à la globalisation. Nous pourrons mettre de l'ordre dans une modernité multiple, mêlant montée de l'inégalité économique et égalité nouvelle dans les rapports entre hommes et femmes, hausse du niveau éducatif et effondrement de la pratique démocratique.

Cette analyse enrichie permettra surtout de situer correctement l'Occident en mouvement par rapport au monde en rattrapage. Son interaction avec la Chine, devenue atelier du monde, et avec le Moyen-Orient, producteur d'énergie et terrain de manœuvre de ses armées, est particulièrement forte. Les sociétés américaines du Nord et européennes de l'Ouest exigent de la part des pays moins avancés, non seulement une main-d'œuvre bon marché et du pétrole, mais aussi un alignement sur leurs propres mœurs. Le caddie idéologique venu d'Occident fait rouler vers l'ensemble de la planète un entassement de valeurs et de projets pensés comme universels : liberté d'expression, des échanges, de circulation des hommes et de l'argent, émancipation des femmes, droit de vote, redéfinition de l'homosexualité comme comportement humain légitime. Des éléments relevant du niveau conscient de la vie sociale, politique et économique, et d'autres tirés du niveau inconscient, familial, y sont empilés en vrac. La mutation en cours des mœurs occidentales doit s'étendre au monde, et nos élites s'impatientent du peu d'enthousiasme de la Chine, de l'Inde, de l'Iran et du monde arabe à les suivre, notamment pour ce qui concerne l'émancipation des femmes et l'homosexualité. Notre désir d'universel, sympathique en lui-même (je suis, en cela, un Occidental banal en plein accord avec nos valeurs), s'appuie malheureusement sur une vision fausse du développement historique des structures familiales et des mœurs. Depuis des millénaires, des dynamiques différentes sont à l'œuvre au centre de l'Eurasie et sur sa périphérie. Une accentuation de la divergence est même sensible dans la période la plus récente.

En Occident, le dépassement éducatif des hommes par les femmes conduit à poser l'hypothèse d'une mutation matriarcale, sans prétendre toutefois qu'elle est en voie d'achèvement ou même qu'elle réussira. Un tel phénomène n'a jamais été observé dans l'histoire, il représenterait une révolution anthropologique, un saut dans l'inconnu. Dans l'Occident étroit constitué par le monde anglo-américain, scandinave et français, la révolution matriarcale s'inscrit tout de même dans la continuité d'une structure familiale qui assurait au départ aux femmes un statut élevé. La famille nucléaire y faisait du couple conjugal l'élément fondamental. En Chine, en Inde, en Iran et dans le monde arabe, les structures familiales traditionnelles incluent à l'opposé une puissante composante patrilinéaire et un statut de la femme très bas. Cette opposition Orient/Occident est à peu près connue. Sur ce point, le vrai problème des démocraties libérales, dans leur confrontation aux mondes patrilinéaires, est qu'elles ont aussi et surtout une vision fausse du mouvement historique des structures familiales. Nous percevons un statut bas de la femme comme un « retard », un complément logique du retard économique des non-Occidentaux. Mais l'histoire reconstituée des systèmes familiaux révèle, à l'opposé, que les systèmes patrilinéaires orientaux résultent d'une longue évolution que n'a pas subie, pour l'essentiel, l'Occident. En Chine comme dans le monde arabe, en Iran ou en Inde, la dynamique historique de longue durée a été, des millénaires durant, l'abaissement du statut de la femme. Ce qu'il est ici important d'admettre, c'est que la révolution « matriarcale occidentale » n'affronte pas à l'Est des cultures familiales attardées, mais des systèmes dont la dynamique, patriarcale, est opposée à la leur depuis des millénaires.

La mutation patrilinéaire avait commencé de toucher l'Allemagne et le Japon, élément qui nous permettra de comprendre les difficultés démographiques de ces pays extrêmement avancés économiquement. Nous aurons la surprise de constater que la Russie, pointe majeure de la famille communautaire vers l'Ouest, semble quand même réussir un basculement matrilinéaire, partiel mais de grande ampleur, qui pourrait en faire, au III$^e$ millénaire, un modèle social très original, non seulement par sa démocratie autoritaire, mais aussi par son degré d'émancipation des femmes.

Il ne suffit donc pas de hiérarchiser la vie sociale en couches conscientes, subconscientes et inconscientes. Il ne suffit pas non plus de comprendre que le rythme du changement ralentit lorsque l'on plonge vers les couches profondes, de la politique et de l'économie vers l'éducation, puis vers la vie religieuse et enfin familiale. Il faut, saut ultime, admettre que le mouvement des couches profondes n'est pas celui que l'on croyait.

On est tenté d'évoquer, à propos de l'évolution des structures familiales, un inconscient planétaire magnifiquement refoulé. Je vais dès cette introduction donner quelques conséquences théoriques de notre erreur sur la dynamique des systèmes familiaux, parce que l'identifier conduit à frapper de nullité une bonne partie des efforts déployés par les sciences humaines ces deux derniers siècles pour comprendre notre histoire.

### La densification et la différenciation tendancielle des systèmes familiaux

Le modèle standard des sciences historiques et sociales place l'émergence de la famille nucléaire et de l'« individu » au cœur du décollage de l'Occident. Des millions de pages ont été écrites sur ce thème, par des milliers d'auteurs. La libération de l'individu, atome de créativité, serait intervenue en Europe à partir du Moyen Âge, à une date qui change selon la variante du canon libéral. J'en présente ici un modèle, clairement simplificateur, on me le pardonnera. C'est qu'il serait ridicule de s'attacher à une description obsolète.

Dans une longue phase I, la famille nucléaire émerge de la masse étouffante de la grande famille du passé. L'association simple mais stable d'un homme et d'une femme – les Adam et Ève de la modernité – permet la montée d'un premier individualisme. Ce couple conjugal produit des enfants, vite élevés et libérés, et qui deviennent, en tant qu'adultes, des « individus », certes imparfaits mais acteurs libres de la vie économique, sociale et politique.

Dans une courte deuxième phase, récente et actuelle puisqu'elle a commencé durant les années 1960, naît enfin « l'individu à l'état pur », libéré de la famille nucléaire elle-même. Dans cette phase II de l'individualisme, le lien conjugal entre homme et femme est remplacé par des conjonctions temporaires entre des individus qui ne considèrent plus la durée de la relation – allant d'une soirée à toute la vie – ou le sexe des partenaires comme essentiels. Divorce, recomposition, homosexualité, changement de sexe deviennent des éléments structurels du système familial.

Quarante ans de recherches sur les systèmes familiaux m'ont fait réaliser, par accident, que la phase I de ce modèle standard – de la famille complexe au couple conjugal – était une absurdité factuelle. La famille originelle était nucléaire et cette forme anthropologique n'a donc jamais été, à proprement parler, inventée puisqu'elle fut celle d'*homo sapiens* à l'état natif. En revanche, les formes familiales communautaires qui enserrent le couple dans des liens de parenté patrilinéaires et qui dominent la masse de l'Eurasie sont des créations de l'histoire. Leur existence résulte d'expériences et de cristallisations s'étalant sur cinq millénaires, processus qui a commencé en Mésopotamie avec la naissance de la cité et de l'écriture. Un processus équivalent, plus tardif mais de même nature, est observable dans l'histoire chinoise. Il a eu son équivalent en Afrique, sans que l'on puisse discerner sur ce continent un lien avec l'écriture ou la cité.

Le développement de l'agriculture semble partout à l'origine de la densification et de la structuration des groupes familiaux par des liens entre les mâles, phénomène que l'on peut désigner par le néologisme *patrilinéarisation*. On peut identifier des formes embryonnaires du mécanisme sur le plateau central mexicain, occupé par l'Empire aztèque, ou dans les Andes tenues par l'Empire inca, à la veille de la conquête espagnole.

Depuis l'émergence d'*homo sapiens*, la famille évolue du simple vers le complexe et non du complexe vers le simple. L'abaissement du statut de la femme est un élément essentiel de sa rigidification. La partie la plus occidentale de l'Europe a échappé pour l'essentiel à cette transformation, même si l'Allemagne et le sud-ouest de la France, comme le Japon, ont vu se développer la famille-souche, première étape de la patrilinéarisation, et l'Italie centrale la famille communautaire exogame, deuxième étape de la patrilinéarisation. Dans la France du Nord et en Angleterre, seule la noblesse médiévale et parfois la couche supérieure de la paysannerie ont été affectées.

Il y a eu des exceptions à ce mécanisme de densification de la famille et d'abaissement du statut de la femme. Un processus inverse de simplification peut ici ou là être observé, à tel ou tel moment de l'histoire. L'Europe du Nord-Ouest a son histoire particulière, qui inclut, en Angleterre, en Hollande et dans la France du Nord, une accentuation de la nucléarité de la famille par la destruction du réseau de parenté bilatéral qui l'encadrait dans sa forme originelle[1]. On peut même identifier des épisodes régionaux de réversion de la patrilinéarité vers la bilatéralité, c'est-à-dire de la complexité vers la simplicité, mécanisme de réversion qui inclut une remontée

---

1. Bilatéral : traitant comme équivalentes les parentés paternelles et maternelles. On peut dire aussi « indifférencié » ou « cognatique ».

du statut de la femme. J'étudierai les plus significatifs pour nous, dont celui, intervenu au début de notre ère, à Rome, en Grèce hellénistique et en Judée. Mais je montrerai aussi, dans le chapitre 2, que l'Afrique, que je n'avais pas étudiée dans le tome I de *L'Origine des systèmes familiaux*, se conforme au modèle général et n'a pas échappé au processus historique dominant d'une patrilinéarisation et d'une complexification de la famille avec le temps.

### Un « modèle inverse » de l'histoire

La découverte d'une densification tendancielle des formes familiales a des conséquences incalculables pour l'interprétation de l'histoire humaine. Ce « modèle inverse », par opposition au « modèle standard », ouvre la possibilité d'une perception également inversée de plusieurs champs historiques et une meilleure compréhension de ce que nous sommes, ici ou ailleurs : en Europe, en Amérique, en Chine, au Japon, en Russie, au Moyen-Orient, en Afrique. La question « Qui est évolué ? », « Qui est en avance ? » devient très compliquée à résoudre, contradictoire en elle-même. Le Moyen-Orient, économiquement en retard, porte les formes familiales les plus complexes et les plus « évoluées » : la famille communautaire endogame, qui associe le père et ses fils mariés, puis encourage le mariage entre les enfants de ces frères, résulte de cinq mille ans d'évolution. L'Amérique du Nord, leader de la globalisation économique puis de sa contestation, représente, plus encore que l'Angleterre ou la France du Bassin parisien, la forme familiale nucléaire la plus proche du modèle originel d'*homo sapiens*. Si nous portons le regard sur l'Asie orientale, nous devons aussi admettre que le Japon relevait, lors de la révolution de Meiji, en 1868, d'un système familial qui, sans être nucléaire, restait moins éloigné du type originel d'*homo sapiens* que celui qui dominait la Chine. La famille-souche japonaise désignait en milieu paysan un héritier unique et associait au maximum deux couples mariés ; elle était donc plus simple que la famille communautaire chinoise qui associait idéalement un père à tous ses fils mariés et pouvait faire cohabiter trois couples ou plus.

La modernité technologique et économique de l'Occident coïncide avec des systèmes familiaux plutôt archaïques. *Homo occidentalis* est, dans ses mœurs, un primitif, point trop éloigné du fond commun ancien de l'humanité, celui des chasseurs-cueilleurs qui ont à l'origine peuplé la planète. Cet archaïsme a été régulé plutôt qu'aboli par la conception chrétienne de la sexualité et du mariage, ainsi que par le cadrage féodal ou étatique des règles d'héritage.

L'homme des pays dits « émergents » est, certes, en retard sur le plan technologique et économique. Mais pour ce qui concerne leurs mœurs familiales, les Chinois, les Indiens, les Arabes et les Africains sont des hommes « évolués », c'est-à-dire modelés par 5 000 ans d'élaboration de systèmes familiaux complexes, communautaires et patrilinéaires, incluant un abaissement du statut de la femme.

L'Occident croit sa modernité... moderne. L'émancipation des femmes, bien réelle, n'y est pourtant que la radicalisation d'un état primitif de l'humanité. *Homo sapiens* n'était guère hostile à l'avortement. On pourrait en dire autant de la lutte pour les droits des homosexuels puisque les communautés primitives résiduelles étudiées par les anthropologues n'apparaissent que très rarement homophobes.

Ce qui est exigé par « l'Occident » du monde économiquement émergent du cœur de l'Eurasie n'est donc pas un simple rattrapage. Technologie, éducation et économie doivent en effet y progresser. Et nous pouvons, heureusement, observer une convergence planétaire de bien des indicateurs qui concernent les niveaux conscients ou subconscients de la vie sociale : l'économie avance, les niveaux éducatifs s'élèvent dans l'ancien tiers-monde, la fécondité y baisse. La sécularisation même y progresse en dépit des puissants spasmes intégristes de résistance du monde hindouiste ou musulman. En Iran déjà, les mosquées sont vides.

Mais ce qui est exigé dans le domaine de la famille est bien, au cœur de l'Eurasie, un retour en arrière historique, la déconstruction de systèmes dont l'élaboration avait pris des millénaires. La nucléarisation des structures familiales, dans des cultures où la fusion des couples dans la famille large et l'abaissement du statut de la femme avaient été considérés comme des progrès, comme une sophistication des mœurs, ne peuvent qu'y produire des résistances, des réactions, des reculs, incompréhensibles si l'on s'en tient au modèle standard de l'évolution humaine. En Inde, en Chine, au Vietnam, au Kosovo, en Géorgie, en Arménie, la proportion de bébés de sexe féminin baisse parce que les techniques modernes de détection prénatale du sexe de l'enfant sont utilisées pour pratiquer un avortement sélectif des fœtus de sexe féminin.

Ancrée dans une vision fausse de l'histoire, notre perception du présent ne peut qu'être absurde, productrice d'incompréhension, d'intolérance, de violence. Quant à l'avenir… Comment anticiper raisonnablement les évolutions à venir du monde globalisé si nous projetons vers le futur des tendances inexistantes au présent, ou mieux, inverses des tendances réelles ? Durant les 5 000 dernières années, le mouvement des sociétés humaines a été, non partout mais le plus souvent, dirigé vers la soumission de l'individu et l'abaissement du statut de la femme. Nous vivons bien aujourd'hui une tentative d'inversion du processus. Mais elle part d'une zone limitée, la périphérie de l'Eurasie qui, placée loin du centre de gravité de l'histoire humaine des 5 000 dernières années, avait pour l'essentiel échappé à la patrilinéarisation et à la densification de son tissu familial.

## Bien décrire plutôt qu'expliquer l'histoire

L'Occident ne souffre pas seulement d'une montée des inégalités et d'une paralysie économique. Il est engagé dans une mutation anthropologique qui combine, pour ne citer que l'essentiel, éducation supérieure de masse, vieillissement accéléré, élévation du statut de la femme et peut-être même matriarcat. Si nous voulons saisir le sens de notre mal-être, nous devons donc regarder de haut l'histoire, mais pour plonger dans ses profondeurs inconscientes. Pour essayer de comprendre, pour savoir « où nous en sommes », je vais tenter une esquisse globale de l'histoire humaine qui, partant de l'émergence d'*homo sapiens* en Afrique, placera en son cœur l'anthropologie familiale et religieuse.

Il ne s'agira cependant pas d'expliquer, en un sens philosophique et absolu, l'histoire des hommes. Mon travail sur l'évolution de la famille, de la nucléarité vers la patrilinéarité, puis sur la détermination de l'idéologie par la structure familiale, ne conduit en effet qu'à des « fragments » d'explication. Certes, trouver les fondements du désarroi contemporain dans les couches inconscientes de la vie sociale, familiale ou religieuse, c'est, en un sens, expliquer. Mais il ne saurait être question de systématiser complètement l'explication, de hiérarchiser rigoureusement les niveaux, d'affirmer même une primauté de la structure familiale, cette variable dont je suis spécialiste. Et, je l'ai dit, je ne rejette pas l'idée d'une dynamique économique spécifique. La logique de l'*homo oeconomicus* ne peut se déployer qu'à l'intérieur de cadres anthropologiques, mais la globalisation associe et confronte des cadres anthropologiques très différents d'une manière spécifique. La dynamique des États a aussi sa logique : leur affrontement par la diplomatie et la guerre – chaude, froide, économique, idéologique – définit un champ d'étude largement autonome. C'est pourquoi la géopolitique a sa valeur propre en tant que description et explication de certains éléments de l'histoire.

Prétendre intégrer tous les champs d'analyse, toutes les déterminations, toutes les logiques dans un modèle cohérent et total serait bien prétentieux.

Ce que je propose ici, c'est plus simplement d'échapper, sans dogmatisme, à la vision rétrécie des économistes et des politiques, et de donner une description enrichie de la globalisation. Une bonne et vaste description, c'est déjà beaucoup pour comprendre ce que nous vivons.

Nous verrons donc, dans les sociétés les plus avancées, les mutations familiales et religieuses précéder la stagnation du niveau éducatif et la chute de la fécondité, qui elles-mêmes anticipent la crise de l'économie et de l'État. Nous verrons un Occident qui s'aventure sur les chemins nouveaux du matriarcat mais qui se trompe lorsqu'il pense avoir exploré dans le passé ceux du patriarcat. Sa tentative de dépassement de la famille nucléaire des temps fondateurs, sur la base d'un statut des femmes plus élevé que celui des hommes, serait bien sa première invention radicale, comparable mais de sens opposé à celle, patriarcale, qui avait commencé en Mésopotamie au début du III$^e$ millénaire ou en Chine au milieu du II$^e$ millénaire avant l'ère commune.

## *Le principe de divergence*

Cet empirisme enrichi nous permettra de saisir la diversité persistante du monde, à rebours de l'économisme qui, lui, incite à une vision uniforme des sociétés. C'est axiomatique : *homo oeconomicus* est le même partout. Ce serait peu de dire que, pour la théorie néolibérale, il appartient à des sociétés semblables, puisque son type idéal n'existe que hors société. Selon la formule de Margaret Thatcher, « la société, ça n'existe pas[1] ». L'universalisme du taux de profit exige que l'on oublie la diversité anthropologique du monde. Au lendemain de l'effondrement du communisme soviétique, les grandes décisions politiques et économiques des années 1990-2010 ont donc été prises sur la base d'une hypothèse de convergence généralisée : le libre-échange devait unifier la planète, la monnaie unique devait homogénéiser l'Europe. Ce que l'on a observé ensuite, dans la réalité de l'histoire, est bien entendu à l'opposé, une divergence des performances économiques et des niveaux de vie. Pourquoi ? Parce que, si l'homme est bien universel en un sens anthropologique ultime – il existe une espèce *homo sapiens* dont je décrirai plus loin les caractéristiques primordiales –, les sociétés sont diverses par leurs valeurs et leurs modes d'organisation.

La globalisation économique accentue en réalité les différences, elle est en elle-même un facteur de divergence : les sociétés mises en concurrence, placées sous contrainte d'adaptation, menacées de désintégration, finissent toutes par se replier sur elles-mêmes d'une manière ou d'une autre. Pour survivre, elles se ressourcent dans leurs valeurs

---

1. « There is no such thing as society. »

originelles. Poussé trop loin, le libre-échange nourrit une xénophobie universelle.

C'est ici sans doute que le cadrage de l'histoire par les modèles familiaux apparaît le plus indispensable. Car ce que révèle le développement de la famille humaine durant les 5 000 dernières années, c'est, à partir d'un type anthropologique originel commun à l'espèce, une tendance lourde à la différenciation, autrement dit à une lente mais puissante divergence des groupes humains concrets.

Ne dramatisons pas. Il existe aujourd'hui dans le monde des éléments de convergence : l'alphabétisation de l'ancien tiers-monde, combinée au plafonnement de l'enseignement supérieur dans les sociétés les plus avancées – aux États-Unis depuis 1965-1970, en France depuis 1995 par exemple –, conduit à une réduction des écarts de niveau éducatif entre nations et à un monde intellectuellement plus homogène. Le contrôle des naissances mène partout à une baisse de la fécondité, qui a déjà aboli l'opposition binaire entre les vieilles nations développées et les pays les moins avancés. Dès 2015, la fécondité des États-Unis (1,9 enfant par femme) était supérieure à celle de la Chine (1,7), et celle de la France (2,0) supérieure à celle de l'Iran (1,8). Avec l'éducation et la natalité, nous ne sommes toutefois qu'au niveau subconscient de la vie sociale, même si la fécondité touche de bien près les structures familiales sous-jacentes. C'est déjà mieux que de nous en tenir au conscient économique des hommes politiques ou des journalistes, mais c'est insuffisant. Plus en profondeur, au niveau inconscient des structures familiales, une tendance à la divergence conduit les sociétés du monde à des oppositions nouvelles.

La comparaison des sociétés les plus avancées suffit à le démontrer. En dépit de niveaux éducatifs élevés et comparables, leurs indicateurs de fécondité divergent dans des proportions qui impliquent des destins différents. Vers 2015 toujours, les États-Unis, avec 1,9 enfant par femme, le Royaume-Uni (1,9), l'Australie (1,9), la Suède (1,9), la France (2,0), la Russie (1,8) ne sont pas trop loin du seuil de 2,1 qui autorise pour l'essentiel le remplacement d'une génération par la suivante. En revanche, l'Allemagne (1,4), le Japon (1,4), ou la Corée du Sud (1,2) ont atteint des valeurs planchers qui interdisent le renouvellement naturel de la population et impliquent soit le recours à une immigration de masse, soit l'acceptation du déclin démographique. Nous verrons comment ces différences sont facilement explicables par la persistance souterraine de valeurs familiales distinctes, celles qui concernent le statut de la femme en particulier.

Dans *Le Mystère français*, publié en 2013, Hervé Le Bras et moi-même avions dû constater, la perpétuation, dans les 550 000 km$^2$ de l'Hexagone, de systèmes de mœurs différents dans la période la plus récente. Malgré l'accélération des migrations internes, en dépit de la disparition des ménages complexes dans certaines provinces et de l'effondrement du catholicisme dans les régions où il avait survécu, l'hétérogénéité régionale se maintient. L'homogénéisation par la télévision, par le TGV ou par Internet n'a nullement empêché la rémanence de cultures diverses, stimulées plutôt que gommées par la globalisation économique. Leur adaptation au stress est différentielle parce que les sociétés régionales restent plus ou moins fortement intégratrices de l'individu, et donc plus ou moins capables de résister au choc de la concurrence économique. Et tout cela s'est produit à l'intérieur d'une seule nation, unifiée par son administration et par sa langue. Comment imaginer que les nations différentes qui participent à la globalisation – États-Unis, Angleterre, Suède, Allemagne, Japon, Russie, Chine, Corée – puissent faire moins bien, en termes de permanence culturelle, que les provinces qui constituent l'Hexagone ? À la question de l'équilibre des puissances se mêle aujourd'hui, en géopolitique, celle d'un conflit latent entre systèmes de mœurs, sans que l'on en comprenne clairement les déterminants et les enjeux. L'hypothèse d'universalité et de convergence empoisonne les rapports internationaux puisque le fort, ou celui qui se croit tel, exige de l'autre un alignement sur ses valeurs et sur ses mœurs autant qu'une soumission économique et militaire.

## Impérialisme et féminisme

La carte du système impérial américain, avec sa constellation dominante anglophone, avec ses bases avancées en Europe et en Asie, renvoie toujours étrangement à celle de certains systèmes familiaux : tous sont caractérisés par un statut de la femme soit originellement élevé (Royaume-Uni, France, Pays-Bas, Norvège, Danemark, Espagne, Australie, Philippines, Indonésie, Thaïlande), soit point trop abaissé par l'histoire (Allemagne, Japon, Corée du Sud). Un bloc eurasiatique central (Russie, Iran, Chine, Inde) continue de son côté, bien après la chute du communisme, de résister à l'emprise américaine. Il semble marquer une sorte de continuation géopolitique de la patrilinéarité continentale, qui avait donné naissance, entre −3 000 et +1700, à des systèmes familiaux étendus et denses. Ne simplifions pas à l'excès : le système familial russe communautaire et patrilinéaire est d'origine très récente. Il avait laissé subsister un statut élevé de la femme et il laisse apparaître aujourd'hui, je l'ai dit, des signes d'inversion matrilinéaire. Mais justement, le basculement anthropologique de la Russie, se combinant à la réaffirmation d'une différence anthropologique allemande, n'annonce-t-il pas un réalignement des affinités géopolitiques ?

Le monde arabo-persan ajoute à la patrilinéarité une préférence endogame pour le mariage entre cousins. Ses systèmes familiaux sont ceux qui abaissent le plus le statut de la femme et enserrent le mieux l'individu dans des liens de parenté. De par l'antiféminisme et l'anti-individualisme qui y dominent, l'Inde du Nord, de famille communautaire exogame, est proche du monde arabo-persan.

En dépit de l'hégémonie de la pensée « économiste », nous voyons bien que le champ géopolitique est envahi de notions ou de concepts d'ordre anthropologique : c'est ainsi que l'Occident bombarde le Moyen-Orient pour y élever le « statut de la femme ». Le cas assurément le plus étrange est celui d'une russophobie focalisée sur la question de l'homosexualité. Au cœur de la crise ukrainienne, la presse anglo-américaine, et bien d'autres en Occident, ont ainsi reproché au régime Poutine son homophobie. Qui aurait imaginé, à l'époque des guerres de Louis XIV ou de Napoléon, durant la Première ou la Seconde Guerre mondiale, une telle fixation sur la sexualité dans les rapports internationaux ? Bien loin de rapprocher, la globalisation mène à des conflits qui, plus que ceux du passé, remettent en question les fondements mêmes de la vie dans certaines des sociétés dominées.

## Des futurs impossibles

Ce livre décrit, très schématiquement, le mouvement historique des 100 000 dernières années pour tenter de saisir les évolutions en cours et « dire quelque chose » des mutations que nous vivons en ce début de III$^e$ millénaire. Il ne s'agit pas de prédire. Comment cela serait-il possible ? Nos sociétés avancées n'ont eu aucun équivalent dans l'histoire. Jamais des groupes humains d'une telle taille n'ont été si riches, si âgés, si éduqués, si dépourvus de croyances collectives. Le fréquent (mais non universel) retard éducatif des individus de sexe masculin y est une nouveauté absolue, tout comme certaines fécondités dites « ultrabasses » (*very low low fertility* en anglais). Notre description enrichie de l'histoire nous autorisera toutefois un encadrement « négatif » de l'histoire à venir : elle nous permet, en effet, de considérer certains futurs comme improbables ou carrément impossibles.

• Ainsi, la survie de la démocratie telle que nous l'avons connue au XX$^e$ siècle paraît peu vraisemblable dans les conditions actuelles de stratification et de stagnation éducatives. Mais le retour à un gouvernement authentiquement oligarchique, système dont le fondement fut l'analphabétisme de masse, apparaît tout aussi improbable.

• La pleine convergence de nations dont les systèmes de valeurs inconscients persistent est une autre impossibilité.

• Le caractère fondamentalement archaïque des structures anthropologiques occidentales, dont la modernité actuelle, on le verra, n'est bien souvent qu'un retour au fond primordial, nous permet d'exclure l'hypothèse d'une désintégration sociale due à l'évolution des mœurs.

• L'identification des mécanismes de continuité des systèmes anthropologiques nous fera comprendre pourquoi des flux constants mais raisonnables d'émigration et d'immigration ne posent pas de problèmes d'équilibre et de perpétuation aux systèmes anthropologiques concernés. En revanche, nous devrons admettre qu'au-dessus d'un certain seuil d'émigration au Moyen-Orient, dans les pays baltes ou en Ukraine par exemple, ou d'immigration en Allemagne, les flux peuvent déstabiliser les sociétés de départ et d'accueil, sans que l'on puisse d'ailleurs prédire beaucoup plus que l'apparition de trous noirs sociologiques, de tailles, de profondeurs et de natures difficiles à définir.

Nous pourrons donc anticiper certains éléments du futur concernant, par exemple, les structures familiales, la fin du religieux, le retour du protectionnisme économique, l'apparition de zones d'anarchie, mais sans être pour autant en état de décrire l'articulation de tous ces éléments, ou leur équilibre.

Nous pourrons aussi minimiser les risques d'erreur, tant sur l'encadrement négatif qu'en matière de projection des tendances, en concentrant l'analyse sur la société la plus avancée. J'ai dit plus haut que le monde développé – la triade constituée par les États-Unis, l'Europe occidentale et le Japon, à laquelle il faut ajouter la Russie – restait maître du jeu mondial, et qu'il continuait de définir le futur. Mais, à l'intérieur de la triade, les États-Unis, malgré leurs difficultés, continuent, pour le meilleur et pour le pire, de jouer leur rôle de leader. Leur population continue de croître et ils demeurent le lieu des innovations fondamentales. Et il est indispensable d'en tenir compte.

## L'anglosphère au cœur de l'histoire moderne

Avant les États-Unis, l'Angleterre avait impulsé la transformation du monde : par l'invention du gouvernement représentatif, par la révolution industrielle, par l'organisation d'une première globalisation avant la Première Guerre mondiale. Il est sans doute temps pour nous d'admettre que « l'anglosphère » fut au cœur de l'histoire des années 1700-2015. Je précise que ce terme n'a pour moi qu'un sens anthropologique : il permet d'associer une langue et un système familial, nucléaire absolu. La notion d'anglosphère nous libère du « germanisme » implicite du concept de « monde anglo-saxon », dont j'ai pu constater qu'il pouvait agacer les Américains d'origine italienne, juive ou japonaise. Le système familial nucléaire absolu prédispose, ainsi que l'a vu le premier Alan Macfarlane, à tous les individualismes radicaux[1].

Admettre la primauté économique de l'anglosphère durant les trois derniers siècles ne présente guère de difficulté. La famille nucléaire absolue, capable de dissocier fortement les générations, fut la condition anthropologique du déracinement, en quelques décennies, de la paysannerie anglaise. La révolution industrielle commença donc en Grande-Bretagne entre 1780 et 1830 : l'utilisation du charbon par la machine à vapeur y libéra un potentiel énergétique jamais vu dans l'histoire. Nous pouvons suivre la diffusion du nouveau mode de production par les dates de décollage économique des diverses nations, estimées par William W. Rostow : 1830-1870 pour la France, 1840-1870 pour les États-Unis et l'Allemagne, 1870-1885 pour la Suède, 1880-1900 pour le Japon, 1890-1900 pour la Russie, 1900-1910 pour le Canada, 1905-1915 pour l'Australie, 1950-1960 pour la Chine, 1960-1965 pour la Corée[2]. La prédominance des États-Unis dans la globalisation économique qui a suivi la Seconde Guerre mondiale est une autre évidence.

---

1. En Grande-Bretagne ou aux États-Unis, le terme « anglosphère » évoque souvent un projet politique, si ce n'est d'unification, du moins de coordination des puissances américaine, britannique, australienne, canadienne, et néo-zélandaise. Ce n'est jamais le cas dans ce livre.

2. William W. Rostow, *The Stages of Economic Growth. A Non-Communist Manifesto,* Cambridge, Cambridge University Press, 1960 (*Les Étapes de la croissance économique : un manifeste non communiste,* Paris, Economica, 1997). J'utilise les dates indiquées par le diagramme qui figure page xviii de la préface à la troisième édition, datant de 1990.

Le modèle d'une transformation économique conduite par l'anglosphère est donc facile à accepter. Plus difficile pour nous à admettre est celui, proposé par Daron Acemoglu et James Robinson, d'une histoire politique moderne qui a commencé, non pas avec la Révolution française de 1789, mais avec la Glorious Revolution anglaise de 1688. C'est pourtant bien celle-ci qui a établi les bases institutionnelles libérales du décollage économique[1]. Tout comme Voltaire dans ses *Lettres anglaises* (ou philosophiques), les révolutionnaires de 1789 avaient Albion en ligne de mire. L'Angleterre était le modèle à imiter, la nation à rattraper, dans le domaine politique plutôt qu'économique à une date où la révolution industrielle n'était pas une évidence. Le personnage central des *Lettres anglaises* est Newton (1643-1727), et peut-être le plus simple est-il d'admettre que l'Angleterre fut aussi le cœur de la révolution scientifique du XVIIe siècle.

C'est dans l'inconscient familial et religieux de cette anglosphère – définie, non pas tant par la langue que par une structure familiale nucléaire mais non-égalitaire, ainsi que par une adhésion à un protestantisme de variété calviniste – que nous allons trouver l'origine des changements décisifs, positifs ou négatifs, de la planète[2].

---

1. Daron Acemoglu et James A. Robinson, *Why Nations Fail. The Origins of Power, Prosperity and Poverty*, New York, Random House, 2012.

2. La notion d'anglosphère a été introduite par James C. Bennett dans *The Anglosphere Challenge. How the English-Speaking Nations Will Lead the Way in the 21ˢᵗ Century*, Lanham, Rowman and Littlefield Publishers, 2004. Le thème de la famille nucléaire comme substrat y apparaît mais de façon marginale. Il apparaît pleinement développé dans James C. Bennett et Michael Lotus, *America 3.0. Rebooting American Prosperity in the 21ˢᵗ Century. Why America's Greatest Days Are yet to Come*, New York, Encounter Books, 2013.

L'Angleterre et l'Amérique constitueront ensemble l'élément central de cette esquisse de l'histoire humaine. L'analyse en profondeur de leurs histoires nous permettra d'affronter de la manière la plus directe possible le paradoxe d'une modernité – technologique, politique et économique – issue d'un fond anthropologique archaïque. Le cas de l'Amérique apparaîtra plus significatif encore que celui de sa nation-mère. C'est que la famille américaine des années 1700-2000 semble la plus proche du type originel d'*homo sapiens*.

La science éclaire ici une intuition fort commune, un poncif même : nous allons comprendre pourquoi l'Amérique n'en finit pas de nous apparaître comme simultanément moderne et primitive, capable de définir notre futur tout en nous semblant si peu sophistiquée dans ses mœurs, si naturelle dans sa façon d'être.

Au stade actuel de l'histoire, dans un contexte qui a mêlé percées technologiques, stagnation éducative et régression des niveaux de vie, une erreur logique devra toutefois être évitée : confondre l'idée que l'Amérique fait la course en tête avec celle qu'elle définit le « progrès ». Ce fut vrai, sans la moindre ambiguïté, jusque vers 1965. Mais, à cette date, les États-Unis sont entrés, avant les autres, en stagnation éducative, et s'ils font donc aujourd'hui la course en tête, c'est souvent pour nous indiquer les voies de la stagnation. C'est ainsi que doivent être interprétées, par exemple, les performances démographiques indiquées dans le tableau 0.1. Nous y constatons que l'espérance de vie aux États-Unis est loin d'être la plus élevée. Mais sur ce plan, les meilleurs résultats obtenus par l'Asie orientale et l'Europe n'indiquent pas que ces deux régions ont « dépassé » les États-Unis en un sens historique absolu. Elles bénéficient tout simplement des techniques médicales les plus avancées alors qu'elles n'ont pas encore atteint le stade d'une stagnation éducative complète. Japon, Corée, Allemagne ou France sont appelées à parcourir des étapes régressives depuis longtemps franchies, et parfois surmontées, par les États-Unis. Chacune de ces nations le fera d'ailleurs à sa manière, en conformité avec le principe de divergence qui est l'un des éléments structurels de l'histoire décrite dans ce livre. Les nations à fécondité ultra-basse ne sauraient envisager, par exemple, une stabilisation sociale de type américain. J'examinerai, dans la conclusion de ce livre, la délicate question d'un redémarrage éventuel de la société américaine.

## La vraie question posée par l'Allemagne et par le Japon : le rôle de la famille-souche et de la primogéniture dans l'histoire

Avant de trancher, pour les États-Unis, entre les hypothèses de régression, de stagnation ou de redémarrage, je vais devoir nuancer, dans le corps du livre, le modèle de la famille nucléaire « seule capable d'inventer le futur ». L'examen de l'histoire nous obligera en effet à poser, à côté de l'hypothèse d'un mécanisme d'innovation dérivant généralement de la famille nucléaire, celui d'un principe d'accélération associé à la famille-souche.

Avant la révolution politique, scientifique et industrielle anglaise, il y avait eu la Réforme protestante et l'alphabétisation de masse, venues d'ailleurs. Crise religieuse et décollage éducatif ont trouvé leur origine en Allemagne, disons à partir de 1517 si nous retenons les 95 thèses de Luther comme point zéro de ces bouleversements. Or le monde germanique est terre de famille-souche plutôt que de famille nucléaire. Mais une autre question se pose aussitôt : sommes-nous bien sûrs que la famille-souche était pleinement développée en Allemagne, dans toutes les couches de la société, lorsque la Réforme y commença, sachant que la primogéniture n'y fut vraiment pratiquée par la noblesse qu'à partir du XIII⁰ siècle ?

N'imaginons surtout pas un milieu anthropologique figé ou même stable dans l'histoire de l'Europe. Disposer d'une typologie définissant les divers systèmes familiaux et permettant leur cartographie est, certes, indispensable. Cet instrument ne doit toutefois pas nous faire oublier que ces « systèmes » sont en réalité « dynamiques », en constante évolution, le plus souvent dans le sens d'un renforcement de leurs traits caractéristiques. Cette notion de « système dynamique » est particulièrement importante lorsque l'on s'intéresse à l'Allemagne et au Japon, dont les types familiaux, loin d'être stables, étaient en émergence depuis le Moyen Âge. L'histoire des familles-souches japonaise et allemande nous permet d'observer un perfectionnement de leurs traits constitutifs entre le XIV⁰ et le XVIII⁰ siècle et une accentuation de leur rigidité au XIX⁰ siècle – et même parfois au XX⁰.

Quittons un moment la périphérie de l'Eurasie, allemande ou japonaise, et dirigeons-nous vers son cœur, pour y plonger dans le passé, jusqu'au début de l'histoire. À Sumer, en Mésopotamie, très peu de temps après l'apparition de l'écriture vers 3300 AEC, on peut identifier les premières règles de primogéniture, tout comme en Égypte à peine plus tard ou en Chine un millénaire et demi après. L'examen à la loupe des premiers décollages humains ne révèle donc pas des compositions familiales homogènes mais, presque immédiatement, la combinaison d'un fond nucléaire et d'éléments « souches ». Dans les sociétés d'avant-garde sumérienne, égyptienne et chinoise ancienne, l'accumulation première d'un capital intellectuel et physique conduit à l'invention de règles de transmission. On y voit donc apparaître des lois ou des pratiques de primogéniture, et des formes embryonnaires de la famille-souche. Avec ses principes d'indivision et de continuité lignagère, le type souche facilite l'accumulation des connaissances et une accélération du progrès.

Revenons à la modernité la plus récente.

Après le décollage anglais, puis américain, les spectaculaires rattrapages de l'Allemagne et du Japon – les deux grandes sociétés-« souches » de notre présent – révèlent à eux seuls que la question d'une interaction spécifique entre famille-souche et développement doit être posée, en complément du lien entre famille nucléaire et innovation. En 2006, par exemple, les États-Unis ont déposé 22,1 % des brevets triadiques (enregistrés simultanément en Amérique, en Europe et au Japon), le Royaume-Uni 2,3 %, le Japon 29,1 %, l'Allemagne 7,4 %, la Corée du Sud 9,8 %[1]. Avec leurs 360 millions d'habitants à elles deux, les deux grandes nations de l'anglosphère, de famille nucléaire absolue, ont produit 24,4 % des brevets ; avec seulement 257 millions d'habitants cumulés, les trois plus importantes nations de famille-souche en ont déposé 46,3 %. Réfléchir sur le rôle historique de la famille-souche, embryonnaire ou parfaite, est bien une nécessité.

### *En avant vers le passé*

Au terme de ma vie de chercheur, il est troublant pour moi d'aboutir à une telle réflexion sur l'interaction historique entre la famille nucléaire absolue et la famille-souche car, d'une certaine manière, c'est par là que j'avais commencé, ou plutôt que mes maîtres m'avaient fait commencer. Lorsque j'arrivais à Cam-

---

1. *World Patent Report 2008*, p. 16.

bridge au début des années 1970, Peter Laslett venait de découvrir la famille nucléaire dans l'Angleterre du XVII<sup>e</sup> siècle et luttait encore, de plus en plus faiblement il est vrai, contre l'idée que la famille-souche puisse jamais avoir existé quelque part[1]. Lutz Berkner venait pourtant de montrer, au moyen de recensements locaux autrichiens du XVIII<sup>e</sup> siècle, que celle-ci ne fait apparaître trois générations corésidentes – grands-parents, parents, enfants – qu'à certaines étapes de son cycle de développement[2]. Frédéric Le Play (1806-1882), inventeur du concept de famille-souche, venait d'être exhumé, pour être contesté, puis légitimé par l'immense enquête historique lancée en Europe et au Japon entre 1965 et 2000. Un examen systématique du passé montre bien l'importance de la primogéniture en tant qu'étape de l'histoire des hommes, puisqu'on la trouve non seulement à Sumer, dans les classes supérieures de l'Égypte antique et dans la Chine médiévale, ainsi que je l'ai dit, mais aussi chez les Indiens pêcheurs de saumon de la côte nord-ouest de l'Amérique, chez les Maoris ou les Hawaïens originels. Elle reste très fréquente dans la partie la plus « archaïque » de l'Afrique du point de vue des structures familiales.

La famille-souche devint vite pour Le Play une obsession. Réactionnaire dans une France turbulente, il fut comme hypnotisé par ses valeurs d'autorité du père sur le

---

1. Peter Laslett, « Mean Household Size in England Since the 16<sup>th</sup> Century », in Peter Laslett, Richard Wall et *al.*, *Household and Family in Past Time*, Cambridge, Cambridge University Press, 1972, p. 125-158. Je travaillais sur ma thèse à l'époque, mettant un malin plaisir à trouver et analyser, en Toscane, en Bretagne, ou en Suède, des ménages plus complexes que ceux qu'on pouvait trouver en Angleterre.
2. Lutz Berkner, « The Stem Family and the Developmental Cycle of the Peasant Household : an 18<sup>th</sup> Century Austrian Example », *American Historical Review,* vol. 77, n° 2, avril 1972, p. 398-418.

fils et d'inégalité des frères, combinaison qui lui semblait incarner un principe d'ordre et de hiérarchie. Il souligna son potentiel de dynamisme économique et sa capacité, non seulement à transmettre des acquis, mais aussi à libérer dans la vie sociale des cadets aventureux, des d'Artagnan de l'économie ou de la culture.

Sans attendre Le Play, la pensée libérale avait cependant commencé de détester la famille-souche. Dès la fin du XVIIe siècle, John Locke (1632-1704) critiquait Robert Filmer (1588-1653) pour l'apologie qu'il avait faite de la primogéniture et du pouvoir du père dans *Patriarcha, or the Natural Power of Kings,* publié de manière posthume en 1680[1]. Révolutionnaires américains et français du XVIIIe siècle firent du droit d'aînesse une cible privilégiée. Progrès et famille-souche furent, par la suite, considérés comme antinomiques par la pensée progressiste. Les historiens eurent donc quelques difficultés à définir la juste place de la primogéniture dans le processus de développement. Et de fait, nous verrons que la famille-souche peut produire, selon les circonstances, dynamisme ou blocage.

Les anthropologues ignorèrent pour l'essentiel Le Play, qui n'est pas cité dans la belle synthèse de Robert Lowie (1883-1957) sur l'histoire de la pensée ethnologique[2]. L'anthropologue Elman R. Service (1915-1996) est, à ma connaissance, le premier qui ait compris son importance en tant qu'étape. Dans son livre *Origins of the State and Civilization,* il fait de la primogéniture un élément central dans la stabilisation des chefferies et dans le développement de l'État.

---

1. Locke attaque Filmer dans le premier de ses *Two Treatises of Government,* publié anonymement en 1689.
2. Robert H. Lowie, *The History of Ethnological Theory*, New York, Farrar and Rinehart, 1937.

La famille-souche, en tant que mode d'organisation, noble ou paysan, n'existe plus. Les ménages à trois générations ne sont plus que des résidus statistiques en Allemagne, au Japon, en Corée et dans le sud-ouest de la France. Mais nous devons pourtant, en ce début de III$^e$ millénaire, constater deux phénomènes : le dynamisme technologique persistant des nations où la famille-souche fut dominante, et la profonde crise démographique de ces pays puisque leurs indices de fécondité y tournent autour de 1,4 ou moins.

La permanence souterraine des valeurs « souches » et « nucléaires » est, par ailleurs, sur le point de briser l'unité du « monde occidental », né vers 1945 de la conquête militaire américaine plutôt que d'une quelconque convergence culturelle. La réémergence de valeurs d'autorité et d'inégalité en Allemagne et ailleurs donne sa nouvelle forme à l'Europe. C'est ainsi que sans l'hypothèse d'un retour du refoulé anthropologique – l'inconscient familial –, on ne peut comprendre la transformation progressive du continent en un système hiérarchique rigide. Le regain libéral et démocratique qui soulève l'anglosphère, exprimé par le Brexit comme par l'élection de Donald Trump, me semble difficile à expliquer sans recours à l'hypothèse d'une permanence des valeurs libérales et non-égalitaires, mais en aucun cas inégalitaires, de la famille nucléaire absolue anglo-américaine.

La crise du monde occidental est donc double. Elle ne prend pas la même forme dans l'anglosphère et dans les pays caractérisés par une tradition « souche ». Il serait absurde d'évoquer dans les cas de l'Allemagne, du Japon ou de la Corée une poussée ultra-individualiste, un féminisme tendant au matriarcat ou une déficience de l'action collective. La crise des nations-souches est spécifique. Elle est elle-même multiple puisque, on le verra, Japon et Allemagne divergent fortement aujourd'hui pour des raisons qui échappent largement à l'anthropologie des structures familiales. Ouvrant ce livre sur la notion de crise du monde occidental, nous le fermerons par son acte de décès. À titre de compensation, nous devrons admettre que la Russie est sans doute beaucoup plus occidentale que les conflits du moment ne le suggèrent.

La méthodologie de mon travail n'est pas innovatrice. Cette esquisse de l'histoire humaine s'attache à quelques domaines essentiels – la famille, la religion, l'éducation, l'idéologie – qui, observés autant qu'il est possible, permettent d'évaluer la nature et l'ampleur de ce que nous vivons. Les variables sur lesquelles je travaille – structure et développement du groupe domestique, statut de la femme, mortalité infantile, fécondité du moment, descendance finale, taux d'alphabétisation, proportion d'éduqués supérieurs, conceptions théologiques, pratique religieuse, vote politique, normes sexuelles – m'ont été inspirées par mes années de formation à Paris et Cambridge. Elles furent celles de l'École française des Annales et de l'École d'anthropologie historique de Cambridge, deux écoles qui n'étaient pas très différentes à l'époque. C'est là que j'ai fait mes études, puis soutenu ma thèse. Je suis resté un étudiant loyal, fidèle à l'enseignement de mes maîtres – Emmanuel Le Roy-Ladurie, Peter Laslett, Alan Macfarlane, Pierre Chaunu, Tony Wrigley, Pierre Goubert, Jacques Dupâquier, Michel Vovelle, Lawrence Stone, François Furet, Jacques Ozouf et Akira Hayami. Ma seule originalité tient sans doute dans le fait d'appliquer une méthodologie conçue pour comprendre le XVII$^e$ et le XVIII$^e$ siècle à l'analyse du monde d'aujourd'hui.

## Une typologie familiale simplifiée

Dans ce livre, qui s'efforce de comprendre la crise du monde le plus développé, et particulièrement celle des plus grandes puissances, nous nous contenterons d'une typologie simple des systèmes familiaux.

• **La famille nucléaire pure** (instable selon Le Play) contient essentiellement un couple et ses enfants. Ceux-ci doivent s'éloigner à l'adolescence pour fonder ensuite, par le mariage, des unités domestiques autonomes. Ce type intègre tous les pays anglo-américains. Il inclut alors la liberté absolue de tester, les parents répartissant comme ils l'entendent leurs biens entre leurs enfants. C'est ainsi que l'on parle, dans les cas de l'Angleterre, des États-Unis, de l'Australie, de la Nouvelle-Zélande ou du Canada anglophone, de **famille nucléaire absolue**. La France du Bassin parisien ajoute à la même nucléarité du ménage une règle d'héritage égalitaire, qui mène au concept de **famille nucléaire égalitaire**, applicable aussi à l'Italie du Sud, à l'Espagne du Centre et du Sud et au Portugal central. Ces deux variantes de la famille nucléaire considèrent les parentés paternelles et maternelles comme équivalentes mais d'importance secondaire.

• **La famille nucléaire à corésidence temporaire** a aussi pour objectif ultime l'indépendance des enfants mariés, mais elle prévoit pour eux une phase de corésidence de quelques années avec la génération précédente, selon trois modes possibles : soit chez les parents de l'un ou l'autre des conjoints indifféremment (**bilocalité**), et j'évoquerai alors une **famille nucléaire indifférenciée**, soit chez ceux du jeune marié (**patrilocalité**), soit chez ceux de la mariée (**matrilocalité**). La **variante bilocale** s'observe aux

Philippines ou en Belgique. La **variante patrilocale** est typique des nomades de la steppe eurasiatique (groupes turcs et mongols), des populations de langue nahua du plateau central mexicain, de langue quechua et aymara du Pérou, d'Équateur et de Bolivie, et de l'Inde du Sud. La **variante matrilocale** domine l'Asie du Sud-Est et notamment la Birmanie, la Thaïlande, le Cambodge, la Malaisie, Sumatra et Java.

• **La famille-souche** désigne un héritier unique, généralement l'aîné des garçons, qui prend la majeure partie du bien familial. Le jeune couple cohabite, selon des formules plus ou moins étroites, avec les parents du mari (patrilocalité), permettant l'apparition de ménages comprenant, lorsqu'il a des enfants, trois générations. À ce type souche correspond une **patrilinéarité de niveau 1**. Un garçon est privilégié, mais une fille peut succéder en l'absence de fils et, surtout, les fils non-héritiers sont de fait traités comme des filles. Le principe d'une masculinité dominante ne peut être systématisé. Ce type permet de classer le Japon, l'Allemagne, la Corée, le sud-ouest de la France et, avec une forte nuance féministe et peu de cohabitation, la Suède. Aujourd'hui, cohabitation des générations et inégalité d'héritage ont pour l'essentiel disparu en ville sur le plan formel, mais nous verrons que les valeurs d'autorité et d'inégalité survivent très bien, un peu mystérieusement, à la disparition des gros ménages paysans qui les rendaient transparentes. On peut cependant observer, petits et minoritaires, des **types souches bilocaux**, qui désignent par principe l'aîné « absolu », garçon ou fille, comme héritier, ainsi au Pays basque, chez les Ibans de Bornéo ou dans certains villages du Tohoku au nord-est du Japon, et des **types souches** chez les Ibans de Bornéo ou dans certains villages du Tohoku au nord-est du Japon, et des **types souches matrilocaux**, où la fille aînée est choisie (Garo des collines de l'Assam, îles de la mer Égée, nord du Portugal).

• La **famille communautaire exogame** (patriarcale selon Le Play) établit l'équivalence des frères et un principe général de supériorité masculine. Tous les fils restent idéalement associés au père et trouvent leurs épouses à l'extérieur du groupe initial. Les filles sont échangées entre les ménages complexes patrilinéaires. À la mort du père, l'héritage est plus ou moins rapidement divisé de façon égalitaire entre les frères. Le système définit une **patrilinéarité de niveau 2** : tous les hommes sont cette fois supérieurs à toutes les femmes. Ce type intègre la Chine et la Russie, cette dernière avec (un peu comme la Suède dans sa catégorie souche) un fort résidu féministe. Ce système est particulièrement récent en Russie, ne remontant guère au-delà du XVIIᵉ siècle. Comme dans le cas de la famille-souche, les valeurs latentes de la structure familiale ont survécu à la disparition des gros ménages paysans du XIXᵉ siècle. Il existe aussi des **variantes communautaires matrilocales**, chez les Indiens Hopi du sud-ouest des États-Unis par exemple, ainsi que des variantes **communautaires bilocales**, sur la bordure nord-ouest du Massif central notamment. Dans le Massif central, ces types communautaires non patrilinéaires ont toutefois favorisé, autant que la famille communautaire patrilocale, un fort vote communiste.

En Inde du Nord, la famille communautaire exogame atteint un niveau d'antiféminisme égal ou peut-être supérieur à celui du monde arabe, s'exprimant par une surmortalité des fœtus ou des enfants de sexe féminin plus encore que par un enfermement des femmes.

• Il n'est guère possible de comprendre la crise du monde le plus avancé sans faire référence au pôle fantasmatique opposé qu'y est devenu le monde musulman, et plus spécifiquement arabo-persan. Pour le situer sur le plan anthropologique, nous devons définir **la famille communautaire endogame**. Comme dans le cas des familles traditionnelles russes ou chinoises, son cycle de développement idéal associe un père et ses fils. Le modèle de mariage n'y est toutefois plus exogame. Il est endogame, exigeant, quand c'est possible, le mariage entre les enfants de deux frères. Si un cousin idéal du bon âge n'existe pas, tout autre cousin du premier degré, ou même plus lointain, est désirable. Dans le monde arabe central, le taux de mariages entre cousins germains oscille autour de 35 %. Il tombe à 25-30 % en Iran, en Égypte ou au Maghreb, mais atteint 50 % au Pakistan. Le mariage entre les enfants de deux frères exprime la force et la continuité de leur affection. Cet axe horizontal est le lien fondamental de la famille arabe, et on l'a vu tragiquement révélé par la dérive terroriste des frères Kouachi puis des frères Abdeslam. Cette manifestation pathologique ne doit pas masquer le fait que, dans 99 % des cas, le fraternalisme résiduel de la deuxième génération, en cours d'assimilation, entraîne simplement chaleur et sécurité. La force du principe masculin monte ici d'un cran supplémentaire : on atteint une **patrilinéarité de niveau 3 et une valeur égalitaire maximale**.

• Enfin, le **type familial de l'Inde du Sud** est circonscrit sur la carte mais lourd démographiquement puisqu'il concerne une population de 350 millions environ d'individus (chiffre de 2015). Je l'ai déjà mentionné plus haut comme type familial nucléaire à corésidence temporaire patrilocale. Mais cette **famille nucléaire à corésidence patrilocale** est complétée, au Tamil Nadu, au Karnataka, en Andhra Pradesh et au Maharashtra, par un mécanisme endogame spécifique qui encourage **le mariage entre les enfants d'un frère et d'une sœur** (mariage préférentiel entre **cousins croisés**) mais interdit le mariage entre les enfants de deux frères ou les enfants de deux sœurs. Au Tamil Nadu, cœur de l'Inde dravidienne, le **mariage oblique** entre un homme et la fille de sa sœur aînée est également bien représenté. Mariages obliques et entre cousins croisés expriment l'importance de l'affection entre frère et sœur. Le lien frère-sœur modère la patrilocalité dans l'établissement du jeune couple, qui coréside un temps avec les parents du mari, puis s'installe à proximité. Le principe de masculinité est donc relativisé. Ajoutons qu'aucune valeur d'égalité n'est observable dans ce type anthropologique dont l'axe principal frère-sœur exclut tout principe de symétrie. L'Inde du Sud, en dépit de son système de parenté plutôt exotique d'un point de vue exogame et bilatéral européen, présente quelques éléments fort compatibles avec le monde anglo-américain, par son absence de principe d'égalité et un statut plutôt bon des femmes. Il ne serait donc pas absurde de donner à l'Inde du Sud un statut de membre associé ou de *junior partner* dans l'anglosphère. Je lui affecterai tout de même une patrilinéarité de niveau 1, comparable à celle de la famille-souche allemande ou japonaise.

Dernier point à garder présent à l'esprit pour bien suivre la description de l'histoire exposée dans ce livre : le « modèle inverse » de l'histoire de la famille nous révèle une séquence historique fondamentale menant de la famille nucléaire (patrilinéarité de niveau 0) à la famille-souche (patrilinéarité de niveau 1), puis de la famille-souche à la famille communautaire exogame (patrilinéarité de niveau 2), puis enfin à la famille communautaire endogame (patrilinéarité de niveau 3).

# Chapitre 1

# La différenciation des systèmes familiaux : l'Eurasie

Il y a environ 200 000 ans a émergé en Afrique le type dit *homo sapiens,* avec ses caractéristiques physiques essentielles de posture sur deux jambes et de taille du cerveau. Son prédécesseur, *homo erectus,* apparu il y a 1,8 million d'années, avait déjà maîtrisé le feu (vers – 400 000 ans, plus ou moins 100 000 ans). Un cran plus haut dans l'échelle de l'évolution, *homo habilis,* identifiable il y a 2,4 millions d'années, savait utiliser des pierres taillées comme outils.

L'histoire d'*homo sapiens* s'est poursuivie par sa dispersion sur l'ensemble de la planète. Chasseur-cueilleur, il sort vers – 100 000 de son continent d'origine et passe sur la frange sud du Moyen-Orient. Il atteint l'Inde du Sud vers – 60 000, puis l'Australie, la Chine du Sud et l'Europe du Sud vers – 40 000. L'Europe de l'Ouest accueille *homo sapiens* aux alentours de – 25 000. À la même époque, le détroit de Behring est franchi. L'Amérique du Sud est pénétrée il y a 15 000 ans, la Scandinavie, le nord de la Sibérie et du Canada il y a 10 000 ans. Enfin, il y a 6 000 ans seulement, des populations de langue austronésienne partent de Taiwan pour coloniser les Philippines, Bornéo, la Malaisie et l'Indonésie, pour finalement atteindre Madagascar vers l'an 0 et la Nouvelle-Zélande vers 1250-1300 de notre ère. Ces Austronésiens connaissent l'agriculture. Toutes ces dates sont controversées et provisoires, particulièrement celles qui concernent les peuplements de la Chine et de l'Amérique[1].

La grande migration des chasseurs-cueilleurs n'a pas établi une carte définitive du peuplement humain. L'invention de l'agriculture amorce de nouveaux mouvements parce que celle-ci est naturellement expansive. Les maîtres de la nouvelle technique constatent vite que les terres fraîchement défrichées sont particulièrement productives, et les premiers paysans partent à leur tour à la conquête de la terre, recouvrant, assimilant, éliminant les chasseurs-cueilleurs qu'ils trouvent sur leur chemin. L'homme reste donc mobile. D'autant que l'invention de l'élevage nomade, postérieur à celui de l'agriculture, relance encore le mouvement, à plusieurs reprises, utilisant successivement l'âne, le cheval, le chameau et le dromadaire.

Peu de sujets font autant rêver que les migrations originelles des chasseurs-cueilleurs. Les restes fossiles des humains et de leurs productions ne sont plus les seules données disponibles pour reconstruire leur histoire. La génétique moderne permet de reconstituer leurs mouvements anciens. L'analyse du génome humain mènera peut-être un jour à une carte et à une chronologie définitives du mécanisme de dispersion. Pour l'heure, archéologues et généticiens sont souvent en désaccord, sans d'ailleurs que les généticiens eux-mêmes soient vraiment d'accord entre eux. Une certaine licence poétique règne sur cette science nouvelle. Les analyses signalent des goulets d'étranglement génétiques lors du passage des premiers hommes au Moyen-Orient, lors du franchissement du détroit de Behring ou de l'isthme de Panama :

---

1. Pour l'Amérique, les estimations de la date du peuplement (qui a pu inclure plusieurs vagues migratoires) varient entre 30 000 et 10 000 ans AEC.

chaque fois, la petite taille du groupe migrant entraîne un « effet fondateur[1] » par « appauvrissement » du génome. L'Afrique conserverait, quant à elle, une diversité génétique maximale, issue de la longue et chaotique émergence de l'espèce humaine sur ce continent[2].

Nous sentons monter aujourd'hui l'effet hypnotique d'une génétique qui prétend saisir, au plus profond de l'être humain, des caractères biologiques immuables. Le chromosome masculin Y et l'ADN mitochondrial féminin ont succédé aux groupes sanguins A, B, AB et O pour essentialiser les appartenances, tailler plus fin les groupes, et permettre l'étude des lignages selon le sexe. La fascination qu'exercent ces caractères stables et transmissibles est légitime. La génétique différentielle selon le sexe a ainsi conduit, par exemple, à la découverte d'une transmission du judaïsme à l'Europe par des individus masculins venus de la Méditerranée[3]. Cet élément patrilinéaire nouveau nous conduira dans ce livre, après confrontation aux débats rabbiniques sur le rôle des pères dans l'éducation des enfants et sur la conversion des femmes, à une interprétation raisonnable de la tardive « matrilinéarité » juive.

L'historien des formes sociales doit toutefois enregistrer avec prudence, et même souvent avec scepticisme, les

---

1. *Founder effect*.

2. Brenna M. Henna, Luigi Luca Cavalli-Sforza et Marcus W. Feldman, « The Great Human, Expansion », in Proceedings of the National Academy of Sciences, vol. 109, n° 44, octobre 2012. Voir aussi Luigi Luca Cavalli-Sforza, Paolo Menozzi et Alberto Piazza, *The History and Geography of Human Genes*, Princeton, Princeton University Press, 1994.

3. Marta D. Costa, Martin B. Richards et *al.*, « A Substantial Prehistoric European Ancestry amongst Ashkenazi Maternal Lineages », http://www.nature.com/ncomms/2013/131008/ncomms3543/full/ncomms3543.html.

avancées de la génétique des populations. Le plus souvent, l'analyse de gènes invisibles à l'œil nu ne mène guère plus loin que l'examen de différences phénotypiques banales, comme la couleur de la peau ou les traits du visage. Les cartes génétiques récentes nous donnent ainsi l'Afrique, l'Inde du Sud et l'Australie comme zones anciennement peuplées et proches par le génome. Mais nous savons depuis longtemps que ce sont aussi les régions où la peau des individus est la plus sombre, effet d'une proximité génétique qui n'a pas été altérée par un long séjour à des latitudes élevées et peu ensoleillées. L'anthropologie la plus traditionnelle nous avait aussi révélé la similitude des visages dravidiens du sud de l'Inde et de ceux des Aborigènes d'Australie, qui établit sans aucun doute possible la proche parenté des deux populations[1]. La génétique récente confirme ici ce que tout le monde savait sans ajouter, par ailleurs, à la précision des datations.

L'analyse de différences génétiques secondaires entre sous-groupes humains présente cependant un intérêt réel dans plusieurs domaines, et en premier lieu lorsque les variations biologiques ont des implications médicales. Notons la vulnérabilité des enfants africains à la rougeole et celle des Australiens d'origine britannique au cancer de la peau[2]. La transmission hétérosexuelle spécifique du virus HIV au sein des populations d'origine africaine est une donnée indispensable à la prévention. Mais nous devons admettre que, pour qui s'intéresse aux éléments sociaux de l'histoire humaine des 10 000 ou des 12 000 dernières années – qui incluent la sédentarisation, l'invention de l'agriculture, la diversification des structures familiales,

---

1. Adolphus P. Elkin, *Les Aborigènes australiens*, Paris, Gallimard, 1967, p. 29.
2. Voir l'excellent *Principles of Evolutionary Medicine* de Peter Gluckman, et *al.*, Oxford, Oxford University Press, 2009.

**Carte 1.2. Les principaux systèmes familiaux de l'Eurasie**

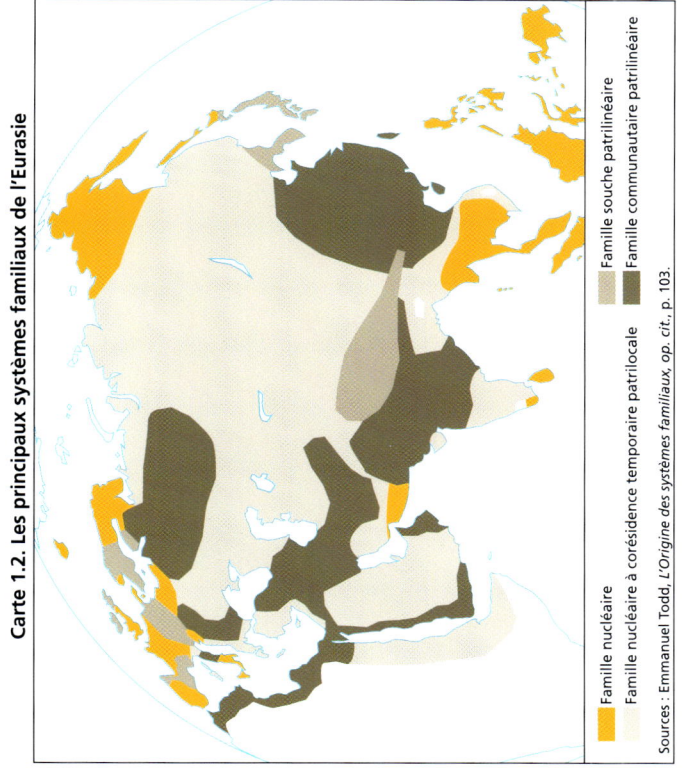

Famille nucléaire

Famille nucléaire à corésidence temporaire patrilocale

Famille souche patrilinéaire

Famille communautaire patrilinéaire

Sources : Emmanuel Todd, *L'Origine des systèmes familiaux*, op. cit., p. 103.

## Carte 2.1. Famille communautaire et famille indépendante en Afrique

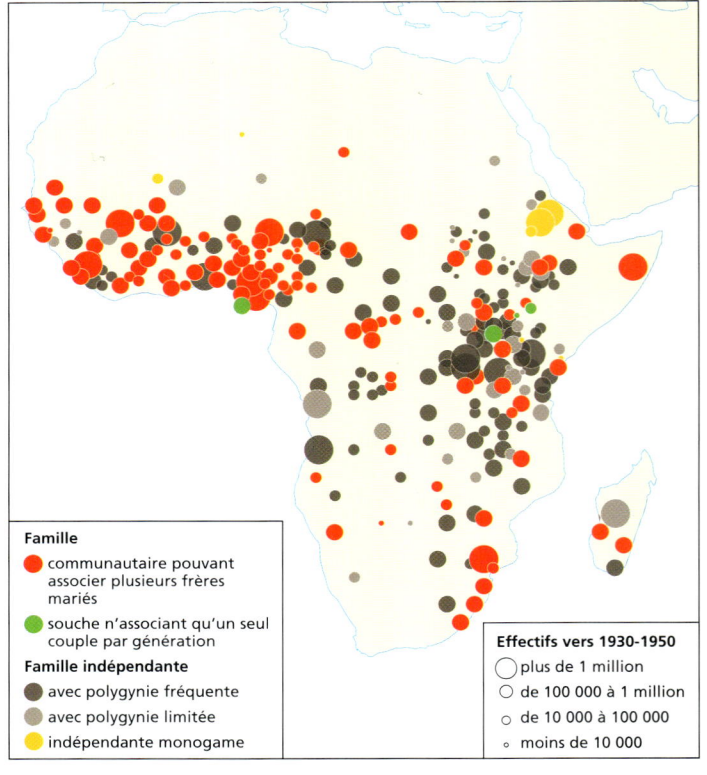

**Famille**

🔴 communautaire pouvant associer plusieurs frères mariés

🟢 souche n'associant qu'un seul couple par génération

**Famille indépendante**

⚫ avec polygynie fréquente

⚪ avec polygynie limitée

🟡 indépendante monogame

**Effectifs vers 1930-1950**

◯ plus de 1 million

○ de 100 000 à 1 million

○ de 10 000 à 100 000

∘ moins de 10 000

l'émergence de la ville et celle de l'État –, ces recherches génétiques sont le plus souvent inutiles. La séparation des groupes est trop récente pour que les différences génétiques aient atteint l'ampleur nécessaire pour provoquer une divergence des instincts, des aptitudes et des goûts.

Ce que nous montre l'histoire, au contraire, c'est une étonnante aptitude des populations humaines dispersées à inventer des techniques et des formes sociales analogues, et à se les transmettre. L'agriculture est née au Moyen-Orient, en Chine, en Nouvelle-Guinée, en Afrique, en Amérique du Centre et du Sud. Chacune de ces émergences agricoles a conduit, dans chacune des populations concernées, à une invention du principe patrilinéaire. La coutume de transmission si typée de l'héritage par le fils aîné est de toutes les couleurs : nous la constatons, à des dates diverses, en Afrique, au Moyen-Orient, en Chine, au Japon, en Polynésie, en Europe et chez les Indiens du Nord-Ouest américain. L'histoire des systèmes familiaux humains peut, pour l'essentiel, s'écrire sans référence à la biologie.

## La révolution néolithique

La dispersion des chasseurs-cueilleurs a donc été suivie par la sédentarisation et par une invention de l'agriculture par plusieurs groupes humains séparés. Le Moyen-Orient effectua le premier ce grand saut, avec une première sédentarisation et une première émergence agricole dans le croissant fertile vers 9000 (AEC). Il fut suivi par la Chine des vallées du Yangtze et de la rivière Jaune vers 8000 AEC. L'horticulture néo-guinéenne se développa également à partir de 7000 AEC. On admet aujourd'hui un pôle autonome subsaharien en Afrique de l'Ouest, 3000 à 2000 ans AEC. Au centre du Mexique et au nord de l'Amérique andine, un double foyer émergea entre 3000 et 1000 AEC. Certains chercheurs identifient un pôle d'innovation dans l'est des États-Unis vers 2000-1000 AEC. L'invention de l'agriculture aussi fut de toutes les couleurs.

6 000 ans après l'invention de l'agriculture commence la différenciation des types familiaux, d'abord par l'émergence de la primogéniture à Sumer, au sud de la Mésopotamie, durant le III$^e$ millénaire AEC. Selon le modèle que je vais présenter, l'essentiel de la différenciation des systèmes familiaux humains s'est produit durant les 5 000 dernières années. Je me contenterai de décrire à grands traits cette histoire des types anthropologiques, renvoyant pour les détails et la démonstration au tome I de *L'Origine des systèmes familiaux*, que j'ai publié il y a peu. Dans cet ouvrage, j'analyse et je cartographie méthodiquement les structures familiales de 215 populations d'Eurasie ; son introduction générale intègre les groupes d'Amérique et d'Afrique indispensables à la démonstration générale. *L'Origine des systèmes familiaux* (dorénavant *OSF*) est la banque de données principale sur laquelle s'appuie la description qui suit de la diversification familiale.

J'ajouterai cependant au chapitre 2 du présent essai quelques résultats issus du tome II (à paraître) de *L'Origine des systèmes familiaux*, qui sera consacré à l'Afrique, aux Amériques et à l'Océanie, mais uniquement pour les groupes humains qui, densifiés par l'agriculture, ont survécu à la colonisation européenne : dans les Amériques centrale et andine, en Nouvelle-Guinée et surtout en Afrique. Ces populations comptent aujourd'hui des millions d'individus, elles sont entraînées dans la globalisation économique et leur exclusion n'aurait aucune justification. Par ailleurs, les importantes populations d'origine africaine des États-Unis, du Royaume-Uni et de France, celles d'origine mexicaine des États-Unis, sont, avec bien d'autres, aspirées par la modernité la plus avancée et la connaissance de leurs structures familiales originelles ne saurait être dépourvue d'intérêt.

## De la famille nucléaire à la famille communautaire en Eurasie

Notre reconstitution de l'histoire des systèmes familiaux part de la localisation géographique des types à la veille de l'urbanisation. Elle utilise une logique interprétative qui était assez banale pour la linguistique et l'anthropologie antérieures à la Seconde Guerre mondiale : *le principe du conservatisme des zones périphériques* (PCZP). Cette puissante hypothèse explicative permet de lire l'histoire dans l'espace : les formes les plus archaïques (linguistiques, architecturales, culinaires ou familiales) survivent à la périphérie des espaces culturels. L'ancienneté de certains types ainsi établie par la géographie, on peut affiner et dater la séquence des transformations en utilisant la documentation écrite qui a survécu.

**Carte 1.1. Le conservatisme des zones périphériques**

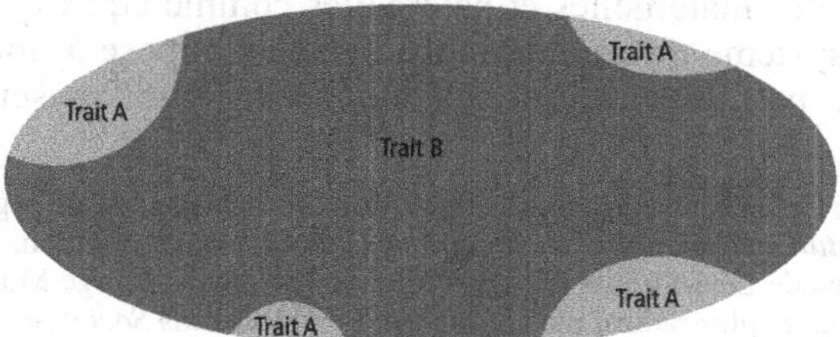

Sources : Emmanuel Todd, *L'Origine des systèmes familiaux*, Paris, Gallimard, 2011, p. 24.

Le PCZP a été temporairement occulté par le moment structuraliste initié conjointement par Claude Lévi-Strauss (1908-2009) en 1947 et George Peter Murdock (1897-1985) en 1949[1]. Son oubli a été la raison fondamentale de l'incapacité de l'anthropologie à atteindre des propositions explicatives synthétiques. Rien, pourtant, ne nous interdit de reprendre l'analyse par la cartographie et par le PCZP là où l'avait laissée l'anthropologie d'avant-guerre, mais sur la base d'un corpus de données fortement enrichi par les recherches monographiques des années 1960 à 2010.

Si un trait A caractérise plusieurs poches placées sur la périphérie d'un trait B, couvrant un espace central d'un seul tenant, nous pouvons supposer que A représente le trait ancien, qui occupait dans le passé l'ensemble de l'espace considéré, et B une innovation centrale qui s'est étendue vers la périphérie sans la submerger complètement. Plus le nombre des poches résiduelles A est élevé, plus l'interprétation est sûre. La carte planétaire des systèmes familiaux est sans appel. Sur la périphérie de l'Eurasie, nous trouvons des systèmes familiaux nucléaires, insérés dans des structures de parenté indifférenciées (ou bilatérales, ou cognatiques) traitant les parentés maternelles et paternelles comme équivalentes. Un système de parenté indifférencié s'oppose à un système patrilinéaire, qui sélectionne la lignée masculine

---

1. On en trouve encore des traces dans les notes en bas de page des *Structures élémentaires de la parenté* (Paris-La Haye, Mouton, 1967) de Claude Lévi-Strauss (p. 176-177 et p. 404), mais George Murdock est encore plus radical puisqu'il pose d'emblée, dans *Social Structure* (New York, Macmillan Company, 1949), le refus de l'analyse des contiguïtés spatiales comme un principe. Son utilisation du coefficient de corrélation simple pour établir des rapports entre les traits exclut d'ailleurs *a priori* la proximité dans l'espace comme facteur.

pour la transmission des statuts et des biens, et à un système matrilinéaire, qui privilégie la lignée féminine.

Regardons la carte en couleur page 64A. Tournons autour de l'Eurasie dans le sens des aiguilles d'une montre. La famille nucléaire, insérée dans un système de parenté indifférencié, peut être identifiée en Italie du Sud, en Espagne centrale et du Sud, au Portugal, dans la France du Nord, en Angleterre, dans la partie maritime des Pays-Bas, en Islande, au Danemark, au sud de la Norvège, au nord de la Suède, dans les groupes lapons de Scandinavie et de Russie, parmi les Tchouktches, les Youkaghirs et les Eskimos du Nord-Est sibérien, chez les Aïnous au nord du Japon, aux Philippines, en Indonésie, au Cambodge, en Thaïlande, en Birmanie, chez les Aborigènes des îles Andaman et au Sri Lanka, chez les chrétiens du Kerala au sud-ouest de l'Inde. C'est le trait A conservateur, archaïque, du schéma théorique dessiné plus haut, incarné ici dans la réalité des structures anthropologiques. Pour le trait B, innovateur, la patrilinéarité, notons les familles communautaires d'Italie centrale, de Serbie, de Russie, de Chine, du Vietnam, de l'Inde du Nord, du Pakistan, d'Iran, de Turquie orientale, du monde arabe. Les types familiaux des nomades de la steppe – Mongols, Kazakhs, Turkmènes – sont caractérisés par une organisation patrilinéaire souple, qui associe dans des campements mobiles des familles nucléaires apparentées par les mâles (famille nucléaire à corésidence temporaire patrilocale). Ensemble, types familiaux communautaires patrilinéaires et nucléaires patrilocaux constituent un magnifique bloc d'un seul tenant qui occupe le cœur, et en vérité la plus grande partie, de la masse eurasiatique.

Observons sur cette carte la position intermédiaire de la famille-souche : distincte en Allemagne, en Suède, au Japon, en Corée, entremêlée à la famille nucléaire égalitaire en Occitanie et au nord de la péninsule Ibérique, à la famille nucléaire absolue en Norvège occidentale et en Écosse. La famille-souche tibétaine est, quant à elle, placée sur une frontière d'altitude.

Sur la périphérie du bloc patrilinéaire, on peut trouver quelques formes matrilinéaires au Kerala (Inde du Sud-Ouest) et dans des poches isolées au sud de la Chine. En Asie du Sud-Est, la famille nucléaire du jeune couple, matrilocale, reste proche de celle des parents de l'épouse, phénomène fréquent en Birmanie, au Cambodge et en Malaisie, encore plus net en Thaïlande, à Sumatra et à Java. Les systèmes de parenté de l'Asie du Sud-Est sont toutefois décrits par les anthropologues comme indifférenciés dans la grande majorité des cas, avec l'exception de la matrilinéarité des Menangkabau de Sumatra. La religion est ici clairement déconnectée du tissu familial puisque ces pays peuvent être soit bouddhistes, soit musulmans.

J'ai interprété dans *OSF* la matrilocalité de l'Asie du Sud-Est comme l'effet d'une réaction aux vagues de patrilinéarité – indienne, chinoise, puis arabe – qui ont transformé l'Asie. Pour le dire avec les mots du sociologue Gabriel de Tarde (1843-1904), cette réaction est une *contre-imitation* et, si l'on préfère ceux de l'ethnopsychiatre Georges Devereux (1908-1985), on parlera d'*acculturation négative dissociative*. L'innovation patrilinéaire, c'est-à-dire la primauté des hommes dans la définition du lignage, est rejetée. La réaffirmation du rôle des femmes conduit à faire de celles-ci, à l'inverse, alors que ne l'exigeait pas le système originel indifférencié, l'élément clef du dispositif de transmission des identités et des biens, aboutissant à une contre-innovation matrilinéaire. La formule matrilinéaire abolit, aussi sûrement que le principe patrilinéaire, l'indifférenciation du système de parenté, mais elle conduit à des constructions anthropologiques paradoxales dans lesquelles les femmes oscillent sans cesse entre l'autorité de leur frère et celle de leur époux.

Les types matrilinéaires se trouvent, comme la famille-souche, sur le front de progression du principe patrilinéaire, et c'est pourquoi ces formes sont souvent voisines sur la carte, ou même confondues. La primogéniture peut même être matrilinéaire, comme chez les Garo des collines de l'Assam, au nord-est de l'Inde. C'est alors une fille aînée qui succède. Chez les Khasi, tous proches, c'est la plus jeune qui est désignée (ultimogéniture). Le plus souvent, l'aîné joue un rôle particulier dans la mécanique des systèmes familiaux matrilinéaires.

La géographie nous donne ici la clef de l'histoire. Nous pouvons lire directement dans l'espace le travail du temps, nous voyons la mutation patrilinéaire transformer les formes familiales, progresser par vagues vers une périphérie jamais atteinte. Aboutie, la mutation patrilinéaire conduit au type anthropologique le plus lourd, la famille communautaire, association du père et de ses fils mariés. Amorcée, elle n'engendre que la primogéniture masculine et la famille-souche.

Un examen attentif des systèmes familiaux patrilinéaires dans l'espace eurasiatique nous révèle cependant l'existence, ainsi qu'il a été noté plus haut, entre les pôles pleinement communautaires du Moyen-Orient, de Chine, d'Inde du Nord, de Russie, de Serbie ou d'Italie centrale, de vastes espaces occupés par des systèmes de parenté, certes, patrilinéaires mais qui se contentent de lier des familles nucléaires sans que l'on constate la naissance de gros ménages communautaires. La steppe menant de la Mongolie à l'Ukraine constitue, de loin, la masse géographique la plus importante où les familles nucléaires sont associées par des liens patrilinéaires. Mais l'Albanie et l'Italie du Nord (Vénétie exceptée) relèvent aussi de la catégorie « famille nucléaire patrilocale ». Un modèle de diffusion complet doit expliquer cette hétérogénéité de la patrilinéarité eurasiatique. Pour ce faire, nous devons recourir aux sources historiques.

La documentation qui a survécu révèle, dans diverses zones d'émergence et de densification agricole, plusieurs pôles d'innovation patrilinéaire. La primogéniture masculine représente à chaque fois le premier stade de la mutation. Nous la voyons inventée à Sumer au III<sup>e</sup> millénaire AEC, en Chine au tournant des II<sup>e</sup> et I<sup>er</sup> millénaires AEC. Dans ces deux cas, l'innovation semble endogène. Nous sentons en revanche l'influence de la Mésopotamie dans les primogénitures apparues plus tardivement en Inde du Nord et en Europe : la double part de l'aîné, typiquement sumérienne, se retrouve dans les lois indiennes de Manou et dans la Bible, deux textes dont la lecture n'a pu qu'aider à concevoir la primogéniture là où ils furent lus[1].

La primogéniture masculine permet de transmettre sans le diviser un bien foncier, minuscule ou immense. L'apparition d'un monde rural plein, coiffé d'un système politique qui contrôle l'ensemble de l'espace régional, est la condition de base de son émergence, dans la paysannerie comme dans l'aristocratie. Tant qu'existent des terres à conquérir, l'émigration des enfants, nobles ou roturiers, à mesure qu'ils atteignent l'âge adulte, rend inutile un privilège de l'aîné. Lorsque la terre devient rare, celui-ci peut apparaître. La famille-souche se développe ensuite comme une conséquence logique de la primogéniture : en milieu paysan, le choix d'un héritier unique entraîne peu à peu la corésidence de deux générations adultes, selon un mécanisme qui tend à se rigidifier. Nous constatons

---

1. J'avais oublié de mentionner, dans les chapitres de *OSF* consacrés à l'Europe, l'obsession biblique du droit d'aînesse (lourdement reprise par saint Augustin dans *La Cité de Dieu*) comme un élément culturel important pour comprendre la naissance de la famille-souche européenne. Un peu l'équivalent, si l'on veut, du code Tang chinois au Japon.

ici un premier phénomène d'accentuation avec le temps d'un trait et d'un système familial.

Les données historiques et anthropologiques nous révèlent une famille-souche qui préfère désigner l'aîné des fils comme héritier dans 75 % des cas. Si nous ne nous contentons pas de compter les types de famille-souche observés en Eurasie mais pondérons le calcul par leurs masses démographiques respectives, nous obtenons une primogéniture masculine qui organise 95 % de l'humanité « souche ». Ce type familial exprime donc bien l'émergence du principe patrilinéaire. Mais celui-ci n'est encore à ce stade qu'imparfait. Car si un homme n'a pas de fils, une fille sera le vecteur chargé de transmettre le bien familial, phénomène que l'on peut observer dans le Moyen-Orient ou l'Inde antique, au Japon ou en Europe entre le XIVᵉ et le XIXᵉ siècle. De plus, la primogéniture masculine classe *a priori* les fils cadets avec les filles dans la même catégorie des non-héritiers. Pour ces raisons, la famille-souche ne représente que le stade 1 de l'émergence patrilinéaire. Les systèmes de parenté qui englobent l'unité familiale et domestique souche restent le plus souvent placés par les anthropologues dans la catégorie « bilatérale » ou « indifférenciée »[1].

Autour de l'axe vertical défini par la primogéniture masculine, parentés paternelles et maternelles gardent des importances équivalentes. La diffusion du principe patrilinéaire imparfait de la famille-souche va cependant conduire par étapes à sa systématisation et à son accentuation.

Au nord de Sumer et de la Chine antique, la patrilinéarité fut transmise aux nomades voisins, dont le

---

1. La terminologie de parenté allemande ne diffère guère de la nôtre. Pour le Japon, voir Chie Nakane, *Kinship and Economic Organization in Rural Japan*, Londres, The Athlone Press, 1967, p. 32-33.

système de parenté était indifférencié. Ces éleveurs ne pouvaient qu'admirer, envier et imiter les innovations techniques et sociales des civilisations sédentaires. Les éleveurs nomades n'avaient cependant que faire de la primogéniture, dont la fonction première est de transmettre un bien immobile, exploitation agricole ou fief. Ils ont cependant trouvé une application innovante du principe de supériorité masculine : l'utiliser pour symétriser les positions des fils dans la vie du groupe. Leurs ménages, restés nucléaires, seront désormais liés les uns aux autres par le principe patrilinéaire. Au Moyen-Orient, les généalogies claniques ont donné aux Amorrites du désert syrien, puis aux Araméens, puis aux Arabes, l'architecture sociale et militaire qui leur a permis de conquérir la Mésopotamie et l'Afrique du Nord. Au cœur de l'Asie, le clan patrilinéaire a donné aux Huns de la steppe turco-mongole et à tous leurs successeurs l'instrument qui a assuré leur supériorité militaire sur leurs voisins sédentaires de Chine, d'Inde du Nord et d'Europe de l'Est.

Le principe patrilinéaire définit un ordre, un classement de tous les hommes, de tous les guerriers. Un clan est une armée dans le civil, mieux : une société civile faite pour la guerre. La conquête est son destin. Sa vocation prédatrice a été théorisée par Marshall Sahlins en 1961. Mais Frank Lorimer soulignait déjà en 1954, sur la base de données africaines, que les systèmes unilinéaires (c'est-à-dire patri- ou matrilinéaires) favorisaient la fécondité et conduisaient les groupes à une expansion démographique qui entraînait elle-même une compétition pour le contrôle des ressources alimentaires[1]. Il serait toutefois injuste d'oublier Rome

---

1. Marshall D. Sahlins, « The Segmentary Lineage : An Organization of Predatory Expansion », *American Anthropologist*, New Series, vol. 63, n° 2, part 1, avril 1961, p. 322-345 et Frank Lorimer, *Culture*

dans la description de l'univers de prédation et de conquête engendré par le clan patrilinéaire.

Rendus militairement irrésistibles par leur organisation patrilinéaire symétrisée, les nomades du désert ou de la steppe ont pu asservir les sédentaires mésopotamiens ou chinois qui les avaient éduqués. Ils payent alors leur dette patrilinéaire, si l'on peut dire, en transformant par la domination politique la famille-souche des sédentaires en famille communautaire (*OSF*, p. 146-154 et p. 555-558). La famille communautaire patrilinéaire ajoute à l'autoritarisme de la famille-souche la symétrie des frères du clan nomade. La séquence se reproduit en Inde du Nord (*OSF*, p. 227-232), où l'innovation « souche » n'est pas indépendante, et peut-être en Russie du Nord-Ouest, très tardivement, parce que s'y superposent à partir du XIIIe siècle les influences de la famille-souche germanique et du clan patrilinéaire mongol (*OSF*, p. 368).

La symétrie des fils, désormais associés dans l'exploitation agricole, rend le principe patrilinéaire absolu. En l'absence d'héritiers mâles, la famille ne peut survivre. Le statut de la femme baisse encore d'un cran. Voici défini un stade 2 de la patrilinéarité. Mais l'évolution se poursuit par une accentuation autonome du trait avec le passage du temps. Un stade 3 de la patrilinéarité est progressivement atteint au Moyen-Orient et en Inde du Nord où la situation des femmes tombe à des niveaux d'oppression impressionnants.

La carte de la patrilinéarité et du communautarisme eurasiatique est désormais constituée. Les sociologues

---

*and Human Fertility. A Study of the Relations of Cultural Conditions to Fertility in Non-industrial and Transitional Societies*, Paris, Unesco, 1954, notamment p. 90-94. Lorimer reprend les conclusions de Lowie sur le caractère primordial de la famille nucléaire et l'association entre structures complexes et développement. À ce stade, l'association entre usage du fer et patrilinéarité est apparente (p. 63).

et les anthropologues des XIXe et XXe siècles la tracèrent, peuple après peuple, région après région. Le poids démographique des masses paysannes chinoises, indiennes, arabes ou russes a réduit l'importance des systèmes nucléaires et patrilinéaires des nomades de la steppe eurasiatique ou du Moyen-Orient. Reste que les armées soviétique puis américaine ont pu tester l'aptitude à la guerre des clans patrilinéaires pashtoun d'Afghanistan. L'efficacité prédatrice du clan permet d'expliquer aussi l'incapacité des Occidentaux à contrôler la Somalie et, pour une part, l'expansion soudaine de Daech entre l'Irak et la Syrie.

## Émergence tardive de la famille-souche en Europe, au Japon et en Corée

Sur les deux bords de la masse communautaire eurasiatique, les familles-souches européennes de l'Ouest, d'une part, japonaise et coréenne, d'autre part, sont joliment symétriques, ainsi que le montre *The Stem Family in Eurasian Perspective*, publié sous la direction d'Antoinette Fauve-Chamoux et Emiko Ochiai[1]. À l'Ouest comme à l'Est, la primogéniture masculine est apparue au Moyen Âge.

En Europe, l'aristocratie franco-normande fut innovatrice, au XIe siècle, par son adoption de la primogéniture (*OSF*, p. 439-440). La forme souche a certes touché les paysanneries à partir du XIIIe siècle, mais celle-ci ne s'est implantée en profondeur que dans certaines régions : dans le monde germanique, en Occitanie, en Catalogne, au Pays basque, en Suède, en Norvège occidentale. Nous allons retrouver dans ces régions, à l'âge postindustriel,

1. Berne, Peter Lang, 2009.

des « cultures souches » toujours actives. Dans le Bassin parisien, la population a résisté à la primogéniture : on peut même dire qu'elle s'est définie contre elle. L'égalitarisme du commun s'y est opposé à la primogéniture noble (*OSF*, p. 455). En Allemagne, bizarrement mais logiquement, l'inverse s'est produit : la primogéniture paysanne ayant fini par s'identifier à la notion même de servitude, l'aristocratie a, pour affirmer sa liberté, effectué, à partir du XIV⁰ siècle, un retour au principe d'égalité et de division des biens, devenu marqueur de l'identité nobiliaire (*OSF*, p. 440-441). David Le Bris a observé un phénomène analogue d'égalitarisme des élites dans le Toulousain médiéval[1]. J'étudierai, au chapitre 8, l'impact de la primogéniture franco-normande sur le système familial anglais.

Au Japon, la noblesse a commencé de pratiquer la primogéniture masculine au XIII⁰ siècle, durant la période Kamakura (*OSF*, p. 179-180). Le droit d'aînesse a, par la suite, progressé dans la paysannerie jusqu'au XIX⁰ siècle. La mutation souche est plus tardive en Corée, puisqu'elle n'y fut amorcée qu'au milieu du XV⁰ siècle (*OSF*, p. 192).

Dans le cadre de ce livre de prospective, attentif aux phénomènes de divergence culturelle, il est essentiel de saisir que l'apparition de la primogéniture masculine fut tardive en Europe et sur la frange orientale de l'Asie. Il est encore plus important de comprendre à quel point la progression de la famille-souche fut progressive et lente. Nous devons à Akira Hayami pour le Japon, à Dionigi Albera pour l'arc alpin, une vision claire du processus. Au Japon, la systématisation de la primogéniture s'étendit sur des siècles, culminant à la fin du XIX⁰ siècle avec la

---

1. David Le Bris, William N. Goetzmann et Sébastien Pouget, « Alternative Paths to the Development of the Corporate Form », présenté à Florence le 1ᵉʳ mai 2016.

révolution de Meiji, qui l'a finalement inscrite dans le code civil national et appliquée à la famille impériale elle-même[1]. Dionigi Albera a, quant à lui, identifié une progression très tardive de la famille-souche, jusqu'au XIX<sup>e</sup> siècle dans les Alpes françaises[2]. La famille-souche irlandaise est également d'une implantation fort récente puisque l'indivision des biens, longtemps interdite par les Anglais, ne commença d'être appliquée dans l'île qu'après la grande famine des années 1844-1847 (*OSF*, p. 396-397 et p. 453). L'une des leçons importantes de l'anthropologie des systèmes familiaux est que l'histoire de l'Occident et du Japon est fort brève.

1. Akira Hayami, « The Myth of Primogeniture and Impartible Inheritance in Tokugawa Japan », *Journal of Family History*, vol. 8, n° 1, printemps 1983, p. 3-29.

2. Dionigi Albera, *Au fil des générations. Terre, pouvoir et parenté dans l'Europe alpine (XIV<sup>e</sup>-XX<sup>e</sup> siècles)*, Grenoble, Presses universitaires de Grenoble, 2011, voir notamment p. 484-491.

# Chapitre 2

# La différenciation des systèmes familiaux : l'Amérique indienne et l'Afrique

L'hypothèse d'une indifférenciation originelle des systèmes familiaux s'applique hors de l'Eurasie. Je m'en tiendrai ici à un examen des populations qui ont survécu à la conquête européenne, en Amérique, en Nouvelle-Guinée, en Afrique, et participent aujourd'hui au processus de globalisation économique.

## L'Amérique indienne

En tant que masses démographiques et anthropologiques, seuls les peuples qui pratiquaient une agriculture sédentaire au XV^e siècle de notre ère ont résisté, en Amérique, au choc de la colonisation européenne. L'analyse des systèmes anthropologiques des populations qui vivaient alors de la cueillette, de la chasse, de la pêche, ou même d'une agriculture itinérante sur brûlis – en Amérique du Nord, en Amazonie ou dans le cône austral du continent – sera certes nécessaire à une compréhension globale du processus de différenciation des types familiaux, et j'y procéderai dans le tome II de *L'Origine des systèmes familiaux*. Elle n'aurait guère d'utilité ici, dans un ouvrage dont le but est l'identification des dynamiques sociales à l'œuvre aujourd'hui. Les chasseurs-cueilleurs et les agriculteurs itinérants ont été marginalisés ou broyés par la conquête européenne. En revanche, un examen, même sommaire, des groupes de langue nahua au Mexique ou de langue aymara et quechua au Pérou, en Équateur et en Bolivie, présente un intérêt immédiat. Ces langues furent celles des Empires aztèque et inca, et elles sont encore parlées par des populations paysannes nombreuses, qui constituent toujours le fond démographique de leurs pays respectifs. Même là où le castillan l'a emporté, des systèmes familiaux anciens ont survécu ou se sont adaptés.

Le plateau central mexicain et les hautes terres andines nous permettent de vérifier l'association entre développement agricole endogène et mutation patrilinéaire. Les groupes ethnographiés dans ces zones font apparaître une patrilocalité intense : plus de 80 % des jeunes ménages qui corésident provisoirement avec leurs parents le font du côté de la famille du mari[1]. La séparation des générations

---

1. Hans Buechler et Judith-Maria Buechler, *The Bolivian Aymara*, New York, Holt, Rinehart and Winston, 1971 ; H. Tschopik, « The Aymara of Chucuito, Peru », *Anthropological Papers of the American Museum of Natural History*, vol. 44, n° 2, 1951 ; Jean-Louis Christinat, *Des Parrains pour la vie. Parenté rituelle dans une communauté des Andes péruviennes*, Neuchâtel, Éditions de l'Institut d'ethnologie et Paris, Éditions de la Maison des sciences de l'homme, 1989 ; William J. Mc Ewen, *Changing Rural Society. A Study of Communities in Bolivia*, Oxford, Oxford University Press, 1975 ; George Korb, *Ticaco : an Aymara Indian Community*, Ithaca, Cornell University Press, 1966 ; Hugo Nutini, *San Bernardino Contla. Marriage and Family Structure in a Tlaxcalan Municipio*, Pittsburgh, University of Pittsburgh Press, 1968 ; David L. Robichaux, « Residence Rules and Ultimogeniture in Tlaxcala and Mesoamerica », *Ethnology*, vol. XXXVI, n° 2, printemps 1997, p. 149-171 ; M. Salovesa, « Post-Marital Residence in San Bartolome de los Llanos, Chiapas », in Hugo Nutini et *al.*, *Essays on Mexican Kinship*, Pittsburgh, University of Pittsburgh Press, 1976, p. 207-217 ; Evon Vogt, *Ethnology. Handbook of Middle American Indians*, vol. 8, Austin, University of Texas Press, 1969 ; Marie-Noëlle Chamoux, *Indiens de la Sierra. La communauté paysanne au Mexique*, Paris, L'Harmattan, 1981.

n'est ensuite que très relative puisque l'installation en tant que ménage autonome se fait à proximité. Le plus jeune des fils reste pour prendre soin de ses parents âgés. Nous retrouvons donc, dans les zones d'émergence de l'agriculture américaine, la même combinaison de patrilinéarité et de construction étatique qu'en Mésopotamie, en Chine ou en Inde. L'association des trois variables – agriculture, patrilinéarité, État – n'est pas fortuite puisque, autour de ces pôles, les populations indiennes qui ont subsisté, sur la périphérie du Mexique, en Colombie ou au Venezuela, laissent apparaître des règles de résidence plus floues, parfois bilocales, souvent à dominante matrilocale.

Deux différences avec l'Eurasie doivent toutefois être notées : l'absence, dans ces régions d'émergence patrilinéaire, de primogéniture masculine, et l'absence d'une forme pleinement développée de la famille communautaire. Aucune règle de succession par l'aîné des fils n'existait dans les Empires aztèque ou inca. Parmi les populations indiennes du continent américain, la primogéniture masculine n'apparaît bien définie que chez certains groupes de pêcheurs de saumons de la côte nord-ouest de l'Amérique du Nord, qui ignoraient l'agriculture mais étaient sédentaires et supérieurement organisés. Les Kwakiutl en sont l'exemple type.

Pour ce qui concerne les populations agricoles, le fait de ne pas y trouver la primogéniture peut être expliqué de deux manières : soit parce qu'elle n'a jamais existé dans ces régions, soit parce qu'elle en a disparu.

L'absence d'observation durant et après la conquête européenne ne prouve pas, en effet, que le privilège de l'aîné n'a pas existé dans les Andes ou sur le plateau mexicain dans un passé plus lointain. Après tout, en Mésopotamie, en Chine ou en Inde du Nord, la famille observée au XXᵉ siècle par les anthropologues était communautaire, mais elle y avait recouvert un passé effacé de famille-souche. Dans tous ces cas cependant, nous trouvons dans les vieux codes la trace de la primogéniture ancienne. Et l'invention de l'écriture est toujours associée, en Eurasie, à l'émergence de la famille-souche. Sur ce point, un examen précis des textes mayas ou aztèques reste nécessaire. Mais nous disposons peut-être d'un autre genre de trace. Ainsi que l'a montré David Robichaux, *l'ultimogéniture*, succession par le dernier-né, atteint sur le plateau mexicain un niveau élevé de formalisation. Celui-ci évoque même une « famille-souche mesoaméricaine[1] » (*mesoamerican stem family*). Or j'étais arrivé à la conclusion, dans *OSF* (p. 140-142), que l'ultimogéniture des nomades de la steppe avait suivi la primogéniture de Chine, qu'elle en était la trace inversée. L'hypothèse de formes souches disparues ne peut être exclue dans le cas de l'Amérique centrale. Et il n'est pas impossible que le cas des Andes soit assez similaire. Jean-Louis Christinat nous décrit un mécanisme d'ultimogéniture bien formalisé dans une communauté aymara du Pérou, à une nuance près : si l'enfant dernier-né est une fille, c'est à elle que reviennent la maison et la charge des parents[2].

On ne trouve pas non plus dans les Andes ou sur le plateau mexicain, entre le XVIe et le XXe siècle, une famille communautaire pleinement développée. Une certaine confusion règne sur ce point si l'on considère l'ensemble des études monographiques, mais il semble bien que la patrilocalité n'y mène jamais au-delà d'une agrégation par proximité des familles nucléaires (*OSF*, p. 68-71). C'est, en un sens, normal : on ne trouve pas dans l'histoire de l'Amérique précolombienne, comme

---

1. David Robichaux, « Residence Rules and Ultimogeniture in Tlaxcala and Mesoamerica », *op. cit.*, p. 150.

2. Jean-Louis Christinat, *Des parrains pour la vie. Parenté rituelle dans une communauté des Andes péruviennes, op. cit.*, p. 20.

en Eurasie ou en Afrique, des populations nomades qui auraient acquis des sédentaires le principe patrilinéaire, développé une organisation clanique symétrisée, pour ensuite transformer par la conquête la famille-souche des sédentaires en un système communautaire.

Les données effectivement observables suggèrent donc une voie amérindienne spécifique vers la patrilocalité et la patrilinéarité, n'incluant pas la famille communautaire. L'invention de l'agriculture, en revanche, semble bien avoir été une condition nécessaire.

Nous n'en sommes ici qu'au stade des hypothèses. Rien ne nous permet d'affirmer que l'évolution vers la patrilinéarité est très ancienne en Amérique centrale et du Sud. Il n'est pas impossible qu'elle soit même postérieure à la conquête espagnole. Un recensement local du XVIe siècle concernant une population nahua révèle la présence massive de beaux-frères et de gendres dans des agrégats familiaux complexes, indicateur sans appel d'une bilatéralité persistante du système de parenté[1].

Ce qui est certain, en revanche, c'est que les zones patrilocales du plateau central mexicain et des Andes ont émergé d'une masse de systèmes familiaux où prédominaient des types nucléaires et indifférenciés, périphériques, donc, par rapport aux pôles de développement agricoles amérindiens. J'avais évoqué, dans mon introduction au tome I de *L'Origine des systèmes familiaux*, pour illustrer cette nucléarité et cette indifférenciation périphériques, les groupes Dene du bouclier arctique canadien, les Shoshone du bassin intérieur des montagnes rocheuses, les Nambikwara d'Amazonie, les Yaghan du sud de la Patagonie (*OSF*, p. 19). Aux alentours immédiats des

---

1. Robert McCaa, « The Nahua *calli* of Ancient Mexico. Household, Family and Gender », *Continuity and Change*, vol. 18, n° 1, 2003, p. 23-48.

pôles patrilocaux, comme sur une première couronne, on trouvait de nombreux systèmes familiaux à corésidence temporaire matrilocale, notamment en Amazonie et dans le sud des actuels États-Unis. Bien des problèmes secondaires restent à résoudre, tels que l'émergence matrilinéaire autonome de certaines populations d'Amérique du Nord-Ouest comme les Haïda, voisins des Kwakiutl – on observe à nouveau une proximité entre matrilinéarité et primogéniture –, mais il est clair que l'étude systématique des populations indiennes confirmera sans difficulté particulière l'hypothèse du caractère originel de la famille nucléaire, enserrée dans un réseau de parenté indifférencié. Cette évidence explique pourquoi des anthropologues américains comme Robert Lowie et George Murdock ont pu si facilement identifier la famille nucléaire comme primordiale dans l'expérience humaine[1].

## La Nouvelle-Guinée

Les populations papoues de Nouvelle-Guinée doivent aussi leur masse démographique et leur survie à l'agriculture – l'horticulture dans ce cas précis. La troisième plus grande île du monde est peuplée (chiffres de 2015) d'une dizaine de millions d'habitants, pour les trois quarts papous. Pôle d'émergence agricole, elle fut aussi un lieu d'innovation patrilinéaire, que je ne peux ici que mentionner. L'égalité d'héritage des fils y domine, mais on y trouve des traces très nettes de primogéniture[2].

1. Robert Lowie, *Primitive Society*, New York, Boni and Liveright, 1919, chapitre 4, et George Peter Murdock, *Social Structure, op. cit.*, chapitre 1.
2. J'utilise ici les données de *L'Atlas ethnographique* de Murdock. Traces de primogéniture chez les Siane, les Motu, les Manam, et les Abelam.

## *L'Afrique subsaharienne :*
## *une question de méthode et d'idéologie*

Je dois admettre le caractère bien embryonnaire de la description qui suit de l'histoire des systèmes familiaux africains, présenter mes excuses en quelque sorte. Elle ressemble davantage à un programme de recherche qu'à une étude aboutie. Elle est cependant indispensable à cette esquisse de l'histoire humaine.

D'abord, bien sûr, parce que l'Afrique existe en elle-même, continent en développement dont le poids démographique relatif s'accroît à l'échelle mondiale. Ensuite, et surtout, dans le contexte de ce livre qui admet le rôle leader du monde anglo-américain, parce qu'une vision correcte des sociétés africaines originelles est particulièrement nécessaire. Les États-Unis du début du IIIᵉ millénaire semblent toujours incapables d'échapper à leur organisation raciale originelle, qui avait désigné les « Noirs » comme une catégorie humaine à part. Il est donc essentiel de vérifier que les lois du développement familial identifiées pour l'Eurasie et l'Amérique indienne s'appliquent aussi au continent africain. Cette vérification va nous libérer des fausses pistes et des leurres qui présentent la situation américaine actuelle comme résultant d'une spécificité noire. L'Amérique fabrique elle-même ses « African-Americans ».

Comprendre le caractère endogène des conceptions raciales américaines ne devrait pas nous conduire à condamner spécifiquement les États-Unis. *Homo americanus* est présenté, dans cette esquisse de l'histoire humaine, comme fort proche par ses mœurs du type originel d'*homo sapiens*. Sa fixation sur les « Noirs » met seulement en évidence la tendance de n'importe quel groupe humain à se définir contre d'autres groupes humains. Ce n'est pas l'Amérique mais l'Humanité qui doit s'attacher à résoudre ce problème d'organisation raciale, ethnique et national. Je reviendrai sur ce point au chapitre suivant, lorsque je tenterai une reconstitution générale du système anthropologique de l'*homo sapiens* originel.

## L'Atlas ethnographique *de Murdock*

La géographie des types familiaux africains nous permet de confirmer sur une vaste échelle l'hypothèse de l'antériorité de la famille nucléaire[1]. Ce continent nous fournit, par ailleurs, un bel exemple de déconnexion historique entre le développement technologique et économique, d'une part, et l'évolution des formes familiales, d'autre part.

L'Afrique subsaharienne est la dernière partie du monde à atteindre le stade de l'alphabétisation universelle, et elle amorce à peine sa transition démographique, puisque la fécondité y restait encore, entre 2005 et 2010, de 5,4 enfants par femme pour un taux planétaire de 2,6[2]. Mais ses systèmes familiaux comptent parmi les plus évolués si l'on considère leur éloignement du type nucléaire originel. À la veille de la conquête européenne, on trouvait sur le continent africain des populations qui n'utilisaient pas en général l'écriture mais étaient organisées par des systèmes familiaux extrêmement complexes.

Commençons par le plus simple, et le plus décisif : le caractère nucléaire de la famille parmi les peuples

---

1. Les ouvrages de synthèse les plus accessibles sur les systèmes familiaux et de parenté africains sont ceux de George Peter Murdock, *Africa, its Peoples and Culture History*, New York, Mc Graw Hill, 1959, et de Jean Poirier et *al.*, *Ethnologie régionale*, tome I, *Afrique et Océanie*, Paris, Gallimard, 1972.

2. Henri Léridon, « Afrique subsaharienne : une transition démographique explosive », *Futuribles,* n° 407, juillet-août 2015.

africains considérés comme les plus « primitifs » : les Pygmées de la forêt équatoriale et les bushmen !Kung d'Afrique australe[1]. Les !Kung, en particulier, bien ethnographiés, sont considérés par Peter Gluckman et ses coauteurs de *Principles of Evolutionary Medicine* comme la population la plus proche du fond biologique ancien de l'humanité[2]. Famille nucléaire et statut élevé des femmes les caractérisent, sans que ces dernières soient cependant considérées comme semblables aux hommes. Une spécialisation sexuelle de la reproduction, du travail et des activités sociales en général fait partie du fond commun originel de l'humanité.

Mais nous pouvons aller plus loin. *L'Atlas ethnographique* de Murdock permet de cartographier, pour les peuples africains, la densité familiale et la règle de primogéniture, et d'ébaucher ainsi pour l'ensemble du continent un modèle de différenciation des types familiaux[3]. L'importance de la polygynie ajoute ici une dimension au processus de complexification et de divergence.

L'absence de sources écrites exclut cependant *a priori* une datation sûre de la plupart des éléments de la séquence. Émergence de l'agriculture, de l'élevage nomade, peuplement de la partie sud du continent par les agriculteurs bantous constituent autant de champs

---

1. La famille pygmée est influencée par les groupes patrilinéaires et patrilocaux environnants, mais demeure nucléaire. Voir George Peter Murdock, *Africa, its Peoples and Culture History, op. cit.* p. 51. Les Bushmen !Kung aussi sont influencés par leur environnement patrilinéaire, mais ils sont plus proches encore du type originel (*ibid.*, p. 55-56, et Lorna Marshall, « Marriage Among !Kung Bushmen », *Africa*, vol. XXIX, n° 4, 1959, p. 335-365).

2. Peter Gluckman et *al.*, *Principles of Evolutionary Medicine, op. cit.*, p. 141.

3. George Peter Murdock, « Ethnographic Atlas : a Summary », *Ethnology*, vol. VI, n° 2, 1967, p. 109-235.

d'affrontement entre spécialistes pour ce qui concerne la datation. Je ne ferai pas mieux pour situer avec précision dans le temps les innovations patrilinéaires, qu'elles soient souches ou communautaires, les réactions matrilinéaires, ou le rythme de diffusion et de renforcement avec le temps du principe patrilinéaire ou du taux de polygynie.

*L'Atlas ethnographique* de Murdock distingue les peuples selon que leur famille est *communautaire* (types plus ou moins étendus F et E), *souche* (type G qui n'associe qu'un couple parent et un couple enfant), ou *indépendante* (types P, Q, R, S, si la polygynie est fréquente, N si elle est limitée, M en cas de monogamie). La prédominance continentale de la polygynie nous interdit de conserver le terme de famille nucléaire : même en l'absence d'association complexe de frères mariés, ou de cohabitation d'un couple parent et d'un couple enfant, un homme marié indépendant circule entre plusieurs épouses, dont chacune habite parfois un logement distinct. Dans le cas de la famille indépendante, gardons à l'esprit l'existence de demi-noyaux constitués de groupe mère-enfants et d'un homme assurant comme il peut la stabilité du groupe familial.

*L'Atlas* nous permet aussi de distinguer les peuples selon la règle d'héritage, Pp indiquant dans la codification une primogéniture masculine. Murdock nous assure lui-même que cette donnée est l'une des moins fiables de ses tabulations, mais le traçage de cartes très significatives dément sa propre prudence. Synthèse des monographies réalisées de façon dispersée par les anthropologues de terrain, l'échantillon ne peut évidemment que contenir une multitude d'erreurs d'appréciation ou de codage. La mise en catégorie d'un peuple aura dépendu, successivement, du coup d'œil de l'anthropologue, le plus souvent non quantitatif, puis de l'évaluation par le codeur de la description. Dans le cas de l'Afrique, la projection des résultats sur des cartes donne cependant pour les variables qui nous intéressent des résultats très clairs. L'utilisation de points plus ou moins gros évoquant la taille des peuples (plus d'un million d'individus, de 100 000 à 1 million, de 100 000 à 10 000, moins de 10 000) nous permet de saisir, en plus des zones familiales, leurs densités à la veille de la grande expansion démographique postérieure aux années 1950.

La carte des systèmes familiaux africains nous permet d'identifier deux pôles d'innovation patrilinéaire, situés respectivement dans les deux grandes zones d'émergence de l'agriculture. Il s'agit encore des deux régions où la densité de population était particulièrement élevée à la veille de la colonisation. Je laisse de côté une troisième région bien peuplée, plus au nord, l'Éthiopie chrétienne, traitée dans *OSF* comme une extension de la sphère eurasiatique. Rappelons toutefois que la famille nucléaire Amhara des hautes terres éthiopiennes vérifie parfaitement le modèle d'une forme nucléaire archaïque protégée par sa position géographique périphérique.

## La famille communautaire de l'Afrique de l'Ouest

L'Afrique de l'Ouest fut l'un des lieux d'émergence de l'agriculture, phénomène identifié dès 1958 par George Murdock. Celui-ci avait situé le foyer d'innovation agricole près des sources du Niger, à 1 600 kilomètres de l'océan Atlantique[1]. L'autonomie complète de cette émergence est encore discutée[2]. Mais nous trouvons par

---

1. George Peter Murdock, *Africa, its Peoples and their Culture History*, op. cit., p. 67.
2. Peter Bellwood, *First Farmers. The Origins of Agricultural Societies*, Oxford, Blackwell, 2005, chapitre V.

la suite en Afrique de l'Ouest l'association habituelle entre innovation agricole, patrilinéarité et communautarisme, déjà observée en Mésopotamie, en Chine et en Inde du Nord. Les données de *L'Atlas ethnographique*, projetées sur la carte en couleur 2.1 présentée plus haut, page 64B, mettent en évidence une concentration à l'ouest de l'Afrique des formes communautaires, le reste du continent étant clairement dominé par divers types de familles *indépendantes*. La meilleure description monographique de la famille communautaire de l'Ouest africain reste sans doute celle qu'avait réalisée Meyer Fortes (1906-1983) pour les Tallensi du nord du Ghana et de la Côte d'Ivoire[1].

Autour du pôle communautaire et patrilinéaire ouest africain, nous observons les classiques poches dispersées qui représentent les restes des étapes antérieures de la complexification. Sur la côte du golfe de Guinée, nous trouvons ainsi des règles de primogéniture, chez les Yorubas et les Ibos du Nigeria par exemple, tout comme, dans une zone de plateaux, chez les Bamilékés du Cameroun[2]. Parfois, la primogéniture se greffe sur une structure familiale communautaire et, dans ce cas, elle n'est qu'un reste d'aînesse dans un système patrilinéaire bien développé qui associe tous les frères – cas des Yorubas et des Ibos. Les Bamilékés, eux, ont un cycle de développement souche linéaire qui laisse au

---

1. Meyer Fortes, *The Web of Kinship Among the Tallensi*, Oxford, Oxford University Press, 1949 (voir le chapitre III).

2. Richard Henderson, *The King in Every Man. Evolutionary Trends in Onitsha Ibo Society and Culture*, New Haven et Londres, Yale University Press, 1972, p. 150 sur le droit d'aînesse ; Jeremy Eades, *The Yoruba Today*, Cambridge, Cambridge University Press, 1980, p. 55 (on constate chez les Yorubas une très grande importance de la primogéniture mais avec un élément archaïque, le passage de frère aîné à frère cadet) ; Jean Hurault, *La Structure sociale des Bamilékés*, Paris-La Haye, Mouton, 1962, p. 50.

père le choix de son successeur et condamne les autres fils à l'émigration. Mais ces traces périphériques nous montrent qu'en Afrique de l'Ouest, une phase souche a succédé à la famille nucléaire originelle d'*homo sapiens*, pour être suivie d'une symétrisation communautaire du groupe familial.

Pour expliquer le passage du stade souche au stade communautaire, dans le cas de l'Afrique de l'Ouest comme dans ceux de la Mésopotamie et de la Chine, un rôle décisif devra être donné aux éleveurs nomades. Imaginons à nouveau que la patrilinéarité des formes souches sédentaires fut transmise aux nomades de la bande sahélienne plus au nord ; puis que des invasions nomades ont plaqué en retour une patrilinéarité symétrisée sur la famille-souche sédentaire. L'élevage nomade n'apparaissant en Afrique, selon Murdock, qu'à partir de l'an 1000 EC, ce passage ne peut qu'avoir été tardif[1]. À l'occasion de recherches ultérieures, l'interaction avec l'histoire des constructions étatiques régionales devra être examinée. Mais ici, le doute s'installe sur les dates, et nous sentons bien qu'un immense travail de mise en chronologie concernant l'agriculture, l'élevage, les invasions, l'histoire des États et l'irruption finale de l'islam sera nécessaire.

La famille communautaire représente le stade 2 de l'émergence patrilinéaire, et c'est pourquoi, en Afrique de l'Ouest, dès que l'on s'éloigne de l'épicentre communautaire et que l'on s'approche de la côte, on voit apparaître des nuances d'indifférenciation du système de parenté avec, notamment, un statut de la femme plus élevé, souvent au sein même de peuples traditionnellement considérés comme constituant une seule unité ethnographique. Ce gradient entraîne incertitude et débats sur la nature, patrilinéaire

---

1. Je reprends la date donnée par Murdock dans *Africa, its Peoples and their Culture History, op. cit.*, p. 21, mais sans certitude.

ou non, du système de parenté, comme par exemple chez les Wolofs du Sénégal ou chez les Yorubas du Nigeria[1].

On observe aussi, à l'approche des côtes, de classiques réactions matrilinéaires à l'innovation patrilinéaire. Au sud du Ghana et de la Côte d'Ivoire, les Ashanti, également ethnographiés par Meyer Fortes, relèvent de cette périphérie du bloc communautaire patrilinéaire. Dans les manuels, ils représentent un cas classique d'étude structurale de la matrilinéarité avec des femmes tiraillées entre leur mari et leur frère[2].

## Les formes souches incomplètes des hautes terres de l'Est

Les hautes terres de l'Est africain, au sud de l'Éthiopie, constituent une deuxième région de développement de l'agriculture. La proximité du foyer égyptien exclut *a priori* qu'on la considère comme autonome. Mais on observe, dans cette zone, une forte présence de la primogéniture, qui partage toutefois l'espace avec des règles de division égalitaire entre les fils. Nous sommes ici clairement dans une zone d'émergence patrilinéaire, et à nouveau, la primogéniture semble au cœur du processus. Un pôle principal est visible, centré sur la région du Rift et des Grands Lacs. Sur les hautes terres de l'Est africain, la primogéniture se combine, selon les données de *L'Atlas ethnographique* de Murdock, à de rares exceptions près, à une structure indépendante de la famille. L'homme et ses

---

1. Abdoulaye Bara Diop, *La Famille Wolof*, Paris, Karthala, 1985, p. 15 ; Pace Lloyd, « Agnatic and Cognatic Descent among the Yoruba », *Man, New series*, vol. 1, n° 4, décembre 1966, p. 484-499.

2. Meyer Fortes, « Kinship and Marriage among the Ashanti », in Alfred Radcliffe-Brown, Daryll Forde et *al.*, *African Systems of Kinship and Marriage*, Oxford, Oxford University Press, 1950, p. 252-284.

**Carte 2.2. La transmission de la terre
par primogéniture masculine en Afrique**

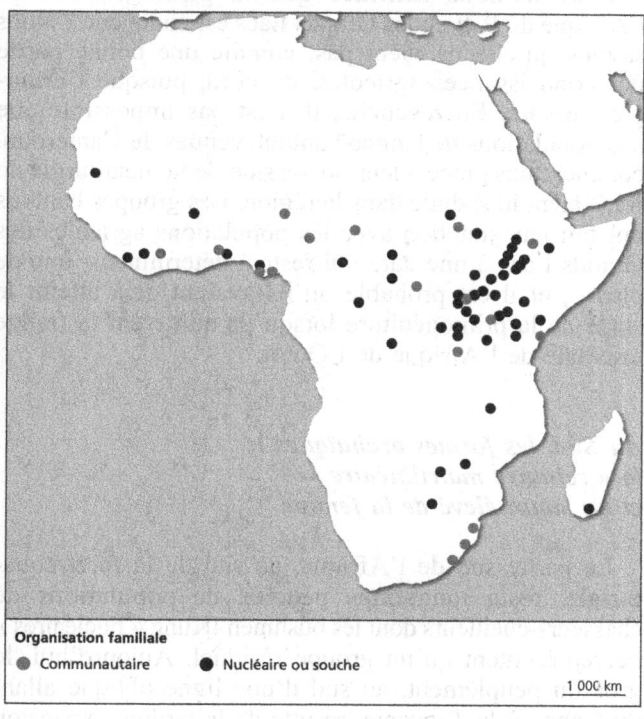

épouses ne cohabitent pas avec la génération antérieure.
Les données n'évoquent donc qu'une famille-souche en
émergence. La notion de corésidence peut être ambiguë
cependant dans une zone où l'habitat est léger, constitué
de cases dont le degré d'agglomération varie. L'examen
direct des monographies de terrain permettra seul de
trancher. Notons déjà que la puissance des conceptions
autoritaires et inégalitaires Hutu et Tutsi, au Rwanda et
au Burundi, évoque un système souche bien développé.

Pouvons-nous affirmer que la primogéniture de l'Afrique du Rift et des Grands Lacs est endogène ? Nous savons qu'elle ne vient pas, comme une bonne partie des connaissances agricoles, du nord, puisque l'Éthiopie l'ignore. En revanche, il n'est pas impossible que des populations de langue bantoue venues du Cameroun, conquérantes grâce à leur possession de la métallurgie du fer, l'aient introduite dans la région. Les groupes bantous ont fait leur jonction avec les populations agricoles des Grands Lacs à une date qui reste à déterminer – une de plus –, et il est probable qu'ils avaient déjà atteint le stade de la primogéniture lorsqu'ils quittèrent la frange orientale de l'Afrique de l'Ouest.

## Au Sud, les formes archaïques : la « ceinture matrilinéaire » et un statut élevé de la femme

La partie sud de l'Afrique, au sud de la forêt équatoriale, resta longtemps peuplée de populations de chasseurs-cueilleurs dont les bushmen !Kung « nucléaires » ne représentent qu'un groupe résiduel. Aujourd'hui, le gros du peuplement, au sud d'une ligne oblique allant du Gabon à la Tanzanie, résulte de la tardive expansion bantoue venue de l'actuel Cameroun. C'est pourquoi les langues bantoues définissent aujourd'hui un très vaste espace dont les linguistes s'efforcent, en accord ou en conflit avec les archéologues, de tracer l'exact processus de différenciation. Plaçons cette expansion entre 500 AEC et 500 EC, sans illusion, seulement pour donner un ordre de grandeur. Les dates limites de 100 AEC et 1000 EC auraient aussi leurs partisans.

**Carte 2.3. Une représentation possible de la migration bantoue**

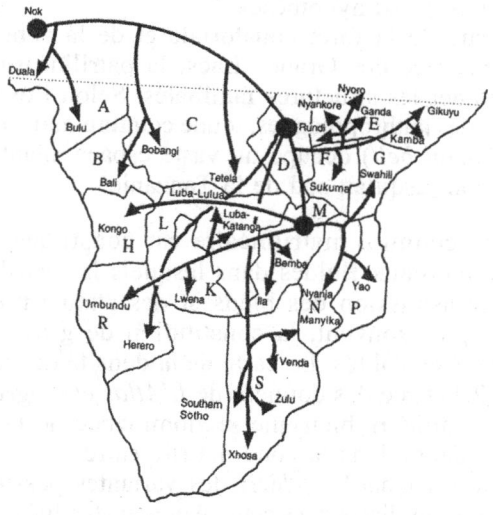

Légende : Une tentative déjà ancienne de géo-généalogie des langues bantoues, dépassée selon bien des linguistes mais dont j'ai le sentiment qu'elle sera plus utile aux spécialistes des structures familiales.
Sources : Il s'agit de la carte synthèse, présentée par Luigi Luca Cavalli-Sforza, Paolo Menozzi et Alberto Piazza, dans *The History and Geography of Human Genes*, Princeton, Princeton University Press, 1994, p. 166.

Partis du Cameroun, on l'a dit, ces défricheurs expansifs ne pouvaient que porter des formes souches patrilinéaires de niveau 1 ou nucléaires de niveau 0, et donc relativement féministes. La patrilinéarité communautaire de niveau 2 n'existait pas encore en Afrique de l'Ouest lorsqu'ils la quittèrent. Les migrants ont bien sûr évolué, mais différemment et surtout moins vite que les populations des zones de vieille sédentarité agricole de l'ouest ou du nord-est du continent. La cartographie permet de vérifier ce jeu d'hypothèses.

Au sud de la forêt équatoriale et de la zone densément peuplée des Grands Lacs, la patrilinéarité cesse de dominer les structures familiales. Selon l'expression usuelle des anthropologues, « une ceinture matrilinéaire » (*matrilineal belt*) occupe un vaste espace allant du sud du Gabon jusqu'au sud de la Tanzanie.

Cette ceinture matrilinéaire est constituée de systèmes familiaux fluides dans lesquels la matrilinéarité de la transmission des biens et des statuts n'entraîne pas, le plus souvent, la constitution de gros ménages compacts et stables. La carte de la densité des ménages (carte 2.1) tirée des données de *L'Atlas ethnographique* révèle d'ailleurs bien une prédominance de la famille indépendante dans la zone matrilinéaire.

Audrey Richards a décrit les variantes possibles des structures familiales dans cette région, instabilité et variabilité étant communes à toutes[1]. Chez les Mayombe de l'ouest du Congo, la matrilinéarité dans la transmission des statuts et des biens peut se combiner avec une patrilocalité de la formation du mariage : l'épouse vient vivre dans le village de son mari, mais les enfants repartent dans le village de leur oncle maternel à l'adolescence. À l'est de la ceinture matrilinéaire, chez les Bemba, le mariage initial est matrilocal, comme chez les Yao du Mozambique, du Malawi et de Tanzanie[2]. Le mariage est instable chez les Yao,

1. Audrey Richards, « Some Types of Family Structure amongst the Central Bantu », in Alfred Radcliffe-Brown, Daryll Forde et *al.*, *African Systems of Kinship and Marriage*, *op. cit.*, p. 207-251.
2. Voir aussi James Clyde Mitchell, *The Yao Village*, Manchester, Manchester University Press, 1956.

**Carte 2.4. Matrilinéarité et bilatéralité en Afrique**

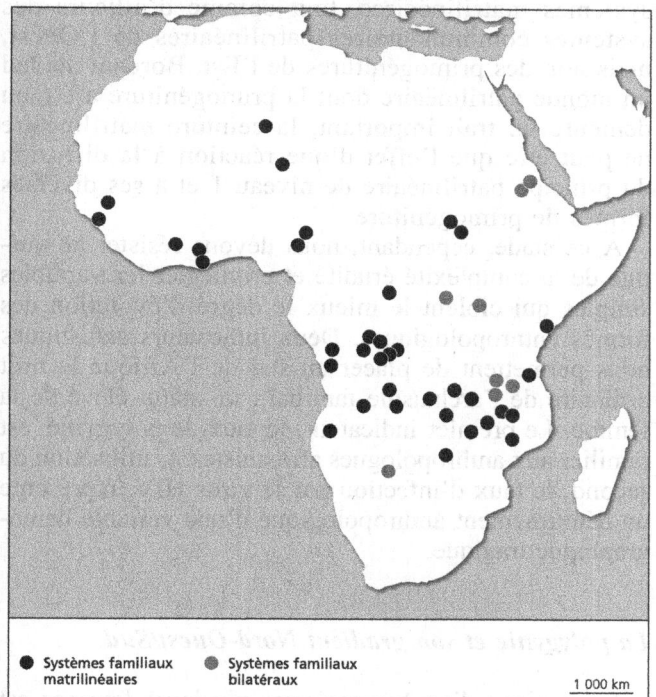

● Systèmes familiaux    ● Systèmes familiaux
   matrilinéaires           bilatéraux

1 000 km

plus durable chez les Bemba, où le statut des hommes est plus élevé. Le mariage avec la fille de l'oncle maternel accroît souvent la stabilité du système. Il pèse le plus souvent sur les aînés des fratries. Mais quelle que soit la solution, les systèmes matrilinéaires vivent sous tension : une femme hésite toujours entre ses allégeances au mari et au frère.

Les formes d'organisation familiale matrilinéaires confèrent le plus souvent un rôle particulier au frère

97

aîné[1]. En Afrique, l'héritage horizontal, de frère aîné à frère cadet, est le plus souvent caractéristique des systèmes matrilinéaires, tout comme d'ailleurs des systèmes communautaires patrilinéaires de l'Ouest, mais non des primogénitures de l'Est. Bordant au sud un monde patrilinéaire dont la primogéniture a été ou demeure un trait important, la ceinture matrilinéaire ne peut être que l'effet d'une réaction à la diffusion du principe patrilinéaire de niveau 1 et à ses diverses formes de primogéniture.

À ce stade, cependant, nous devons résister au vertige de la complexité érudite et privilégier les variables simples qui ciblent le mieux le degré d'évolution des formes anthropologiques. Deux indicateurs statistiques nous permettent de placer au sud de l'Afrique le trait ordinaire de l'archaïsme familial : un statut élevé de la femme. Le premier indicateur, le taux de polygynie, est familier aux anthropologues africanistes. L'utilisation du second, le taux d'infection par le virus HIV, représente un détournement anthropologique d'une variable démographique tragique.

### La polygynie et son gradient Nord-Ouest/Sud

Le mariage d'un homme avec plusieurs femmes est une pratique humaine banale, mais qui reste le plus souvent statistiquement restreinte, le privilège d'une élite masculine étroite. Dans *Social Structure*, l'échantillon de Murdock enregistre 193 sociétés qui acceptent la polygynie, 2 seulement la polyandrie, et une grosse

---

1. *Ibid.*, p. 157. La succession par le fils aîné de la sœur aînée, avec une évolution vers une succession par primogéniture directe, montre le lien fréquent entre matrilinéarité et primogéniture.

Carte 2.5. La polygynie en Afrique

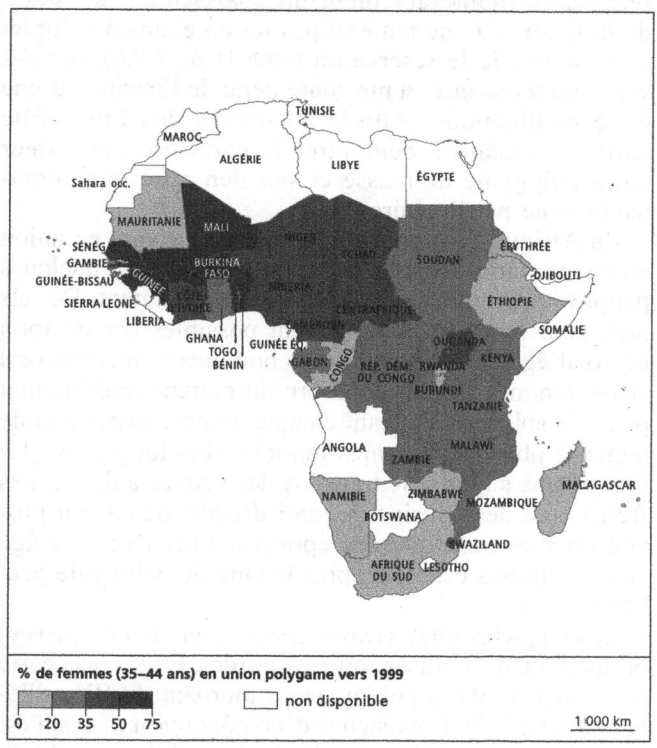

% de femmes (35–44 ans) en union polygame vers 1999

non disponible

0   20  35  50  75

1 000 km

minorité de 43 sociétés strictement monogames[1]. En Afrique, cependant, la polygynie est au cœur d'un mécanisme complexe qui associe patrilinéarité, communautarisme familial, fort écart d'âge entre époux et travail agricole des femmes. L'attribution à chaque homme de plusieurs femmes, même si cette pratique

1. *Op. cit.*, p. 28.

suppose une forte autonomie économique des épouses, représente indubitablement un abaissement du statut de la femme. Je ne tenterai pas ici un examen complet du système, je le réserve au tome II de *L'Origine des systèmes familiaux*, et me contenterai de l'examen d'une carte continentale réalisée au niveau des États. Elle suffit cependant à démontrer le caractère innovateur de la polygynie de masse et son lien avec le communautarisme patrilinéaire.

En Afrique, la proportion de femmes vivant en union polygame varie, selon les pays, entre 10 et 50 %, quelques peuples très minoritaires l'ignorant absolument. De tels taux sont rendus techniquement possibles par de forts écarts d'âge entre époux. Si les hommes se marient tard et les femmes tôt, un équilibre du marché matrimonial peut s'établir en associant chaque homme marié peu de temps à plusieurs femmes mariées plus longtemps. Le mécanisme suppose le transfert des veuves à des jeunes frères ou à des cousins du mari décédé, nettement plus âgé en moyenne que ses épouses. Plus l'écart d'âge entre conjoints est élevé, plus le taux de polygynie peut l'être aussi.

Les enquêtes DHS (*Development and Health Survey*) permettent de réaliser, au niveau des États, une carte de l'intensité de la polygynie au tournant du IIIe millénaire (carte 2.5). L'existence d'un pôle ouest africain est immédiatement visible. Au Sénégal, en Guinée, au Mali, au Burkina Faso et au Togo, la proportion de femmes de 35 à 44 ans vivant en union polygame dépasse 50 %. Le reste de la carte révèle une structure en couronnes, les taux de polygynie s'affaiblissant d'ouest en est, et une fois que nous atteignons l'est, du nord au sud. Dans les pays situés le plus au sud, les taux tombent à 10 %, moins encore dans certaines régions internes à ces États. La régularité de l'affaiblissement évoque un mécanisme de diffusion. Les cartes plus anciennes publiées par Ron Lesthaeghe dans *Reproduction and Social Organization in Sub-Saharan Africa*, qui descendent au niveau des régions, confirment cette géographie pour plusieurs paramètres. Nous y voyons, en particulier, que l'écart d'âge moyen entre conjoints dépasse sept ans dans la région de polygynie maximale[1].

La carte de la polygynie en Afrique est une première approche synthétique du statut de la femme, qui baisse donc du nord-ouest au sud. En termes anthropologiques conventionnels, on dira que l'intensité du principe patrilinéaire décroît du nord-ouest au sud.

## La patrilinéarité contre le SIDA

La diffusion de l'infection par le virus HIV fournit une deuxième mesure, plus indirecte, du statut des femmes. Leur liberté sexuelle est en effet corrélée négativement à la domination masculine et au niveau de patrilinéarité. Là où le contrôle exercé sur les femmes est faible, la liberté de mœurs a malheureusement permis une vaste diffusion du virus. Là où ce contrôle est plus fort, l'expansion de la maladie a été mieux contenue. C'est la raison pour laquelle le taux de séropositivité de la population permet d'évaluer le niveau de patrilinéarité du système familial. Avec des accidents et des exceptions, les taux de séropositivité les plus élevés désignent les régions les plus faiblement patrilinéaires. À nouveau, l'Afrique orientale, particulièrement au sud, apparaît faiblement patrilinéaire. À l'ouest du continent, la patrilinéarité plus forte a agi

1. Ron Lesthaeghe et *al.*, *Reproduction and Social Organization in Sub-Saharan Africa*, Berkeley, University of California Press, 1989 (cartes p. 270-277).

comme un frein à la diffusion du virus. Une descente au niveau des régions ferait toutefois apparaître, de la Côte d'Ivoire au Cameroun, des taux de séropositivité plus élevés le long de la côte, plus féministe et parfois matrilinéaire.

**Carte 2.6. La diffusion du SIDA en Afrique**

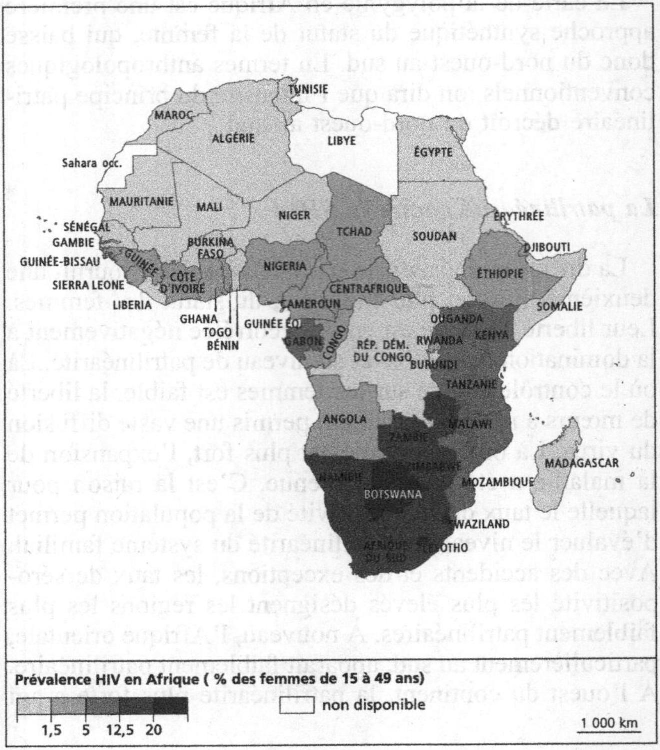

Prévalence HIV en Afrique ( % des femmes de 15 à 49 ans)

1,5   5   12,5   20        non disponible        1 000 km

## L'innovation patrilinéaire récente du Sud-Est extrême

Le bon statut des femmes au sud du continent, mesuré par de faibles taux de polygynie et des indices de séropositivité élevés, nous permet maintenant de poser correctement la question des origines du petit pôle patrilinéaire et communautaire isolé à l'extrême sud-est, dans la zone où des groupes bantous migrant vers le sud finirent par affronter les colonisateurs néerlandais ou britanniques remontant vers le nord. Ce pôle – qui inclut les groupes Venda, Thonga, Swazi, Zulu et Pondo – conserve, en effet, aux femmes un statut élevé et il correspond donc, comme le communautarisme russe, à une mutation patrilinéaire très récente. L'histoire de la colonisation nous parle d'un choc frontal entre les Européens et des groupes africains en pleine mutation familiale et guerrière, le peuple Zulu ayant atteint la célébrité par son organisation et son efficacité militaire. Nous disposons aussi pour cette région de récits sur l'explosion guerrière en milieu africain, sur les migrations de peuples fuyant la conquête, indices très sûrs d'une mutation patrilinéaire endogène qui a dû atteindre son apogée au XIXe siècle[1].

## En guise de conclusion : famille nucléaire et flexibilité de l'homo sapiens originel

En attendant une analyse détaillée de toutes ces mutations, à l'ouest, au nord-est et au sud, quelques données et cartes nous ont permis de mettre en évidence le caractère

1. Ian Knight, *The Anatomy of the Zulu Army from Shaka to Cetshwayo, 1818-1879*, Londres, Greenhill Books, 1999.

originel de la famille la plus simple et d'un statut élevé de la femme en Afrique subsaharienne dans le passé le plus lointain. À nouveau, le caractère archaïque, primordial, de la famille nucléaire et des systèmes de parenté est vérifié. La séquence historique « famille nucléaire puis famille-souche puis famille communautaire », menant de la simplicité vers la complexité, est confirmée. Elle est radicalisée en Afrique par la montée en puissance de la polygynie, qui ajoute un élément important de complexité à la structure familiale. La pluralité des épouses des frères donne en effet à la famille communautaire polygyne une architecture particulièrement massive. La transmission des veuves, des aînés aux cadets, ajoute une dimension horizontale au mouvement vertical de succession des générations.

Le renforcement avec le temps du principe patrilinéaire s'exprime ici par une augmentation du taux de polygynie. L'existence d'une structure géographique en couronnes du mariage pluriel, maximal dans l'Ouest intérieur de l'Afrique et minimal au sud du continent, n'exprime pas, selon moi, une diffusion directe du principe polygynique mais une intensification avec le temps de la patrilinéarité, et donc de la polygynie qui lui est associée, dans une population qui devait pratiquer au départ le mariage pluriel à un niveau de 5 à 10 %.

Cette hypothèse nous impose, une fois de plus, d'échapper à la vision d'une famille nucléaire originelle fortement normée. La monogamie dominait incontestablement, sans pourtant qu'elle ait été, comme dans les sociétés chrétiennes d'Europe par exemple, une obligation absolue. Une monogamie statistiquement mais non moralement dominante est sans doute typique de l'espèce *homo sapiens* originelle.

L'inventaire des formes familiales périphériques montre que, plus généralement, aucune règle n'est absolue dans l'univers de la famille nucléaire originelle.

Prenons l'exemple de l'un des groupes les plus périphériques et les plus archaïques jamais ethnographiés, les Indiens du Grand Bassin des montagnes Rocheuses, dont les Shoshone furent l'un des groupes principaux. Leur « arriération » avait horrifié l'écrivain Mark Twain qui, d'habitude drôle et progressiste, était face à eux devenu banalement raciste, n'hésitant pas à les comparer aux Bushmen d'Afrique[1]. Ces Indiens particulièrement primitifs occupaient l'intérieur d'un système montagneux, loin au nord du pôle de développement de l'agriculture et de patrilinéarité situé en Amérique centrale. Vers la fin des années 1930, Julian Steward a fait la synthèse des connaissances les concernant[2].

Steward note évidemment chez eux un système de parenté indifférencié. La famille nucléaire est l'unité de cueillette et de chasse dans un univers social sans organisation formelle. Il s'agit cependant d'une famille nucléaire fort peu dogmatique. Le jeune couple s'agrège jusqu'à la naissance du premier enfant aux parents de l'épouse, choisissant ensuite, ou non, de retourner dans le groupe d'origine du mari, ou d'aller ailleurs. La famille conjugale est centrale, mais la polygynie est assez fréquente, à des niveaux cependant très inférieurs à ce que l'on peut trouver aujourd'hui en Afrique de l'Ouest ou même de l'Est, sans doute proches des taux les plus bas du Sud. La polyandrie – une femme avec plusieurs hommes – est aussi répandue, ce que Steward interprète avec justesse comme un signe de l'égalité des sexes dans cette société. Le divorce est fréquent, laissant à la mère la garde des

---

1. Les Shoshone étaient, selon Mark Twain, « the wretchedest type of mankind I have ever seen up to this writing » (*Roughing it,* University of Virginia, 1872).

2. *Basin-Plateau Aboriginal Sociopolitical Groups*, United States Governement Printing Office, 1938 (réédition Salt Lake City, University of Utah Press, 1997).

jeunes enfants. Les parents âgés peuvent corésider avec un enfant adulte. Tout est fluide, optionnel, réversible.

À l'autre bout du monde, observons les Philippines, ensemble d'îles grossièrement symétriques de la Grande-Bretagne par rapport à Sumer, cœur historique de l'Eurasie. On a retrouvé dans la grande île de Luzon quelques fragments d'écritures dérivées de modèles dravidiens d'Inde du Sud, mais la région n'est vraiment entrée dans l'histoire qu'avec la conquête espagnole du XVIe siècle. L'ethnographie des chasseurs-cueilleurs Agta, tout comme celle des agriculteurs Tagalogs, révèle un système de parenté indifférencié. Le type familial est nucléaire dans les deux cas, mais il admet une corésidence temporaire du jeune couple avec les parents de l'un ou l'autre conjoint. Dans le cas des Agta, le couple conjugal s'insère dans un groupe local mobile. Chez les Tagalogs, la solidarité des frères et des sœurs est très importante. Pour les Agta, l'âge moyen au mariage était vers 1980 de 18,4 ans pour les femmes et de 21,7 ans pour les hommes[1]. Nous pouvons considérer l'âge moyen au mariage des Philippines comme celui des Tagalogs, population majoritaire du pays : en 1948, il était de 22,1 ans pour les femmes et de 25 ans pour les hommes[2]. Nous tenons ici une loi très générale : dans les systèmes familiaux nucléaires, l'âge au mariage ne peut jamais tomber très bas parce qu'une femme-enfant et son mari-enfant seraient incapables d'accéder à une vie indépendante. Seuls les systèmes familiaux communautaires peuvent produire des âges au mariage féminin de 16 ans, cas de certaines communautés paysannes

---

1. Thomas Headland, « Kinship and Social Behavior Among Agta Negrito Hunter-Gatherers », *Ethnology*, vol. XXVI, n° 4, octobre 1987, p. 261-280 et p. 270.
2. Stella Go, « The Filipino Family in the Eighties : a Review of Research », *The Changing Family in Asia*, p. 239-306, et notamment p. 258-259.

russes du XIXᵉ siècle, ou même de 15 ans, cas de l'Inde du Nord dans les années 1970[1]. Des âges au mariage féminin compris entre 18 et 22 ans semblent caractériser les systèmes familiaux nucléaires de la périphérie.

Au terme de cette reconstitution simplifiée du processus de différenciation des formes familiales, nous sommes en mesure de définir un type originel, dont nous trouvons des traces sur toute la périphérie de la planète, au sein de populations indifféremment primitives ou avancées. Nous approchons, en quelque sorte, d'une caractérisation d'*homo sapiens* en tant qu'espèce animale. Mais nous devons, pour la saisir correctement, combiner deux dimensions : une norme centrale et un fort coefficient de variabilité autour de cette norme.

La norme centrale est nucléaire et monogame : à l'origine, il y a le couple conjugal. Mais muni de ce seul élément d'analyse, nous ne pouvons distinguer les chasseurs-cueilleurs originels des Anglais ou des Américains, au lendemain de la Seconde Guerre mondiale par exemple.

C'est pourquoi il est nécessaire de prendre en compte également un deuxième élément originel : la flexibilité. Celle-ci inclut la possible corésidence temporaire des jeunes mariés avec leurs parents, la récupération des vieux isolés par leurs enfants, ou leur élimination si les subsistances viennent à manquer. Elle rend possible l'infanticide aussi, pour les mêmes raisons. Elle autorise la polygynie, la polyandrie, le divorce et, on le verra plus loin, l'homosexualité. *Homo sapiens* fut très libre. L'homme occidental, partiellement façonné

---

1. Peter Czap, « "A Large Family : the Peasant's Greatest Wealth" : Serf Households in Mishino, Russia, 1814-1858 », in Richard Wall et *al.*, *Family Forms in Historic Europe*, Cambridge, Cambridge University Press, 1983, p. 105-150 ; Emmanuel Todd, *La Diversité du monde*, *op. cit.*, tableau p. 398.

par le judaïsme et le christianisme, a perdu beaucoup de cette liberté, qui fut sans doute nécessaire à la survie des groupes de chasseurs-cueilleurs.

La préexistence d'un bric-à-brac expérimental dans l'espèce *homo sapiens* originelle, véritable boîte à outils de formes concevables, permet d'expliquer l'émergence, avec le temps, de normes et de types familiaux différenciés, qu'il s'agisse de formes communautaires complexes et rigides, patrilinéaires et matrilinéaires, ou de types nucléaires épurés, non moins rigides au fond s'ils interdisent absolument la corésidence des générations ou exigent la monogamie la plus stricte. Le ménage familial, simple ou complexe, n'existe toutefois pas dans le vide. Pour obtenir une reconstitution complète du système anthropologique originel d'*homo sapiens*, nous allons devoir décrire, au chapitre suivant, la structuration de ses groupes territoriaux par l'échange matrimonial.

# Chapitre 3

# Homo sapiens

Le principe du conservatisme des zones périphériques a permis de discerner, sur les franges maritimes de l'Eurasie, au sud de l'Afrique, et dans une bonne partie de l'Amérique les restes du premier système familial humain, nucléaire et centré sur le lien conjugal. C'est assez pour établir une coupure radicale avec son voisin en évolution, le chimpanzé, si proche en termes de code génétique (avec 99,6 % de patrimoine commun). Le chimpanzé, en effet, ignore le lien conjugal. Dans les bandes de chimpanzés, les femelles sont couvertes par plusieurs mâles successivement. On n'observe pas de lien stable entre un mâle et une femelle ou entre un père et sa descendance, qui en vérité ne peut être déterminée. L'un des enseignements importants de l'anthropologie sociale est qu'il n'existe pas de rapport simple entre la distance génétique entre espèces et la distance entre leurs organisations sociales. La monogamie prédomine chez l'homme et la plupart des oiseaux, une pansexualité communautaire chez le chimpanzé[1].

Le contraste familial si net entre *homo sapiens* et *pan troglodytes* (le chimpanzé commun) nous permet de comprendre aisément le succès de la stratégie d'adaptation,

1. Vernon Reynolds, « Kinship and Family Among Monkeys, Apes and Man », *Man*, vol. 3, n° 2, juin 1968, p. 209-223.

au sens où la définit la théorie de la sélection naturelle, de l'animal humain. Le couple stable permet en effet une éducation longue des enfants, qui inclut une finition de l'organisme à l'extérieur du ventre maternel, nécessaire dans le cas de l'homme à cause de la taille de son cerveau. Un crâne pleinement développé ne « passerait » pas lors de l'accouchement. Le couple parental assure aussi une bonne partie de la transmission des connaissances accumulées par la collectivité adulte. La durée de vie est ici essentielle.

*Homo sapiens* se distingue aussi du chimpanzé par une longévité supérieure, autre facteur qui facilite la transmission culturelle. Il existe, dans le cycle de vie des humains, un stade « grand-parent » et la possibilité d'un processus éducatif incluant trois générations. Michael Gurven et Hillard Kaplan ont récemment évalué ce que pouvait être l'espérance de vie normale de l'*homo sapiens* de base, en combinant toutes les données démographiques aujourd'hui disponibles sur les chasseurs-cueilleurs résiduels. Ils ont calculé un âge modal au décès humain de 70 ans. Une espérance de vie globalement très basse n'empêchait pas que les hommes qui avaient survécu à leur enfance atteignent des âges avancés[1]. Les chasseurs-cueilleurs n'ont subsisté que

1. Michael Gurven et Hillard Kaplan, « Longevity Among Hunter-Gatherers : a Cross-Cultural Examination », *Population and Development Review*, vol. 33, n° 2, p. 321-365, juin 2007 : « Nous concluons qu'il existe une durée de vie spécifique de notre espèce, durant laquelle la mortalité diminue fortement pendant la petite enfance et l'enfance proprement dite, suivie d'une période durant laquelle le taux de mortalité reste à peu près constant jusqu'à environ 40 ans, après lequel la mortalité augmente régulièrement selon une loi de Gomperz. L'âge modal au décès des adultes est d'environ sept décennies, âge avant lequel les humains restent des producteurs vigoureux, et après lequel la sénescence est rapide et les gens meurent. Nous faisons l'hypothèse que les corps humains ont été conçus pour bien fonctionner

dans des zones marginales, le plus souvent impropres à l'agriculture. Ils ne peuvent donc être complètement représentatifs des chasseurs-cueilleurs du passé, qui habitaient des zones plus clémentes en termes de climat, et plus riches en production naturelle de plantes et d'animaux. Mais c'est justement la raison pour laquelle les résultats obtenus par Gurven et Kaplan peuvent être considérés comme solides : les conditions de vie des chasseurs-cueilleurs de l'origine étaient beaucoup plus favorables. Leur conclusion est fiable : passée la mortalité très élevée de la jeunesse, le chasseur-cueilleur dispose d'un corps en état de bon fonctionnement jusqu'à 70 ans.

L'âge modal au décès des chimpanzés sauvages est de 15 ans, celui des chimpanzés vivant dans le confort plus grand de la captivité de 42 ans, celui des !Kung de 74 ans, des Suédois des années 1751-1759 de 72 ans, des Américains de 2002 de 85 ans[1]. À tous les niveaux de développement technologique et social, l'homme est l'homme.

## Le couple originel

L'équivalence des parentés paternelles et maternelles dans le système de parenté originel ne doit pas nous entraîner dans l'illusion d'une symétrie des hommes et des femmes dans la société primitive. La famille conjugale, instrument efficace d'éducation des enfants, inclut un principe de division sexuelle du travail. Les femmes font les enfants. Les hommes assurent la protection

---

durant sept décades dans l'environnement dans lequel notre espèce a évolué. Les taux de mortalité diffèrent selon les populations et selon les périodes, particulièrement en termes de morts violentes » (p. 322).
  1. *Ibid.*, p. 335.

de la mère, de l'enfant et du groupe. Un dimorphisme de taille et de forme, modéré si on le compare à celui d'autres espèces, mais réel, exprime la spécialisation des sexes. Les hommes sont plus forts et toujours dominants, même si le dimorphisme de taille était plus faible chez les chasseurs-cueilleurs que chez les agriculteurs[1].

L'étude des chasseurs-cueilleurs résiduels nous permet d'affiner l'image du couple originel, quand bien même les prédateurs humains qui ont survécu sont fréquemment influencés culturellement par des groupes paysans proches. C'est particulièrement évident pour les Pygmées de la forêt équatoriale et les Bushmen d'Afrique australe, deux populations influencées par la patrilinéarité environnante.

Ces réserves étant faites, on peut identifier une constante : la chasse, quand elle utilise des armes de jet et fait couler le sang, est une fonction des hommes. Alain Testart a montré que cette règle, qui souffre très peu d'exceptions, transcende toutes les conditions matérielles ou économiques[2]. Les femmes dominent dans les activités de cueillette. Si la consommation des produits de la cueillette se fait en général au sein de la famille nucléaire, la viande est partagée par l'ensemble du groupe local. Le principe masculin charpente la vie collective.

Alain Testart a refusé de donner à cette spécialisation selon le sexe une explication naturaliste. Il a rejeté les interprétations des anthropologues qui voulaient voir, dans l'exclusion des femmes de la chasse, l'effet de l'immobilité qui résulte de la mise au monde des enfants et de leur première éducation. Testart considérait la spécialisation

1. Priscille Touraille, *Hommes grands, femmes petites : une évolution coûteuse*, Paris, Éditions de la Maison des sciences de l'homme, 2008, p. 126-127.
2. Alain Testart, « Essai sur les fondements de la division sexuelle du travail chez les chasseurs-cueilleurs », *Cahiers de l'Homme*, Paris, EHESS, 1986.

sexuelle comme une manifestation primordiale d'idéologie, associée au tabou sur le sang menstruel. La question n'a pour nous que peu d'importance. L'universalité, même idéologique, définit ici un trait de l'espèce originelle. Reste que l'intégration récente des femmes de certaines sociétés à l'armée ou aux forces de police, et donc l'acquisition du droit à la violence de sang, semble plutôt justifier la distinction de Testart entre nature et idéologie.

Équivalence des parentés paternelles et maternelles, division sexuelle du travail : nous saisissons mieux le statut de la femme des origines. Il est élevé, mais différent. On hésite à parler d'égalité parce qu'un principe de domination masculine, fondé sur la force physique, est toujours observable. Cette force n'est pas que de contrainte. Lorna Marshall évoque, dans son étude des !Kung, une protection des femmes par les hommes plutôt qu'une oppression. Elle suggère une certaine harmonie, et même un équilibre dans les couples, puisque son étude s'achève par l'évocation d'une femme !Kung furieuse tapant sur la tête de son mari avec son bâton à fouir. L'homme l'avait obligée à l'accompagner alors qu'elle voulait aller rendre visite à ses propres parents[1]. Marshall précise n'avoir jamais vu un homme frapper sa femme dans cette communauté. Équivalence et différence, complémentarité constituent vraisemblablement la configuration d'origine pour les deux partenaires du couple humain.

## Campements, bandes, villages et peuples

La famille d'*homo sapiens* était nucléaire mais jamais isolée, si l'on tient à part certaines phases de cueillette

---

1. Lorna Marshall, « Marriage Among !Kung Bushmen », *op. cit.*, p. 364.

ou de chasse, moments toujours suivis de regroupements. Nous devons nous élever désormais au-dessus du niveau de la seule famille nucléaire pour tenter une reconstitution complète du *système anthropologique* d'*homo sapiens*. Ce que l'on observe, sur la périphérie du monde habité, dans les populations paysannes comme dans celles des chasseurs-cueilleurs, ce sont des agrégats de familles.

La bande, le hameau, le village constituent un premier niveau de regroupement. Les monographies locales révèlent l'importance des liens horizontaux entre frères et sœurs (frère-frère, frère-sœur, sœur-sœur) dans la composition des groupes et dans l'entraide. C'est vrai des chasseurs-cueilleurs Bushmen, !Kung, Dene, Shoshone, Agta, comme des éleveurs nomades Lapons ou des paysans Tagalogs. Ces populations n'ont pas été transformées par le processus de destruction du réseau de parenté bilatéral, que j'étudierai dans les chapitres suivants, consacrés aux transformations des mœurs induites par le judaïsme et le premier christianisme, puis par la Réforme protestante.

Les conditions démographiques originelles expliquent en partie cette horizontalité. Certes, une espérance de vie globalement faible n'empêchait pas, ainsi que nous l'avons vu, les hommes qui avaient survécu à leur enfance d'atteindre souvent 70 ans et de demeurer, jusqu'à cet âge, producteurs nets plutôt que consommateurs de ressources. Cependant, leur mortalité remonte à partir de 40 ans, d'abord lentement, puis à un rythme qui s'accélère. Dans un monde de survie, l'importance de la résistance physique conduisait à privilégier les relations horizontales entre des individus jeunes, hommes ou femmes.

Les ressources propres des individus âgés ne peuvent jouer un rôle que là où l'accumulation d'un capital, susceptible de produire un revenu, est possible. C'est l'agriculture qui ouvre en général la voie à l'accumulation et au

pouvoir des vieux. Méfions-nous toutefois de toute explication mécanique qui oublierait l'inventivité de l'esprit
humain : chez les Aborigènes australiens, qui ignoraient
l'agriculture, la cueillette réalisée par les femmes produisait un revenu qui entretenait, dans un système polygyne,
la position dominante de maris fort âgés.

## Flexibilité du groupe local

*Flexibilité* est le mot qui évoque le mieux la vie des
groupes de chasseurs-cueilleurs décrits dans *Man the
Hunter,* ouvrage classique publié sous la direction de
Richard Lee et Irven Devore en 1968[1]. Ces groupes
sont mobiles, composés selon des critères variables qui
laissent toujours la place à l'option, et notamment à un
choix entre les parentés paternelles et maternelles. On
ne croit plus à la horde patrilocale et patrilinéaire originelle de Radcliffe-Brown, même si certains groupes
laissent apparaître une telle inflexion patrilocale, c'est-
à-dire une certaine préférence pour l'association entre
un père et ses fils. Murdock avait déjà remarqué, dans
l'ensemble constitué par les systèmes indifférenciés,
des fluctuations importantes entre patrilocalité et matrilocalité. Peu de systèmes indifférenciés fonctionnent de
manière statistiquement bilocale, en combinant 50 % de
choix patrilocaux et 50 % de choix matrilocaux pour la
proximité de la résidence des jeunes couples avec celle
de leurs parents.

Une importance particulière de la chasse explique dans
certains cas l'inflexion patrilocale, comme dans la plupart
des groupes eskimos. Cette asymétrie n'empêche nullement leur appartenance à l'univers de la bilatéralité. La

1. New Brunswick, Aldine Transaction, 1968.

terminologie de parenté Eskimo, qui distingue les frères des cousins mais ne différencie pas les côtés paternels et maternels, est typiquement bilatérale et nucléaire. Exactement comme chez nous, et c'est pourquoi les nomenclatures de parenté européennes relèvent, selon l'usage des anthropologues, du type « Eskimo ».

Reste que cette fluctuation originelle entre patrilocalité et matrilocalité ouvre la possibilité d'évolutions ultérieures, patrilinéaires ou matrilinéaires, capables de radicaliser, puis de rigidifier une inflexion à l'origine modérée. Un système de parenté bilatéral permettra jusqu'à 70 % de choix patrilocaux ; un système de parenté patrilinéaire produira, lui, des taux de patrilocalité allant de 75 à 99,9 %[1].

## *Familles exogames, peuples endogames*

Au-delà de la bande ou du hameau, associations allant de quelques dizaines à une centaine d'individus, on peut toujours définir une entité humaine plus vaste, occupant un territoire et utilisant une langue commune. C'est à l'intérieur de cette population que se réalise l'échange des conjoints. Elle définit un espace endogame. Pour les !Kung étudiés par Lorna Marshall en 1952-1953, cet ensemble comprenait environ un millier d'individus[2]. Cette population, bien qu'influencée par la patrilinéarité des peuples agriculteurs et éleveurs environnants, était dépourvue de toute stratification et de toute organisation politique formelle. Les mariages avaient lieu à l'intérieur d'une société sans structure ferme, mais où les alliances

---

1. George Murdock, dans son système de codage, place la limite à 66 %.

2. Lorna Marshall, « Marriage Among !Kung Bushmen », *op. cit.*, p. 335-365.

entre proches cousins étaient évitées, qu'elles fussent du côté de la mère ou de celui du père. Cette population sans organisation politique se pensait comme un « nous » distinct d'autres populations similaires, « eux ».

On pourrait suivre, à travers l'histoire, l'extension de cette population de base de l'échange matrimonial, du canton regroupant quelques villages à la région, puis à la nation. Dans un monde de croyants, l'appartenance religieuse, catholique, protestante, orthodoxe, juive, musulmane ou bouddhiste, définissait aussi le plus souvent un espace endogame qui compliquait l'endogamie territoriale et linguistique. La disparition de la croyance se manifeste d'ailleurs le plus souvent par une rupture de l'endogamie religieuse et une multiplication des mariages interconfessionnels. Aujourd'hui, en Europe occidentale, aux États-Unis, en Russie, en Chine ou au Japon, et en dépit de tous les discours sur la globalisation, la statistique de l'échange matrimonial définit, mieux qu'en toute autre phase historique antérieure, la nation comme espace endogame de référence. Cantons, régions et religions se sont effacés en tant qu'intégrateurs primordiaux.

On aurait tort, cependant, d'imaginer, à une époque et en un lieu quelconque, un espace endogame complètement fermé. Une certaine porosité est intrinsèque au système d'*homo sapiens*. Contact aux marges, immigration d'individus créent partout des exceptions, minimes ou massives. Le territoire et la langue ne définissent qu'une endogamie statistique. Pourquoi ? Parce que le fonctionnement du système familial originel, exogame, ainsi qu'on va le voir, exclut *a priori* une fermeture absolue de la population. Un système familial n'est pas, fondamentalement, un lignage descendant du passé vers le futur (ce que l'on imagine volontiers lorsque l'on pense à sa propre famille), mais un ensemble de familles échangeant des conjoints sur un territoire. Or, la multiplicité des échanges entraîne une probabilité élevée de rupture occasionnelle de la norme d'endogamie du groupe.

Par rapport à sa parenté, *homo sapiens* est en effet dès l'origine exogame. Il trouve son conjoint hors de son groupe familial immédiat. J'avais abouti, dans le tome I de *L'Origine des systèmes familiaux*, à la conclusion qu'une *exogamie tempérée* était le système de mariage originel (*OSF*, p. 595-597). Au-delà du tabou de l'inceste au sens étroit, qui interdit l'union entre frères et sœurs ou entre enfants et ascendants, les populations périphériques et archaïques évitent autant qu'elles le peuvent les mariages entre cousins, au moins du premier degré, et ce indépendamment de leur niveau de développement. Je qualifie cette exogamie de « tempérée » parce qu'elle n'est pas absolue, laissant apparaître des taux de mariages entre cousins germains atteignant parfois jusqu'à 10 %.

Le mariage entre cousins croisés, c'est-à-dire entre les enfants d'un frère et d'une sœur, est fréquemment autorisé, même s'il n'est le plus souvent pratiqué qu'à des taux assez bas. George Frazer avait fait, au début du XXe siècle, l'inventaire des peuples pratiquant ce type de mariage[1]. L'impératif d'exogamie pèse donc particulièrement sur les cousins parallèles, enfants de deux frères ou enfants de deux sœurs. Le sens de la distinction est clair : pour l'homme originel, les enfants de deux frères, ou de deux sœurs, reproduisent particulièrement bien l'identité de nature des frères entre eux ou des sœurs entre elles. Le mariage entre cousins croisés révèle, quant à lui, l'importance de l'axe frère-sœur dans l'organisation des groupes élémentaires. L'union de leurs enfants perpétue leur complémentarité. La plupart des alliances autorisées mettent en évidence un axe familial horizontal

---

1. George Frazer, *Folk-lore in the Old Testament. Studies in Comparative Religion, Legend and Law*, Londres, Macmillan, 1919.

dans la structuration des populations archaïques : hommes échangeant leurs sœurs, polyandrie fraternelle, polygynie sororale. Tous ces types d'horizontalité étaient représentés parmi les Indiens du Grand Bassin inventoriés par Steward.

## Exogamie familiale tempérée

*L'Atlas ethnographique* de G. P. Murdock confirme la prédominance écrasante de l'exogamie quadrilatérale – c'est-à-dire d'un interdit sur les quatre types de cousins germains – dans les populations américaines, africaines et océaniennes. Les systèmes de mariage préférentiel réellement effectifs – avec des taux d'unions entre cousins du premier degré allant de 25 à 50 % – sont typiques de populations historiquement évoluées : le monde arabo-persan pour l'endogamie quadrilatérale, l'Inde du Sud pour le mariage entre cousins croisés. Il existe toutefois des cas d'endogamie forte dans certaines populations d'Amazonie comme les Makuna du nord-ouest de l'Amazonie, avec des taux de mariages entre cousins croisés qui oscillent entre 30 et 50 % selon le type d'échantillon[1]. Le mariage asymétrique entre un homme et la fille du frère de sa mère, que Lévi-Strauss avait mis au cœur de son système (sa « structure élémentaire » type), n'est quant à lui que faiblement représenté sur la planète ainsi que l'a montré Laurent Barry dans *La Parenté*[2]. Et lorsqu'il existe, il semble une conséquence de l'asymétrie engendrée par la mutation patrilinéaire (*OSF*, p. 595). Loin

---

1. Raj Arhem, *Makuna Social Organization. A Study in Descent, Alliance and the Formation of Corporate Groups in the North-western Amazon,* Uppsala, Academiae Upsaliensis, 1981, p. 186-187.
2. Paris, Gallimard, 2008, p. 82-107.

de refléter un état de nature, l'échange élémentaire de la pensée structuraliste est une création de l'histoire.

La position centrale de l'endogamie musulmane dans l'ancien monde, où elle rayonne à partir du Moyen-Orient, est une indication de son caractère d'innovation. Une plongée dans le passé de la Mésopotamie, où l'on ne la trouve pas, confirme son caractère tardif (*OSF*, p. 580-582).

L'exogamie originelle a mieux survécu que la famille nucléaire. Chez les chasseurs-cueilleurs résiduels, Bushmen du sud de l'Afrique, Shoshone du Grand Bassin des montagnes Rocheuses, Agta de Luzon aux Philippines ou Eskimo de la zone subarctique, l'exogamie quadrilatérale domine toujours, comme en Europe occidentale, dans l'ensemble des mondes anglo-américain ou latino-américain, et dans le gros de l'Asie du Sud-Est, nucléaire et indifférenciée (Malaisie musulmane mise à part). Seuls quelques peuples du nord-est paléo-sibérien, de famille nucléaire et de système de parenté indifférencié, semblent en première approche accepter l'endogamie. Un examen critique des données suggère qu'il s'agissait d'une tolérance au mariage entre cousins germains n'allant pas au-delà de 10 % (*OSF*, p. 163-164). Au Japon, le mariage entre cousins du premier degré atteignait 7 à 10 % au lendemain de la Seconde Guerre mondiale, mais il y semblait bien une création de l'histoire et ce taux s'est effondré depuis (*OSF*, p. 187-190). Mais même dans le monde patrilinéaire et communautaire, l'exogamie quadrilatérale continue de prédominer : aussi bien en Russie, en Serbie, en Chine, et au Vietnam qu'en Inde du Nord. En Afrique subsaharienne, de même, ni la patrilinéarité, ni le communautarisme, ni la polygynie n'empêchent que l'exogamie quadrilatérale concerne encore 60 % des peuples pour lesquels l'information est disponible dans l'échantillon de Murdock. Les mariages entre cousins croisés ne sont bien représentés en Afrique que dans la ceinture matrilinéaire, mais sans doute avec des taux effectifs modérés. Les Tswanas, à l'extrême sud, pratiquent l'endogamie quadrilatérale, mais il s'agit certainement d'une innovation récente, dans une zone caractérisée par une innovation communautaire patrilinéaire tardive[1].

L'exogamie est décidément l'un des éléments les plus résistants du système anthropologique originel d'*homo sapiens*. Les fortes endogamies de l'Inde du Sud et du monde arabo-persan excluent toutefois que l'on fasse de cette résistance quelque chose d'absolu.

## Le tabou de l'inceste est originel : l'effet Westermarck

La description d'*homo sapiens* comme naturellement exogame pour ce qui concerne les mariages entre cousins complète et élargit la conclusion à laquelle était arrivé Edward Westermarck dès 1891 pour les unions entre frères et sœurs. Dans *The History of Human Marriage*, ce Suédois de Finlande, installé à la London School of Economics, mit fin aux fantasmes de ses prédécesseurs anthropologues sur l'immoralité des mœurs primitives – tous savants anglais, allemands, français et américains confondus. Westermarck a en effet détruit les hypothèses, courantes à son époque, d'une promiscuité sexuelle primitive, d'un inceste originel, d'un communisme familial archaïque. Il s'est moqué en passant de « Bachofen, Mc Lennan, Morgan, Lubbock, Bastian, Giraud-Teulon, Lippert, Kohler, Post, Wilken et [de] plusieurs autres…[2] »

1. Voir chapitre 2, p. 103.
2. *The History of Human Marriage*, Londres, Macmillan, 1891, p. 51-52.

L'effet Westermarck suggère que le tabou de l'inceste n'est pas un fait de culture mais une conduite inconsciente héritée du processus de la sélection naturelle. Ce tabou a « toutes les caractéristiques d'un véritable et puissant instinct et ressemble évidemment beaucoup à l'aversion pour les relations sexuelles avec des individus appartenant à d'autres espèces[1] ». Cet interdit a été sélectionné par l'évolution en tant qu'avantage compétitif parce que l'involution endogame – prise ici au sens étroit de mariage à l'intérieur de la famille nucléaire – aboutit à l'élimination des groupes porteurs, moins efficaces socialement.

Westermarck est un darwinien universaliste. Il utilise l'hypothèse de la sélection naturelle pour définir et expliquer ce qui est commun à toute l'espèce humaine et non, comme c'est souvent le cas avec le darwinisme « dégénéré » de la sociobiologie actuelle, pour imaginer une compétition entre races et une sélection à l'intérieur de l'espèce humaine[2]. Il a évidemment raison contre des

1. *Ibid.*, p. 353.
2. Mon modèle de divergence des systèmes familiaux frappe malheureusement d'obsolescence une bonne partie de la réflexion historique, mais c'est avec une joie sans mélange que je constate qu'une de ses victimes collatérales est Edward O. Wilson, le pape de la sociobiologie. Son interprétation du darwinisme est typiquement différentialiste. La lecture universaliste de Darwin ne perd jamais de vue l'unité de l'espèce humaine, qu'exprime l'interfécondité de tous les phénotypes humains, et qu'explique la longueur nécessaire au processus de séparation des espèces animales. Darwin note lui-même l'incommensurabilité des temps géologiques et biologiques pour expliquer l'extrême rareté des types intermédiaires. Le darwinisme de tendance différentialiste, ou darwinisme social, ou sociobiologie, laisse apparaître le tropisme opposé d'une préférence latente pour la différenciation interne de l'espèce humaine. Hautement dépendant en pratique du modèle standard d'évolution de la famille – du complexe vers le simple –, *le darwinisme différentialiste* part du principe que les peuples les moins développés économiquement sont dans leur organisation familiale les plus proches de l'animalité. Nous voyons en

penseurs plus tardifs comme Freud, Lévi-Strauss et tant d'autres, qui ont voulu voir dans l'évitement de l'inceste un fait de culture. Las, l'histoire des sciences humaines est remplie de ces régressions intellectuelles. Dans le contexte de cette étude, qui prend les structures familiales au sérieux, l'occultation de Le Play entre 1900 et 1970 vient immédiatement à l'esprit.

Nous sommes très bien placés, dans l'Occident du début de IIIe millénaire, pour valider l'effet Westermarck. Tous les tabous sexuels s'effacent aujourd'hui à l'exception de deux, qui concernent respectivement la pédophilie et l'inceste. Revendiquée un instant durant les années 1970 par quelques fantaisistes mondains comme une ultime avancée de la libération sexuelle, la pédophilie a vite retrouvé son statut de zone interdite. L'impératif de protection de la descendance semble bien ancré dans un fond naturel humain. Quant au tabou de l'inceste, il a atteint en pleine révolution sexuelle le stade d'une inconscience et d'une efficacité absolues. Alors même que les interdits de l'Église sur les mariages

---

conséquence Wilson délirer, dans *On Human Nature*, sur l'infanticide sélectif des bébés de sexe féminin, conséquence de l'hypergamie, pratique de l'Inde du Nord qui consiste pour une femme à tenter d'épouser un homme de condition sociale supérieure à la sienne.

Mauvaise pioche. Le système familial de l'Inde du Nord est fort éloigné du système originel de l'humanité. C'est le produit d'une longue histoire et son trait le plus cruel doit être interprété en termes de sophistication, non de primitivité, même s'il est vrai que l'abaissement du statut de la femme a abouti à un blocage culturel de la civilisation en Inde du Nord, s'exprimant toujours par des taux d'alphabétisation très bas dans les régions concernées.

C'est bien l'*homo anglo-americanus*, sociobiologiste ou non, qui reste le plus proche de l'*homo sapiens* originel en termes de mœurs. Mais que Wilson se rassure, sa « primitivité » familiale ne le rapproche aucunement du singe. Le chimpanzé, on l'a vu, ignore le lien conjugal stable. La coupure entre les espèces est radicale.

entre cousins ont disparu de la législation civile, jamais leur nombre n'a été aussi infinitésimal. Personne n'a d'ailleurs revendiqué comme nécessaire à l'évolution des mœurs une expérimentation sexuelle interne à la famille nucléaire.

On ne se souvient aujourd'hui de Westermarck que pour sa conception d'un tabou naturel de l'inceste, mais celui-ci avait en réalité compris l'essentiel de la vie familiale de l'homme archaïque. Il décrit dans son livre un couple primitif monogame et suggère que les formes complexes de la vie familiale sont des produits de l'histoire. Pas plus que le tabou de l'inceste, la monogamie originelle et la relative stabilité du couple qui l'accompagne ne sont des faits de culture :

> « Voyant que l'union dure après la naissance des enfants et constatant les tâches assurées par le père, nous pouvons être certains que l'union prolongée entre les sexes est, d'une façon ou d'une autre, associée aux devoirs parentaux. Je suis absolument convaincu que le lien entre mâle et femelle est un instinct développé par le mécanisme de la sélection naturelle. Il est évident que, là où le père aide à la protection de sa descendance, l'espèce est mieux capable de survivre à la lutte pour l'existence qu'elle ne le serait si cette obligation ne revenait qu'à la mère[1]. »

Il note à plusieurs reprises la ressemblance entre la famille des primitifs et celle des modernes de son époque :

> « Il y a donc une certaine ressemblance entre l'institution familiale des tribus sauvages et celle des peuples les plus avancés. Dans les deux cas, le fils adulte, et fréquemment

1. *The History of Human Marriage, op. cit.*, p. 20.

124

la fille adulte, bénéficient d'une liberté inconnue aux stades intermédiaires de la civilisation[1]. »

Plus loin :

« Et quant à l'histoire des formes du mariage humain, deux conclusions concernant la monogamie et la polygamie peuvent être admises avec une certitude absolue : la monogamie, toujours forme dominante du mariage, est plus répandue aux stades inférieurs de la civilisation qu'aux stades un peu plus élevés ; tandis qu'aux stades encore supérieurs, la polygynie cède à nouveau à la monogamie[2]. »

Étant arrivé moi-même à la conclusion presque trop surprenante d'une proximité de mœurs des Occidentaux et des primitifs, je trouve rassurant de constater qu'un chercheur était arrivé très près du même résultat il y a un peu plus d'un siècle, en utilisant les données et les méthodes disponibles à son époque.

Mais nous ne pouvons recevoir les conclusions de Westermarck que si nous incluons dans les caractéristiques de l'espèce humaine cette dimension de flexibilité, de plasticité autorisant l'évolution des formes, que j'évoquais au chapitre précédent.

Nous pouvons maintenant présenter cette combinaison de *norme* et de *plasticité* sous la forme d'une formule décrivant la matrice anthropologique d'*homo sapiens*. Soit **N** la nucléarité de la famille, **M** la monogamie, **E** l'exogamie, **I** l'indifférenciation du système de parenté. Ajoutons un cinquième élément $V$, la possibilité de variations, susceptible d'affecter tous les autres (action notée *). Nous obtenons :

1. *Ibid.*, p. 239.
2. *Ibid.*, p. 505.

Matrice *homo sapiens* : $(N+M+E+I) * V$

Sans cette variabilité $V$, nous ne pourrions comprendre la capacité de l'espèce à couvrir l'ensemble de la planète au stade technologique de la cueillette et de la chasse. L'adaptabilité économique d'*homo sapiens* ne peut se concevoir sans cette variabilité du système familial, et notamment du rapport entre les hommes et les femmes : la division sexuelle du travail, qui affecte la cueillette aux femmes et la chasse aux hommes, n'empêche pas que certains peuples soient surtout composés de chasseurs quand d'autres le sont primordialement de cueilleurs.

### *L'indifférenciation comme concept général*

Nous pouvons à ce stade donner une description simplifiée du système anthropologique originel de l'humanité, en tant que type idéal. La famille est nucléaire, sans dogmatisme, jeunes couples ou parents âgés pouvant s'y agréger temporairement. Le statut de la femme est élevé. Le système de parenté est bilatéral, ou indifférencié, donnant à la parenté de la mère et à celle du père des places équivalentes dans la définition du monde de l'enfant. Le mariage est exogame, cherchant les conjoints au-delà des cousins du premier degré, mais à nouveau sans dogmatisme. Le divorce est possible. La polygynie aussi, et parfois même, quoique plus rarement, la polyandrie. Les interactions entre les familles des frères et des sœurs sont fortes et structurent les groupes locaux. Aucune relation n'est complètement stable. Les familles, les individus peuvent se séparer, se regrouper. Il existe deux niveaux d'agrégation supérieurs à la famille :

a) Plusieurs familles nucléaires, apparentées le plus souvent, constituent un groupe mobile.

b) Ces groupes de familles échangent entre eux des conjoints sur un territoire comprenant peut-être un millier d'individus. L'existence d'une limite extérieure aux échanges de conjoints définit un groupe territorial endogame dont les frontières sont toutefois poreuses.

Le concept d'indifférenciation est en général utilisé par les anthropologues pour décrire les systèmes de parenté qui ne sont ni patrilinéaires ni matrilinéaires mais laissent les individus libres de se servir de manière pragmatique des filiations paternelles et maternelles. Nous pouvons à ce stade généraliser son usage à tous les éléments de la structure familiale qui n'ont pas été polarisés durant l'histoire par un choix dichotomique stable.

Prenons la *corésidence des générations*, valeur positive pour la famille-souche allemande ou la famille communautaire russe, négative pour la famille nucléaire égalitaire française ou la famille nucléaire absolue anglaise. Tous les systèmes familiaux nucléaires considérant comme possible une *corésidence temporaire* des jeunes adultes ou des personnes âgées peuvent être dits indifférenciés, dans cette dimension de la corésidence, tels la plupart des chasseurs cueilleurs, les Islandais, les Wallons, les Polonais, les Tagalogs ou les Javanais.

Dans le cas de l'*héritage*, c'est l'absence de la polarité inégalité-égalité qui définira comme indifférencié un système familial. La famille-souche fait le choix de l'inégalité, la famille communautaire celui de l'égalité, tout comme la famille nucléaire égalitaire. La famille nucléaire absolue anglaise apparaît ici indifférenciée, aux côtés des formes familiales Tagalogs ou javanaise.

Le modèle de *mariage* aussi peut révéler soit différenciation soit indifférenciation. L'indissolubilité du mariage évoque la différenciation, la possibilité du divorce renvoie à l'indifférenciation. La polygynie, au-dessous du taux de 10 %, évoque une monogamie tempérée, indifférenciée. Entre 15 et 50 %, la polygynie suppose une norme et relève du concept de différenciation. La monogamie stricte et la polygynie de masse de type africain représentent les pôles opposés d'une différenciation.

L'exogamie tempérée, qui préfère la sortie du groupe familial d'origine mais admet la possibilité du mariage entre cousins croisés et de quelques mariages entre cousins parallèles, peut être dite indifférenciée. L'exogamie obsessionnelle du monde chrétien est différenciée. L'endogamie à taux élevés de mariages entre cousins du monde arabo-persan ou de l'Inde du Sud évoque aussi, dans un sens opposé, la différenciation.

Nous pouvons aussi utiliser, pour la description de la vie sexuelle, les qualificatifs de « différencié » et de « tempéré » (plutôt qu'« indifférencié » qui pourrait prêter à confusion). Les premières synthèses dérivées de l'échantillon de Murdock montrent que, dans les groupes humains primitifs qui n'ont pas été transformés par l'une des grandes religions universalistes, si la sexualité homme/femme domine – c'est une nécessité pour la reproduction –, une certaine indifférence aux préférences homosexuelles est dominante, indifférence qui semble absolue pour ce qui concerne l'homosexualité féminine. Le coït anal, phobie chrétienne centrale, ne semble guère avoir effrayé l'*homo sapiens* des origines[1]. Le bon concept pour l'*homo sapiens* originel semble donc celui d'hétérosexualité tempérée, hautement compatible avec celui de monogamie tempérée.

En vérité, la plupart des conduites de base d'*homo sapiens* semblent avoir été du type « tempéré ». Alexander Carr-Saunders notait en 1922, dans *The Population Problem. A Study in Human Evolution*, la coexistence

---

1. Clellan Ford et Frank Beach, *Patterns of Sexual Behaviour*, New York, Harper, 1951, chapitres 6 et 7.

de normes et de variabilité dans le traitement des faibles, enfants et parents âgés, chez les chasseurs-cueilleurs[1]. Les enfants sont produits et élevés avec amour – comment pourrait-il en être autrement si l'espèce a survécu ? –, mais avortement, infanticide et exposition sont des possibilités qui permettent la survie du groupe s'il est confronté à une raréfaction des ressources. Même chose pour les vieux, en général bien traités, mais parfois abandonnés ou même tués quand une situation démographique limite est atteinte. En toutes choses, l'*homo sapiens* des origines semble avoir été simultanément moral et pragmatique. Darwin avait parfaitement saisi dans son deuxième grand ouvrage, *The Descent of Man,* que l'existence d'une morale collective était pour le groupe humain de base un avantage compétitif de survie[2]. Ses successeurs ont mis en évidence le caractère pragmatique de cette moralité de l'espèce, qui ne doit pas faire obstacle à la survie du groupe.

*Homo sapiens*, tel que je l'ai reconstruit, apparaît indifférencié dans toutes les dimensions : son système de parenté est, au sens le plus classique du terme, indifférencié, mais son mariage exogame tempéré, sa monogamie tempérée, sa corésidence temporaire possible, son absence de règle d'héritage égalitaire ou inégalitaire relève d'une définition élargie du concept d'indifférenciation. Le concept *d'indifférenciation généralisée* nous permet de nous représenter l'histoire humaine comme un long processus de différenciation : de polarisation des formes anthropologiques et de spécialisation des types, processus durant lequel certaines formes ont manifesté plus de capacité de survie et

---

1. Oxford, Clarendon Press, chapitre 7.
2. *The Descent of Man, and Selection in Relation to Sex*, Londres, John Murray, 2 volumes, 1871 (2e édition augmentée par l'auteur, 1879, voir chapitre V).

d'expansion que d'autres. Je vais montrer son potentiel
libérateur en appliquant son pouvoir corrosif à quelques
grands fantasmes de l'histoire européenne.

### Celtes, Germains et Slaves des origines

L'une des malédictions qui affectent l'historien de
l'Antiquité occidentale est l'abondance de noms de
peuples vides de sens. Nous pouvons placer sur la carte
d'Europe des groupes celtes, germaniques puis slaves, et
ce pour diverses époques antérieures à l'acquisition de
l'écriture. Nous disposons, certes, de données sur leur
connaissance de l'agriculture, de l'élevage, du travail
des métaux, de la poterie et d'autres éléments de la vie
matérielle. Mais l'existence d'ethnonymes nous fait trop
facilement dériver vers une essentialisation des peuples,
auxquels nous supposons, sans pouvoir d'ailleurs les pré-
ciser, des caractéristiques sociales ou mentales. L'existence actuelle de tempéraments français, allemand ou
russe – indubitable – est projetée rétrospectivement sur
ces origines celtes, germaniques ou slaves. L'hypothèse de
l'indifférenciation originelle d'*homo sapiens* nous permet
de lire correctement les documents qui subsistent : pour
les deux siècles qui encadrent l'an zéro, la *Géographie*
de Strabon, le *De Bello Gallico* de César, *La Germanie* de Tacite ; pour les VIᵉ et VIIᵉ siècles, *L'Histoire des
Francs* de Grégoire de Tours ou les codes juridiques
franc, burgonde et wisigoth ; pour le début du XIIᵉ siècle,
la *Chronique de Nestor* russe ; pour les XIIᵉ et XIIIᵉ siècles,
les sagas islandaises.

Les données obtenues, fort incomplètes, renvoient
cependant toutes à l'indifférenciation originelle : statut
élevé des femmes, flexibilité d'un système de parenté
bilatéral, exogamie (sans doute tempérée), monogamie

130

mais tolérance pour la polygynie. Les codes germaniques nous permettent même de saisir l'articulation entre famille nucléaire et réseau de parenté bilatéral : le Wergeld, compensation versée au groupe familial en cas d'assassinat d'un de ses membres, privilégie la famille nucléaire, mais il tient compte de la parenté plus lointaine, sur une base bilatérale affectant aux côtés paternels et maternels des dédommagements équivalents (*OSF*, p. 340-346 et p. 427-438).

Dès lors, Celtes, Germains et Slaves ne sont plus que diverses variétés d'*homo sapiens* et fort semblables les uns aux autres. La divergence des langues, toutes indo-européennes d'ailleurs, n'a encore entraîné aucune divergence des types sociaux et des mentalités.

Pierre Guichard note, dans *Structures sociales « orientales » et « occidentales » dans l'Espagne musulmane*[1], l'horizontalité et la fluidité persistantes de la parenté dans la noblesse de l'époque carolingienne, c'est-à-dire avant l'émergence de la famille-souche à partir du XI$^e$ siècle. Les termes qu'il emploie, citant auteurs allemands et anglais, pourraient être appliqués, sans grande adaptation, aux groupes de chasseurs-cueilleurs originels, dont les systèmes de parenté furent indifférenciés.

Les Romains et les Grecs, autres acteurs majeurs de l'histoire européenne, ne peuvent être placés dans cette catégorie de l'indifférenciation originelle. Leurs systèmes familiaux comportaient des traits polarisés. Leur contact avec la patrilinéarité inventée en Mésopotamie fut substantiel mais, ainsi qu'on va le voir au chapitre suivant, elle ne l'avait pas emporté, au point que nous allons devoir évoquer dans leurs cas une certaine réversibilité du processus de différenciation. L'émergence des religions juive et chrétienne va par ailleurs nous permettre de poser

1. Paris, Mouton, 1977.

la question d'une coévolution des structures familiales et des systèmes religieux à partir d'une certaine date.

## *La division en peuples : la notion d'identité relative*

Parler d'*homo sapiens* comme d'une espèce animale unique, sélectionnée par l'évolution naturelle, distincte de toutes les autres, ne doit pas nous faire perdre de vue la fragmentation naturelle de cette espèce. Les hommes et femmes concrets appartiennent toujours à une entité d'ordre supérieur, le peuple. L'indifférenciation générale de leurs structures anthropologiques originelles ne saurait nous amener à la conclusion que les divers groupes celtes, germains ou slaves n'ont pas existé dans l'histoire, avec leurs interactions, pacifiques ou violentes. L'éthologie a identifié l'espèce humaine comme caractérisée par un fort potentiel d'agression interne, *intraspécifique*[1]. Mais il n'est pas vraiment nécessaire de recourir à Konrad Lorenz pour formaliser ce trait de l'espèce qu'avait saisi dès 1767 Adam Ferguson, dans son *Essai sur les origines de la société civile*. Ce représentant des Lumières écossaises (avec David Hume, Adam Smith ou James Watt) fut le premier sans doute à intégrer dans sa réflexion sur l'homme des relevés ethnographiques concrets concernant, notamment, les Indiens d'Amérique du Nord[2] :

« Les dernières découvertes nous ont mis à portée de connaître presque toutes les différentes positions dans les-

---

1. Konrad Lorenz, *L'Agression. Une histoire naturelle du mal*, Paris, Flammarion, 1969.
2. Né à la frontière des Highlands écossaises, aumônier militaire d'un régiment de *highlanders*, Ferguson connaissait la moralité de ce peuple « arriéré ». Rallié à la modernité *whig* de son temps, il n'avait pourtant pas adopté un évolutionnisme simplet du type arriéré/moderne.

quelles les hommes peuvent se trouver. Ici nous les voyons couvrir d'immenses continents, où les communications sont faciles et où des confédérations pourraient aisément se former entre les différentes nations. Là, resserrés dans des espaces plus étroits, où ils sont circonscrits par des chaînes de montagnes, par de grandes rivières, par des bras de mer ; on en a trouvé dans de petites îles écartées, où les habitants pourraient se rassembler avec facilité et tirer avantage de leur réunion. Dans toutes ces situations indistinctement, on les a trouvés divisés par cantons, et affectant de se distinguer par des noms différents et par des communautés séparées. Les titres de concitoyen et de compatriote [*fellow-citizen and countryman*], sans leur opposition à celui d'Étranger[1] [*alien and foreigner*], auxquels ils se réfèrent, perdraient leur signification, tomberaient en désuétude. »

Ferguson constate empiriquement la dialectique du « nous » et du « eux », indépendamment du niveau de développement des groupes. Il ne commet pas l'erreur d'attribuer cette fragmentation à des différences d'essence ou de nature entre groupes humains. On ne trouve pas ici de référence à la notion de race ou de couleur. Les groupes humains sont toujours en conflit parce qu'ils sont tous également humains[2].

1. Adam Ferguson, *Essai sur l'histoire de la société civile* [Édimbourg, 1767], Lyon, ENS Éditions, 2013, p. 55-56.
2. « [...] l'homme s'est toujours montré au milieu des animaux comme une espèce tout à fait distincte et d'un ordre supérieur ; [...] malgré la possession d'organes pareils, malgré quelque conformité de figure, malgré l'usage des mains, malgré une force d'association et de commerce avec l'homme, aucune autre espèce n'a jamais pu parvenir à confondre sa nature ou son industrie avec celles de cet artiste souverain ; [...] dans l'état le plus brut, il est encore fort au-dessus des autres animaux ; [...] dans son extrême dégradation, il n'est jamais ravalé à leur niveau. En un mot, il est l'homme dans

Réaliste, Ferguson associe la moralité interne du groupe à l'hostilité aux groupes extérieurs, constatation simple et forte.

« Ces observations semblent accuser notre espèce et donner une idée peu favorable de la race humaine. [...] Ce sont les sentiments de générosité et de désintéressement qui animent le guerrier à la défense de son pays ; ce sont les penchants les plus favorables à l'humanité qui deviennent le principe des hostilités que l'on voit parmi les hommes [...]. Sans la rivalité des nations, sans l'usage de la guerre, à peine la société civile eut-elle pu avoir un objet et prendre une forme[1]. »

Nous pouvons vérifier la vivante actualité de cette conception en constatant les effets sociaux désintégrateurs de la paix entre les nations européennes. On comprend mieux, après avoir lu Ferguson, le besoin qu'ont les sociétés les plus avancées de se créer un groupe interne musulman ou de diaboliser la Russie pour retrouver leur équilibre, au fond menacé par la réconciliation des nations. La perpétuation d'un groupe noir séparé aux États-Unis relève d'une même logique de l'espèce.

La guerre est bien sûr observable tout au long de l'histoire humaine, mais la constatation n'est pas aussi triviale qu'il y paraît. Elle mène beaucoup plus sûrement que les généralités tardives de Freud sur l'instinct de mort à une formalisation simple et efficace de l'un des problèmes fondamentaux de l'espèce. La cohésion du groupe dépend de l'hostilité à d'autres groupes. Moralité interne et vio-

---

quelque situation que ce soit [...] », *Essai sur l'histoire de la société civile*, dans la traduction de Claude-François Bergier, Paris, Veuve Desaint, 1783, p. 13-14.

1. *Ibid.*, p. 64-65.

lence externe sont fonctionnellement associées. Toute chute de la violence externe menace donc à terme la moralité et la cohésion interne du groupe. La paix est un problème social.

Je considérerai, dans la suite de ce livre, cette définition réciproque des groupes humains les uns par les autres comme axiomatique. Le plus important n'est pas d'admettre que la guerre extérieure ou le racisme interne d'une société sont des phénomènes humains normaux, malheureusement non-pathologiques au regard des traits constitutifs de l'espèce. L'essentiel est de comprendre qu'il n'existe pour aucun groupe une identité absolue, indépendante de son rapport à d'autres groupes. La France n'a vraiment commencé d'exister, au XIVe siècle, que par son conflit avec l'Angleterre, les Blancs américains n'existent que par rapport aux Noirs, les Grecs n'ont été tels que par rapport aux barbares, les Athéniens par rapport aux Spartiates, les chrétiens par rapport aux païens et aux Juifs. Les sociétés humaines ont, certes, des caractéristiques intrinsèques : système économique, structures familiales, croyances religieuses, organisation politique. Mais aucune ne peut être conçue et décrite sans des référents extérieurs qui contribuent non seulement à la fixation de ses caractéristiques dans un long jeu d'influences réciproques ou de rejets, mais qui permettent aussi sa cohésion interne, la mobilisation d'une solidarité du groupe contre un « autre » extérieur ou intérieur. Il n'existe aucune identité absolue : l'identité d'un groupe, dans l'espèce *homo sapiens*, est toujours relative.

No absolute identity exists

# Chapitre 4

# Le judaïsme et le premier christianisme : famille et alphabétisation

Ni le judaïsme ni le christianisme ne sont apparus dans des sociétés dont les systèmes familiaux étaient complexes, denses, clairement patrilinéaires ou matrilinéaires. Mais pour le comprendre, nous devons d'abord nous débarrasser de la représentation de la famille projetée par la Bible. C'est un sujet à propos duquel j'ai personnellement commis beaucoup d'erreurs, ayant été hypnotisé comme tant d'autres par les généalogies bibliques.

Dans ce texte, la primogéniture organise la séparation des peuples et la genèse d'Israël à partir d'une humanité unique commencée par Adam et Ève. Le thème du premier-né est obsédant dans le récit des dix plaies d'Égypte et de l'Exode. La double-part de l'aîné apparaît comme règle d'héritage dans le Deutéronome. La Bible semble donc décrire une primogéniture patrilinéaire. J'avais vu dans cette famille-souche littéraire l'assise anthropologique du monothéisme, l'image forte des pères de la Bible soutenant l'image d'un Dieu unique exigeant. Beaucoup plus tard, à partir du XVIe siècle, en Allemagne et en Occitanie, le protestantisme, religion du Père plutôt que du Fils, semblait aussi avoir été favorisé par l'émergence de la primogéniture. Au Japon, entre le XIIe et le XVIe siècle, le monothéisme de la vraie secte de la Terre pure (Jodo-shinshu), devenu dans ce pays la tendance centrale du bouddhisme, eut aussi partie liée avec la naissance de la famille-souche[1]. Mais une association universelle entre primogéniture et dieu unique est une théorie beaucoup trop simple. Elle est inapplicable au premier christianisme et à l'islam, deux religions monothéistes dont on aurait du mal à attribuer le succès à la famille-souche. Quant au judaïsme, s'il a bien rêvé de la famille-souche dans ses textes sacrés, son peuple ne l'a, à aucune étape de son histoire, sérieusement pratiquée.

Les représentations de la famille juive antique sont le plus souvent caricaturales. La lecture de la Bible est en effet conditionnée par deux *a priori* qui interdisent une perception réaliste des structures familiales des Juifs de l'Antiquité. Il y a d'abord le « modèle standard » de l'histoire de la famille, qui cherche dans le passé des structures complexes et n'en finit pas de trouver partout l'émergence de la famille nucléaire. Il y a de surcroît le « modèle bédouin » qui, observant chez les Arabes nomades du Proche-Orient une famille patrilinéaire, communautaire et endogame, veut y voir une forme tardive de la famille itinérante d'Abraham. Ajoutons le mariage de Jacob avec ses cousines croisées matrilatérales, Léa et Rachel, et la cause est entendue : la famille juive antique fut patrilinéaire, communautaire et endogame.

En France, une version populaire du stéréotype est exposée dans *La Vie quotidienne des hommes de la Bible* d'André Chouraqui[2]. Il existe toutefois de multiples formes savantes de l'illusion. Baruch Halpern nous a

---

1. Emmanuel Todd, *Le Destin des immigrés. Assimilation et ségrégation dans les démocraties occidentales*, Paris, Seuil, 1994, et « Points Essais », n° 345, 1997. Voir en particulier le chapitre sur « l'unité contre la différence : la famille-souche et le monothéisme », p. 168-172.

2. Paris, Hachette, 1978, p. 159-162.

servi en 1991 le plat complet d'une organisation clanique, patrilinéaire et endogame qui se serait désintégrée pour permettre l'apparition de la famille nucléaire et, bien sûr, de l'individualisme et de la responsabilité morale en Judée entre Ezéchias (727-698 AEC) et Josias (639-609 AEC)[1]. Halpern coche soigneusement toutes les cases du modèle standard : il n'oublie pas le parallèle entre la famille juive antique et celle des villages arabes de l'actuel État d'Israël. La révolution religieuse judéenne du VIIᵉ siècle – un seul roi, une seule ville sainte, un seul temple, un seul Dieu – serait, bien sûr, l'une des manifestations de cette montée de l'individualisme.

Cette préconception familiale empoisonne toute la littérature sur l'ancien Israël. Elle touche même l'œuvre des grands archéologues et historiens qui, ces quinze dernières années, nous ont délivrés du récit biblique, en démontrant que le périple des patriarches venus d'Ur, puis la sortie d'Égypte, et enfin le puissant royaume qui aurait précédé la division en un État du Nord, Israël, et un État du Sud, la Judée, ne sont que des mythes littéraires. *La Bible dévoilée* d'Israel Finkielstein et Neil Asher Silberman, *La Bible et l'Invention de l'histoire* de Mario Liverani partent en effet d'un réel indépendant du texte saint : les populations de la Palestine à l'âge du fer (c'est-à-dire à partir du XIIᵉ siècle AEC). Mais ces ouvrages impressionnants demeurent influencés par des notions de clan et de lignage tirées de la vieille anthropologie sociale. Et ces concepts sont projetés sur le passé par des historiens qui, même lorsqu'ils ne le disent pas explicitement, ont

---

1. Baruch Halpern, « Jerusalem and the Lineages in the 7ᵗʰ Century BCE : Kinship and the Rise of Individual Moral Liability », in Baruch Halpern et Deborah W. Hobson, « Law and Ideology in Monarchic Israel », *Journal for the Study of the Old Testament*, Supplement Series 124, 1991, p. 11-107.

en tête le clan patrilinéaire, et qui ignorent vraisemblablement l'existence de formes fluides et indifférenciées
de la parenté[1].

La primogéniture, quoique bénéficiant à l'aîné des
garçons, aurait pu servir d'avertissement pour tous, parce
que cet élément d'organisation familiale et domestique
correspond le plus souvent à des systèmes de parenté
que les anthropologues décrivent comme bilatéraux ou
indifférenciés, en Allemagne, au Japon ou ailleurs. Les
généalogies bibliques existent certes, et *dans la Bible*,
elles sont à dominante patrilinéaire. Mais la Bible n'est
pas une monographie de terrain patiemment élaborée
par un anthropologue de Cambridge : elle fut et reste
un projet religieux, familial et ethnique, rédigé sur une
longue période de temps. Seule l'observation directe,
par d'autres moyens et grâce à d'autres sources, des
populations israélites, judéennes ou juives réelles, entre
l'âge de fer et le début de notre IIIᵉ millénaire (EC),
peut nous permettre de dire si ce projet biblique a jamais
été réalisé, sur la Terre promise ou dans le monde de
la diaspora.

## La famille nucléaire juive des origines

Christophe Lemardelé est passé de l'autre côté du
miroir. Dans un article fondateur, il a admis le modèle
inverse de l'histoire de la famille et observé les données
réellement fournies par l'archéologie et par les textes. Il

---

1. Israel Finkielstein et Neil Asher Silberman, *The Bible Unearthed.
Archaeology's New Vision of Ancient Israel and the Origin of Its
Sacred Texts*, New York, Simon and Schuster, 2001. J'utilise l'édition
Touchstone de 2002 ; Mario Liverani, *La Bible et l'Invention de
l'histoire*, Paris, Gallimard, « Folio », 2010.

en a tiré l'hypothèse d'une évolution de la famille juive antique de la nucléarité vers la complexité[1]. Toutes les conditions d'application du modèle inverse de l'histoire de la famille sont en effet réunies, et en particulier le caractère nettement périphérique et conservateur de la Terre de Canaan à l'intérieur du Proche-Orient. Le principe patrilinéaire a émergé en Mésopotamie au IIIe millénaire AEC, il s'est diffusé vers l'Ouest, mais très difficilement dans les hautes terres de l'Israël antique. Les petites maisons du premier âge du fer, vers 1000 AEC, fouillées par les archéologues israéliens, ne pouvaient contenir que des familles nucléaires[2]. Pourquoi donc imaginer autre chose qu'un retard dans l'acquisition de la primogéniture et du premier principe patrilinéaire par ces populations « arriérées » qui vivaient sur les marges du croissant fertile, dans des lieux élevés ? Deux millénaires et demi plus tard, les populations alaouites, druzes ou chrétiennes maronites, qui occupent les hauteurs situées immédiatement au nord, se caractérisent encore, lorsqu'on les compare au monde patrilinéaire, communautaire et endogame des basses terres environnantes, par des traits « archaïques » : nucléarité résiduelle, statut des femmes plus élevé, endogamie plus faible, systèmes d'héritage qui conservent des traits non-égalitaires (*OSF*, p. 484 et p. 500-501).

James George Frazer avait noté dans le récit biblique une contradiction entre la règle de primogéniture, obsessionnelle, et la pratique successorale des personnages, qui n'en finissent pas de déroger à cette règle. L'archétype de

---

1. Christophe Lemardelé, « Structures familiales et idéologie religieuse dans l'ancien Israël. Contribution pour une compréhension du "monothéisme" biblique », *Semitica et Classica*, n° 9, 2016, p. 43-60.
2. Israel Finkielstein et Neil Asher Silberman, *The Bible Unearthed*, *op. cit.*, p. 109.

cette figure littéraire est le vol du droit d'aînesse d'Esaü par Jacob, aidé par sa mère. On pourrait multiplier les exemples d'héritiers qui ne sont pas des aînés ou de femmes plus fortes que les hommes. Le rôle spécifique du dernier-né est typique de la famille nucléaire originelle (Frazer disait « naturelle »), système dans lequel le plus jeune des enfants a la charge des parents parce que ses aînés sont partis les uns après les autres pour fonder leur famille sur de nouvelles terres[1]. *Homo sapiens* est mobile, la première agriculture est expansive. Pour expliquer la contradiction, Frazer avait postulé une famille ancienne nucléaire, dont les rédacteurs tardifs de la Bible n'auraient plus compris le fonctionnement. Les scribes auraient donc inventé des légendes pour rendre compte du rôle des cadets, qui leur apparaissait comme l'expression d'un dysfonctionnement du système normal de la primogéniture. L'explication s'applique peut-être aux généalogies des rois. Salomon, dont les archéologues viennent de nous montrer que le royaume ne fut en réalité ni très grand, ni très glorieux, n'était effectivement pas l'aîné de David. Pour les Patriarches, personnages littéraires, l'invention est directe. Rien ne nous interdit toutefois d'imaginer, plus simplement encore que ne le fait Frazer, une contradiction toujours vivante à l'époque de la rédaction de la Bible : la primogéniture est alors un concept nouveau, qui pénètre par le haut la culture des scribes, mais la famille nucléaire indifférenciée des Judéens résiste et cette tension se retrouve sous forme de mythes religieux dans telle ou telle partie de la Bible.

---

1. James G. Frazer, *Folk-Lore in the Old Testament, op. cit.,* p. 429-433.

_Handwritten at top: 1000 BC – Sumer_

## *L'époque néoassyrienne puis néobabylonienne : primogéniture et patrilinéarité*

Tentons une datation, qui prendrait la double-part de l'aîné du Deutéronome comme indicateur central. La règle est très spécifique et, comme telle, pourrait nous conduire à une origine très simple. Elle fut, dans le Proche-Orient du Ier millénaire, d'une extrême banalité, ayant diffusé partout à partir de Sumer. Elle a atteint les codes de lois de l'Empire néo-assyrien. Nous pouvons donc imaginer soit une acquisition israélite par contact avec les Assyriens, qui détruisirent le royaume d'Israël au nord vers 720 AEC, soit une adoption plus tardive par les exilés de Babylone après leur déportation par Nabuchodonosor en 598 et 587 AEC. Le retour d'exil est plus tardif encore, s'étalant, selon Liverani, de 539 à 445 AEC. Or, les spécialistes s'accordent sur les VIIe-VI[e] siècles comme époque de la rédaction du Deutéronome, qui inclut la double-part[1]. À cette époque, les règles d'héritage de Babylone étaient déjà égalitaires depuis un bon moment déjà (*OSF*, p. 525-531). Une acquisition de la primogéniture découlant de la confrontation avec les Assyriens, qui a duré de 859 à 627 AEC, semble donc beaucoup plus vraisemblable.

Mais il est clair aussi que les Juifs revenus plus tard de l'exil de Babylone, libérés par la conquête perse, étaient obsédés par le lignage et la pureté du sang. Ils ont repris le contrôle de Jérusalem et de la Judée, puis reconstruit le Temple (consacré en 516). Leur obsession généalogique nous garantit qu'ils ont ramené de Babylone un regain de

---

1. Thomas Römer, Jean-Daniel Macchi et Christophe Nihan (éd.), *Introduction à l'Ancien Testament*, Genève, Labor et Fides, 2004, réédité et augmenté en 2009.

patrilinéarité, indépendamment de la primogéniture. Nous devons donc globalement nous représenter l'ensemble des phases néoassyriennes et néobabyloniennes comme l'époque d'une diffusion vers la Palestine, puis plus précisément au sud, vers la Judée, d'une idéologie patrilinéaire. La centralité persistante de la primogéniture prouve que cette patrilinéarité, toutefois, n'a jamais été au-delà du niveau 1, celui qui en général n'aboutit pas à une remise en question de la bilatéralité du système de parenté général. Ce que nous devons postuler, pour l'Israël des VII<sup>e</sup>-IV<sup>e</sup> siècles, c'est une tentative de placage de la primogéniture sur un système familial et de parenté indifférencié.

Les paysans de Judée ont-ils atteint le stade d'une famille-souche pleinement développée, avec une corésidence des générations au sein du ménage ? On peut en douter : ni la conquête assyrienne du royaume d'Israël au nord, ni la conquête babylonienne de la Judée au sud ne furent de celles qui structurent positivement la vie rurale. Les déportations des travailleurs de la terre par les Assyriens, puis des élites par les Babyloniens, ne peuvent qu'avoir désorganisé villes et campagnes. La primogéniture n'a donc sans doute jamais touché plus que la sphère religieuse ou idéologique. C'est important, mais cela exclut l'hypothèse d'une société rurale judéenne organisée à une époque quelconque par la famille-souche.

### L'époque hellénistique puis romaine : une réversion bilatérale

Avec la conquête de l'Empire perse par Alexandre, entre 334 et 328, le vent politique et culturel change de sens. Des Assyriens aux Perses, il avait soufflé d'est en

144

ouest la patrilinéarité. À partir de l'époque hellénistique, il souffle d'ouest en est la bilatéralité. L'ensemble du bassin méditerranéen est en effet engagé, aux époques hellénistique puis romaine, dans une *réversion générale des systèmes de parenté vers la bilatéralité*, que nous devons constater même si nous ne pouvons pleinement l'expliquer. Des systèmes en cours de patrilinéarisation rebasculent dans une relative équivalence des hommes et des femmes.

La Grèce classique et la Rome républicaine avaient des systèmes familiaux patrilinéaires. L'Athènes de Périclès enfermait ses femmes dans des gynécées. Les Romains respectaient certainement mieux leurs épouses, mais la *gens* romaine était un clan patrilinéaire (agnatique, selon la terminologie latine) pourvu, on l'a dit plus haut, du potentiel habituel d'expansion prédatrice de l'institution. Même l'Égypte, toujours relativement féministe, avait vu se développer dans ses classes supérieures, à plusieurs reprises, un embryon de primogéniture masculine.

Mais à l'époque hellénistique, ainsi que le note Sarah Pomeroy, la situation des femmes s'améliore[1]. Selon William Harris, l'éducation des filles commence d'intéresser les familles[2]. La progression de l'égalité des sexes est particulièrement spectaculaire dans l'Égypte hellénistique des Ptolémées (*OSF*, p. 571-575). J'ai étudié en détail la réversion nucléaire et bilatérale du système familial et de parenté romain sous l'Empire dans *L'Origine des systèmes familiaux* (*OSF*, p. 346-357). Le code Justinien enregistre finalement, en 533 EC, l'égalité des garçons et des filles devant l'héritage. Rédigé d'abord en latin, ce

---

1. Sarah B. Pomeroy, *Families in Classical and Hellenistic Greece*, Oxford, Clarendon Press, 1997, p. 127.

2. William V. Harris, *Ancient Literacy*, Cambridge, Harvard University Press, 1989, p. 136, p. 239, et p. 252.

:exte est néanmoins promulgué à Constantinople, cœur d'un empire désormais grec de langue.

La Judée, passée dans la sphère de domination des royaumes hellénistiques – Ptolémées ou Séleucides –, puis dans l'Empire romain, ne peut qu'avoir été touchée par cette réversion vers la bilatéralité. Nous devons admettre, au minimum, un blocage de son évolution vers la patrilinéarité. C'est effectivement ce que nous observons avec le développement du judaïsme rabbinique qui a suivi la destruction de Jérusalem et du second Temple par les Romains en 70 EC : des traits patrilinéaires et matrilinéaires commencent à coexister dans les textes juifs. Nous devons cependant être conscients de ce qu'à cette époque, la diaspora d'Égypte, de Syrie, d'Asie Mineure et, secondairement, de Rome, pèse déjà plus lourd démographiquement que la Judée[1]. La diaspora est pour l'essentiel urbaine et n'aurait pas l'usage d'une règle de primogéniture, aucun patrimoine rural n'ayant à être transmis *indivis*. Sans qu'elle soit un facteur déterminant exclusif, la civilisation urbaine offre un bon cadre à une réversion nucléaire et bilatérale du système familial.

## *Le trompe-l'œil de la matrilinéarité juive*

C'est vers 200 EC qu'apparaît, fixée dans la *mishna*, la très célèbre règle de la transmission de l'appartenance au peuple juif par la mère[2]. Il serait donc facile d'imaginer une évolution du judaïsme vers la matrilinéarité, en réaction, pourquoi pas, à la patrilinéarité conquérante

1. Erich S. Gruen, *Diaspora. Jews amidst Greeks and Romans*, Cambridge, Harvard University Press, 2002.
2. Shaye J. D. Cohen, *The Beginnings of Jewishness. Boundaries, Varieties, Uncertainties,* Berkeley, University of California Press, 2001.

du Moyen-Orient. Shaye J. D. Cohen, qui a établi avec certitude la date d'émergence tardive de la règle, n'y trouve pas d'explication raisonnable quant à lui et conclut qu'elle ne fut au départ qu'une lubie d'érudit – mais une lubie fondatrice. Néanmoins, avant de renoncer à percer le mystère, il frôle la vérité : « Le mariage mixte n'était pas un problème sérieux dans la société rabbinique, et même s'il l'était, la bonne réponse aurait été l'établissement d'un système bilatéral, exigeant un père juif et une mère juive pour que l'enfant soit reconnu comme juif de naissance[1]. » Mais justement, dans la diaspora, les pères étaient juifs et là n'était pas le problème.

Un groupe qui cherche à protéger son identité ne peut qu'exiger l'orthodoxie culturelle de ses femmes ; un groupe mobile par ses hommes et qui prend des femmes à l'étranger encore plus. Car tel était le mécanisme de la dispersion, pour les Juifs, comme il l'avait été pour les Grecs qui avaient colonisé le bassin occidental de la Méditerranée aux VIIIe et VIIe siècles AEC. Une bonne partie des hommes migrants épousait des femmes trouvées là où ils s'installaient. Nous avons vu au chapitre 1 que la constitution génétique des Juifs ashkénazes révèle une prédominance européenne dans l'ADN mitochondrial, transmis par la mère. La règle de matrilinéarité n'est donc sans doute apparue que pour obliger les hommes juifs à exiger la conversion de leurs épouses. Elle n'exprime à l'origine aucune aspiration à la matrilinéarité. C'est bien la religion du père qui doit être transmise, exigence qu'exprime l'insistance du judaïsme rabbinique sur la responsabilité du père dans l'éducation religieuse de ses enfants[2].

1. *Ibid.*, p. 307.
2. Maristella Botticini et Zvi Eckstein, *The Chosen Few. How Education Shaped Jewish History. 70-1492*, Princeton, Princeton University Press, 2012.

Nous devons aussi supposer que des femmes païennes étaient attirées par les valeurs familiales du judaïsme, comme elles le seront par la suite par celles du christianisme. « Les habitants de Damas projetaient de massacrer les Juifs de leur ville, mais ils durent tenir leur plan secret parce que toutes leurs femmes, excepté quelques-unes, étaient passées à la religion juive[1]. »

Le plus ancien rituel de conversion à être parvenu jusqu'à nous est enregistré dans le Talmud de Babylone et nous est présenté par Shaye Cohen. Il est remarquable de simplicité. Le ou la converti(e) doit répondre à une seule question. On lui demande s'il est conscient de vouloir rejoindre un groupe persécuté et ne doit répondre que quelques mots : « Je le sais et je n'en suis pas digne[2]. » Aucune vérification théologique détaillée n'est exigée. Il s'agit bien de s'assurer que l'épouse, qui n'est pas centrale dans la transmission religieuse, entre dans la communauté juive et se retranche du monde non-juif.

### La patrilinéarité éducative du judaïsme

Vers 63-65 EC, peu de temps avant la destruction du Temple, le grand prêtre pharisien Josué ben Gamla avait ordonné que tout père juif envoie ses fils de 6 ou 7 ans à l'école primaire pour qu'ils apprennent à y lire la Torah. C'est sans doute l'acte fondateur du judaïsme qui nous est familier, celui qui a survécu à la disparition de son ancrage territorial et s'est constitué en une diaspora très alphabétisée, monde étudié par Maristella Botticini et Zvi Eckstein pour la période qui s'étend entre 70 EC et 1492.

---

1. Shaye J. D. Cohen, *The Beginnings of Jewishness*, *op. cit.*, p. 185.
2. *Ibid*, p. 203.

Un millénaire et demi avant Luther et le protestantisme, une religion a ainsi exigé l'alphabétisation de masse pour des raisons d'ordre théologique. Selon Maristella Botticini et Zvi Eckstein, qui suivent sans doute sur ce point Catherine Hezser, les Juifs de Judée étaient plutôt moins alphabétisés que les Grecs et les Romains à l'époque de la destruction du second Temple[1].

William Harris a tenté d'évaluer l'alphabétisation de l'Empire gréco-romain au point le plus haut de son évolution culturelle[2]. L'Italie aurait été nettement au-dessous de 20 % pour les hommes et de 10 % pour les femmes[3]. Les chiffres donnés par Harris pour l'Empire, en général plus faibles à l'ouest, plus élevés à l'est, suggèrent une moyenne générale de 10 % maximum. Ce n'est pas rien mais, ainsi que le note Harris, c'est nettement moins que l'Angleterre des années 1580-1700.

Maristella Botticini et Zvi Eckstein, paradoxalement, ne donnent pas de taux d'alphabétisation pour leur période d'étude d'un millénaire et demi[4]. Ils surestiment sans doute les performances éducatives du judaïsme rabbinique. Mais celles-ci demeurent considérables et nous pouvons, pour fixer les idées, donner les taux d'alphabétisation des Juifs et des non-Juifs en Russie à l'occasion du recensement de 1897, en un lieu qui amorce son alphabétisation de masse. Le taux d'alphabétisation des

---

1. Catherine Hezser, *Jewish Literacy in Roman Palestine*, Tübingen, Mohr Siebeck, 2001, p. 496.
2. William V. Harris, *Ancient Literacy*, *op. cit.*
3. *Ibid.*, p. 259.
4. Ce livre remarquable par son effort de modélisation historique, et dont on ne saurait trop recommander la lecture, a quand même pour défaut de surestimer ces populations, qu'elles soient juives ou non, à toutes les époques. Mais il est probablement dans le vrai en termes de tendances d'évolution et de proportion de Juifs dans l'espace antique et médiéval.

individus masculins de plus de 10 ans n'était alors que de 28 % pour la population de l'Empire russe, mais de 65 % pour les Juifs, écritures yiddish et russe combinées[1]. Les taux des plus de 60 ans, nés avant 1837, nous rapprochent encore un peu plus de la culture juive originelle, avec ses imperfections et son inflexion éducative patrilinéaire : 54 % d'alphabétisés chez les hommes mais seulement 15 % chez les femmes. Nous sommes proches ici du monde rêvé par Josué ben Gamla au $I^{er}$ siècle de notre ère. J'étudierai au chapitre suivant, centré sur l'Allemagne et la Réforme protestante, le processus d'alphabétisation de l'humanité dans son ensemble.

## Bilinéarité

Si nous combinons patrilinéarité éducative et matri-linéarité religieuse, nous pouvons nous faire une idée de ce qu'était la famille juive lors de l'émergence du judaïsme rabbinique. La coexistence d'impératifs patri-linéaires et matrilinéaires définit ce que l'on nomme, en anthropologie, un système bilinéaire, typique des cultures qui ont subi l'influence de la patrilinéarité, mais lui ont, pour l'essentiel, résisté, conservant un statut des femmes relativement élevé en dépit de l'absorption de traits patrilinéaires. Nous devons, par ailleurs, admettre que la mutation urbaine de la population juive exclut l'hypothèse d'une famille vraiment complexe. Ce que nous savons du mode de vie juif, dans ses diverses adap-tations, de l'Iran au Maroc, de l'Espagne à la Russie, évoque le pragmatisme de la famille nucléaire indif-férenciée : corésidence temporaire avec les parents,

1. Joel Perlman, « Literacy among the Jews of Russia in 1897 : a Reanalysis of Census Data », *Working Paper n° 182*, décembre 1996.

récupération des ascendants âgés, choix entre mobilité géographique et stabilité, intensité des rapports dans la fratrie, absence d'un principe strict d'égalité dans la distribution de l'héritage. Un biais patrilinéaire est certes évident dans l'éducation et une valorisation symbolique de la primogéniture est entretenue par la lecture de la Torah. Mais, globalement, le type familial reste nucléaire indifférencié.

Les recensements de ghettos juifs dans l'Allemagne du XVIIe siècle font ainsi apparaître des ménages nucléaires dans des maisons structurées par des liens de parenté bilatéraux, s'exprimant par un mélange de choix matrilocaux et patrilocaux dans l'agrégation des jeunes couples[1]. Effet de l'environnement russe, plus à l'est, la patrilocalité est plus forte[2]. On doit de même supposer une influence patrilinéaire de l'environnement chez les Juifs du monde arabo-persan. Le modèle de mariage révèle cependant une forte résistance de l'indifférenciation originelle dans la culture familiale juive.

---

1. Christopher R. Friedrichs, « Jewish Household Structure in an Early Modern Town : The Worms Ghetto Census of 1610 », *History of the Family*, n° 8, 2003, p. 481-493 (pour les maisons), et Gerald L. Soliday, « The Jews of Early Modern Marburg, 1640s-1800. A Case Study in Family and Household Organization », *ibid.*, p. 495-516 (pour les ménages).

2. Zenon Guldon et Waldemar Kowalski, « The Jewish Population and Family in the Polish-Lithuanian Commonwealth in the Second Half of the 18th Century », in *ibid.*, p. 517-530 ; Andrejs Plakans, « Age and Family Structures Among the Jews of Mitau, Kurland, 1833-1834 », in *ibid.*, p. 545-561 ; et Gerald L. Soliday, « The Jews of Early Modern Marburg, 1640s-1800. A Case Study in Family and Household Organization », *op. cit.*

## L'exogamie tempérée du judaïsme

L'endogamie du peuple juif a souvent conduit à une représentation endogame erronée de la famille juive. L'absence d'interdit sur les mariages entre cousins et la possibilité de l'union entre l'oncle et la nièce (mariage oblique) ont contribué à cette catégorisation, tout comme la proximité d'origine géographique avec les populations arabes qui pratiquent aujourd'hui l'endogamie familiale. Mais nous sommes bien ici confrontés à un mythe. L'immigration de groupes juifs nombreux et variés vers l'État moderne d'Israël a permis une mesure précise de l'endogamie familiale pour les populations venues d'Europe ou du monde arabo-persan. Or, vers 1955, on observait en Israël un taux de mariages entre cousins du premier degré de seulement 1,4 % pour les Juifs d'origine ashkénaze et de 7,9 % pour les autres, essentiellement originaires du monde arabe[1].

Ces niveaux sont certes plus élevés que les taux inférieurs à 1 % des populations chrétiennes d'Europe, mais ils définissent sans conteste un modèle exogame tempéré. C'est évident dans le cas des Juifs ashkénazes d'origine européenne. Mais le taux de moins de 8 % réalisés par les Juifs du monde arabo-persan, soumis, eux, à l'influence d'un monde englobant endogame, en moyenne à 35 %, est donc en réalité très bas. D'ailleurs, les chrétiens du Proche-Orient, explicitement exogames avant la conquête arabe, mais soumis à la même pression culturelle endogame que les Juifs locaux, n'ont pas fait mieux. Myriam Khlat a mesuré pour les chrétiens de Beyrouth en 1986

1. Elisabeth Goldschmidt, Amiram Ronen et Ilana Ronen, « Changing Marriage Systems in the Jewish Communities of Israel », *Annals of Human Genetics*, n° 24, 1960, p. 191-204.

un taux de mariages entre cousins germains d'exactement 7,9 %[1].

La culture juive semble avoir pratiqué, comme celle de Rome et de bien d'autres populations, une exogamie de fait, qui, sans interdire les mariages entre cousins, les évitait en général. Saint Augustin a fait, dans *La Cité de Dieu,* la théorie de cette exogamie inconsciente :

> « Et nous avons éprouvé, même de notre temps, dans les mariages entre cousins germains, combien il était rare que la coutume fléchit devant la permission de la loi. La loi divine ne prohibe pas ces alliances, la loi humaine ne les avait point encore prohibées, et néanmoins, toutes licites qu'elles fussent, elles touchaient de si près à l'union illicite qu'elles inspiraient presque autant d'horreur que le lien qui unirait le frère et la sœur[2]. »

Nous pouvons à ce stade définir le système familial juif comme nucléaire indifférencié, à peine éloigné du type originel d'*homo sapiens* par une inflexion patrilinéaire et par un rêve, rarement réalisé, de primogéniture.

### La véritable innovation familiale juive : la protection des enfants

La religion juive a cependant modifié le fonctionnement du modèle nucléaire indifférencié par des interdits absolument originaux dans l'Antiquité, portant sur l'avortement et sur l'infanticide. La Bible, fortement nataliste,

---

1. Myriam Khlat, « Les mariages consanguins à Beyrouth », *Cahiers de l'INED,* n° 125, 1989, p. 93.
2. *La Cité de Dieu,* vol. 2, Livre XV, Paris, « Points Sagesses » n° 76, 1994, p. 22.

rompt avec l'attitude pragmatique d'*homo sapiens* qui, spontanément malthusien, pensait en termes d'équilibre entre population et subsistance et ne se sentait guère tenu par un quelconque « Tu ne tueras point » en cas de difficultés alimentaires. On peut raisonnablement supposer que cette innovation a assuré à la population juive antique un niveau de fécondité élevé, qui explique en partie l'émigration et la croissance numérique de la diaspora avant même la conquête romaine.

---

### La moralité juive à la fin du I<sup>er</sup> siècle, vue par Flavius Josèphe et par Tacite

L'apologue comme le dénonciateur mentionnent le refus de l'infanticide. Flavius Josèphe permet de saisir un mélange de respect des femmes et d'inflexion patrilinéaire. Tacite s'inquiète des conversions et nous révèle, en les dénonçant comme des abominations, les innovations qui pouvaient attirer vers le judaïsme : solidarité interne du groupe, moralité, respect des enfants.

FLAVIUS JOSÈPHE *Contre Apion* (vers 93 EC)

« Quelles sont maintenant les prescriptions relatives au mariage ? La loi ne reconnaît qu'une seule union, l'union naturelle avec la femme, et seulement si elle doit avoir pour but de procréer. Elle a horreur de l'union entre mâles et punit de mort ceux qui l'entreprennent. Elle ordonne de se marier sans se préoccuper de la dot, sans enlever la femme de force, et, d'autre part, sans la décider par la ruse ou la tromperie ; il faut demander sa main à celui qui est maître de l'accorder et qui est qualifié par sa parenté. La femme, dit la loi, est inférieure à l'homme en toutes choses. Aussi doit-elle obéir, non pour s'humilier, mais pour être dirigée, car c'est à l'homme que Dieu a donné

---

la puissance. Le mari doit ne s'unir qu'à sa femme ; essayer de corrompre la femme d'autrui est un péché. Si on le commettait, on serait puni de mort sans excuse, soit qu'on violentât une jeune fille déjà fiancée à un autre, soit qu'on séduisît une femme mariée. **La loi a ordonné de nourrir tous ses enfants et a défendu aux femmes de se faire avorter ou de détruire par un autre moyen la semence vitale ; car ce serait un infanticide de supprimer une âme et d'amoindrir la race.** C'est pourquoi, si l'on ose avoir commerce avec une accouchée, on ne peut être pur. Même après les rapports légitimes du mari et de la femme, la loi ordonne des ablutions. Elle a supposé que l'âme contracte par là une souillure étant passé en un autre endroit ; car l'âme souffre par le fait d'être logée par la nature dans le corps et aussi quand elle en est séparée par la mort. Voilà pourquoi la loi a prescrit des purifications pour tous les cas de ce genre. »

Sur l'éducation des enfants :

« La loi n'a pas prescrit, à l'occasion de la naissance des enfants, d'organiser des festins et d'en faire un prétexte à s'enivrer. Mais elle veut que la sagesse préside à leur éducation dès le début ; elle ordonne de leur apprendre à lire, elle veut qu'ils vivent dans le commerce des lois et sachent les actions de leurs aïeux, afin qu'ils imitent celles-ci et que, nourris dans le culte de celle-là, ils ne les transgressent pas et n'aient point de prétexte de les ignorer[1]. »

TACITE *Histoires* (106-107 EC)

« Car tout vaurien qui reniait le culte de ses pères apportait aux Juifs contributions et pièces de monnaie, et ce fut une source d'accroissement pour leur puissance,

---

1. Flavius Josèphe, *Contre Apion*, Paris, Les Belles Lettres, 2012, p. 93-95 (c'est moi qui souligne).

due aussi à ce que, chez ce peuple, règne une honnêteté têtue, une pitié toujours prête, mais à l'égard de ce qui n'est pas juif une hostilité haineuse. Séparés à table et faisant lit à part, ces gens, bien qu'effrénés dans leurs mœurs, n'ont pas commerce avec des femmes étrangères ; entre eux, tout est permis. Ils ont institué la circoncision pour se reconnaître à ce signe distinctif. Ceux qui adoptent leur religion suivent la même pratique, et les premiers principes qu'on leur inculque sont le mépris des dieux, le reniement de leur patrie, et l'idée que leurs parents, enfants, frères et sœurs sont des choses sans valeur. Cependant, l'accroissement de la population est l'un de leur souci ; **en effet, c'est un sacrilège de tuer tout enfant qui vient en surnombre**, et ils croient à l'immortalité de l'âme de ceux qui ont été tués sur le champ de bataille ou suppliciés ; de là leur passion pour la procréation et leur mépris de la mort[1]. »

1. Tacite, *Histoires*, Livre V, 5, Paris, Gallimard, « Folio », 1980, (c'est moi qui souligne).

## Le christianisme des origines

Lorsque nous pensons le christianisme par rapport au judaïsme, nous essayons en général de saisir les innovations métaphysiques de la religion fondée par le Christ et saint Paul. Deux concepts latents mais jamais dominants dans le judaïsme préchrétien, l'immortalité de l'âme et l'ouverture aux non-Juifs, viennent immédiatement à l'esprit. La citation de Tacite présentée ci-dessus contient ces deux éléments puisqu'elle cible les convertis au judaïsme et évoque l'immortalité de l'âme des guerriers ou des suppliciés. On peut d'ailleurs parfois se demander si elle concerne les Juifs ou les chrétiens, alors peu distincts.

Selon Flavius Josèphe, les sectes juives différaient dans leurs idées sur l'immortalité : Esséniens ou Pharisiens affirmaient celle de l'âme des Justes, mais les Saducéens la niaient[1]. Pour lui, tous sont Juifs. Par de nombreuses sources, nous savons de plus que les conversions au judaïsme furent fréquentes à divers moments de l'Antiquité. L'immortalité de l'âme et la conversion des non-Juifs n'auraient donc pu, au fond, constituer que des options internes au judaïsme et ne faire du christianisme qu'une secte parmi d'autres.

En revanche, le rejet chrétien de la circoncision et des interdits alimentaires, s'il nous éloigne de la métaphysique, nous rapproche d'une perception sociologique de la religion. Indépendamment de toute conception de l'au-delà, l'abandon de la circoncision et des interdits alimentaires abolissent la notion d'une frontière du groupe juif.

Que donne la confrontation entre les deux religions, la mère et la fille, quand nous observons les conceptions familiales ?

Le christianisme est issu d'un milieu juif, inséré dans le monde gréco-romain, et son association initiale à la famille nucléaire n'a jamais posé de problème d'interprétation. Il a même souvent été noté que les Évangiles radicalisent le trait nucléaire de la famille idéale. Le message de Jésus est explicitement antifamilialiste : « Le frère livrera son frère à la mort, et le père, son enfant ; les enfants s'élèveront contre leurs pères et leurs mères, et les mettront à mort, et vous serez haïs de tous à cause de mon nom ; mais celui qui persévérera jusqu'à la fin sera sauvé[2]. » À ce stade cependant, ainsi que nous venons de le démontrer, la nucléarité chrétienne n'est toujours qu'une nucléarité juive.

1. Flavius Josèphe, *La Guerre des Juifs*, II, 8, Paris, Éditions de Minuit, 1977, p. 241-243.
2. Évangile selon saint Matthieu, X, 21-22.

Les études de sociologie historique, qui s'efforcent de modéliser avec rigueur la croissance quantitative du christianisme dans l'Empire romain, admettent une contribution massive des convertis venus du judaïsme, et ceci jusqu'à une date beaucoup plus avancée qu'on ne l'admet en général. Rodney Stark a mis à profit sa connaissance de la sociologie des sectes américaines pour comprendre la basse Antiquité. Il considère qu'au milieu du IIe siècle EC, l'Église était encore dominée par des croyants ayant des racines juives et évalue à 20 % le taux de conversion des Juifs de la diaspora[1]. Il a été suivi par Maristella Botticini et Zvi Eckstein, précédemment cités pour leur contribution à l'histoire de l'éducation juive, qui voient dans ces conversions au christianisme l'une des causes majeures de l'effondrement numérique du peuple juif entre 65 EC et 650 EC[2]. Stark imagine plutôt des Juifs hellénisés de la diaspora se convertissant, Maristella Botticini et Zvi Eckstein des paysans de Judée effrayés par le coût de l'éducation exigée par Josué ben Gamla. Le modèle Botticini-Eckstein contribue efficacement à une explication de la quasi-disparition du peuplement juif de Palestine. Mais la coïncidence géographique entre la carte du premier christianisme et celle de la diaspora juive du Ier siècle donne pour l'essentiel raison à Stark. Le voisinage, jusqu'à la fondation de l'État moderne d'Israël, de communautés juives et chrétiennes aux extrémités de la sphère du christianisme antique, en Éthiopie ou au Kerala en Inde du Sud, évoque bien un

1. Rodney Stark, *The Rise of Christianity. How the Obscure, Marginal, Jesus Movement Became the Dominant Religious Force in the Western World in a Few Centuries*, Princeton, Princeton University Press, 1996. J'utilise l'édition Harper Collins de 1997. L'ensemble du chapitre 3 est consacré au problème.
2. Maristella Botticini et Zvi Eckstein, *The Chosen Few, op. cit.*, thèse générale du livre (voir graphique p. 18).

christianisme sorti du judaïsme de la diaspora, c'est-à-dire une matrice anthropologique essentiellement juive du christianisme.

## Innovation chrétienne 1 : l'exogamie radicale

Nous devons noter, cependant, que la première représentation chrétienne de la famille – le couple et ses enfants, la valorisation de la femme – conjugue et cristallise toutes les évolutions en cours dans l'Empire romain des premiers siècles de notre ère. Avant même l'émergence du christianisme, on l'a vu plus haut, Juifs, Grecs, Égyptiens et Latins semblent tous embarqués dans une commune réversion de la famille vers son stade nucléaire, et de la parenté vers son stade indifférencié. L'égalité d'héritage des garçons et des filles dans le code Justinien de 533 conduirait d'ailleurs à évoquer un système de parenté explicitement bilatéral, plutôt qu'indifférencié, parce qu'il affirme l'égalité des côtés paternel et maternel.

La dynamique anthropologique initiale, nucléaire et bilatérale, est donc familiale plutôt que religieuse. La vision chrétienne nucléaire de la famille a toutefois accentué le mouvement familial. Nous sommes ici confrontés à un cas typique de coévolution de la famille et de la religion. La religion chrétienne renforce ou protège le type familial nucléaire. C'est pourquoi les anthropologues retrouveront, au XXe siècle, dans les groupes chrétiens les plus éloignés et isolés, chez les chrétiens du Kerala comme chez les Amharas d'Éthiopie, une famille toujours nucléaire dans un environnement qui ne l'est plus (*OSF*, p. 220 et p. 486). Le renforcement du type anthropologique par la religion concerne aussi le modèle de mariage : le premier christianisme innove par une exogamie radicalisée. Ici, il se sépare clairement du judaïsme, dont l'exogamie est tempérée. Mais nous allons une fois de plus trouver un point de départ non-religieux, romain, à la dynamique anthropologique.

Le tabou chrétien sur le mariage consanguin est un principe dynamique qui progresse avec le temps. L'Église restreint par ailleurs aussi la possibilité d'unions avec des parents par alliance. Tenons-nous-en ici à la parenté par le sang. D'abord limité aux cousins germains, l'interdit est étendu aux issus de germains lors des conciles d'Épône de 517 et de Clermont de 535. En 721, le concile de Rome cible toute la parenté, en pratique jusqu'au septième degré de la computation romaine. La fièvre retombe ensuite, calmée par le caractère inapplicable de la phobie. En 1215, le quatrième concile de Latran ramène l'interdit aux seuls issus de germains.

L'obsession chrétienne de la consanguinité est cependant antérieure à cette législation conciliaire. Saint Augustin avait été, on l'a vu, un anthropologue particulièrement créatif sur le sujet. On trouve, dans *La Cité de Dieu* (rédigée entre 413 et 426), un long développement sur l'élargissement historique du tabou de l'inceste, qui préfigure Claude Lévi-Strauss lorsque le père de l'Église d'Occident définit l'exogamie comme un indispensable agent d'extension des liens sociaux entre les hommes. Une génération plus tôt, Ambroise de Milan, son modèle, avait déjà écrit sur l'interdiction du mariage entre cousins. Mais lui se présentait comme le continuateur d'une dynamique amorcée par le pouvoir impérial plutôt que par l'Église. Dès 295, Dioclétien avait en effet interdit le mariage entre oncle et nièce (fille de la sœur). Dans une lettre de 393 à son ami Paterne, Ambroise fait aussi allusion à un édit de l'empereur Théodose, situable entre 379 et 395 mais aujourd'hui perdu : « En effet, l'empereur Théodose interdit aussi aux cousins germains par le père et par la mère de s'unir en mariage[1]. » Dynamique de l'État, ou de la société dans ses tréfonds ? L'Église en tout cas n'est pas à l'origine du mouvement vers l'exogamie radicale, même si elle le prend en charge et lui donne toute son ampleur entre le VIe et le VIIIe siècle. On peut ici à nouveau, comme dans le cas de la bilatéralité, parler de coévolution, d'une dynamique familiale initiale renforcée par la religion.

La monogamie occidentale est un autre point d'application, même si la monogamie était déjà absolue, c'est-à-dire non tempérée, chez les Grecs et les Romains. L'Église en fit quand même un élément central de sa doctrine, imposant avec énergie et constance aux envahisseurs germains l'abandon de la monogamie tempérée qui les caractérisait. La culture juive ashkénaze, née dans les vallées de la Moselle et du Rhin aux Xe et XIe siècles, renonça aussi à la polygynie occasionnelle autorisée par la Bible.

## Innovation chrétienne 2 : le féminisme

J'ai évoqué plus haut l'élévation du statut des femmes dans le monde hellénistique, puis romain, à partir du IIe siècle AEC. Ici encore, la mutation féministe chrétienne apparaît d'abord comme l'effet du mouvement de la structure familiale avant de devenir cause de son accentuation. En vérité, statut élevé des femmes, monogamie absolue, bilatéralité et exogamie radicale constituent une totalité systémique en mouvement.

Le rôle des femmes dans la conversion au christianisme des classes moyennes et supérieures de l'Empire romain

---

1. Dominique Lhuillier-Martinetti, *L'Individu dans la famille à Rome au IVe siècle d'après l'œuvre d'Ambroise de Milan*, Rennes, Presses universitaires de Rennes, 2008, p. 88.

est un lieu commun historique. Son symbole central est l'irrésistible émergence de Marie dans le culte catholique. Alexandre d'Alexandrie, le premier, la définit comme « *théotokos* » (mère de Dieu), en 325, titre confirmé par le concile d'Éphèse en 431.

Peter Brown, repris sur ce point par Rodney Stark, a donné une vision particulièrement détaillée du rôle de la femme chrétienne. Elle aurait été une porte d'entrée dans la famille païenne, et nombreux sont les maris « suiveurs » dans les récits de conversion. Selon Brown, la prédominance des femmes dans le nouveau mouvement religieux est visible dès 200 EC[1]. L'Église incite les veuves, souvent jeunes alors, à rester chastes et à ne pas se remarier. Lorsqu'elles sont riches, elles deviennent pour le clergé chrétien des bienfaitrices.

L'action spécifique des femmes sera confirmée pendant la conversion de l'Europe barbare, germanique ou slave indifféremment. Au rôle de Clotilde dans le choix de Clovis en 498 répondra celui d'Olga de Kiev en 957, même s'il faut attendre son petit-fils Vladimir (980-1015) pour que les couches dirigeantes de la Russie kiévienne acceptent le christianisme[2].

Notons que la conversion de la Russie de Kiev au christianisme est antérieure à l'acquisition par la Russie de Moscou de la patrilinéarité, et antérieure à la conquête mongole. Le communautarisme patrilinéaire russe ne sera pleinement réalisé en milieu paysan qu'entre le milieu du XVII^e et celui du XIX^e (*OSF*, p. 364-366), soit sept ou huit siècles après la christianisation. On peut imaginer que le

1. Peter Brown, *The Body and Society. Men, Women and Sexual Renunciation in Early Christianity*, New York, Columbia University Press, 1988 (j'utilise la réédition de 2008, p. 145).

2. Stephen Neill, *A History of Christian Missions*, Londres, Penguin, 1964, p. 88-90.

162

trait féministe du christianisme, cristallisé dans un culte marial orthodoxe qui n'a rien à envier à son homologue catholique, a freiné la progression du trait patrilinéaire russe. Le féminisme orthodoxe contribue ainsi à une explication du paradoxe de la culture russe : la combinaison d'une organisation familiale patrilinéaire pleinement développée avec un statut des femmes qui reste élevé.

Comme le note Peter Brown, le christianisme rompt avec la patrilinéarité religieuse et éducative du judaïsme. Les rabbins restent fidèles, quant à eux, à une conception de l'étude de la Torah qui exclut les femmes. Mais la séparation du christianisme et du judaïsme devient vraiment spectaculaire pour tout ce qui concerne la sexualité. Le christianisme invente la notion d'une sexualité en elle-même mauvaise, et qui doit être limitée ou abolie.

## *Innovation chrétienne 3 : l'antisexualité*

Le judaïsme s'était opposé à des pratiques sexuelles et familiales gréco-romaines relativement laxistes, ou plus vraisemblablement proches de celles de l'*homo sapiens* originel. La moralité religieuse juive condamne l'adultère, l'homosexualité et l'infanticide. Mais le judaïsme du début du I$^{er}$ millénaire était essentiellement familialiste et il ne rejetait pas la sexualité en tant que telle. Car, il faut bien l'admettre, l'acte sexuel est alors nécessaire à la procréation, et ainsi qu'il a été noté, la Bible est nataliste : « Croissez et multipliez. »

Le christianisme a repris cet héritage. Il a converti le monde gréco-romain à une morale familiale de type juif, protectrice des enfants. Il a aussi bénéficié très tôt, comme le judaïsme, ainsi que l'a remarqué Rodney Stark, d'un avantage compétitif de fécondité par rapport au monde païen qui, toujours prêt à se débarrasser des enfants non désirés, vivait sous la menace constante de la dépopulation. Mais l'Église va plus loin que les rabbins, ou plutôt, ailleurs : la sexualité elle-même est définie comme mauvaise. Abstinence et ascétisme constituent pour l'Église de l'Antiquité un vaste champ d'expérimentation, qui inclut l'invention du monachisme de masse. L'instinct sexuel cesse d'être une promesse de vie, il devient un symptôme de l'incapacité de l'homme à s'élever au-dessus de sa condition animale. Renoncer à la sexualité, ce sera donc affirmer la liberté de l'homme face à ses pulsions (nous sommes ici très loin d'une conception soixante-huitarde de la sexualité comme « libératrice »). Pour les femmes, la chasteté sera aussi, indépendamment de toute métaphysique, le moyen d'échapper aux risques de la grossesse et de l'accouchement, c'est-à-dire, dans le contexte de l'époque, d'obtenir une amélioration considérable de leur espérance de vie. L'âge au mariage des femmes de la haute société romaine s'élève en milieu chrétien et leur mortalité baisse, mécaniquement[1].

Ici, nous pouvons parler d'une religion radicalement innovatrice : la définition de l'homme et de la femme chastes comme supérieurs, en essence, aux couples mariés qui assurent la reproduction de l'espèce, est une mutation d'une très grande violence. Nous verrons au chapitre suivant comment elle a fini par affecter, à partir du XVIe siècle, le fonctionnement des structures familiales de l'Europe chrétienne, que celles-ci soient nucléaires, souches ou communautaires.

La mutation anthropologique chrétienne est, on l'a dit, une totalité : chasteté, féminisme, monogamie absolue, exogamie radicale marchent de conserve. Sans oser explorer le lien psychique profond entre chasteté et exogamie – les deux éléments qui apparaissent *a priori* le

1. Rodney Stark, *The Rise of Christianity, op. cit.*, p. 107.

plus éloignés dans l'énumération –, constatons que saint Augustin lui-même les associait d'instinct :

> « Aussi le monde étant déjà peuplé, ils n'épousaient plus leurs sœurs, sœur de père ou de mère, ou de père et de mère, et toutefois ils aimaient à prendre femme dans leur famille. Or, qui peut douter qu'il soit plus honnête aujourd'hui de prohiber le mariage même entre cousins ? Et non seulement pour les raisons précédemment alléguées, afin de multiplier les affinités, dans l'intérêt de la fraternité humaine, au lieu de les réunir sur une seule tête ; mais encore parce qu'il est un noble instinct de pudeur qui, en présence de personnes que la parenté nous ordonne de respecter, fait taire en nous ces désirs dont nous voyons rougir même la chasteté conjugale[1]. »

## Innovation chrétienne 4 : la pauvreté comme expérience limite

La constellation mentale chrétienne contient une étoile innovatrice supplémentaire, inattendue parce qu'en apparence fort éloignée de l'anthropologie du couple : l'amour des pauvres. Le judaïsme avant le christianisme, et l'islam après lui, se préoccupent du sort des hommes en difficulté économique. Mais le christianisme a vraiment fait de la déchéance sociale une obsession. Il semblait même en avoir besoin. Peter Brown, qui a étudié, successivement, la conception de la sexualité des chrétiens du Bas-Empire et leur rapport à la pauvreté, a été frappé par l'interaction des deux éléments dans le système mental en émergence :

1. *La Cité de Dieu, op. cit.*, XV, 16.

« [...] À la fin du IV$^e$ siècle et au V$^e$ siècle, les défenseurs les plus déterminés du christianisme attiraient l'attention sur les états les plus extrêmes de la condition humaine. Ce n'est pas par hasard que le torrent de prêches sur la main tendue aux pauvres a coïncidé avec la soudaine valorisation des formes totales de la renonciation sexuelle – de la virginité, du retrait monastique, et même, dans certains cercles, du célibat des prêtres. [...] La main tendue aux pauvres, d'une part, le choix de la virginité ou du célibat, d'autre part, étaient également des actes contraires au fond normal de la nature humaine. Dans les deux cas, un élément de démesure héroïque démontrait la supériorité surnaturelle de la religion chrétienne, capable d'inspirer à ses adeptes des choses aussi incroyables que le renoncement au sexe ou l'amour des pauvres[1]. »

La croissance stratégique du groupe chrétien eut lieu au sein de ce que l'on pourrait appeler la classe moyenne urbaine de l'Empire. La classe supérieure n'a « envahi » l'Église qu'après qu'elle eut obtenu son monopole d'État. Mais il ne s'agissait, ni pour l'une, ni pour l'autre, de devenir pauvre, même dans le cas des chrétiens et chrétiennes fortunés qui faisaient don de l'essentiel de leurs biens à l'Église. Ces gens raisonnablement à l'aise ou très riches firent des pauvres, êtres perçus comme physiquement dégradés, un symbole d'humanité et un objet de charité. Ceci représente une rupture absolue avec l'idéal gréco-romain, plutôt porté à la glorification des corps bien nourris et en bonne santé.

---

1. Peter Brown, *Through the Eye of a Needle. Wealth, the Fall of Rome and the Making of Christianity in the West, 350-550 AD*, Princeton, Princeton University Press, 2012, p. 76 (traduction française par Béatrice Bonne, *À travers un trou d'aiguille. La richesse, la chute de Rome et la formation du christianisme*, Paris, Les Belles Lettres, 2016).

Identifier, comme le fait Brown, un même extrémisme dans les conceptions sexuelles et sociales des chrétiens est capital. Ce très grand historien nous fait sentir pourquoi cette double radicalité était nécessaire à la croyance en la résurrection du Christ et en sa nature divine. Mais nous devons aussi comprendre pourquoi cet extrémisme, à bien des égards effrayant, n'a pas fait obstacle à l'expansion du groupe chrétien. Comment l'horreur de la sexualité et l'amour des pauvres, considérés jusque-là comme physiquement répugnants, ont-ils pu attirer tant de gens que les historiens du milieu du XXᵉ siècle auraient définis comme des bourgeois de province ? 10 % seulement des habitants de l'Empire romain, certes, étaient chrétiens à la veille de l'établissement de l'Église catholique comme religion d'État par Constantin entre 312 et 337, puis par ses successeurs. Mais ramené à la seule population urbaine, cette proportion était importante.

### Le Paradis est-il la vraie récompense ?

Le christianisme promet aux Justes la vie éternelle, dont la résurrection du Christ est le symbole. Nous avons vu que le judaïsme, sans être formellement hostile au concept d'immortalité de l'âme, était plutôt sceptique, ou plutôt en faisait un élément secondaire de la doctrine. Ses sectes variaient sur ce point, sans que leur désaccord théorique exclue l'une ou l'autre de ce qui constituait alors « le judaïsme ». Comment faire alors de la croyance en la vie éternelle le véritable moteur de la conversion au message de Jésus ?

Dans cette recherche d'anthropologie historique, il est plus raisonnable de saisir la dynamique de la foi sur Terre, et de partir de l'observation élémentaire qu'une religion n'est pas seulement une croyance personnelle, mais surtout le partage d'une croyance par un groupe d'hommes, sur Terre. Admettons donc qu'avant de récompenser au ciel, une religion récompense ici-bas. Nous devons comprendre pourquoi l'ascétisme sexuel et l'amour des pauvres, déviances extrémistes pour l'Antiquité, ont procuré aux individus constituant le groupe chrétien une rétribution positive de leur vivant.

Poser la question aujourd'hui, dans un monde occidental qui valorise sur le plan idéologique le sexe et la richesse, est capital. Pour nous, ascétisme sexuel et amour des pauvres sont désormais, à nouveau, des déviances extrémistes incompréhensibles, à classer peut-être au rayon des conduites simplement masochistes. Aujourd'hui, la liberté sexuelle et la bourse règnent. C'est ici que le travail de Rodney Stark s'avère essentiel.

Influencé par l'école du choix rationnel, celui-ci a pu comprendre que les croyances et les conduites aberrantes des groupes religieux, masochistes ou non, et l'opprobre qu'ils attirent sur leurs membres, peuvent être pour les individus plus que compensées par la cohésion du groupe induite par la stigmatisation. Le coût psychique de l'appartenance à une religion, exigeante pour soi-même mais ridicule pour le monde extérieur, est tellement élevé que les individus qui y adhèrent peuvent être certains d'appartenir à un groupe de gens exceptionnellement fiables. La loyauté interne du groupe est la vraie récompense de l'individu croyant. Cette gratification est immédiate, plus sûre et tangible que la promesse de l'au-delà. L'argumentation développée par Stark s'applique aux premiers chrétiens ou aux mormons des États-Unis, mais on voit à quel point elle peut aussi contribuer à une meilleure compréhension de la survie du peuple juif, qui n'apparaît plus alors comme ayant persisté dans l'histoire malgré la persécution mais par la persécution.

Nous pouvons reformuler ceci dans une perspective durkheimienne. Ce que l'individu trouve dans les groupes religieux monothéistes et bizarres de l'Antiquité tardive – qu'ils fussent circoncis et refusent de manger du porc, ou dégoûtés par la sexualité et fascinés par la dégradation du corps des pauvres –, c'est l'appartenance à un groupe humain moral. Dans le chaos des grandes villes antiques – Alexandrie, Antioche ou Rome –, le judaïsme puis le christianisme furent, ainsi que le dit Stark, des refuges[1]. Le christianisme offrait certes, pour plus tard, la vie éternelle, à laquelle les adeptes pouvaient croire ensemble. Mais ce qu'il donnait immédiatement, c'était la fin de la solitude, l'appartenance à un monde solidaire, et très concrètement la sécurité psychique et même économique. Les Évangiles, si on les lit sans préjugé, vendent la mèche : on y trouve une longue suite de miracles alimentaires et médicaux qui évoquent une meilleure vie terrestre plutôt que la vie éternelle.

Le judaïsme ne promet pas en général la vie éternelle, mais il a nourri chez ses fidèles de l'Antiquité et du Moyen Âge un courage et un mépris de la mort qui n'ont rien à envier à ceux des martyrs chrétiens. Sa solidité suggère qu'*homo sapiens* a, au fond, plus peur de la solitude que de la mort.

## Les deux monothéismes et leurs familles

Dans le cas du judaïsme comme dans celui du premier christianisme, nous constatons donc une association à la famille nucléaire, forme anthropologique moins capable que le clan patrilinéaire d'assurer, dans le contexte de

---

1. Extraordinaire description de ce chaos dans Rodney Stark, *The Rise of Christianity, op. cit.*, chapitre 7.

l'urbanisation sauvage de l'Antiquité tardive, la sécurité mentale et physique de ses membres. Rien ne nous interdit d'associer à cette famille nucléaire l'individualisme religieux et la responsabilité morale chères à Baruch Halpern, cité plus haut. La famille juive de l'Antiquité n'était certes pas tellement plus nucléaire que celle de l'*homo sapiens* originel, mais nous devons à lui aussi reconnaître, avec Darwin, une moralité individuelle. La première théorie de la sélection naturelle avait souligné, avec bon sens, qu'une moralité interne du groupe humain de base était nécessaire à sa survie et qu'elle constituait, dans le règne animal, un avantage compétitif. L'altruisme de l'individu, au sein du groupe, n'a pas attendu la civilisation pour se manifester chez l'homme, ainsi que l'avaient souligné les darwiniens de gauche du début du XXᵉ siècle[1]. Bien avant Darwin toutefois, Ferguson avait montré, chez *homo sapiens*, le lien entre la moralité des individus qui constituent un groupe local et les conflits internes à l'espèce humaine en général, ainsi qu'il a été dit plus haut[2].

Avec les religions monothéistes de la fin du monde antique, nous devons donc envisager une modification et une intensification de la morale du groupe en milieu urbain plutôt que son apparition. Notons pour le judaïsme et pour le christianisme quelques éléments communs, et centraux du point de vue des conduites familiales : le rejet de l'adultère, de l'homosexualité et de l'infanticide. On ne voit pas trop, en revanche, comment l'ajout chrétien d'une vision négative de la sexualité et la valorisation du célibat qui en a résulté pourraient constituer des additions à la morale. Le refus de procréer contient en effet un élément antisocial.

---

1. Peter Kropotkin, *Mutual Aid. A Factor of Evolution* [1902], New York, New York University Press, 1972 ; Anton Pannekoek et Patrick Tort, *Darwinisme et Marxisme* [1909], Paris, Les Éditions Arkhê, 2011.

2. Voir *supra*, p. 133.

De façon plus générale, la définition du groupe et, en son cœur, du rapport de la famille à la parenté n'est pas la même pour les Juifs et pour les chrétiens.

Le judaïsme inclut un principe de fermeture du groupe ethno-religieux. Le judaïsme a de plus gardé vivant, autour de la famille nucléaire, le réseau de parenté indifférencié et ses solidarités. On ne peut guère parler d'individualisme absolu dans ce monde de frères, de sœurs et de cousins. Ce réseau de parenté riche et chaleureux n'aurait toutefois pu se passer, pour sa survie en milieu urbain, du ciment fourni par une croyance religieuse séparatrice. À nouveau, famille et religion apparaissent solidaires, et en coévolution.

Le premier christianisme militait pour un groupe ouvert et expansif. Son type idéal de la famille nucléaire fut d'emblée plus féministe, bien normé par l'égalité des enfants et par une règle d'exogamie absolue qui attaquait le réseau de parenté indifférencié. L'impossibilité absolue du mariage entre cousins avait pour but explicite la dilution du groupe de parenté. On peut donc, dans le cas du christianisme, évoquer un pas en avant dans la nucléarité. On pourrait évoquer un individualisme plus fort si la contrepartie évidente du rétrécissement de la parenté active n'avait pas été la montée en puissance d'une formidable bureaucratie cléricale, aspirant pour elle-même à la chasteté mais chargée d'administrer la vie sexuelle et le mariage de la masse des croyants.

Dans le cas du judaïsme, la nucléarité implique un niveau assez élevé de responsabilité individuelle, mais le caractère tempéré de l'exogamie autorise une conception fermée du groupe ; le rêve de primogéniture de la Bible nourrit quant à lui l'idée d'une différenciation des groupes humains. Les frères sont solidaires, mais ils ne sont pas « égaux » dans la famille juive, qui rêve du droit d'aînesse même si elle ne le pratique pas. Comme les frères, les peuples sont donc perçus comme différents. La tendresse de la Bible (lue ici en tant que texte idéologique) pour les cadets indique cependant à quel point la différence – entre frères, puis entre peuples – ne peut mener à la domination, situation il est vrai peu accessible à un peuple partout minoritaire et le plus souvent opprimé.

Mais ce serait, je pense, une erreur de ne trouver dans la Bible que du différentialisme et de ne pas sentir que l'individualisme juif, combiné au rêve de primogéniture, conduit à sa manière à une conception universelle de l'homme.

## Les deux étapes de l'universel

Il existe, flottant dans la conscience occidentale, la représentation commune d'un judaïsme certes monothéiste mais différentialiste (le peuple élu) et d'un christianisme qui aurait, lui, accédé à l'universel. Le modèle peut s'appuyer sur une interprétation historique standard : le monothéisme juif, différentialiste, une fois confronté à l'Empire universel gréco-romain, aurait fini par accoucher du monothéisme universaliste, le christianisme. Cette représentation trop simple dérive pour une bonne part du narcissisme européen, qui réduit considérablement la profondeur temporelle et l'espace géographique de l'histoire juive. La confrontation du judaïsme à l'universel n'a pas, en effet, commencé avec Rome. Elle lui fut bien antérieure puisque les premières visions israélites ou judéennes de l'Empire furent néoassyriennes, puis néobabyloniennes. Si nous acceptons l'idée que la religion juive est née de la confrontation avec Assur et Babylone, nous devons donc admettre que l'universalité de l'homme fut, autant que la différenciation des nations, fondatrice pour le judaïsme. C'est la raison pour laquelle le récit biblique donne d'emblée à tous les peuples une ascendance unique, Adam et Ève, et qu'il trace l'histoire généalogique de leur différenciation. Les peuples cousins énumérés par la Bible, différenciés par la primogéniture – concept venu de Mésopotamie –, sont en réalité tous ceux qui furent incorporés aux Empires néoassyriens ou néobabyloniens. Pour qui s'intéresse à l'empreinte familiale dans l'histoire, il est capital de comprendre que la primogéniture, si elle sépare les frères, favorise aussi le souvenir de leur commune origine, et donc la notion d'une unité du genre humain. Elle définit un universel ancré dans le temps, vertical plutôt qu'horizontal. Et puis restons anthropologues et, jusqu'au bout, des réalistes de la vie terrestre : comment l'idée même d'existence en diaspora, c'est-à-dire au sein de peuples auxquels on doit faire confiance, aurait-elle été possible pour les Juifs sans leur croyance latente, mais profonde, en l'universalité de l'homme ?

Certes, le christianisme a été plus loin dans l'universel et, si l'on ne peut retirer ici au judaïsme une certaine priorité, on doit constater un saut qualitatif avec sa religion-fille. L'Empire romain tardif présentait en effet, dans ses structures anthropologiques fondamentales, par rapport à l'Assyrie et Babylone, une spécificité. Il semble bien que ses villes aient été dominées par un prototype de la famille nucléaire égalitaire, celle-là même que l'on pourra observer dans une partie de l'Europe à partir de la fin du Moyen Âge, dans le Bassin parisien, en Italie du Sud ou en Andalousie. La prédominance d'appartements à Rome évoque des familles nucléaires. L'égalité d'héritage entre tous les enfants, définie on l'a dit par le code Justinien, semble comme une préfiguration du code civil français, qui a lui-même repris des recueils de coutumes du XVIe siècle (*OSF*, p. 346-355). Le christianisme, lorsqu'il s'est imposé au-delà des communautés juives de la diaspora, est entré dans un milieu familial dominé par l'idée d'égalité des frères, et sans doute capable de porter plus loin l'idée d'équivalence des hommes en général. Mais, ici encore, une évolution de la famille a précédé celle de la religion, puisque l'émergence d'une famille romaine nucléaire et égalitaire a précédé la mutation chrétienne de l'Empire.

# Chapitre 5

# L'Allemagne, le protestantisme et l'alphabétisation universelle

En tant qu'espèce animale, l'homme se définit principalement par la taille de son cerveau et ses capacités intellectuelles. Il observe, comprend et accumule les connaissances. Certains progrès décisifs furent, on l'a vu, antérieurs au type *homo sapiens*, comme l'utilisation d'outils ou l'invention du feu. Le progrès technique a cependant connu un développement exponentiel après l'émergence d'*homo sapiens* vers 200 000 AEC. L'expansion de l'espèce sur l'ensemble des continents, sa sédentarisation en divers lieux, l'invention de l'agriculture, vers 9000 AEC au Moyen-Orient, ont permis un accroissement considérable de la population humaine. L'émergence des villes a suivi, avec l'apparition de l'écriture vers 3300 AEC en Mésopotamie et 3 000 AEC en Égypte. En Chine, l'agriculture a été inventée vers 8000 AEC, l'écriture vers 1400 AEC. En Amérique centrale, l'agriculture a émergé à partir de 4500 AEC et les glyphes mayas ont été conçus au début du IV<sup>e</sup> siècle AEC.

L'écriture, idéographique au départ, s'est répandue à partir de son foyer mésopotamien. Vers l'ouest, elle s'est simplifiée et a atteint le stade consonantique en Phénicie vers 1200 AEC, puis le stade alphabétique en Grèce vers 800 AEC. Dans l'histoire de la diffusion de l'écriture, l'alphabet latin n'est, comme l'alphabet cyrillique plus tardif, qu'une variante du système grec. Vers l'est aussi, l'écriture a progressé, par la création, vers le III<sup>e</sup> siècle AEC, des semi-syllabaires brahmi, probablement issus d'une écriture sémitique telle que l'araméen ; ces représentations écrites combinent voyelles, consonnes et signes syllabiques. Ont suivi les syllabaires de l'Inde du Sud, dont des dérivés ont permis la transcription des langues d'Asie du Sud-Est.

Le foyer chinois, lui, ne s'est guère étendu que vers la Corée, le Japon et le Vietnam. Le Japon a ajouté aux idéogrammes chinois des syllabaires qui sont arrivés à maturité au IX<sup>e</sup> siècle EC ; la Corée a inventé un véritable alphabet, avec consonnes et voyelles, au XV<sup>e</sup> siècle ; le Vietnam a fini par adopter, entre le XVII<sup>e</sup> et le XX<sup>e</sup> siècle, une transcription en caractères latins. En Indonésie, des syllabaires d'origine indienne ont été remplacés par l'écriture arabe à partir du XIV<sup>e</sup> siècle puis par une transcription latine au XX<sup>e</sup> siècle. Aux Philippines, l'alphabet latin a assuré, à partir du XVII<sup>e</sup> siècle, la mise en forme écrite du Tagalog, langue la plus répandue sur la grande île de Luzon. L'écriture maya avait atteint le stade syllabique au VII<sup>e</sup> siècle de notre ère et fut suivie d'autres systèmes analogues en Amérique centrale, dont l'écriture aztèque.

Les grandes civilisations de l'Antiquité s'appuyaient sur l'écriture, mais l'alphabétisation ne semble guère y avoir touché plus de 10 % de la population. Selon William Harris, déjà cité au chapitre précédent, et qui eut le premier le courage de donner des évaluations chiffrées, les cités les plus avancées du monde hellénistique, telles Rhodes ou Teos, n'auraient pas dépassé 20 à 30 % d'alphabétisés au sein de leurs populations masculines[1]. Très incomplète, l'alphabétisation antique est, en outre, susceptible de retomber. C'est ce qui s'est passé en Occident dans l'Empire romain tardif et s'est accéléré après son effondrement. Le mouvement ascendant du taux d'alphabétisation a finalement repris en Europe, au Moyen Âge central (XI<sup>e</sup>-XIII<sup>e</sup> siècle), sans que l'on

1. William V. Harris, *Ancient Literacy*, op. cit., p. 141.

puisse dire, en l'état actuel des recherches, à quelle date il y a rattrapé le niveau qui avait été atteint par l'Empire romain.

Redevenons raisonnables : considérons l'alphabétisation comme l'axe central de l'histoire humaine, représentation banale au XVIII<sup>e</sup> et au XIX<sup>e</sup> siècle, commune à Condorcet, à Hegel, et en fait à presque tous les penseurs de la civilisation qui ont précédé l'actuelle nécrose économiste des sciences humaines. Nous constatons une spectaculaire accélération des progrès de l'alphabétisation aux XVI<sup>e</sup> et XVII<sup>e</sup> siècles. Cette rupture positive de *trend* a vite conduit au franchissement du plafond de 10 ou 20 % d'alphabétisés, qui avait jusqu'alors représenté la borne supérieure du développement pour la civilisation humaine. L'usage de la lecture et de l'écriture sort enfin des villes, et touche les paysans. Les seuils de 30 %, 40 %, 50 % sont atteints, et dépassés, par les hommes puis par les femmes, jusqu'à ce que soit finalement réalisée pour les jeunes générations, vers 1900 en Europe, vers 2030 pour l'ensemble de la planète, l'alphabétisation universelle.

La rupture décisive eut lieu en Allemagne. Elle y fut la conséquence, non seulement de l'invention de l'imprimerie et de la Réforme protestante, éléments bien connus, mais aussi d'une mutation du système familial.

### Du protestantisme à l'alphabétisation

L'imprimerie en caractères mobiles fut mise au point à Mayence sur le Rhin par Gutenberg vers 1454 ; la Réforme protestante fut lancée par Luther en 1517, lorsqu'il afficha ses 95 thèses sur la porte de l'église de Wittenberg en Saxe. Le lien entre ces deux événements et l'alphabétisation de masse est une évidence historique. L'imprimerie a permis un abaissement radical du coût de la reproduction des textes. La Réforme a d'emblée voulu instaurer, pour chaque homme, un dialogue personnel avec Dieu, sans l'intermédiaire du prêtre, exigeant, comme le judaïsme un millénaire et demi plus tôt, l'accès direct des fidèles aux textes sacrés.

Citons Egil Johansson, pionnier suédois de l'étude historique de l'alphabétisation :

« La Bible fut imprimée dans son intégralité en allemand en 1466, en italien en 1471, en français en 1487, en néerlandais en 1528, en anglais en 1535, en suédois en 1541 et en danois en 1550 [...]. La version de Luther de 1543 de la Bible complète, faite à partir des langues originelles, l'hébreu et le grec, n'eut pas moins de 253 éditions du vivant du traducteur. Dans un premier temps, les traductions de la Bible furent importantes pour les offices religieux et les sermons. Ce ne fut qu'au XVIIe siècle que la capacité de lire, but des réformateurs, a atteint progressivement les masses. Alors apparut une différence claire entre l'Europe protestante et l'Europe non protestante. Si peu de gens savaient lire dans le sud catholique et l'est orthodoxe de l'Europe – moins de 20 % –, une augmentation drastique était intervenue dans le centre et le nord protestants de l'Europe. L'Italie du Nord et certaines parties de la France occupaient une position intermédiaire, grâce à une tradition d'usage de l'écriture remontant au Moyen Âge, du moins dans les villes [...]. Dans l'Europe protestante, on peut estimer que 35 à 45 % de la population savait lire vers 1700[1]. »

Luther voulait que l'alphabétisation fût encadrée. Des écoles paroissiales, tenues par les sacristains, eurent pour fonction d'assurer, non seulement la capacité de lire, mais aussi l'acceptation orthodoxe de la doctrine. Son *Petit*

---

1. Egil Johansson, « The History of Literacy in Sweden in Comparison with Some Other Countries », *Educational Reports*, n° 12, 1977, p. 9-10.

*catéchisme* fut publié en 1529, au lendemain de la guerre des paysans de 1524-1526 qui avait vu les campagnes de l'Allemagne du Sud interpréter un peu trop librement à son goût le message de la Réforme. Dans l'Allemagne protestante, les seuils d'alphabétisation de 50 % ne furent franchis qu'au XVIIᵉ siècle, mais des résultats déjà substantiels avaient été obtenus dès le XVIᵉ siècle. En Württemberg, le nombre d'écoles paroissiales était passé de 150 en 1559 à 400 en 1600[1]. Dans l'espace germanique, la compétition religieuse a conduit à une alphabétisation à peine plus lente des régions qui n'avaient pas adopté la Réforme et étaient restées catholiques.

Du XVIIᵉ au XXᵉ siècle, l'alphabétisation a progressé en couronnes, à partir du monde protestant, dans toutes les directions : en France à travers le nord-est du Bassin parisien, en Russie à partir de la Baltique.

Vers 1930, la carte des taux d'alphabétisation européens restait centrée sur son pôle allemand initial et, plus généralement, sur le monde luthérien, auquel on peut ajouter l'Écosse calviniste. Mais le mécanisme de diffusion ne s'est pas arrêté en Europe. Les États-Unis, l'Australie, la Nouvelle-Zélande et le Canada anglophone, issus de l'Angleterre des XVIIᵉ-XIXᵉ siècles, ont bénéficié dès leur fondation de ses taux d'alphabétisation élevés. L'Amérique latine a, pour ce qui la concerne, hérité du retard et des rythmes plus lents de l'Espagne et du Portugal. Mais, toujours, la colonisation s'est accompagnée d'une diffusion de l'alphabétisation qui, partout, a avancé à partir des points d'entrée ou de pression européens.

---

1. Richard L. Gawthrop, « Literacy Drives in Pre-industrial Germany », in Robert F. Arnove et Harvey J. Graff, *National Literacy Campaigns and Movements. Historical and Comparative Perspectives,* New Brunswick et Londres, Transaction Publishers, 1987 et 2008, p. 29-48, voir en particulier p. 34.

**Carte 5.1. L'alphabétisation en Europe vers 1930**

Sources : Emmanuel Todd, *La Diversité du monde. Structures familiales et diversité*, Paris, « Points Essais » n° 821, 2017, p. 354.

## Carte 5.2. La famille souche en Europe

Sources : *Ibid.*, p. 356.

Le Japon eut sa dynamique propre, endogène, avant l'époque de la diffusion mondiale. L'alphabétisation y progressait régulièrement quoique lentement durant l'époque Tokugawa (1600-1868), mais elle s'accéléra brutalement avec la révolution de Meiji, née de la peur d'une colonisation européenne ou américaine.

L'ensemble de l'Asie et le reste du monde ont été atteints durant le XXᵉ siècle par le mécanisme planétaire de diffusion de l'alphabétisation. Dans un premier temps, les rythmes régionaux furent fixés par les voies de communication et de pénétration de l'influence occidentale ; dans un deuxième temps, et de plus en plus nettement, par les virtualités intrinsèques des systèmes anthropologiques locaux : les systèmes familiaux combinant statut de la femme raisonnablement élevé et autorité parentale forte ont fini par émerger comme des pôles secondaires de développement éducatif, au Kerala en Inde du Sud, en Chine du Sud, en Corée[1].

Dans le cadre de cette longue histoire, les années 1945-2015 marquent l'accélération finale, qui aura mené l'ensemble de l'espèce *homo sapiens* au stade de l'alphabétisation universelle. Entre 1950 et 2000-2004, le taux d'alphabétisation de la planète est passé de 55,7 à 81,9 % pour les individus de plus de 15 ans[2]. Pour les jeunes, les niveaux atteints sont plus élevés encore, et le rythme de progression, entre 1970 et 2000, nous permet d'entrevoir une alphabétisation du monde achevée vers 2030. Cette fin de l'enfance de l'humanité est le socle réel de la globalisation économique. Jamais l'unification des marchés du travail de la planète n'aurait pu être tentée sans cette unification éducative préalable.

---

1. Voir Emmanuel Todd, *L'Enfance du monde. Structures familiales et développement* (1984), thèse générale (reprise dans *La Diversité du monde, op. cit.*).
2. Unesco, *Le Défi de l'alphabétisation : un état des lieux.* http://www.unesco.org/education/GMR2006/full/chap7_fr.pdf, p. 176.

**Tableau 5.1. Pourcentage de jeunes de 15 à 24 ans alphabétisés, en 1970 et 2000-2004[1]**

| Jeunes de 15 à 24 ans alphabétisés | 1970 | 2000-2004 |
|---|---|---|
| Monde | 74,7 | 87,5 |
| Pays développés | 99,0 | 99,3 |
| Afrique subsaharienne | 41,3 | 72,0 |
| États arabes | 42,7 | 78,3 |
| Asie de l'Est et Pacifique | 83,2 | 97,9 |
| Asie du Sud et de l'Ouest | 43,3 | 73,1 |
| Amérique latine et Caraïbes | 84,2 | 95,9 |

## La famille-souche et l'écriture

La carte d'Europe de l'alphabétisation, centrée sur l'Allemagne, et l'existence d'un pôle autonome japonais en Asie, nous font pressentir un lien entre décollage de l'alphabétisation et présence de la famille-souche comme type anthropologique sous-jacent. En vérité, l'histoire ancienne de la civilisation suggérait déjà un rapport entre l'émergence de la famille-souche et l'invention de l'écriture. À Sumer, si nous trouvons vers 3300 AEC les premières traces d'écriture, nous observons aussi, dès le milieu du IIIᵉ millénaire, des règles de primogéniture. En Chine, l'écriture apparaît au XIVᵉ siècle AEC, les premières règles de primogéniture vers 1100. Dans ces deux foyers de civilisation originels, les périodes qui ont suivi l'introduction de la primogéniture furent, dans les domaines techno-

1. *Ibid.*, p. 177.

logiques ou artistiques, brillantes. Pouvons-nous discerner une logique dans la séquence écriture/primogéniture ?

Pour les sociétés humaines qui progressent, l'un des premiers problèmes à résoudre est la conservation de l'acquis. Ce qui est inventé doit être transmis avant même d'être éventuellement élargi par les générations suivantes. Or l'écriture est, par essence, une technique de fixation des connaissances, qui permet à la société humaine d'échapper à l'incertitude de la transmission orale de la mémoire. La primogéniture, avec la famille-souche qui finit par en découler, est elle aussi une technique de transmission : de l'État monarchique, du fief, de l'exploitation paysanne, de l'échoppe artisanale et, plus en profondeur, de toutes les techniques qui accompagnent ces éléments de structures sociales – bureaucratiques, agricoles ou métallurgiques. Il n'est donc pas illogique d'observer une proximité historique de ces deux instruments de continuité sociale que sont l'écriture et la famille-souche.

Dans le cas des premiers systèmes idéographiques, le lien est sans doute très étroit. La maîtrise de ce genre d'écriture suppose un dur apprentissage, et il existe peut-être une relation nécessaire entre la continuité de la famille-souche et l'acquisition de l'écriture. Je n'évoque pas ici seulement une transmission de père à fils au sein de familles de scribes. Représentons-nous les milliers de caractères de l'écriture chinoise, également utilisés au Japon. Comment concevoir leur mémorisation en l'absence des structures d'autorité fortes qui agissent sur l'enfant, dans un système familial conçu pour transmettre ? Plaçons-nous maintenant dans le présent. La survie des systèmes d'écritures de la Chine et du Japon aurait-elle été seulement possible sans l'existence dans ces pays d'un niveau élevé de discipline familiale et scolaire ?

Rien n'interdit donc de penser une association historique, en Mésopotamie, en Chine, au Japon, entre émergence de l'écriture et mise en ordre des familles par la primogéniture. Le cas de l'Égypte, où la primogéniture a assez vite touché les catégories sociales supérieures, ne contredit pas l'hypothèse. Je repousse au tome II de mon *Origine des systèmes familiaux* l'examen du cas maya.

Avec l'Allemagne toutefois, pays d'où partit finalement l'alphabétisation du monde, nous sortons de l'univers des systèmes idéographiques complexes. Son écriture alphabétique, venue de Rome, s'apprend en un an de scolarité enfantine et il ne saurait être question de considérer primogéniture et famille-souche comme indispensables à la transmission de l'alphabet latin. En revanche, la famille-souche peut contribuer à une explication de la rapidité et de la puissance du mouvement vers l'alphabétisation de masse dans le monde germanique. On l'a dit à maintes reprises : la famille-souche est faite pour transmettre. Là où elle règne, l'acquis est rarement perdu, mais au contraire efficacement transmis à la génération suivante.

À ce stade de l'analyse, qui concerne un passé très proche, nous ne pouvons plus nous contenter d'observer une grossière coïncidence dans le temps et la simple détermination d'une variable par une autre. Nous allons tenter de démêler les interactions complexes entre trois éléments majeurs, la famille, la religion et l'éducation, admettant d'emblée que les mécanismes de causalités entre variables peuvent fonctionner, simultanément ou successivement, dans les deux sens, comme le suggère le schéma ci-dessous, dont je vais développer l'explication dans les paragraphes qui suivent.

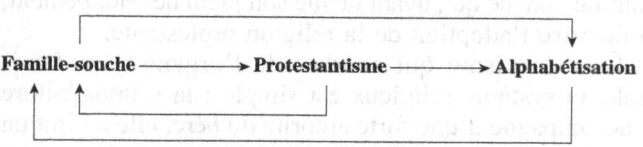

Famille-souche ⟶ Protestantisme ⟶ Alphabétisation

## *De la famille-souche au protestantisme, et inversement*

Une approche cartographique permet de constater empiriquement la coïncidence, en Europe, de trois éléments de structure sociale entre 1900 et 1930 : la famille-souche, la religion luthérienne, et un haut niveau éducatif. Nous ne pouvons cependant nous arrêter à ce point d'aboutissement, et décréter par exemple que la famille-souche a favorisé l'émergence du protestantisme, qui a lui-même exigé l'apprentissage de la lecture. Nous devons imaginer et décrire des interactions historiques plus complexes.

Le caractère premier, originel, de la famille-souche ne fait aucun doute. La primogéniture est apparue dans l'Empire carolingien finissant, en France, où elle a pour ainsi dire fondé la monarchie capétienne. On peut observer sa diffusion dans l'aristocratie européenne à partir du XIᵉ siècle, puis dans certaines paysanneries, allemandes ou occitanes, à partir du XIIIᵉ siècle. L'une des particularités de l'Allemagne, déjà mentionnée au chapitre 1, fut une réaction égalitaire dans l'aristocratie parce que l'indivision du bien familial s'identifiait désormais à la servitude paysanne. Parce qu'ils sont libres, les frères nobles doivent être égaux. L'histoire de la primogéniture européenne est donc complexe, mais elle commença bien avant la Réforme protestante. L'antériorité de la mutation familiale nous permet de dire que c'est bien la famille-souche qui, avant même son plein développement, a favorisé l'adoption de la religion protestante.

Le mécanisme qui conduit de l'organisation familiale au système religieux est simple : la primogéniture s'accompagne d'une forte autorité du père, elle définit un fils élu et d'autres enfants rejetés. Dans un tel contexte domestique, un système théologique qui affirme que l'Éternel prédestine une minorité au salut et le reste des hommes à la damnation peut apparaître comme tout simplement normal. Des débats théologiques plutôt tardifs et absolument spécieux ont réservé à Calvin la notion de prédestination, attribuant à Luther une attitude moins sévère. Calvin a certes donné, entre 1536 et 1560, une interprétation particulièrement maniaque de la prédestination, puisqu'il insiste sur son caractère double, à mort et à vie. Mais la prédestination avait été bien avant lui exposée avec une franchise brutale par Luther dans son traité *Du serf arbitre*, publié en décembre 1525 en réponse au *Libre arbitre* d'Érasme paru en septembre 1524[1]. Dès janvier 1526, le texte latin de Luther a été traduit en allemand par Justus Jonas, sous le titre *Dass der freie Wille nichts sei*. Un court extrait nous permet de mesurer la force de l'aspiration autoritaire et inégalitaire de ce premier protestantisme :

« Mais si nous accordons à Dieu la prescience et la toute-puissance, il s'ensuit naturellement et inéluctablement que nous n'avons pas été créés par nous-mêmes et que nous ne vivons ni n'agissons par nous-mêmes, mais uniquement par l'effet de sa toute-puissance. Si donc Dieu a su de toute éternité ce que nous devions être, et s'il nous fait, nous meut et nous gouverne, comment s'imaginer qu'il existe en nous une liberté quelconque, ou que quelque chose puisse se produire autrement qu'il ne l'a prévu ? [...] En quoi le libre-arbitre a-t-il aidé Jacob ? En quoi a-t-il nui à Esaü ? Puisque, en vertu de la prescience et de la prédestination divines, il était établi, avant même qu'ils fussent nés et qu'ils eussent fait quelque chose, quel devait

1. Luther, *De Servo Arbitrio* et Érasme, *De Libero Arbitrio Diatribe sive Collatio*.

être le sort de chacun, à savoir que l'un devait servir et l'autre dominer[1] ? »

La famille-souche précède la Réforme luthérienne, ses valeurs d'autorité du père et d'inégalité des frères peuvent soutenir l'idée de la toute-puissance de Dieu et celle d'inégalité des hommes devant le salut.

Notons que lorsque le protestantisme a diffusé hors des régions de famille-souche, vers des pays de famille nucléaire absolue notamment, son dogme de la prédestination a fini par s'effondrer. C'est ainsi que dans la partie maritime des Pays-Bas et en Angleterre, dès le XVIIᵉ siècle, le libre-arbitre s'impose à une doctrine issue du calvinisme ; le Danemark luthérien devra quant à lui attendre le XIXᵉ siècle pour faire sa mue théologique libérale[2].

La primogéniture biblique, exprimée plus haut par le mythe de Jacob et d'Esaü, cité par Luther, qui le reprend de saint Augustin, avait, c'est vrai, précédé la primogéniture capétienne. On pourrait donc soutenir, par souci de pureté logique, que les élites de la fin du Xᵉ siècle avaient découvert le concept de primogéniture dans les textes religieux de leurs temps, ce qui suggérerait une antériorité de la religion par rapport à la famille. Mais il faudrait alors expliquer pourquoi les rois mérovingiens et les empereurs carolingiens n'avaient, durant des siècles, aucunement tenu compte des préceptes bibliques, divisant allègrement entre leurs fils royaumes et empires. Mais stoppons là ces spéculations historiques secondaires.

---

1. Martin Luther, *Du serf arbitre*, in *Œuvres*, tome V, Genève, Labor et Fides, 1958, p. 150 et 156.
2. Emmanuel Todd, *L'Invention de l'Europe*, Paris, Seuil, 1990 et « Points Essais » n° 321, 1996, p. 135-140, et p. 507.

L'action en retour du dogme luthérien sur la famille est en revanche un phénomène fondamental.

Lorsque la Réforme commence, au début du XVIᵉ siècle, la famille-souche est loin d'avoir atteint dans l'espace germanique sa forme pleine et définitive. On doit donc raisonnablement supposer que le triomphe, dans la moitié nord de l'espace germanique, d'une métaphysique obsédée par une primogéniture d'origine divine y a contribué, dans les siècles qui suivirent, à stabiliser et à perfectionner les structures familiales souches.

Le *Petit catéchisme* de Luther, support premier de l'offensive éducative protestante, est, dès son ouverture, d'un familialisme patriarcal sans ambiguïté :

> « Les Dix commandements ou le Décalogue
> Tels qu'un père de famille doit les enseigner avec simplicité à ses enfants et à ses serviteurs. »

On peut sans effort imaginer une autorité du père renforcée par son nouveau rôle religieux dans la famille, et qui trouve dans la mythologie biblique de nouvelles raisons de traiter ses enfants de façon inégalitaire.

Voici à nouveau introduit dans le raisonnement historique le concept de *coévolution*, selon lequel famille et religion, non seulement se correspondent, mais se renforcent mutuellement avec le passage du temps.

L'étude des structures familiales dans l'histoire est plutôt en retard aujourd'hui en Allemagne, et l'on doit se contenter, pour décrire sa famille-souche, d'une image composite juxtaposant un petit nombre de monographies locales. Une étude très récente nous permet toutefois de vérifier, à l'intérieur d'un espace germanique globalement dominé par la famille-souche, sa force particulière en zone protestante.

Le recensement de 1885 est le premier qui permette une étude globale des variations de la complexité des ménages dans l'Allemagne unifiée par Bismarck. Il laisse hors de l'analyse la Suisse alémanique et l'Autriche. Mais Mikolaj Szoltysek et ses collaborateurs ont établi une relation statistique significative entre complexité des familles et protestantisme, conclusion d'autant plus fiable que ces auteurs s'attendaient à trouver, conséquence des lieux communs qui traînent sur l'individualisme protestant, une relation inverse associant complexité des familles et catholicisme[1]. La corésidence des générations a bien été encouragée par le protestantisme.

## De la famille-souche à l'alphabétisation

J'ai souligné, au début de ce chapitre, la relation probable entre émergence de l'écriture et naissance de la primogéniture en Mésopotamie et en Chine. En Europe, ce lien se prolonge dans l'histoire par une action directe de la famille-souche sur l'alphabétisation, indépendante du protestantisme. Les cartes d'Europe nous révèlent que le protestantisme fut moins efficace dans son œuvre d'alphabétisation dans les régions où la famille était nucléaire, en Angleterre notamment, que là où elle était souche, comme en Allemagne ou en Écosse. Réciproquement, les régions catholiques et de famille-souche du monde germanique, bien qu'en retard sur leurs homologues protestantes, ont quand même atteint assez vite des niveaux élevés d'alphabétisation.

1. Mikolaj Szoltysek et *al.*, « Variation spatiale des structures des ménages en Allemagne au XIXᵉ siècle », *Population*, vol. 69, nᵒ 1, 2014, p. 57-84.

Nous en savons assez désormais pour revenir sur la comparaison du judaïsme et du protestantisme, religions proches par leur exigence d'un accès direct des croyants aux textes sacrés, mais distinctes par leurs substrats familiaux. Les Juifs relèvent, on l'a vu au chapitre précédent, d'une structure nucléaire indifférenciée, les protestants allemands d'une structure souche. Avec la Bible, le judaïsme fantasme sur la primogéniture, mais il repose en réalité, comme le protestantisme anglais, sur un type familial individualiste.

Bien sûr, l'existence de l'imprimerie à l'époque de Luther explique largement la diffusion plus vaste de la lecture par la Réforme. Celle-ci a conquis par l'écrit des pays entiers. Le judaïsme de Josué ben Gamla n'a pu engendrer qu'une diaspora urbaine alphabétisée, un peuple spécialisé dans des métiers plus exigeants intellectuelle-ment que l'agriculture, dispersé au sein de populations chrétiennes ou musulmanes restées largement rurales et analphabètes. Maristella Botticini et Zvi Eckstein ont expliqué la disparition du judaïsme du territoire de l'ancien Israël par le manque d'intérêt des paysans juifs de l'Antiquité pour l'apprentissage de la lecture et de l'écriture, investissement coûteux et sans intérêt pour les travaux agricoles. Ces auteurs suggèrent un important mouvement de conversion des Juifs ruraux à la religion moins exigeante sur le plan éducatif que fut le premier christianisme.

Entre le XVIᵉ et le XVIIIᵉ siècle, la moitié des pay-sans du monde germanique sont devenus protestants ; répondant à l'injonction de Luther, ils ont appris à lire. La famille-souche, avec son autoritarisme interne et son principe de continuité, peut contribuer à expliquer le caractère « total » de l'alphabétisation protestante. Mais, je le répète, cette explication différentielle de la réussite exclusivement urbaine du judaïsme et de

la réussite urbaine et rurale du protestantisme allemand ne peut être que complémentaire. L'existence,
au XVIᵉ siècle, de l'imprimerie est de toute évidence
le facteur principal du succès de la Réforme dans son
œuvre d'alphabétisation.

## L'alphabétisation et l'accentuation
du trait patrilinéaire allemand

Au terme de l'analyse, nous reste-t-il quand même une
variable « passive », l'alphabétisation, qui serait, elle,
uniquement déterminée par les deux autres, la famille-
souche et le protestantisme ? Même pas. On peut en effet
observer en Allemagne une action en retour du processus
d'alphabétisation sur la structure familiale elle-même.
En privilégiant le sexe masculin, l'alphabétisation y a,
plusieurs siècles durant, renforcé le trait patrilinéaire du
système anthropologique.

Le phénomène n'est certes pas général. Parce qu'il
fut le premier, le processus d'alphabétisation de l'Allemagne luthérienne a été très particulier. Son étude est
paradoxalement moins avancée que celles des transformations éducatives de l'Angleterre, de la Suède ou de la
France. Pourtant, les quelques monographies déjà consa-
crées à des communautés allemandes font apparaître un
trait spécifique : un formidable retard de l'alphabétisation
des femmes par rapport à celle des hommes.

Prenons l'exemple des communautés de la Hesse-
Cassel, entre la fin du XVIIIᵉ et le début du XIXᵉ siècle.
Vers 1808, la signature de l'acte de mariage par l'un et
l'autre conjoint, ou son absence, fait apparaître un taux
d'alphabétisation présumé de 91,5 % pour les hommes
mais de seulement 43,9 % pour les femmes (soit 47,6 %

d'écart entre les sexes)[1]. Dans cette région, les taux sont très semblables pour les luthériens et pour les calvinistes. Si nous remontons dans le passé, en mesurant la performance des parents des mariés, jeunes adultes vers 1780, nous trouvons déjà 90,1 % de signatures pour les pères mais seulement 24,3 % pour les mères (65,8 % d'écart entre les sexes !). Le mouvement ascendant de l'alphabétisation des femmes permet le calcul d'un *trend* et une évaluation, par projection vers le futur, du moment où a été franchi le seuil de 50 % de jeunes femmes alphabétisées, en l'occurrence vers 1815. Mais nous pourrions aussi, en théorie, évaluer également, par rétro-projection vers le passé, un taux inférieur à 24,3 % dans les premières années du XVIIIe siècle. L'application d'une fonction linéaire nous mènerait, certes, beaucoup trop bas, mais imaginer un taux d'alphabétisation des femmes compris entre 10 et 20 % ne serait pas absurde. Pour les hommes, en revanche, aucune possibilité de ce type n'est ouverte : 91,5 % d'alphabétisés en 1808 et 90,1 % une génération plus tôt dessinent une ligne presque horizontale, qui n'autorise qu'à suggérer un franchissement de la proportion de 50 % pour les hommes jeunes alphabétisés antérieur au XVIIIe siècle. Dans le tableau 7.1 du chapitre 7, qui confronte dates d'alphabétisation, chute de la fécondité et décollage économique, j'ai placé vers 1670 ce seuil, en tenant compte, simultanément, de la progression du nombre des écoles au XVIe siècle et du cas de la Suède, que j'évoque un peu plus loin.

Un peu plus à l'est, à Halberstadt, pour les mariages des années 1785-1795, le retard d'alphabétisation des femmes est à peine moins important : 83,4 % de signatures pour

1. Hans Bödeker et *al.*, *Alphabetisierung und Literalisierung in Deutschland in der Frühen Neuzeit*, Tübingen, Max Niemeyer Verlag, 1999, p. 44.

les maris, 36,0 % pour les épouses (écart de 47,4 %). De même à Magdebourg, à la même époque : 83,6 % contre 23,1 % (écart de 60,5 %)[1].

Je n'ai trouvé nulle part ailleurs, et à aucun moment de l'histoire, l'ouverture d'un écart aussi important entre hommes et femmes en phase de développement de l'alphabétisation. En Angleterre, en 1775, on trouve 60 % d'alphabétisés pour les hommes et 38 % pour les femmes (écart de 22 %)[2]. En Champagne, au milieu du XVIIIᵉ siècle, on constate 65 % pour les hommes et 29 % pour les femmes (écart de 36 %) ; dans les campagnes de l'actuelle Seine-et-Marne au milieu du XVIIIᵉ, 39 % pour les hommes et 15 % pour les femmes (écart de 24 %) ; pour l'ensemble de la France vers 1786-1790, 47 % pour les hommes et 27 % pour les femmes (écart de 20 %)[3]. Si nous nous tournons vers une société purement patrilinéaire et plus tardivement alphabétisée, comme la Chine, nous observons au recensement de 2000, chez les plus de 65 ans, 71 % pour les hommes et 35 % pour les femmes (écart de 36 %). Concernant les Juifs de Russie nés avant 1837, nous avions noté au chapitre précédent 54 % d'alphabétisés chez les hommes contre 15 % chez les femmes, soit une différence de 39 %. C'est seulement avec la Nouvelle-Angleterre du XVIIᵉ et du XVIIIᵉ siècle que nous nous approchons un peu des écarts allemands : vers 1650-1660, le taux masculin y est de 62 %, le féminin de 32 % ; en 1758-1762, les taux sont de 85 et 45 % respectivement. L'écart

1. *Ibid.*, p. 113.
2. Roger Schofield, « Dimensions of Illiteracy in England, 1750-1850 », *Explorations in Economic History*, vol. 10, 4, 1973, p. 437-454.
3. François Furet et Jacques Ozouf, *Lire et Écrire. L'alphabétisation des Français de Calvin à Jules Ferry*, tome II, Paris, Éditions de Minuit, 1977, p. 206 et p. 238.

d'alphabétisation entre hommes et femmes, dans cette société très protestante, puritaine au départ et rationaliste à l'arrivée, s'élève de 30 à 40 % en un peu plus d'un siècle[1]. Mais nous restons très loin des écarts de 60 % tels qu'ils sont parfois mesurés en Allemagne.

Les écarts mentionnés pour les sociétés non-allemandes s'étagent entre 20 et 40 %. Les monographies allemandes nous avaient révélé, quant à elles, des retards d'alphabétisation des femmes compris entre 47 et 65 %, et s'étalant sur des siècles.

Les exemples mentionnés ne représentent pas toute l'histoire de l'alphabétisation différentielle des hommes et des femmes, qui resterait à écrire, mais des coups de sonde. À l'exception des sociétés antillaises, mais non des sociétés africaines, on observe toujours que le décollage de l'alphabétisation commence plus tôt pour les hommes que pour les femmes. Dans un premier temps, donc, s'ouvre un écart entre hommes et femmes ; dans un deuxième temps, un rattrapage se produit, selon des rythmes extrêmement divers. L'amplitude de l'ouverture dépend du degré de patrilinéarité initiale du système familial. Mais un écart fort et durable, comme celui qui fut typique de l'histoire allemande, ne peut qu'avoir renforcé le trait patrilinéaire de l'organisation domestique. Pendant un siècle et demi, la majorité des hommes ont su lire en Allemagne, tandis qu'une proportion très faible de femmes en était capable. Un tel déséquilibre a accentué la baisse de statut de la femme. Lorsque nous aborderons le développement de l'enseignement supérieur entre 1960 et 2015, nous constaterons que la spécificité éducative et patrilinéaire allemande s'est perpétuée sous d'autres formes.

1. Kenneth Lockridge, *Literacy in Colonial New England*, New York, Norton, 1974, p. 39.

C'est ainsi que nous constatons, dans le cas de l'Allemagne, une action en retour de l'alphabétisation sur les structures familiales.

Une comparaison avec l'histoire de l'alphabétisation en Suède, pays le mieux étudié de tous, permet également de démontrer qu'un certain niveau de patrilinéarité initial fut, en Allemagne, nécessaire au développement du biais patriarcal par l'alphabétisation. Cette mise en contraste révèle, en effet, que le luthéranisme, laissé à ses seules ressources dogmatiques, n'aurait pas été capable de « patrilinéariser » un système familial. La confrontation avec le cas de la Russie, dont la structure familiale communautaire patrilinéaire était parfaite mais récente au milieu du XIXᵉ siècle, va nous permettre aussi d'évaluer correctement, par contraste, la puissance de l'antiféminisme allemand.

### Trajectoires suédoise et russe

L'alphabétisation de la Suède fut l'une des plus précoces et des plus rapides. Elle est aussi la mieux connue. Dès le XVIIᵉ siècle, l'Église luthérienne exigea dans ce pays la tenue de registres d'examen dans lesquels était évaluée la capacité de lire et de comprendre des textes religieux simples par les fidèles. La lecture doit être ici distinguée de l'écriture, technique qui ne fut acquise que plus tard par les paysans suédois.

Le registre de la communauté de Tuna pour les années 1688-1691 indique qu'à ces dates, chez les paroissiens de plus de 50 ans, 50 % des hommes et 33 % des femmes savaient lire, et chez les moins de 20 ans, 44 % des hommes et 41 % des femmes. On note une légère et temporaire régression chez les hommes, mais surtout une presque égalité des sexes atteinte très tôt. Egil Johansson précise par la suite qu'aux XVIII<sup>e</sup> et XIX<sup>e</sup> siècles, la capacité des femmes à lire a dépassé celle des hommes. En Suède, l'écart ouvert par l'alphabétisation entre les hommes et les femmes aura donc été de faible amplitude, inférieur à 20 %, et surtout extrêmement bref, ne couvrant guère plus d'une à deux décennies. Le féminisme de la Suède est décidément très ancien. Dans cette nation, l'Église n'était pas moins luthérienne qu'en Allemagne centrale, mais on n'observe aucun impact patrilinéaire de la Réforme. La forme familiale souche, stade 1 de la patrilinéarité, n'a probablement jamais été pleinement développée dans cette nation périphérique de l'Europe.

En Russie, l'alphabétisation s'est diffusée nettement plus tard qu'en Allemagne ou en Suède, les années décisives s'étalant entre 1880 et 1930. Le recensement de 1897, réalisé à l'époque tsariste, et celui de 1926, soviétique, moins fiable, nous permettent, en comparant les tranches d'âge, de suivre le processus d'ouverture puis de fermeture de l'écart d'alphabétisation entre hommes et femmes. L'amplitude n'est que de 13,5 % pour les sujets nés entre 1828 et 1837 (24,4 % d'alphabétisés pour les hommes, 10,9 % pour les femmes). Elle atteint 29,1 % pour ceux qui sont nés entre 1878 et 1887 (51,8 % pour les hommes, 22,7 % pour les femmes) selon le recensement de 1897[1], mais 47,1 % selon celui de 1926, qui semble surestimer le taux masculin (72,1 % pour les hommes, 25,0 % pour les femmes)[2]. Selon le même recensement de 1926 toutefois, l'écart entre hommes et femmes retombe déjà à 19,8 % pour les individus nés entre 1907 et 1912 (73,3 % pour les hommes, 53,5 % pour les femmes).

---

1. Recensement de 1897, Tableau III a.
2. Recensement de 1926, Livre 5, tableau 1.

En Russie, l'écart d'alphabétisation entre hommes et femmes évoque ceux de la France ou de l'Angleterre, mais il a été plus vite résorbé. Le paradoxe d'une Russie patrilinéaire mais relativement féministe se confirme. Le développement de l'éducation supérieure sous Gorbatchev et Poutine fera apparaître, comme dans le cas précédemment évoqué de l'Allemagne de Gerhard Schröder et d'Angela Merkel, mais dans un sens opposé, une continuité de longue durée.

Chapitre 6

# La grande transformation mentale européenne

Nous aurions tort de ne voir dans l'apprentissage de la lecture que l'acquisition d'une technique. On commence aujourd'hui à mesurer l'élargissement du fonctionnement cérébral induit par un usage intensif et précoce de la lecture[1]. Les enfants intelligents apprennent, certes, plus facilement à lire. Mais il est plus important pour la compréhension de l'histoire humaine de saisir que c'est surtout la lecture qui rend les enfants plus intelligents. Comme l'assimilation d'une langue étrangère, l'acquisition de la lecture est facile avant la puberté, difficile ensuite. On peut évoquer un cerveau modifié par l'alphabétisation, durant une phase cruciale du développement de l'organisme humain.

La lecture crée un homme nouveau. Elle change le rapport au monde. Elle permet une vie intérieure plus complexe et réalise une transformation de la personnalité, pour le meilleur et pour le pire. Dès le XIXᵉ siècle, il apparaissait aux fondateurs de la « statistique morale » qu'une élévation régulière des taux de suicide suivait avec une belle régularité celle des taux d'alphabétisation.

---

1. Felipe Pegado et *al.*, « Timing the Impact of Literacy on Visual Processing », *PNAS,* vol. 111, n° 49, novembre 2014.

David Riesman a donné dès 1950, dans *La Foule solitaire,* une belle description de la transformation psychique qui accompagne la pratique régulière de la lecture. Selon lui, celle-ci contribue à la transformation d'une personnalité de base traditionnelle, autrefois régulée par la coutume, en une personnalité nouvelle dirigée par un gyroscope intérieur.

« L'homme "dirigé de l'intérieur" [*inner-directed*] ouvert à la "raison" par la voie de l'imprimé, développe souvent une structure de la personnalité qui le contraint à travailler plus longtemps, avec moins de repos et de nonchalance qu'il aurait été auparavant considéré comme possible[1]. »

David Riesman évoque la lecture de la Bible par les protestants comme un phénomène central. L'exemple classique dans l'histoire occidentale est bien sûr la traduction de la Vulgate dans les langues parlées, traduction qui permit aux gens ordinaires de lire ce qui était auparavant réservé au prêtre. Il évoque ensuite les déséquilibres induits par cette lecture : « Les effets exagérés que j'ai à l'esprit sont ceux qui touchent les individus dont les tensions et les sentiments de culpabilité sont augmentés par la pression de l'imprimé[2]. »

Comme il est fréquent, c'est ici l'observation de l'histoire, plutôt que la « science » psychologique, qui nous permet le mieux de comprendre ce qu'est l'homme. Le décollage éducatif de l'Europe s'est, en effet, accompagné d'une transformation mentale globale et mesurable dans de multiples domaines : répression de la sexualité, repli de la violence privée, développement des manières

---

1. David Riesman, *The Lonely Crowd*, 1950, Londres, Yale University Press, 2001, p. 89-90 (traduction française, *La Foule solitaire*, Paris, Arthaud, 1964 et 1992).

2. *Ibid.*

de table et émergence d'une obsession de la sorcellerie nous permettent de dater des années 1550-1650 l'apparition en Europe occidentale et centrale d'un homme nouveau.

## *Le « modèle de mariage occidental », victoire tardive du rejet chrétien de la sexualité*

Pour saisir l'interaction entre apprentissage de la lecture et transformation mentale, partons du plus rigoureux et du plus facile à quantifier, l'évolution de longue durée d'un paramètre démographique. Vers 1930 encore, les cartes de l'alphabétisation et des âges élevés au mariage se superposent étrangement (cartes 5.1 p. 143 et 6.1 p. 161). Pour les femmes, l'âge moyen au mariage dépasse 26 ans dans un ensemble de pays centré sur le monde luthérien et/ou la famille-souche, entre Scandinavie et Suisse. Mais même dans les pays protestants où prédomine la famille nucléaire – Angleterre, Pays-Bas, Danemark –, l'âge au mariage des femmes dépasse 25 ans. Dans les pays catholiques d'Europe, il s'étage entre 25 ans pour l'Italie et 23 ans pour la France. Nous sommes ici, sauf dans le cas de la France peut-être, très au-dessus de l'âge au mariage originel d'*homo sapiens*, tel qu'on peut le mesurer par exemple dans les groupes de chasseurs-cueilleurs résiduels ou chez les paysans de la périphérie la plus lointaine de l'Eurasie. Aux Philippines, l'âge au mariage était de 22,1 ans pour les femmes chez les agriculteurs Tagalogs vers 1948, de 18,4 ans chez les chasseurs-cueilleurs Agta vers 1980, ainsi qu'on l'a vu au chapitre 2[1].

1. Voir *supra*, p. 106.

**Carte 6.1. L'âge au mariage des femmes en Europe vers 1930**

Âge moyen au premier mariage (calculé par la méthode de Hajnal à partir des proportions de célibataires à chaque âge)

23   24   25   26 ans

300 km

Sources : Emmanuel Todd, *La Diversité du monde, op. cit.*, p. 355.

John Hajnal a identifié, dès 1965, un modèle de mariage européen (*European marriage pattern*) unique par son caractère tardif et par l'importance du célibat définitif. L'Europe occidentale de Hajnal se distingue clairement sur ces points du reste du monde, Europe orientale comprise, puisque vers 1930, en Pologne, en Hongrie ou en Russie, pour ne citer que ces trois pays, le mariage était beaucoup plus précoce et le célibat très rare[1]. Selon Hajnal, le modèle européen se caractérisait par un âge au mariage des femmes supérieur à 23 ans, et plus souvent encore à 24, contre moins de 21 ans ailleurs. Les chiffres qu'il a tirés des études de démographie historique disponibles au début des années 1960 prouvent l'ancienneté du modèle. À Crulai, village normand où fut réalisée par Louis Henry l'étude fondatrice de la démographie historique moderne, l'âge au mariage était, entre 1674 et 1742, de 25,1 ans pour les femmes et de 26,6 ans pour les hommes. Dans un autre village de l'Île-de-France cité par Hajnal, il était à la même époque de 26,2 ans pour les femmes et de 27,4 pour les hommes. Nous sommes, dans ces deux cas, en pays de famille nucléaire égalitaire.

Pour cette autre région de famille nucléaire qu'est l'Angleterre, la monumentale histoire de la population anglaise de Tony Wrigley et Roger Schofield nous permet désormais de remonter un peu plus haut dans le temps. Dès les années 1640-1649, l'âge moyen au mariage était, dans douze communautés rurales anglaises, de 26 ans pour les femmes et de 28 ans pour les hommes[2].

Hajnal a daté l'apparition du modèle européen en utilisant les généalogies de familles du Württemberg, de Genève et de la noblesse anglaise. Sa conclusion est ferme mais prudente : le modèle de mariage européen n'existait pas au Moyen Âge central, mais devait être apparu entre le XIVe et le XVIIIe siècle. Nous pouvons aujourd'hui affiner cette conclusion. Le travail de Wrigley et Schofield ne nous permet pas de reculer au-delà des

---

1. John Hajnal, « European Marriage Patterns in Perspective », in David V. Glass et David E. C. Eversley, *Population in History. Essays in Historical Demography*, Londres, Edward Arnold, 1965, p. 101-143.
2. *The Population History of England, 1541-1871, op. cit.*, p. 255.

années 1640-1649 pour l'âge au mariage, mais il nous donne l'évolution plus ancienne d'une variable proche, le taux de célibat définitif. Or ces chercheurs observent une augmentation de 8 % à 24 % de la proportion d'individus jamais mariés, entre la génération née vers 1555 et celle née vers 1605[1].

Comme pour les autres variables que nous allons exa-miner, une mutation des comportements est donc sensible au regard du mariage, et de la sexualité, donc, entre 1550 et 1650.

Lorsqu'il a mis en évidence cet élément fondamental de l'histoire européenne, Hajnal a toutefois commis une triple erreur : il a placé résolument à l'ouest son modèle européen et a manqué ainsi deux facteurs explicatifs essentiels, la Réforme luthérienne et la famille-souche, c'est-à-dire, tout simplement, le cœur allemand de la révolution mentale. Il est vrai qu'en 1965, lorsque se fait jour l'hypothèse de Hajnal, l'Allemagne était vaincue et divisée. La perception de sa centralité géographique et historique n'allait plus de soi. On pensait en termes d'affrontement Est/Ouest. En 2017, dans une Union euro-péenne dominée par l'Allemagne réunifiée, un recentrage de l'hypothèse de Hajnal ne devrait pas être trop difficile à faire accepter...

Replaçons-nous dans une très longue durée, plus chré-tienne que braudélienne : le mariage tardif et le célibat de masse semblent avoir enfin réalisé, entre 1550 et 1650, en Europe, le vieux projet d'abstinence sexuelle élaboré plus d'un millénaire auparavant sur les bords de la Méditerranée par les pères de l'Église. Nos cartes nous indiquent que la Réforme luthérienne fut l'initiatrice du mouvement, et que les régions catholiques furent suivistes en la matière. La Contre-Réforme adopta, en effet, un

1. *Ibid.*, p. 260.

modèle de répression de la sexualité analogue mais légè-rement plus faible. Notons toutefois que, dans les régions de famille-souche demeurées catholiques – en Autriche, en Bavière, dans certains cantons suisses, en Italie du Nord-Est ou en Irlande –, le modèle de répression de la sexualité semble avoir atteint une puissance digne du modèle protestant.

## Les chemins de la discipline

L'élévation de l'âge au mariage, variable mentale centrale, n'a pas échappé à Robert Muchembled, puisqu'il a noté son élévation, en Artois, entre le XVIe siècle et 1650, de 20 jusqu'à 25 ans pour les femmes, de 24-25 jusqu'à 27 ans pour les hommes[1]. Le véritable sujet de Muchembled, cependant, est la mise sous contrôle de la violence privée : au XIIIe siècle, le taux d'homicide pouvait s'élever jusqu'à 100 pour 100 000 habitants, contre moins de 1 aujourd'hui dans la plupart des pays d'Europe de l'Ouest[2].

Ici encore, nous devons constater que c'est entre 1600 et 1650 qu'une première inflexion a fait chuter les taux d'homicide de moitié[3]. Au contraire de Hajnal, Muchembled ne manque pas complètement sa cible géographique, puisque la zone de départ de la mutation fut, selon lui, le nord protestant de l'Europe, pôle auquel il ajoute la France et les Pays-Bas catholiques.

1. Robert Muchembled, *Une histoire de la violence. De la fin du Moyen Âge à nos jours*, Paris, Seuil, 2008, et « Points Histoire » n° 463, 2012, p. 57.
2. *Ibid.*, p. 31.
3. *Ibid.*, p. 7.

« Le recul de la violence sanguinaire en Europe commence par le nord protestant – Scandinavie, Angleterre, Provinces-Unies –, mais aussi par la France et les Pays-Bas catholiques, avant de se généraliser à toute la partie occidentale du continent entre le XVIIe et le XIXe siècle. Comme le mouvement initial concerne des types d'États très différents, dont des pays peu centralisés, il ne saurait être expliqué en termes purement politiques de promotion de la monarchie absolue. Il n'est pas non plus spécifiquement protestant. Centrée sur la responsabilité et la culpabilité de l'individu au détriment de la loi de la honte et de l'honneur collectif, l'éthique qui le sous-tend se retrouve également dans la France catholique ou dans les Pays-Bas espagnols, marqués par une forme encore plus exigeante de catholicisme baroque[1]. »

Mais l'Allemagne n'est toujours pas là, effet déjà constaté d'un retard de la recherche historique sur ce pays.

Quoi qu'il en soit, la démographie historique et l'histoire quantitative de la violence confirment, en l'élargissant, l'intuition initiale de Norbert Elias (1897-1990), qui avait mis en évidence, dès 1939 dans *La Civilisation des mœurs*, une mutation d'ensemble des comportements occidentaux, allant de la sexualité aux manières de table[2].

L'évolution des conduites individuelles évoquées jusqu'ici peut apparaître aujourd'hui comme un progrès : c'est évident dans le cas de l'apprentissage de la lecture et de la réduction du niveau de violence, un peu moins sans doute dans celui de la hausse de l'âge

1. *Ibid.*, p. 49.
2. Norbert Elias, *La Civilisation des mœurs et la dynamique de l'Occident*, Paris, Calmann-Lévy, 1973 et 1975 (première édition allemande : *Über den Prozess der Zivilisation*, Basel, Verlag Haus zum Falken, 1939).

au mariage et de l'élévation du taux de célibat : l'abstinence sexuelle n'est plus aujourd'hui reconnue comme une valeur positive. Mais rappelons tout de même que mariage tardif et célibat constituèrent la première étape d'un contrôle de la fécondité qui favorisa une certaine capacité d'épargne, condition nécessaire du décollage commercial et industriel.

Je voudrais terminer cette évocation de la grande transformation mentale européenne par un élément qui souligne sa face noire et évoque la dimension irrationnelle de la Réforme protestante, et de sa sœur cadette, la Contre-Réforme catholique. Pierre Chaunu s'est moqué avec beaucoup de finesse des interprétations téléologiques de la mutation psychologique occidentale, trop facilement considérée comme une étape nécessaire de la marche vers le progrès. Chaunu avait en tête les interprétations « à la Max Weber », comme il disait, d'une rationalité protestante « cherchant » la voie du développement économique, par l'autorisation du prêt à intérêt notamment. Lisons-le :

> « Si les Églises de la Réforme suppriment prêtres et moines, ce n'est pas pour construire une cité laïque, mais par le désir un peu fou d'une promotion totale. Au nom du sacerdoce universel, tout le monde élevé dans une cité comme Genève qui ressemble, le célibat en moins, à un vaste couvent bénédictin où alternent prière et travail[1]. »

L'histoire nous révèle effectivement le coût psychique de cette transformation d'*homo sapiens*. Passons sur les haines religieuses, la montée des États absolutistes, grands et petits. Passons sur la recrudescence de la guerre qui a accompagné l'acquisition par l'État de son monopole de

---

1. Pierre Chaunu, *La Civilisation de l'Europe classique*, Paris, Arthaud, 1966, 2ᵉ édition 1984, p. 378.

la violence « légitime », puisque le prix à payer pour la pacification interne des conduites fut sans aucun doute possible une réorientation collective de la violence. Contentons-nous d'en mesurer les conséquences au niveau des individus et de leurs angoisses, de leurs familles et de leurs villages. Les années 1550-1650 furent aussi celles de la *grande chasse aux sorcières*, qui vit des centaines de communautés rurales, pilotées par des magistrats para-noïaques, mettre au bûcher des milliers de vieilles femmes soupçonnées de pactiser avec le diable et, partout sauf en Angleterre, de coucher avec ses incubes et succubes. La meilleure et la plus concise introduction à ce phénomène central de la « modernisation » mentale européenne reste sans doute celle de Hugh Trevor-Roper, même si les études régionales de Robert Mandrou (France), d'Alan Macfarlane (Essex) et de Robert Muchembled (Flandre) permettent d'affiner le tableau[1].

Trevor-Roper inventorie les accès de fièvre à l'échelle européenne. Tous les pays furent atteints mais, une fois de plus, la distribution géographique des poussées fébriles apparaît centrée sur l'Allemagne et ses marges, de Flandre, de Lorraine, de Franche-Comté, de Silésie, de Suède. Les pôles écossais et basque échappent à la zone considérée, mais dans l'une comme dans l'autre de ces deux régions, le type anthropologique dominant était la famille-souche, alors en cours d'émergence. Trevor-Roper ne note pas de différence significative entre régions catholiques et protestantes. Nous ne pouvons toutefois

---

1. Hugh Trevor-Roper, *The European Witch-Craze of the 16th and 17th Centuries,* Londres, Pelican Books, 1969 ; Robert Mandrou, *Magistrats et Sorciers en France au XVIIe siècle*, Paris, Plon, 1968 ; Alan Macfarlane, *Witchcraft in Tudor and Stuart England. A Regional and Comparative Study*, Abingdon-on-Thames, Routledge and Kegan Paul, 1970 ; Robert Muchembled, *Les Derniers Bûchers. Un village de Flandre et ses sorcières sous Louis XIV*, Paris, Ramsay, 1981.

échapper à cette double évidence complémentaire : les zones catholiques touchées sont le plus souvent proches des pôles d'émergence de la Réforme, et souvent caractérisées par la famille-souche.

L'invention de la primogéniture est aussi, on l'a vu, celle de la patrilinéarité, phénomène particulièrement net en Allemagne. Nous pouvons donc sans grand risque d'erreur associer la frénésie antiféminine de la chasse aux sorcières à la modification alors en cours des rapports entre hommes et femmes. Sur l'ensemble du continent, les couples se forment plus tardivement, dans une ambiance de négation du plaisir et de la chair. En Allemagne, le statut de la femme commence à chuter. À l'origine de la grande chasse aux sorcières, nous pouvons identifier un début d'émergence du principe patrilinéaire.

Admettons cependant que la Suède, où l'évolution vers la famille-souche fut incomplète, le Pays basque, où le type sera très fort mais bilatéral (on y désigne pour hériter l'aîné des enfants, garçon ou fille), et l'Angleterre, dont le type familial demeure nucléaire, dévient tous les trois fortement de cette interprétation de la chasse aux sorcières comme l'un des effets de la montée du principe patrilinéaire. L'histoire reste l'histoire, et n'est jamais simple ni univoque. Comment nier l'effet d'une diffusion autonome, d'une mode continentale de la mise au bûcher des vieilles femmes ?

### *Destruction du système de parenté indifférencié*

Nous disposons désormais de tous les éléments qui permettent de comprendre, mieux qu'à l'époque de Norbert Elias, la transformation de l'Occident. Je suis conscient de ce que l'acquis de la recherche historique des années 1960-1990 sur l'alphabétisation, l'âge au mariage, la violence ou la sorcellerie concerne trop la France ou la Grande-Bretagne, et pas suffisamment l'Allemagne.

Ce déficit d'information, pourtant, ne nous a pas empêchés de donner à l'Allemagne la place qui lui revient – avant l'Angleterre, avant la France – dans le décollage de l'Occident. Elle n'a certes pas été le point de départ de la révolution scientifique et politique du XVIIᵉ siècle, centrée sur l'Angleterre, mais elle en a établi le socle éducatif, l'alphabétisation de masse. Dynamiques familiales et religieuses se sont combinées en Allemagne pour élever le niveau d'éducation de toute la population, paysans compris. La dynamique médiévale aurait dû faire de l'Italie le lieu du décollage, mais la Contre-Réforme catholique, en traquant les lecteurs de textes religieux, *a priori* hérétiques, réussit l'exploit de mettre le pays de la Renaissance, celui de Léonard de Vinci et de Galilée, en état de stagnation éducative. L'évolution religieuse n'est toutefois sans doute pas la seule responsable : l'épanouissement d'un système familial communautaire et patrilinéaire particulièrement puissant en Italie centrale a probablement contribué au succès de la Contre-Réforme et au blocage culturel de l'Italie (*OSF*, p. 324-327).

Une telle représentation de l'histoire reconnaît la spécificité de l'Allemagne tout en refusant l'image d'une culture germanique immémoriale. La famille-souche patrilinéaire en émergence sépare l'Allemagne, par étapes, particulièrement à partir du XIVᵉ siècle, de la France du Nord et de l'Angleterre. Mais si nous remontons au-delà du XIᵉ siècle, nous voyons s'effacer la « spécificité allemande ». Ainsi qu'il a été dit plus haut, nous retrouvons alors une structure familiale nucléaire et un système de parenté indifférencié, bref, un *homo sapiens* à peine modifié par la christianisation. En ces temps reculés, l'Église luttait encore pour transformer l'exogamie tempérée en exogamie absolue.

L'étude de la grande transformation mentale des années 1550-1650 nous permet de comprendre à quel point l'action de la religion chrétienne a été lente et, jusqu'à l'accélération finale de la Réforme, partielle. L'abstinence sexuelle rêvée par saint Augustin et les pères orientaux de l'Église aura dû attendre le XVIᵉ siècle pour commencer à devenir une pratique sociale commune. Le protestantisme fut donc bien, comme il le prétendait, un retour au message chrétien original. Il a certes réalisé l'alphabétisation de masse qui mènera par la suite, à travers bien des vicissitudes, à sa propre destruction. Mais il a aussi sur ce point suivi et dépassé une religion mère, encore plus ancienne que le christianisme original, le judaïsme, en parvenant à « fabriquer » des paysans sachant lire et écrire. La Réforme fut, en ce sens éducatif étroit, particulièrement fidèle au message porté par les Juifs. Dans l'ensemble cependant, la grande transformation mentale a éloigné les chrétiens des Juifs, en réalisant pleinement le programme sexuel de l'Église et en détruisant le réseau de parenté qui encadrait la famille nucléaire indifférenciée.

Malgré le rêve biblique de primogéniture, les Juifs, européens ou orientaux, étaient restés proches, on l'a vu, du type familial nucléaire indifférencié. Le judaïsme avait certes innové, par son respect de la vie des enfants et des vieux, par son refus de toute sexualité inutile à la reproduction de l'espèce, l'homosexualité notamment. Mais il n'a jamais décrété la sexualité mauvaise en soi et il n'a jamais fait du célibat un idéal. Il est resté exogame mais de manière tempérée, ne s'effrayant pas de quelques mariages entre cousins lorsqu'ils apparaissaient nécessaires. Il a protégé, dans un environnement chrétien devenu hostile à la parenté, la solidarité du groupe des frères et sœurs hérité des chasseurs-cueilleurs, et, bien sûr, la proximité de leurs enfants et petits-enfants, cousins germains ou issus de germains.

## *Le vertige intérieur protestant contre la parenté*

Le premier christianisme, celui de l'Empire romain, mena une première attaque contre la sexualité et contre la parenté. Mais le programme de réorganisation de la vie sexuelle et familiale développé par saint Augustin dans *La Cité de Dieu* fut-il vraiment appliqué après les grandes invasions germaniques ? En partie, oui. La lutte contre le mariage entre cousins ne peut qu'avoir ébranlé le réseau de parenté qui encadrait la famille nucléaire. La répétition de l'interdit, jusqu'au début du XIIIᵉ siècle, fait toutefois douter de son efficacité. Sur un autre front, le célibat des prêtres dut affaiblir la dynamique naturelle du système de parenté. On peut évoquer à ce propos un vrai début d'inscription dans la vie sociale du projet métaphysique. Au Moyen Âge, l'Europe fut réellement couverte de couvents, peuplés de célibataires, virtuoses religieux selon le joli mot de Max Weber, virtuoses, en l'occurrence, de l'abstinence sexuelle. Les monastères n'étaient toutefois que des îlots expérimentaux, des refuges dans un monde livré au péché. Dans sa masse, la société du Moyen Âge restait proche du type originel d'*homo sapiens* : structurée par des liens de parenté bilatéraux, flexibles mais partout présents. Elle demeurait paillarde et violente.

On pourrait même croire que la Réforme protestante a reculé sur plusieurs fronts. Elle a rétabli le mariage des prêtres et vidé les monastères. Parce qu'elle s'appuyait sur la Bible, elle a autorisé à nouveau les unions consanguines. Mais en réalité, ainsi que l'avait si bien vu Pierre Chaunu, le protestantisme a surtout voulu cléricaliser les laïques. L'élévation de l'âge au mariage et l'augmentation du taux de célibat furent particulièrement spectaculaires sur les terres de la crise religieuse. Les taux de mariages entre cousins y sont encore plus faibles aujourd'hui qu'en pays catholique. Au lendemain de la Réforme, la mutation démographique nous garantit que l'abstinence n'est plus réservée à des virtuoses, mais permise à tous. Dans la terminologie la plus actuelle, on devrait sans doute évoquer une « Abstinence pour tous ».

Par son concept central de prédestination, qui distingue sévèrement les élus des damnés, par sa description du monde terrestre comme corrompu, le protestantisme est un augustinisme renouvelé. Il a fait aboutir le projet de transformation mentale présenté dans *La Cité de Dieu*.

La mutation protestante a détruit en profondeur le réseau de parenté indifférencié, ainsi que le démontre la vie contemporaine dans des pays aussi différents que l'Allemagne, l'Angleterre, la Suède ou les États-Unis. Elle fut une étape essentielle dans l'émergence en Europe de types familiaux nucléaires purs, et de types souches linéaires, désencombrés de l'association latérale de parents. Je dois toutefois admettre mon incapacité à analyser de façon vraiment satisfaisante le mécanisme psychique qui a mené à cette destruction du réseau de parenté.

La première chose qui vient à l'esprit est la notion protestante d'intériorité, ce rêve réformé de trouver au fond de soi-même le contact avec Dieu, avec un être qui vraisemblablement n'existe pas, et qui, s'il existe, est remarquable par son silence. Au fond de son âme, le protestant du XVIe ou du XVIIe siècle ne trouvera que lui-même, et l'incertitude sur le sens des choses. Que se passe-t-il alors dans l'esprit de celui qui pense l'homme absolument distinct de l'animal, qui ignore la notion d'inconscient, qui ne comprend pas le mécanisme du rêve ? En vérité, nous n'en savons rien.

L'histoire nous dit toutefois qu'une personnalité tout à fait étonnante est sortie de cette plongée intérieure, mêlant

213

anxiété, culpabilité, exigence, arrogance, une personnalité susceptible d'induire, dans la vie sociale concrète, un paradoxal *fatalisme actif*, capable de transformer le monde en s'appuyant sur l'idée d'insignifiance de l'homme. Que le lecteur, pour bien sentir le paradoxe, relise d'abord l'extrait du *Serf arbitre* de Luther cité plus haut : « Si donc Dieu a su de toute éternité ce que nous devions être, et s'il nous fait, nous meut et nous gouverne, comment s'imaginer qu'il existe en nous une liberté quelconque, ou que quelque chose puisse se produire autrement qu'il ne l'a prévu ? »

Qu'il tourne ensuite sa réflexion vers la vigueur des décollages économiques de l'Allemagne ou de la Suède, certes un peu plus tardifs que celui de l'Angleterre où le protestantisme s'était adouci et avait redécouvert la notion de libre-arbitre.

Le protestantisme demeure, pour ce qui concerne son effet sur le psychisme humain, un mystère. Mais ne pas comprendre pleinement un phénomène ou un mécanisme ne doit pas conduire à nier son existence. David Riesman, décrivant la transformation de la personnalité humaine par la lecture, n'avait pu qu'introduire le protestantisme et la lecture de la Bible dans son évocation. Ce que nous devons constater, et accepter comme un fait, c'est l'existence d'une personnalité de base protestante : tournée vers elle-même, prédisposée par sa morale, sexuelle ou non, à des sentiments de culpabilité, à une vie honnête et droite, une vie essentiellement active, tournée vers l'étude et le travail.

Cette plongée intérieure suffit-elle à expliquer la volatilisation du groupe des frères, des sœurs et des cousins dans le monde mental protestant ? Probablement. Mais il serait imprudent de s'en tenir à une interprétation « individualisante » trop simple. La vie concrète des communautés protestantes, du XVIIᵉ au XIXᵉ siècle au moins, fait aussi apparaître un incroyable renforcement du groupe local et de sa capacité à contrôler la vie des individus. La Réforme aboutit à une surveillance des mœurs renforcée, phénomène évident dans les communautés puritaines de Nouvelle-Angleterre et bien étudié dans certains villages anglais du XVIIᵉ siècle, mais qui eut certainement ses contreparties dans les paroisses luthériennes d'Allemagne, moins bien étudiées[1]. Les registres précédemment utilisés pour dater l'alphabétisation de la Suède évoquent aussi un précoce et puissant encadrement des individus. J'ai eu l'occasion de travailler sur d'impressionnants registres suédois du début du XIXᵉ siècle dans lesquels le pasteur notait les départs et les installations d'habitants dans sa paroisse. C'était au début des années 1970, à l'époque de la toute-puissance du parti social-démocrate, et je me disais : les socialistes français vont vraiment avoir du mal à imiter un modèle d'intégration collective qui vient de si loin…

## L'État militaire protestant et les premiers nationalismes

Le vertige intérieur protestant a mené, nous le constatons, à de nouvelles formes d'intégration communautaire, qui se sont substituées à un réseau de parenté détruit. Le premier monde protestant n'a pas consisté en une simple juxtaposition de vies intérieures : à partir du XVIIᵉ siècle, l'Europe protestante a révélé soudainement une formidable capacité d'action collective, avec la montée en

1. Keith Wrightson et David Levine, *Poverty and Piety in an English Village. Terling 1525-1700*, New York, Academic Press, 1979, voir notamment le chapitre V, « Conflict and Control : the Villagers and the Courts ».

puissance des États militaires prussiens, suédois ou hessois, et les nationalismes néerlandais ou anglais.

Sur le continent européen, dans les pays protestants de famille-souche, les cadets furent les instruments d'une véritable militarisation de la société. Comparons les niveaux de recrutement militaire de la Suède, de la Prusse et de la Hesse à celui de la France de Louis XIV, très guerrière mais redevenue catholique homogène après la révocation de l'édit de Nantes en 1685. Le personnel des armées du roi Soleil représentait, vers 1710, point haut de la militarisation de l'Ancien Régime, 1,5 % de la population. En Prusse, pays dont le « militarisme » est devenu un lieu commun historique, le taux a atteint 3,7 % en 1740 et 7,1 % en 1760, soit 2 à 5 fois plus que la France. On sait moins souvent que la Suède fit mieux, et plus tôt, avec 4 % dès la fin du XVIIᵉ siècle et 7,7 % dès 1709[1]. La Suède, « marteau de l'Europe », fut au XVIIᵉ siècle, malgré sa minuscule population, une grande puissance militaire, non seulement sur les rivages de la Baltique mais aussi, durant la guerre de Trente Ans, dans tout le Saint Empire romain germanique. La Prusse devint au XVIIIᵉ siècle un État européen majeur, statut définitivement établi par la guerre de Sept Ans. Dans le cas de ces deux pays protestants du Nord, nous avons affaire à une militarisation dont le but était la grandeur nationale.

Il a toutefois existé aussi, dans certains petits États protestants, une militarisation mercenaire dont le but, plus modeste, était de remplir les caisses. L'un des cas les mieux étudiés à ce jour est celui de la Hesse, dont les soldats constituèrent le gros des effectifs anglais durant la guerre d'indépendance américaine. Le taux de militarisa-

1. Pour tous ces chiffres, voir André Corvisier, *Armées et sociétés en Europe de 1494 à 1789*, Paris, PUF, 1976, p. 126.

tion de ce tout petit État avait atteint 7,7 % en 1782[1]. Peter Taylor a merveilleusement analysé l'interaction entre son système familial, souche, et l'enrôlement automatique des fils qui n'héritaient pas[2].

En Angleterre, pays de famille nucléaire absolue et de tempérament libéral, l'État militaire n'a pas absorbé le besoin de collectif né de la nouvelle intériorité protestante. Le taux de militarisation de la Grande-Bretagne resta infime. De 0,2 % en 1698, dix ans après la Glorious Revolution de 1688, il atteignit 1 % en 1710, pour retomber à 0,3 % en 1783. La monarchie parlementaire, qui gardait le souvenir de la prise du pouvoir par la New Model Army de Cromwell durant la première révolution, a soigneusement évité sa propre militarisation, terrestre du moins. La puissance de la marine, elle, ne présentait pas de risque politique intérieur. Le protestantisme a, cependant, produit aussi une intégration collective d'un genre nouveau outre-Manche : le sentiment national moderne, dont l'expression religieuse archaïque n'est, dans son cas, qu'apparence. Tout peuple calviniste, lecteur de la Bible, se prend, à un moment ou à un autre, pour un nouvel Israël, un peuple élu de Dieu. Ce sentiment avait envahi l'Angleterre de Cromwell durant la première révolution (1642-1651), dont les libéraux actuels ont un peu de mal à accepter l'importance historique, s'accrochant à l'idée que la modernité a commencé, pour l'Angleterre et pour le monde, en 1688. Ils n'ont pas tort s'il s'agit de fixer comme point zéro le modèle achevé de la matrice politique et économique libérale. Mais quand même, durant

1. Peter K. Taylor, *Indentured to Liberty. Peasant Life and the Hessian Military State*, Ithaca/New York, Cornell University Press, 1994, p. 87.
2. *Ibid.*, chapitre 3, « Military Taxation, Recruitment Policy and the Ideology of "Das Ganze Haus" [la maison indivise] ».

la première révolution, le Parlement décapita un roi, il abolit ce qui restait des droits communautaires villageois et engagea la nation dans un protectionnisme économique agressif, réservant son commerce à ses propres navires.

La formulation religieuse de la révolution puritaine ne doit pas nous cacher la nouveauté du sentiment national anglais. Les Français se trompent lourdement lorsqu'ils s'imaginent avoir inventé, en 1789, le concept moderne de Nation. Ainsi que l'a bien vu Liah Greenfeld, un nationalisme sans faille a accompagné le décollage économique de l'Angleterre protestante, au point que celle-ci considère ce nationalisme libéral comme le véritable esprit du capitalisme[1]. Qui connaît un peu l'histoire anglaise des XVII$^e$ et XVIII$^e$ siècles aura quelque mal à la contredire.

On pourrait sans doute analyser dans les mêmes termes le sentiment national néerlandais des années 1570-1700.

L'effet de la Contre-Réforme catholique sur le réseau de parenté indifférencié, et, en conséquence, sur d'éventuels sentiments collectifs de substitution, reste, au stade actuel de la recherche, mystérieux. La transformation des mœurs par le catholicisme tardif, devenu sombre et dominateur de l'individu, ne fait aucun doute, particulièrement, on l'a vu, dans les régions de famille-souche qui jouxtent le monde protestant : l'âge au mariage s'y est élevé presque autant que dans le monde de Luther. Mais le catholicisme s'est aussi redéfini contre l'homme intérieur protestant, il a exigé toujours plus de confession et d'absolution. On peut donc douter que l'Église de Rome et ses prêtres aient eu autant de succès que la Réforme dans l'affaiblissement des liens de parenté. La très catholique Irlande, jusqu'au milieu du XIX$^e$ siècle, et son homologue polonaise, jusqu'au milieu du XX$^e$,

---

1. Liah Greenfeld, *The Spirit of Capitalism. Nationalism and Economic Growth*, Cambridge, Harvard University Press, 2001.

restèrent caractérisées par un système anthropologique archaïque combinant famille nucléaire et encadrement par un système de parenté indifférencié.

Reste que la famille nucléaire égalitaire du Bassin parisien, en pays resté catholique, était bien, dès le XVIII<sup>e</sup> siècle, un type pur, libéré de la parenté. La voie protestante vers une nucléarité complète de la famille n'a donc pas été la seule. Dans le cas de la France du Nord, nous pouvons imaginer un catholicisme qui n'a jamais cessé de vivre, à partir du XVII<sup>e</sup> siècle, au contact et à l'ombre du protestantisme de l'Europe du Nord, en somme le plus protestant des catholicismes. Il fut même capable de faire avec le jansénisme sa propre crise augustinienne, avant de se désintégrer vers 1730-1750, comme on le verra au chapitre 8.

## Vers le décollage économique

Famille-souche, protestantisme, alphabétisation, désagrégation de la parenté : combinées, ces quatre dimensions de la modernité sont plutôt inhabituelles. Le décollage de l'Europe prend ici pour nous la forme d'une transformation anthropologique plutôt qu'industrielle. Nous n'avons évidemment plus affaire seulement à *homo oeconomicus*. Une telle approche, je le répète, ne signifie pas que l'économie n'existe pas, ni même qu'elle pèserait moins. L'homme doit assurer sa subsistance et l'histoire de longue durée révèle aussi une élévation tendancielle de sa maîtrise technique du monde. Mais l'examen empirique des faits nous révèle qu'une transformation anthropologique a précédé le décollage économique, puisque la révolution industrielle n'a commencé en Angleterre qu'à partir de 1770 ou 1780 selon l'indicateur choisi. Au chapitre qui suit, j'élargirai la perspective et présenterai, pour l'ensemble du monde, le développement économique comme une conséquence de la hausse du niveau éducatif. La transition démographique – essentiellement le contrôle de la fécondité – n'apparaîtra pas du tout déterminée par l'économie mais comme la conséquence de l'alphabétisation et d'une autre crise religieuse, la perte de la foi.

Trouver dans la famille et dans la religion, en coévolution, les origines lointaines du décollage économique ne fait pas de l'homme le jouet de passions irrationnelles, en opposition avec la rationalité postulée d'*homo oeconomicus* : structures familiales et systèmes religieux ont leurs logiques internes.

On ne peut même pas dire que notre interprétation nous éloigne de la notion d'individu puisqu'il est évident que l'alphabétisation, si elle ne crée pas l'individu (celui dont la sociologie historique courante exige l'apparition à une date quelconque), elle le transforme, l'engage dans un processus d'intériorisation et le rend plus intelligent. Mais parler de famille et de religion nous oblige à penser simultanément les besoins individuels et les besoins collectifs d'*homo sapiens*. Cette perspective complémentariste nous permet ici de déceler des mécanismes d'équilibre dont la rigueur est égale à celle des marchés de la théorie économique, et dont le réalisme empirique est infiniment supérieur. Ainsi, l'implosion du réseau de parenté indifférencié conduit-elle à une intensification de l'intégration communautaire religieuse ou nationale. Quant au surplus protestant d'intériorité, il trouve sa compensation dans une emprise plus grande de la communauté locale et de l'État sur l'individu.

*Un problème historique à résoudre :*
*le taux de famille-souche (ou la structure familiale*
*comme variable continue)*

Si nous voulons décrire correctement l'histoire, nous ne pouvons plus nous contenter d'une conception statique des types familiaux. Observant ainsi la famille-souche en Europe, nous l'avons vue apparaître dans les dynasties françaises et normandes au XIe siècle, pour toucher ensuite l'aristocratie de l'espace carolingien, puis se diffuser verticalement vers le bas de la société, et horizontalement par diffusion géographique à partir de pôles, Toulouse dans le cas de l'Occitanie, et de pôles non définis à ce jour en Allemagne. Les recherches d'Akira Hayami et de son école montrent qu'une histoire analogue de la famille-souche pourrait être écrite pour le Japon[1]. La diffusion verticale n'y part pas du sommet théorique de la société, puisque la primogéniture ne fut adoptée par la famille impériale qu'au terme du processus de diffusion, lors de la révolution de Meiji, apothéose de la progression du concept souche commencée à la fin du XIIIe ou au début du XIVe siècle chez les nobles du Kanto, la région de Tokyo.

En première approche, la notion de *type familial* suggère une variable discontinue, elle permet une segmentation qualitative simple définissant des territoires et permettant la cartographie. On pourra ainsi représenter sur une carte d'Europe ou d'Asie les régions occupées par la famille-souche, la famille communautaire, tel ou tel type de famille nucléaire. Une telle représentation est suffisante si l'on se place, du point de vue temporel, au terme du processus de différenciation et de diffusion, au

---

1. Akira Hayami, « The Myth of Primogeniture and Impartible Inheritance in Tokugawa Japan », *op. cit.*, p. 3-29.

XIX<sup>e</sup> siècle dans les cas de la France du Sud, de l'Allemagne ou du Japon. L'Occitanie est alors indubitablement souche, tout comme l'Allemagne et le Japon : le concept a atteint dans ces régions le stade d'une norme collective bien définie dans l'esprit de tous : la primogéniture et la corésidence du fils aîné sont appliquées chaque fois que c'est possible dans la paysannerie moyenne, qu'elle soit propriétaire ou pourvue de tenures féodales stables. Cette cartographie une fois réalisée sur le plan anthropologique, nous pouvons passer au niveau idéologique, et constater que la démocratisation politique du XX<sup>e</sup> siècle a révélé l'adhésion des paysanneries « souches » et de leurs sociétés aux valeurs d'autorité et d'inégalité. Ethnocentrisme et attachement à l'État y fleurissent comme naturellement.

Pour autant, serait-il raisonnable de mettre en typologie et de cartographier ainsi pour les XV<sup>e</sup>, XVI<sup>e</sup>, XVII<sup>e</sup>, ou XVIII<sup>e</sup> siècles ? Nous savons que le concept souche progressait alors, en étendue sociale et géographique, et en intensité de la norme là où elle était appliquée. Mais nous devons admettre que le *type familial*, concept qualitatif, discontinu au sens mathématique, ne suffit pas à la description de cette réalité historique plus lointaine. Si les données le permettaient, nous devrions traiter la famille-souche comme n'importe quelle variable quantitative continue – c'est-à-dire comme l'alphabétisation, comme la fécondité, la proportion de protestants, la pratique religieuse, le vote pour la démocratie-chrétienne, la social-démocratie ou le parti national-socialiste –, c'est-à-dire affecter à chaque pays ou à chaque région qui le compose, pour chaque date, *un taux de famille-souche*. Imaginons, sans pouvoir le justifier rigoureusement, une Occitanie ou une Allemagne souche à 40 % vers 1500, à 60 % vers 1800, à 80 % vers 1870, moment de la stabilisation ou de l'établissement du suffrage universel. Ce taux tiendrait compte de l'extension sociale et géographique du modèle familial, ainsi que de l'intensité des normes de primogéniture et de corésidence. La mise en coïncidence avec les autres variables – éducatives, religieuses, idéologiques – deviendrait beaucoup plus précise. Nous échapperions au dilemme d'une famille-souche dont nous devons décider – sujet abordé au chapitre 7 – si elle fut surtout productrice de dynamisme ou de rigidité sociale. Nous pourrions affirmer qu'elle tombe du côté du dynamisme lorsqu'elle est à 40 % ou 50 %, et de la rigidité lorsqu'elle atteint ou dépasse 75 %. Le dynamisme de l'Allemagne du XVIᵉ siècle et la rigidité de l'Allemagne du début du XIXᵉ siècle deviendraient alors largement explicables.

L'évolution des types familiaux se poursuit souvent, à l'échelle planétaire, notamment au cœur de l'Eurasie, au-delà du type souche. Lorsque la famille communautaire finit par remplacer la famille-souche, en Chine, au Vietnam ou en Inde du Nord, nous pourrions, de la même manière, concevoir un taux de valeurs souches résiduelles, même si nous sommes dans l'incapacité de le calculer en pratique. Nous devinons cependant que la trace d'aînesse, et donc le taux souche résiduel, serait plus élevée au Vietnam ou en Chine du Sud qu'en Chine du Nord ou en Inde du Nord.

L'impossibilité pratique où nous sommes de définir rigoureusement un taux de famille-souche – ou de famille communautaire, ou de nucléarité pure – ne doit pas nous conduire à une erreur logique : nous enfermer dans une typologie rigide, et décréter que tout raisonnement autre que dichotomique n'a pas de sens. Inversement, nous devons être conscients, lorsque nous lisons des réflexions historiques, de ce que beaucoup de séries statistiques, économiques notamment, sont utilisées parce qu'elles existent, et non parce qu'elles sont essentielles à la compréhension de l'histoire. Des variables intrinsèquement plus importantes sont négligées parce qu'elles sont difficiles ou impossibles à calculer.

## Chapitre 7

# Décollage éducatif et développement économique

Avec le triomphe du concept de globalisation, nous avons vécu, entre 1980 et 2010, l'accession au pouvoir d'une vision économiste de l'histoire. Les statistiques de la Banque mondiale et de l'OCDE s'intéressent, certes, de plus en plus au taux d'alphabétisation et à la proportion d'individus qui atteignent le stade des études primaires, secondaires ou supérieures (« tertiaires », selon la nomenclature la plus récente). Mais, dans les modèles qui dominent la pensée des acteurs de la globalisation, c'est l'économie qui détermine. La recherche d'une meilleure rémunération par les familles et les individus doit expliquer le développement d'une éducation de plus en plus poussée. Un bon niveau éducatif de la population devient une arme décisive dans la compétition économique entre les pays.

Pourtant, ce que montre l'étude du décollage européen, c'est que la hausse du niveau éducatif fut bien antérieure à la révolution industrielle et à l'épanouissement du capitalisme et, surtout, que la motivation première de l'apprentissage de la lecture ne fut pas économique : en Europe du Nord et du Nord-Ouest, on a appris à lire pour communiquer avec Dieu.

Le plus simple, pour démontrer l'antériorité du décollage éducatif, est de le confronter aux dates de décollage économique (*take-off*), définies par William

**Tableau 7.1. Alphabétisation, chute de la fécondité et décollage économique**

| | A | B | C | D | | | |
|---|---|---|---|---|---|---|---|
| | Alphabé-tisation hommes | Alphabé-tisation femmes | Chute de la fécondité | Take-off | D–A | B–A | C–B |
| Allemagne protestante | 1670 | 1820 | 1895 | | | 150 | 75 |
| Suède | 1670 | 1690 | 1880 | 1870 | 200 | 20 | 190 |
| Grande-Bretagne | 1700 | 1835 | 1890 | 1780 | 80 | 135 | 55 |
| États-Unis | (1700) | (1835) | 1870 | 1840 | 140 | 135 | 35 |
| Canada anglophone | (1700) | (1835) | 1870 | 1895 | 195 | 135 | 25 |
| Australie | | | 1870 | 1900 | | | |
| Allemagne globale | 1725 | 1830 | 1895 | 1840 | 115 | 105 | 70 |
| France | 1830 | 1860 | 1780 | 1830 | 0 | 30 | – 80 |
| Italie | 1862 | 1882 | 1905 | 1900 | 38 | 20 | 23 |
| Québec | 1863 | 1863 | 1905 | | | | |
| Japon | 1870 | 1900 | 1920 | 1885 | 15 | 30 | 20 |
| Argentine | 1890 | 1905 | 1910 | 1930 | 40 | 15 | 5 |
| Corée du Sud | 1895 | 1940 | 1960 | 1960 | 65 | 45 | 20 |
| Russie | 1900 | 1920 | 1928 | 1890 | – 10 | 20 | 8 |
| Mexique | 1910 | 1930 | 1975 | 1950 | 40 | 20 | 45 |

| | | | | | | | |
|---|---|---|---|---|---|---|---|
| Thaïlande | 1914 | 1943 | 1965 | 1960 | 46 | 29 | 22 |
| Brésil | 1915 | 1945 | 1965 | 1930 | 15 | 30 | 20 |
| Turquie | 1932 | 1969 | 1950 | 1930 | − 2 | 37 | − 19 |
| Taiwan | 1940 | 1950 | 1958 | 1955 | 15 | 10 | 8 |
| Chine | 1942 | 1963 | 1970 | 1955 | 13 | 21 | 7 |
| Iran | 1964 | 1981 | 1985 | 1960 | − 4 | 17 | 4 |
| Inde | 1975 | 2005 | 1970 | 1955 | − 20 | 30 | − 35 |

W. Rostow, dès 1960, dans *Les Étapes de la croissance
économique*[1], puis affinées dans l'édition de 1990 du même
livre. Le tableau 7.1 présente pour chacun des pays de son
échantillon – qui inclut 80 % de la population mondiale –
la *date de décollage économique* proposée par Rostow,
fortement dépendante du taux d'investissement industriel,
et la *date du décollage éducatif*, définie ici par le franchissement d'un seuil d'alphabétisation de 50 % pour les
hommes et les femmes de 20-24 ans. Dans mon esprit, je
le précise, éducation et industrialisation, décalées dans le
temps, ne s'opposent pas et ont toutes deux contribué à
l'entrée dans notre modernité. Pour composer un tableau
plus complet du décollage des sociétés humaines, j'ai
ajouté une colonne indiquant *la date à laquelle la fécondité
des femmes a commencé de baisser*, moment fondamental
de la transition démographique[2]. Le contrôle des naissances
aussi est un élément essentiel de notre modernité.

1. William W. Rostow, *The Stages of Economic Growth, op. cit.*
2. Sans pour autant marquer son début, puisque la transition démographique est le plus souvent précédée d'une baisse de la mortalité.

Pour les pays les plus anciennement alphabétisés, j'utilise des études historiques. Dans l'incertitude, j'ai affecté aux États-Unis et au Canada anglophone les taux d'alphabétisation de l'Angleterre, matrice commune des sociétés anglophones. Ce choix tient cependant compte du travail de Kenneth Lockridge sur l'Amérique coloniale. Les chiffres les plus incertains concernent toutefois l'Allemagne, puisque les mesures pour les trois groupes de communautés contenues dans l'étude de Hans Bödeker permettent seulement de constater que l'alphabétisation a déjà souvent été réalisée à près de 90 % pour les hommes dans les communes protestantes vers 1780, et pas davantage. L'évaluation que je propose intègre le retard catholique, sur la base d'une Allemagne incluant deux tiers de protestants et un tiers de catholiques. La prise en compte des germanophones catholiques de l'Empire autrichien aurait évidemment retardé l'atteinte du taux de 50 %. La prise en compte des seuls protestants aurait situé l'Allemagne à proximité de la Suède ou de l'Angleterre, laissant peut-être apparaître une plus grande précocité qu'elles, puisqu'elle fut le point de départ de la Réforme. Mais les chiffres contenus dans l'étude de Hans Bödeker révèlent l'existence de quelques groupes protestants peu avancés en Westphalie. L'Allemagne était à l'époque beaucoup plus vaste et variée que la Suède ou l'Angleterre.

Dans le cas du Japon, je pars de l'alphabétisation des conscrits en 1899, donnée par Richard Rubinger pour toutes les régions, puis je rétrogresse en supposant une alphabétisation rapide de rattrapage dans les années antérieures, semblable à celle de la France du Sud au XIXe siècle. Dans les cas de la Suède, de la France et de l'Angleterre, pays pionniers dans l'étude historique de l'alphabétisation, je me contente de suivre les auteurs cités. J'ai affecté aux États-Unis les mêmes dates qu'à l'Angleterre : le niveau d'alphabétisation de la Nouvelle-Angleterre devait être, vers 1700, supérieur à la moyenne anglaise, comme peut-être celui de New York et de la Pennsylvanie, mais ceux des futurs États situés plus au sud, esclavagistes et épiscopaliens, c'est-à-dire anglicans, devaient être suffisamment inférieurs pour ramener l'ensemble à la moyenne anglaise.

Sources :

Hans Bödeker et *al.*, *Alphabetisierung und Literalisierung in Deutschland in der Frühen Neuzeit*, Tübingen, Max Niemeyer Verlag, 1999.

David Cressy, *Literacy and the Social Order. Reading and Writing in Tudor and Stuart England*, Cambridge, Cambridge University Press, 1980.

François Furet et Jacques Ozouf, (dir.), *Lire et Écrire. L'alphabétisation des Français de Calvin à Jules Ferry*, 2 vol., Paris, Éditions de Minuit, 1977.

Harvey Graff et *al.*, *Understanding Literacy in its Historical Contexts. Socio-cultural History and the Legacy of Egil Johansson*, Lund (Suède), Nordic Academic Press, 2003.

Egil Johansson, « The History of Literacy in Sweden in comparison with Some Other Countries », *Educational Reports*, n° 12, 1977.

Kenneth Lockridge, « Literacy in Early America 1600-1800 », in Harvey J. Graff et *al.*, *Literacy and Social Development in the West*, Cambridge, Cambridge University Press, 1981, p. 183-200 et *Literacy in Colonial New England*, New York, Norton, 1974.

Richard Rubinger, *Popular Literacy in Early Modern Japan*, Honolulu, University of Hawai'i Press, 2007.

Pour les pays d'alphabétisation récente, je reprends les données déjà présentées dans Youssef Courbage et Emmanuel Todd, *Le Rendez-vous des civilisations*, Paris, Seuil, 2007, tableau p. 16-17, où l'on trouvera également les dates de chute de la fécondité. Pour la chute de fécondité dans les pays d'alphabétisation ancienne, voir Jean-Claude Chesnais, *La Transition démographique*, Paris, INED/PUF, 1986. Pour la chute de fécondité américaine, dont la date est controversée, je suis J. David Hacker, dont l'étude la plus récente résume les controverses : « Rethinking the "Early" Decline of Marital Fertility in the United States », *Demography,* vol. 40, n° 4, novembre 2003, p. 605-620.

Pour les dates de décollage économique, je reprends les données du diagramme p. xviii, contenu dans la nouvelle préface de William W. Rostow, *The Stages of Economic Growth*, Cambridge, Cambridge University Press, 1960 (nouvelle édition 1990).

La notion de seuil de développement économique, éducatif ou démographique, qui mène à la définition de dates critiques dans chacun de ces trois domaines, nous permet d'échapper à l'aplatissement temporel opéré par un calcul de corrélation entre variables pour une date unique, qui n'autorise pas l'appréhension immédiate de la causalité mise en évidence. Je donne pour l'Allemagne des dates globales qui correspondent à la séquence initiale de Rostow, mais j'ai ajouté une ligne spécifique pour l'Allemagne protestante. J'ai également consacré une ligne du tableau aux dates de décollage culturel du Québec, très en retard sur le Canada anglophone, parce qu'elles illustrent de façon particulièrement spectaculaire la force du déterminisme religieux, puissance de retardement dans le cas du catholicisme contre-réformé.

Une corrélation est maximale si sa valeur absolue atteint 1, minimale lorsqu'elle est de zéro. Notre tableau nous indique que le coefficient de corrélation entre date de franchissement du seuil d'alphabétisation de 50 % pour les hommes et date de franchissement de ce même seuil pour les femmes est de +0,94. Nous pouvons également constater que l'alphabétisation des hommes précède celle des femmes de 43 ans en moyenne. L'analyse de corrélation n'écrase pas ici le temps et nous permet de définir une séquence historique.

La corrélation entre *date du franchissement du seuil d'alphabétisation de 50 % pour les femmes* et *début de la baisse de la fécondité* est +0,67. La relation est substantielle mais moins forte. Parce que l'alphabétisation des femmes précède la baisse de la fécondité de 30 ans en moyenne, et celle des hommes de 73 ans, nous pouvons affirmer que l'alphabétisation est l'une des causes majeures de la baisse de fécondité.

230

Tournons-nous maintenant vers l'interaction éducation/économie.

La corrélation entre la *date du franchissement du seuil de 50 % d'hommes alphabétisés* et la *date du take-off industriel* définie par Rostow est de +0,86. Nos données nous permettent d'ajouter que l'alphabétisation précède nettement l'industrialisation : le temps moyen s'écoulant entre franchissement du seuil d'alphabétisation et take-off industriel est de 44 ans. L'alphabétisation est bien un facteur majeur du décollage économique, clairement le plus important compte tenu du niveau élevé de la corrélation.

Il serait toutefois absurde de substituer au réduction-nisme économique marxo-libéral un nouveau réduc-tionnisme, éducatif cette fois. L'examen des XVIᵉ et XVIIᵉ siècles anglais ne révèle pas seulement à nos yeux, à la veille de la révolution industrielle, une population qui apprend à lire et écrire : nous y observons aussi un développement agricole, commercial, urbain, financier, littéraire, scientifique, maritime, politique enfin, avec deux révolutions et l'émergence d'une monarchie tempé-rée. Un système politique représentatif (censitaire) et un droit de propriété absolu deviennent, avant même le décol-lage industriel, des éléments fondamentaux du système social britannique, ainsi que le rappellent aujourd'hui des auteurs comme Daron Acemoglu et James A. Robinson[1].

Nous devons cependant bien comprendre que la capa-cité de lire et d'écrire définit, à des degrés divers, l'effica-cité de tous les éléments de développement qui viennent d'être mentionnés. L'alphabétisation irrigue l'ensemble du mouvement intellectuel, social, politique et économique. La révolution scientifique du XVIIᵉ siècle, dont l'Angle-terre, avec Newton, fut le cœur, ne peut se concevoir

---

1. *Why Nations Fail, op. cit.*

hors d'un bain social et culturel largement alphabétisé, incluant les artisans capables de fabriquer les instruments d'observation et de mesure dont le chercheur avait besoin. C'est la raison pour laquelle l'alphabétisation est un si bon « prédicteur » du dynamisme économique, sans lequel on ne peut comprendre le passé ou le présent, sans lequel on ne peut prévoir l'avenir.

La mesure des progrès éducatifs d'une société est un formidable instrument de prospective, en 1980 ou en 2017 autant qu'en 1700. Le monde de la globalisation s'est émerveillé, entre 1990 et 2000, de la croissance économique des pays « émergents ». Mais, vers 1980, un coup d'œil aux taux d'alphabétisation des années 1950-1980 permettait de prédire l'émergence de la Chine, de la Thaïlande, de l'Indonésie, du Brésil, de l'Inde, et en vérité de l'ensemble ce que l'on appelait jusqu'à très récemment le tiers-monde[1]. La globalisation éducative a, en quelque sorte, précédé la globalisation économique et l'a rendue possible. Elle fut et reste beaucoup plus fondamentale que la généralisation du libre-échange ou de la liberté de circulation du capital établie par des décisions politiques entre 1945 et 1980. C'est ainsi que les masses asiatiques, sud-américaines, et aujourd'hui africaines n'ont pu être mises au travail par le capital occidental qu'une fois alphabétisées. Auparavant, elles n'étaient pas exploitables de la même manière. Nous verrons plus loin comment, en 2017, le mouvement éducatif des sociétés les plus avancées, sans déterminer l'avenir, permet de le « cadrer » dans un ensemble limité de futurs vraisemblables. Nous verrons aussi qu'aucune dynamique institutionnelle ne peut se passer du progrès éducatif et d'une morale d'origine religieuse, ce que ne parviennent

---

1. C'est ce que j'ai fait dans *L'Enfance du monde. Structures familiales et développement*, publié en 1984 au Seuil.

pas à saisir les interprétations purement institutionnelles de l'histoire économique comme celle d'A. Acemoglu et J. A. Robinson.

## Pourquoi l'Angleterre plutôt que l'Allemagne ?

La Grande-Bretagne a atteint le seuil d'alphabétisation masculine de 50 % vers 1700, et elle a décollé économiquement, selon les critères de Rostow, vers 1780. Le reste du monde protestant – américain, allemand et scandinave – a radicalisé ce modèle d'une alphabétisation de masse précédant largement la révolution industrielle : le temps écoulé entre franchissements des seuils éducatifs et industriels fut de 80 années en Grande-Bretagne, de 115 en Allemagne, de 140 aux États-Unis et de 200 en Suède.

Tous les pays alphabétisés par la Réforme n'ont donc pas, comme l'Angleterre, spontanément et automatiquement décollé. Dans le cas de l'Allemagne du centre et du nord, plus tôt et mieux alphabétisée, on pourrait même soutenir qu'elle a, un certain temps, résisté au bouleversement par l'industrie. Marx ironisait en 1846 sur son retard dans *L'Idéologie allemande*. Elle a ensuite, comme la Suède, fait un décollage accéléré conduisant à un dépassement de la Grande-Bretagne dès le début du XXᵉ siècle. Ni le protestantisme ni l'alphabétisation universelle n'ont donc mené directement au développement économique moderne.

Pour expliquer la première révolution industrielle, dont la phase décisive s'est située en Angleterre entre 1780 et 1840, nous devons introduire d'autres facteurs explicatifs. Il y avait, bien sûr, l'abondance du charbon et du fer, associée à un excellent réseau de transports sur l'île de Grande-Bretagne. Mais l'Allemagne n'est pas dépourvue de ressources naturelles, ainsi qu'on a pu le constater par la suite. L'Angleterre jouissait surtout, en 1780 comme aujourd'hui, d'une structure sociale extrêmement flexible, dérivée d'un fond anthropologique nucléaire absolu. La famille anglaise exige la séparation des générations, le départ des jeunes ; elle encourage la mobilité géographique et sociale. Les paysans anglais n'étaient pas attachés au sol. Les règles d'héritage ne définissaient aucune égalité entre frères. Une culture qui n'attache pas *a priori* d'importance à l'égalité des conditions dans les familles, entre les classes ou à l'intérieur même du monde populaire, favorise toutes les mobilités sociales, ascendantes ou descendantes. Elle est un terrain anthropologique idéal pour une mutation rapide de la structure économique et sociale. Elle a en tout cas permis à l'Angleterre de réaliser, entre 1780 et 1840, l'un des plus prodigieux déracinements de population jamais vus dans l'histoire. Dès 1851, sa population urbaine rattrape sa population rurale. La France n'atteindra ce stade qu'en 1931, et en y comptant généreusement comme ville toute agglomération de plus de 2 000 habitants…

Dès 1891, l'Angleterre est à 72 % urbanisée. Couverte de villes récentes, parfois brillantes, souvent crasseuses, elle représente alors pour l'Europe continentale un véritable univers de science-fiction, genre littéraire né d'ailleurs dans cette société futuriste : H. G. Wells publie sa *Machine à explorer le temps* en 1895. Il y décrit la transformation des classes sociales en espèces animales différentes : les Elois, héritiers des rentiers, sont toujours humains physiquement mais apathiques, nourris et consommés comme du bétail par les Morlocks, qui descendent, eux, des prolétaires, devenus souterrains et dégénérés mais toujours producteurs. Ironiquement, ce roman fut écrit à une époque où le revenu des ouvriers avait recommencé à augmenter de manière substan-

tielle, après la dure stagnation des années 1800-1840.
La science-fiction naît donc… périmée.

## La famille-souche et l'industrialisation

Nous devons cependant expliquer pourquoi l'Allemagne a, un temps, résisté à la révolution industrielle.
La réponse nous conduira à une plus juste appréciation du
rapport général de la famille-souche au développement.

La famille-souche est un mécanisme de transmission :
elle assure l'intégrité d'une terre, la continuité temporelle
d'une technique, que celle-ci soit l'écriture ou un procédé métallurgique ou agricole. Dans un univers souche,
l'acquis est rarement perdu. L'accumulation des connaissances peut s'accélérer. Mais cette capacité de conservation inclut aussi un potentiel implicite de conservatisme.
Une société fondée sur le principe d'accumulation de
l'acquis, certes douée pour une progression n'entraî-
nant pas de rupture systémique, aura toutefois du mal à
accepter un bouleversement radical de ses méthodes et
de ses objectifs. Il sera, par exemple, plus difficile d'y
transformer les ruraux en urbains, les artisans en ouvriers
d'usine, les nobles en entrepreneurs. Le déracinement
et la reconversion de tous ces acteurs ne pourra se faire
que sous pression extérieure, et au prix d'une grande
douleur. À partir de 1870, le rattrapage industriel accéléré
de l'Allemagne, sous pression culturelle et économique
anglaise, sera l'un des éléments clefs de la déstabilisation
sociale qui a mené au drame des années 1933-1945.

L'anthropologie historique peut ici trouver un terrain
d'entente avec la pensée de Joseph Schumpeter. Celui-
ci a identifié, au cœur de la dynamique capitaliste, un
mécanisme de « destruction créatrice ». De nouvelles
techniques et de nouvelles entreprises remplacent sans

cesse des formes économiques dont le destin est toujours de devenir, à un moment ou à un autre, archaïques. Or la famille-souche n'est pas douée pour la destruction créatrice. Son but est le perfectionnement à l'infini. Tel est en tout cas la fonction de la famille-souche « achevée », mécanisme de reproduction qui a lui-même atteint un certain niveau de perfection.

J'ai évoqué, dans les deux chapitres qui précèdent, le caractère évolutif de la famille-souche et de sa place dans la société, allant jusqu'à suggérer la nécessité théorique de concevoir, et peut-être un jour de calculer, un taux de famille-souche. C'est que les notions de « taux de famille-souche », ou « d'imperfection du modèle souche », nous permettent d'aller au bout de notre réflexion sur la place de ce type anthropologique dans la problématique générale du dynamisme et de la stagnation. Dans le cas de l'Allemagne, nous avons d'abord pu constater le rôle décisif que la famille-souche a joué dans l'émergence du protestantisme et dans le processus d'alphabétisation universelle. Mais nous devons admettre aussi la résistance à la révolution industrielle de la famille-souche, et enfin le décollage économique différé mais puissant qu'elle a rendu possible.

Le Japon offre les mêmes contradictions apparentes. Ce pays n'a pas de lui-même abouti à l'alphabétisation universelle, mais il a été capable, durant la période d'Edo, d'un développement intellectuel, artisanal, commercial, urbain, prodigieux, en situation de fermeture presque absolue au monde. Et même si nous n'avions aucune connaissance de l'histoire, les positions actuelles du Japon et de l'Allemagne dans l'économie globalisée rendraient douteuse l'hypothèse d'une opposition de principe entre famille-souche et développement. Reste que la tendance au blocage des sociétés allemande et japonaise, dans certaines phases de l'histoire, nous interdit aussi d'affirmer une association simple entre famille-souche et développement.

Ce qui nous empêche de percevoir la nature du lien réel entre famille-souche et développement, c'est notre focalisation sur les données anthropologiques les plus récentes, qui décrivent une famille-souche proche du type idéal défini par Le Play : une institution socialement dominante, cristallisée et pour ainsi dire fossilisée. Or, ce que l'on constate, dans l'histoire longue des sociétés, c'est une association plus subtile entre dynamisme social et émergence de certaines formes de la famille-souche. Dans une très belle et minutieuse étude comparative de communautés alpines du XXᵉ siècle, Emmanuel Matteudi a par exemple très bien mis en évidence, en 1997, le dynamisme économique particulier des communautés rurales dont le type dominant n'était ni la famille nucléaire ni la famille-souche pure, mais une forme imparfaite de famille-souche[1].

C'est finalement le trop grand perfectionnement de la famille-souche elle-même qui entraîne un blocage, une paralysie sociale diffuse : au-dessus d'un certain niveau de perfectionnement, ce type anthropologique devient facteur de rigidité autant que d'accélération.

---

1. Emmanuel Matteudi, *Structures familiales et Développement local*, Paris, L'Harmattan, 1997.

# Chapitre 8

# Sécularisation
# et crise de transition

En Europe, une révolution religieuse fut la cause de l'alphabétisation universelle, qui permit elle-même le décollage économique. La foi a nourri le progrès. Le protestantisme a réussi sur ce continent ce que le judaïsme n'avait pu que tenter sur les hautes terres du Proche-Orient, faire passer l'ensemble d'une population dans le monde de l'écrit.

À court terme, on ne voit pas de contradiction entre éducation et religion. Lucien Febvre a bien montré, dans *Le Problème de l'incroyance au XVIᵉ siècle*, l'incapacité des humanistes à se passer de l'image d'un être suprême[1]. Entre 1550 et 1650, nous voyons coexister en Europe un regain de foi religieuse, la première diffusion de masse de la lecture, la peur du démon et la grande chasse aux sorcières.

Mais si l'alphabétisation a plutôt renforcé, dans un premier temps, la prise sur les esprits des rêves et des cauchemars religieux, elle a conduit, un peu plus tard, à la révolution scientifique. Malgré l'importance de Galilée, qui était pisan, la physique moderne a bien trouvé son assise fondamentale dans l'Europe du Nord-Ouest, là où la moitié des individus de sexe masculin savait lire. Or le

1. Lucien Febvre, *Le Problème de l'incroyance au XVIᵉ siècle. La religion de Rabelais*, Paris, Albin Michel, 1947.

239

développement de la physique rend possible la mise en question du Dieu créateur et régulateur de toutes choses.

Certains des acteurs de la mise en formules mathématiques de la nature ont tenté de maîtriser leurs doutes religieux par de superbes paralogismes : Descartes en 1644 par un *cogito ergo sum*, qui devait conduire, après bien des méandres, à admettre l'existence de l'être suprême ; Pascal, plus simplement et bizarrement, par un fameux « pari » fort utilitariste en 1670. Newton, le vrai fondateur de la physique, n'a lui pas mélangé les genres. Ses *Philosophiæ Naturalis Principia Mathematica*, publiés en 1687, ont établi les bases de la science moderne, mais l'homme Newton s'est contenté de rester un chrétien, certes peu orthodoxe, mais conservateur par son intérêt et son respect pour les textes sacrés.

Nous sentons, paradoxalement, un centre de gravité français à la crise de la foi, plutôt qu'anglais, néerlandais ou allemand, et catholique plutôt que protestant. Les élites françaises ont manifesté, dès le XVIIᵉ siècle, une excellente aptitude au doute, exprimé par des « libertins » qui étaient alors essentiellement des philosophes athées. Le peuple va suivre. Au XVIIIᵉ siècle, le premier effondrement religieux d'ampleur « sociologique », reflux de la pratique au sein des masses, a touché une partie importante de l'espace catholique, et notamment le Bassin parisien. En revanche, les régions contrôlées par les diverses variantes de la Réforme – luthérienne, zwinglienne ou calviniste – ne furent pas atteintes alors par ce retournement du progrès contre la foi.

Le protestantisme contrôlait, dans l'espace germanique, en Scandinavie et en Grande-Bretagne, des régions dont les structures familiales, souche ou nucléaire absolue, étaient indifférentes à l'idée d'égalité des frères. Les régions demeurées catholiques étaient plus diverses par les structures familiales. Certains types n'incluaient pas un traitement égalitaire des enfants, comme la *famille nucléaire indifférenciée* d'Irlande, de Pologne ou de Belgique, la *famille nucléaire absolue* de l'Ouest intérieur français, la *famille-souche* d'Occitanie, de la bordure nord de la péninsule Ibérique, de la Bavière, de l'Autriche et de la Slovénie, et la *famille-souche imparfaite* de Rhénanie. D'autres types familiaux incluaient au contraire un fort principe d'égalité, comme la *famille nucléaire égalitaire* du Bassin parisien, de l'Italie du Sud, de l'Espagne du Centre et du Sud, la *famille communautaire* de l'Italie centrale, ou le *système associant les familles nucléaires par un lien patrilinéaire* de l'Italie du Nord. Et n'oublions pas le fabuleux mélange de types en évolution qui se partageaient alors déjà la Bretagne.

Entre 1650 et 1730, l'univers familial catholique apparaît ainsi fondamentalement bigarré. Les divers types anthropologiques n'y ont en commun que l'exogamie, réalisée partout mais probablement à des degrés assez divers de tolérance à quelques mariages entre cousins.

L'alphabétisation venue du monde protestant a progressé par diffusion dans ce monde catholique tenu par les prêtres. Le Bassin parisien, nucléaire égalitaire par les structures familiales, mais proche de l'Europe réformée, fut tôt alphabétisé, dès le début du XVIIIᵉ siècle, et jusque dans ses campagnes. Les hommes capables de signer leur acte de mariage y ont franchi alors le seuil de 50 %[1]. Dès 1730-1740, le recrutement des prêtres s'effondre dans la France du Nord. Avant même la Révolution française, la fécondité des femmes commence à baisser dans cet espace simultanément alphabétisé et sécularisé.

Dans l'Europe du Sud de famille nucléaire égalitaire, l'alphabétisation n'avait à cette époque touché que le

1. Hervé Le Bras et Emmanuel Todd, *L'Invention de la France*, Paris, Gallimard, 1981, 2ᵉ édition en 2012, p. 259-261.

monde urbain. Celui-ci a donc échappé, vers le milieu du XVIII<sup>e</sup> siècle, à l'emprise de l'Église. Parce que les villes alimentaient alors les campagnes d'un flux de personnel religieux, qui se tarit alors, le Bassin parisien, l'Andalousie et l'Italie du Sud entrent globalement dans cette phase nouvelle de l'histoire qu'est la déchristianisation, disons la sécularisation pour employer un terme applicable ensuite à tous les systèmes, qu'ils soient chrétiens, juifs, bouddhistes, musulmans ou hindouistes.

Pour expliquer la précocité de ce premier décrochage religieux, qui touche certaines zones de l'Europe du Sud peu développées à l'époque, il nous faut intégrer à notre réflexion les valeurs familiales des régions concernées. La famille nucléaire égalitaire du Bassin parisien, d'Andalousie ou d'Italie du Sud, définissait, au début du XVIII<sup>e</sup> siècle, les enfants comme libres, les frères et les sœurs comme égaux. Aucune image forte du père ne pouvait y soutenir celle de Dieu. Aucune inégalité des enfants ne pouvait y justifier l'inégalité entre le prêtre et l'homme ordinaire. Dans un tel milieu, le choc du rationalisme n'a pas été amorti par un ancrage psychologique profond de la croyance. À vrai dire, le principe d'égalité, dans le contexte d'une érosion de l'interprétation religieuse du monde sensible, semble destiné à mettre en cause la croyance en un être supérieur quel qu'il soit – père, roi ou Dieu.

La séquence logique qui peut mener de l'égalité des frères à celle des hommes, puis à l'inexistence de Dieu, n'est toutefois pas une loi « universelle », c'est-à-dire vérifiée en tout lieu et en tout contexte historique. Le premier christianisme, on l'a vu, semblait même présenter une véritable affinité avec la famille nucléaire égalitaire de l'Empire romain tardif. Le contexte éducatif était cependant tout autre.

Le christianisme succéda, dans l'Antiquité, à l'univers mental polythéiste en l'absence d'une quelconque révolution scientifique et dans le contexte d'une régression de l'alphabétisation. Ainsi que l'ont suggéré Maristella Botticini et Zvi Eckstein, le christianisme de l'Antiquité eut, parmi ses premiers convertis, des paysans juifs qui n'avaient que faire de la capacité de lire et d'écrire pour leur survie économique[1]. Plus généralement, la famille nucléaire égalitaire des villes de l'Empire romain tardif n'entretenait aucune relation positive à la culture de l'écrit.

Tel fut peut-être le premier christianisme, ouvert à tous, né du reflux de la lecture dans l'Antiquité, et mort, longtemps après, de l'alphabétisation du XVIII^e siècle. Nous découvrons ici que le catholicisme qui s'effondra vers 1730-1740, et amorça donc le processus de la sécularisation européenne, était implanté en région de famille nucléaire égalitaire. Il était, anthropologiquement et, on va le voir, théologiquement, le véritable héritier du christianisme de l'Antiquité.

## Le catholicisme sans l'égalité : 1800-1965

Géographiquement, plus de la moitié du catholicisme a survécu à la crise du XVIII^e siècle, pour demeurer dans les diverses régions une religion sociologiquement vivante, encadrant les populations jusqu'au milieu des années 1960, particulièrement dans les régions de famille-souche ou de famille nucléaire absolue. Ainsi que le montre la carte 8.1, on ne peut identifier aucune coïncidence parfaite, avec aucun type familial, dans ce nouvel ancrage anthropologique.

J'ai étendu ces résultats à la Slovaquie, à la Croatie et à la Lituanie où les identifications religieuses sont fortes. En revanche, la Tchéquie, marquée par la révolte hussite, est intégrée à l'espace catholique tôt sécularisé, tout comme la Hongrie, où ont cohabité catholicisme, calvinisme et

---

1. Voir *supra*, chapitre 4, p. 158.

judaïsme. Dans ce dernier pays, la chute de la fécondité, dans certaines régions presque aussi précoce que celle de la France, est un marqueur indubitable de sécularisation.

**Carte 8.1. Les religions en Europe**

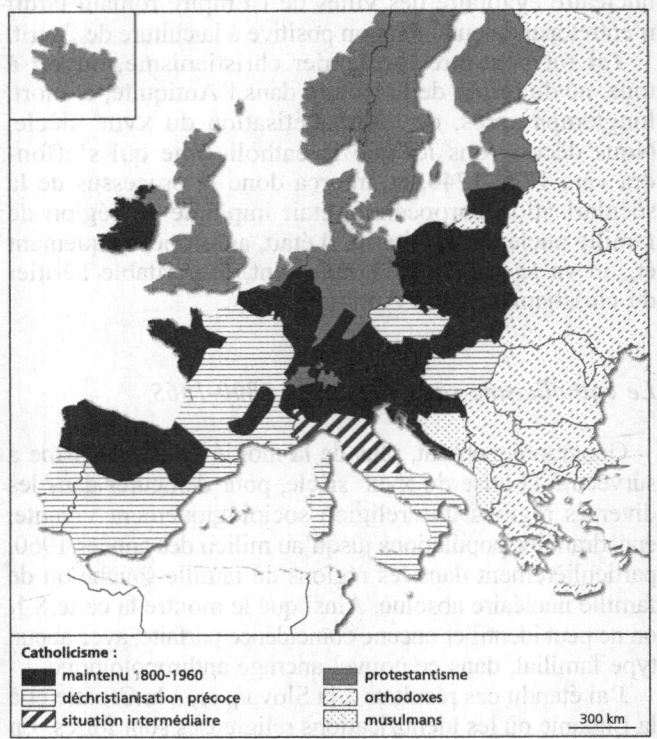

Catholicisme :
- maintenu 1800-1960
- déchristianisation précoce
- situation intermédiaire
- protestantisme
- orthodoxes
- musulmans

300 km

Sources : Pour l'Europe de l'Ouest, Emmanuel Todd, *L'Invention de l'Europe*, Paris, Seuil, 1990 et « Points Essais » n° 321, 1996, p. 199-207.
Pour la pratique religieuse en Pologne, Jerzy Kloczowski et *al*., *Histoire religieuse de la Pologne*, Paris, Le Centurion, 1987, p. 632, carte n° 47.

En Léon et en Vieille-Castille, en Italie du Nord et du Centre, où le catholicisme a aussi survécu jusque vers 1960, protégé par des systèmes agraires spécifiques, les systèmes familiaux étaient égalitaires. Reste que dans l'ensemble, inégalitarisme et non-égalitarisme du fond anthropologique deviennent, à partir de la fin du XVIIIᵉ siècle, les composantes fondamentales du catholicisme maintenu. Après 1800, l'Église agira dans son rapport à l'égalité et à l'autorité, au contraire de ce qu'elle avait professé à l'origine. Ainsi que l'a si bien vu Edgar Quinet, dans *Le Christianisme et la Révolution française* (1845), c'est la Révolution qui porte, à partir de 1789, le message universel de liberté et d'égalité du premier christianisme. Ce transfert est absolument logique pour qui s'intéresse à l'ancrage familial des croyances, puisque la République a trouvé son assise au cœur du Bassin parisien, de structure familiale nucléaire égalitaire, comme la première Église avait trouvé le sien dans la proto-famille nucléaire égalitaire des villes du Bas-Empire romain. Dans la France du Nord, les paysans, lorsqu'ils apprennent à lire, commencent à trouver naturels les principes de liberté et d'égalité. Telle est l'ironie du choc sanglant entre la République et l'Église, qui défendra à partir de 1791 un idéal de soumission au Roi, en attendant de déclarer en 1870 le principe de l'infaillibilité pontificale.

## La chute du protestantisme : 1870-1930

Beaucoup mieux alphabétisé mais dépourvu du principe anthropologique d'égalité, le monde protestant a échappé pour l'essentiel à la crise religieuse du XVIIIᵉ siècle. Il a même parfois vécu, dans les souffrances de la révolution industrielle, un retour de flamme. Dans l'Angleterre de la fin du XVIIIe et de la première moitié du XIXe siècle, la petite bourgeoisie et les couches supérieures de la classe ouvrière ont trouvé dans la foi un soutien moral important. Nous en trouvons l'écho dans « Jerusalem », ce poème de William Blake, imprimé en 1808 :

« [...] *And was Jerusalem builded here*
*Among those dark Satanic mills ?* »

Le protestantisme des sectes et celui de la basse Église anglicane (*lowchurch*), restent outre-Manche les vecteurs principaux du progrès culturel, économique et social. La conception française traditionnelle d'un progrès opposé par nature à la foi religieuse est inassimilable dans le pays qui invente alors la société industrielle..., en attendant la science-fiction.

Dans l'Europe calviniste ou luthérienne, il faut attendre le deuxième apogée de la révolution scientifique, la publication par Darwin, en 1859, de *L'Origine des espèces*, pour que s'amorce la sécularisation. La chute est alors brutale, dans un monde très dépendant d'une interprétation littérale de la Bible et de son récit de la création. Entre 1870 et 1930, dans toute l'Europe du Nord-Ouest et du Nord, le recrutement des pasteurs protestants s'effondre. La sécularisation touche enfin la partie la mieux éduquée du continent. Elle ouvre, pour l'Europe, une phase d'instabilité idéologique maximale, incluant deux guerres mondiales et ce sommet de l'horreur que fut le nazisme.

## Chute de la religion et âge des idéologies

Vers 1900 déjà, le développement technologique avait semblé annoncer un futur merveilleux. Mais l'économisme, toujours lui, aura fait obstacle à la pleine compréhension du XXe siècle. C'est ainsi qu'on exagère sans cesse l'effet de la crise économique de 1929, incriminant même le protectionnisme pour son rôle dans la genèse du nazisme. La crise mentale avait pourtant commencé bien avant, et la Première Guerre mondiale avait, je souffre de devoir le rappeler, précédé la Seconde. Pour sortir de cette vision rétrécie, nous devons nous souvenir que l'École historique française a élaboré, entre 1950 et 1980, pour son étude des XVIIe et XVIIIe siècles, les instruments intellectuels qui nous permettent de comprendre les crises et la violence du XXe.

L'histoire des mentalités d'Emmanuel Le Roy-Ladurie, Pierre Chaunu et Michel Vovelle, appuyée sur la démographie historique de Louis Henry et de Jacques Dupâquier, a en effet mis en évidence un faisceau d'interactions significatives entre alphabétisation, sécularisation, baisse de la fécondité d'une part, et crise idéologique et politique, d'autre part. Et n'oublions pas la contribution essentielle du Britannique Lawrence Stone qui, le premier, suggéra l'existence d'un lien de détermination entre l'alphabétisation et la révolution, tant en Angleterre et en France qu'en Russie.

Tous ces éléments se sont agrégés pour aboutir à la Révolution française : l'alphabétisation et la chute de la religion, dans le Bassin parisien et dans les villes entre 1740 et 1780, ont conduit à une baisse précoce de la fécondité et, très vite, à une activation idéologique des masses et à la grande Révolution. Bouleversant le pays alors le plus peuplé d'Europe occidentale[1], celle-ci ouvrit une crise s'étalant sur vingt-cinq ans.

J'ai généralisé au continent, dans *L'Invention de l'Europe*[2], cette séquence « alphabétisation, sécularisation,

---

1. À noter que la Russie aussi avait, vers 1789, 26 millions d'habitants environ.
2. *Op. cit.*

baisse de la fécondité, crise idéologique ». La construction intellectuelle est ici purement empirique, déduite de l'observation d'une belle mécanique temporelle durant la phase II de la sécularisation. L'effondrement de la pratique religieuse dans le monde protestant, à partir de 1870, a partout entraîné une baisse de la fécondité dans les années 1870-1890. Dans les régions depuis longtemps alphabétisées de l'Europe du Nord et du Nord-Ouest, mais où le protestantisme avait échappé à la phase I de la sécularisation, les seuls régulateurs démographiques avaient été, jusque vers 1870, un mariage tardif et un taux de célibat élevé.

Le vide religieux et les troubles psychiques résultant de la modification des conduites sexuelles se sont combinés, dans le monde post-réformé, pour favoriser la montée en puissance des idéologies qui ont conduit à la Première Guerre mondiale.

Le socialisme, dans ses nombreuses variantes, n'est pas ici l'élément le plus important. Il fut, dans l'Europe protestante, essentiellement réformiste et raisonnable. C'est bien la montée en puissance du nationalisme qui a fini par entraîner le continent dans la conflagration majeure de la Première Guerre mondiale. Que l'épicentre de la crise idéologique et mentale soit allemand relève de l'évidence, mais nous ne devons pas oublier que même la Grande-Bretagne fut, avant 1914, suffisamment fébrile pour accepter de souffrir, entre 1914 et 1918, 740 000 morts en quatre ans, en contradiction absolue avec sa tradition militaire, toujours soucieuse d'éviter les engagements et les pertes humaines sur le continent.

La preuve du lien entre reflux religieux et crise culturelle – démographique et idéologique – tient dans la précision de la séquence temporelle. Nous verrons, à partir du milieu des années 1960, dans les régions demeurées catholiques, la même coïncidence dans l'enchaînement qui a mené de la sécularisation à la baisse de la fécondité et à une mutation idéologique. Cette dernière étape du reflux du religieux interviendra, il est vrai, dans le contexte d'un basculement anthropologique beaucoup plus général, la mutation occidentale des années 1960, qui touchera toutes les zones anthropologiques et religieuses de l'Occident.

Mais qu'apprend-on aux collégiens et aux lycéens en ce début de IIIe millénaire, et que croient savoir nos élites de la montée du nazisme ? Qu'elle fut en partie causée par les désillusions de la Première Guerre mondiale – ce qui est exact – et en partie par la crise économique de 1929 – c'est toujours vrai. Mais on oublie l'essentiel : l'effondrement de la croyance religieuse protestante entre 1870 et 1930, qui fut la véritable toile de fond historique et mentale de la séquence menant de l'agitation diplomatique de Guillaume II à la prise de Berlin par l'Armée rouge en 1945.

La comparaison des cartes du luthéranisme et du vote nazi de 1932, si semblables, ne serait-elle pas, de ce point de vue, un exercice de documentation prioritaire, particulièrement utile aujourd'hui[1] ? Les zones de catholicisme maintenu vivent, depuis le milieu des années 1960, l'étape finale de la sécularisation européenne. Et à nouveau, le vide métaphysique mène, sur fond d'instabilité économique, à l'angoisse et à la désignation de boucs émissaires.

### Crise de transition et idéologies

Entre le XVIIe et le XXe siècle, l'histoire des hommes nous offre le spectacle de sociétés qui s'engagent, dans

---

1. Voir Emmanuel Todd, *L'Invention de l'Europe*, *op. cit.*, carte 44, p. 317.

l'ensemble du monde, mais à des dates diverses et selon des rythmes inégaux, sur une même trajectoire de modernisation : alphabétisation, sécularisation, baisse de la fécondité, crise idéologique. Le Japon a, le premier, fait sortir ce mouvement de sa sphère européenne et chrétienne originelle. La sécularisation y toucha, au début de l'époque de Meiji (1868-1912), le système religieux bouddhiste, assez divers par ses sectes, mais dont la tendance centrale, le Jodo-shinshu, était parvenu à une représentation de la grâce et du salut assez proche de celle de Luther[1]. La Terre pure de l'Ouest y représentait l'équivalent du Paradis. Le fronton des églises médiévales européennes regarde aussi vers l'Ouest, au-delà du soleil couchant. La crise du bouddhisme japonais a ouvert, classiquement si l'on peut dire, la montée en puissance d'un nationalisme qui conduira le pays à la conquête de Taiwan, de la Corée, à l'invasion d'une Chine trop vaste, à l'attaque, enfin, à Pearl Harbor, d'un adversaire trop puissant. Le shintoïsme d'État développé par les élites pendant la période de Meiji n'avait plus grandchose à voir avec le paisible animisme des communautés paysannes et le culte du riz, mais on doit noter que le nationalisme japonais, s'il s'est défini contre le bouddhisme, n'a pas rejeté la religion en général[2].

À partir de 1950, le processus mondial d'alphabétisation, ainsi qu'on l'a vu au chapitre précédent, s'accélère, tout comme la mise en question des croyances traditionnelles. En ce début de III<sup>e</sup> millénaire, on constate que les sphères musulmanes et hindouistes sont à leur tour

---

1. Sur le bouddhisme de tendance amidiste, voir Emmanuel Todd, *Le Destin des immigrés, op. cit.*, p.169-172.

2. Pour une présentation du shinto, voir Satoshi Yamaguchi, *Shinto From an International Perspective,* Tokyo, Ebisu-Kosyo Publication Company, 2012.

touchées massivement par les phénomènes de l'alphabétisation, de la sécularisation et de la baisse de la fécondité. Nous sommes effrayés par les violences qui accompagnent leurs crises de transition vers la modernité, un
peu moins sans doute par les agressions hindouistes contre
les chrétiens en Inde, parce qu'elles ont leurs parallèles
antimusulmans, à Mumbai et ailleurs, et parce que nous
ne savons trop quoi en faire idéologiquement.

La première chose à faire, toutefois, serait de nous
souvenir que l'histoire de l'Europe des années 1640-1945,
entre la première révolution anglaise et le nazisme, fut elle
aussi rythmée par une succession de crises mêlant modernisation et rupture religieuse. Nous oublions trop facilement, pour commencer, la première révolution anglaise,
celle de Cromwell qui, entre 1642 et 1651, commença
à moderniser la société au nom de Dieu, Bible en main.
La guerre civile ne fut pas trop sanglante, dit-on, sans
doute parce que l'alphabétisation n'avait pas atteint les
masses rurales. Nous refusons ensuite de faire de la succession des émergences idéologiques continentales une
séquence logique : Révolution française, nationalisme des
années 1890-1914, communisme russe, nazisme allemand.
Toujours, pourtant, la même combinaison d'alphabétisation et de sécularisation avait précédé l'émergence idéologique. La séquence est parfois vraiment très longue,
puisque dans le cas de l'Allemagne protestante, près de
250 ans ont séparé le franchissement par les hommes de
20-24 ans du seuil d'alphabétisation de 50 %, vers 1670,
et la crise nazie de 1933, parce que l'effondrement religieux n'est intervenu qu'entre 1870 et 1930. En France,
le mouvement aura été plus rapide : le seuil d'alphabétisation fut franchi dans le Bassin parisien au début du
XVIII<sup>e</sup> siècle, la plongée religieuse suivit entre 1730 et
1780, la révolution en 1789. Ne pouvant, au stade actuel,
dater l'effondrement religieux russe, je dois me contenter

d'une séquence situant vers 1900 le franchissement du seuil d'alphabétisation, et en 1917 la Révolution.

Sortons à nouveau d'Europe : en Chine, le franchissement du seuil d'alphabétisation intervient vers 1940, le communisme l'emporte en 1949 ; en Iran, le franchissement du seuil d'alphabétisation intervient en 1964, la révolution en 1979. Avec le monde chiite iranien, très en avance sur la partie sunnite du monde musulman, nous retrouvons l'association anglo-saxonne entre modernisation et religion, et un processus révolutionnaire qui ne se définit pas contre la foi mais qui s'appuie sur son ultime sursaut. Car ne nous y trompons pas : *puritanisme protestant* et *fondamentalisme musulman* ne représentent, dans la longue durée de l'histoire, que deux variantes d'un phénomène unique, l'ultime raidissement de la foi, une étape sur le chemin de la sécularisation.

Tel un sismographe, l'indicateur de fécondité nous permet de suivre le rythme des évolutions mentales. Lorsqu'il passe au-dessous de 2 enfants par femme, nous pouvons être certains que, dans sa masse, la population est sortie du système religieux ancien, surtout si, juif, chrétien ou musulman, celui-ci est dérivé de la Bible. Le natalisme foncier – croissez et multipliez – des religions du Livre est alors éteint. L'indicateur conjoncturel de fécondité dans l'Iran de 2016 était de 1,7 enfant par femme…

Le processus d'alphabétisation produit toujours un moment, dans l'histoire, durant lequel les fils, puis les filles, savent lire mais leurs parents non. Une étape de flottement de l'autorité, familiale puis sociale, est ainsi comme programmée. La baisse de la fécondité implique, quant à elle, une modification des conduites sexuelles, un réaménagement des rapports entre hommes et femmes. Elle contribue à sa manière à la déstabilisation mentale des populations en transition. La crise qui affecte, les unes après les autres, les sociétés qui décollent, qui progressent économiquement et dont on s'attendrait qu'elles soient simplement plus heureuses et plus stables, n'est donc pas, à ce stade de l'analyse historique, un bien grand mystère.

## Structures familiales et idéologies

L'universalité de la crise de transition frappant les sociétés « en décollage » avait été parfaitement reconnue dès 1960 par William W. Rostow dans ses *Étapes de la croissance économique*[1]. Le sous-titre de son livre était, de manière assez originale pour un essai d'histoire : *Un manifeste non-communiste*. Rostow écrivait au lendemain des révolutions russe, chinoise et yougoslave, et il percevait le marxisme-léninisme comme une « flaque » menaçant de s'étendre inexorablement. Selon lui, chaque pays, déstabilisé par le progrès, était confronté, sur sa trajectoire ascendante, à la menace communiste. Mais il suffisait, croyait-il, de bloquer la prise du pouvoir par le parti léniniste durant la crise de transition pour que, une fois la fièvre passée, le péril s'éloigne et que la victoire de la conception américaine de la démocratie soit assurée.

Rostow fut donc très logiquement un faucon durant la guerre du Vietnam, réclamant avec d'autres une intervention militaire massive. Pourtant, 50 000 morts américains ne suffirent pas à enrayer la progression du communisme, qui triompha localement. Premier et dramatique échec de la théorie de Rostow. Elle en connut d'autres, de sens opposé à l'occasion, puisqu'ils témoignaient de l'impuissance du communisme à prendre racine dans certaines sociétés. Ils sont tout aussi importants du point de vue théorique.

1. *The Stages of Economic Growth*, op. cit.

C'est ainsi que le modèle rostowien annonçait une crise de transition dangereuse en Thaïlande, où quelques guérillas communistes insignifiantes ne parvinrent pourtant jamais à menacer le régime, son armée et son roi. La modernisation du pays – éducative, démographique et économique – continua, ponctuée de coups d'État militaires réalisés sous le regard mystérieux d'un monarque inerte mais vénéré par son peuple. L'idéologie dominante en Thaïlande reste aujourd'hui encore difficile à définir.

Au Cambodge, entraîné dans la guerre par l'intervention américaine, l'insurrection communiste muta en un nihilisme génocidaire qui n'avait plus grand-chose à voir avec le marxisme-léninisme. L'armée du Vietnam, réunifié par les communistes, dut finalement intervenir pour stabiliser le pays, solution acceptée par le monde occidental avec un lâche soulagement.

La crise de transition est bien, ainsi que l'avait pressenti Rostow, universelle, mais elle prend en chaque lieu une forme spécifique. Pourquoi telle forme en tel lieu ? Voilà bien une question centrale pour qui veut comprendre l'histoire. J'ai proposé en 1983 une solution à ce problème, dans *La Troisième Planète. Structures familiales et systèmes idéologiques*[1]. Dans ce livre, je n'ai fait qu'appliquer, jusqu'à leurs conséquences ultimes, les découvertes réalisées par les historiens qui furent mes maîtres dans les années 1970. L'école d'anthropologie historique de Cambridge venait d'établir, pour l'Angleterre, la séquence menant de la famille nucléaire absolue au libéralisme moderne, économique ou politique. Peter Laslett avait, dès 1965, révélé dans *The World We Have Lost* le caractère nucléaire de la famille anglaise du début du XVIIe siècle[2]. Alan Macfarlane avait, en 1978, dans

---

1. *Op. cit.*
2. Londres, Methuen, 1965 puis 1971.

*The Origins of English Individualism*, compris que cette famille nucléaire était la base anthropologique du développement historique ultérieur de l'Angleterre[1].

Mon travail et surtout celui des chercheurs qui se rencontraient et discutaient à Cambridge entre 1971 et 1975 m'avaient permis de connaître en profondeur les formes familiales paysannes traditionnelles de l'Angleterre, de l'Allemagne et de l'Autriche, de la Chine, du Bassin parisien, du Sud-Ouest français, de l'Italie centrale et méridionale, du Japon, de la Yougoslavie, de la Russie, de la Scandinavie. Et il m'était apparu que la carte du communisme endogène – qui incluait alors la Russie, la Chine, la Yougoslavie, l'Albanie, Cuba, le Vietnam et des poches électorales en Italie, en Finlande et dans le Massif central français, au Bengale occidental et au Kerala – coïncidait avec celle du type familial communautaire. Celui-ci était le plus souvent patrilinéaire et exogame, mais on pouvait noter des exceptions matrilinéaires, au Kerala et à Cuba, ou bilatérale, dans le Massif central. Le *taravad* des Nayars du Kerala faisait cohabiter à l'infini frères et sœurs, les « époux » rendant visite à leur femme membre d'un autre *taravad* que le leur. La famille noire cubaine s'organisait autour de lignages féminins et évoquait un communautarisme matrilocal. Au nord-ouest du Massif central, un frère et une sœur, tous deux mariés, pouvaient cohabiter.

Un inventaire plus exhaustif des formes familiales qui couvrent les divers pays du monde me révéla ensuite que là où des formes familiales communautaires d'un type ou d'un autre n'existaient pas, les chances de succès du communisme étaient nulles. En Thaïlande, par exemple, un système familial nucléaire souple, encourageant une corésidence temporaire des filles mariées avec leurs

1. Oxford, Basil Blackwell, 1978.

parents, dominait. Sa fluidité s'opposait point par point à la rigueur patrilinéaire du système familial vietnamien. Ainsi s'explique l'échec intellectuel et politique de Rostow : le communisme, doctrine autoritaire et égalitaire, ne pouvait s'épanouir que dans les régions dominées par les valeurs autoritaires et égalitaires de la famille communautaire, au Vietnam par exemple. Il était, en revanche, parfaitement inadapté au terrain anthropologique thaï, qui ne peut être décrit ni comme autoritaire, ni comme égalitaire. On peut dire qu'en Thaïlande, le caractère insaisissable des valeurs idéologiques et du régime reflète l'indifférenciation de l'organisation familiale.

Je proposais, toujours dans *La Troisième Planète*, une mise en concordance d'une typologie familiale simple et des formes idéologiques susceptibles d'apparaître durant la crise de transition, un peu sur le modèle du tableau des éléments chimiques de Mendeleïev :

• À la *famille nucléaire absolue* anglo-américaine devaient correspondre des idéologies libérales mais non-égalitaires.

• À la *famille nucléaire égalitaire* du Bassin parisien devait correspondre une croyance en la liberté et en l'égalité, culminant dans la notion d'homme universel.

• À la *famille communautaire exogame* devait correspondre le communisme, autoritaire et égalitaire, universaliste lui aussi.

• À la *famille-souche* devaient correspondre des idéologies autoritaires mais non-égalitaires : social-démocratie, démocratie-chrétienne, nazisme.

• Les systèmes familiaux non-exogames – *famille communautaire endogame* arabe et famille de l'Inde du Sud, *nucléaire avec cependant une forte tendance à l'agrégation patrilinéaire et pratiquant un modèle de mariage entre cousins croisés* – devaient produire des transitions spécifiques, pas forcément antireligieuses.

Avec une belle régularité, nous voyons ainsi les idéologies succéder aux religions, portées par une alphabétisation de masse qui progresse inexorablement. Le spectateur contemporain ne peut toutefois déceler aucune harmonie rassurante dans ce processus : la crise de transition est souvent sanglante. En outre, la forme particulière prise ici ou là par l'idéologie transitionnelle – égalitaire, inégalitaire, autoritaire, libérale – lui apparaît bizarrement aléatoire. Comment percevoir dans les trajectoires historiques, décalées dans le temps, de l'Angleterre (*nucléaire absolue*), de la France (*nucléaire égalitaire en son centre*), de l'Allemagne (*souche*), de la Russie (*communautaire exogame*), du Japon (*souche*), de la Chine (*communautaire exogame*), du Vietnam (*communautaire exogame*), de la Thaïlande (*nucléaire à corésidence temporaire matrilocale*), du Cambodge (*nucléaire indifférenciée*), de l'Iran (*communautaire endogame faible*), du monde arabe (*communautaire endogame fort*), de l'Inde du Sud (*nucléaire patrilocale endogame croisée*), du Rwanda (*souche polygyne*), une séquence ordonnée ?

Pour déceler une logique dans la succession affolante des informations qui nous parviennent du monde entier, nous devons évaluer, pour chaque pays, sa position par rapport au seuil d'alphabétisation et les valeurs latentes contenues dans son système familial. Ce faisant, nous pourrions, si ce n'est prévoir l'avenir idéologique de tel ou tel pays, du moins limiter le champ des possibles. Une telle approche serait particulièrement fructueuse en Afrique, dernier des continents à affronter la crise de transition. L'acceptation de l'hypothèse proposée en 1983 aurait ainsi permis de pressentir la possibilité de l'émergence au Rwanda, en 1994, d'un racisme exterminateur aussi féroce que le nazisme. Le système souche rwandais, commun aux Hutu et aux Tutsi, est certes à l'origine de l'efficacité agricole et de la densité démographique du pays. Mais, porteur de valeurs d'autorité et d'inégalité, il est susceptible de produire en période de crise une interprétation raciale des problèmes sociaux.

### Religion et idéologie

Parfois, religion et idéologie moderne se confondent durant la phase de transition. Au sortir immédiat de la grande transformation mentale européenne, nous avons constaté, dès le milieu du XVIIᵉ siècle, que le protestantisme des sectes anglaises était porteur d'une révolution libérale ; aujourd'hui, nous voyons l'intégrisme islamique ou l'hindouisme politique se développer avec le franchissement du seuil de 50 % d'hommes alphabétisés. Ne cherchons pas dans ces recouvrements de l'idéologie et de la religion l'expression de situations anthropologiques ou historiques trop particulières. On aurait tort, en effet, d'opposer brutalement « religion » et « idéologie », imaginant que la croyance collective religieuse est essentiellement fixée sur un au-delà métaphysique et l'idéologie sur l'objectif plus horizontal d'une société terrestre idéale.

L'existence, dans les systèmes religieux, de concepts tels que dieu(x), démon(s), résurrection ou réincarnation, paradis, enfer, purgatoire, ne doit pas nous faire perdre de vue que, pour un sociologue, les récompenses et les punitions offertes par la religion sont avant tout terrestres. Durkheim avait défini la religion, assez brutalement mais non sans raison, comme un culte que la société se rendait à elle-même, inscrivant ainsi résolument le fait religieux dans la réalité terrestre.

Le sociologue Rodney Stark, longuement évoqué au chapitre 4, a dressé la liste de ce que le converti trouve réellement dans son engagement : dans le cas des chrétiens de l'Antiquité, bien avant la vie éternelle, l'intégration immédiate à un groupe stable, moral et fiable, qui lui permet d'échapper au chaos économique et à l'anomie des villes de l'Empire gréco-romain. J'ai évoqué aussi la récompense terrestre du judaïsme, religion pour laquelle la croyance en la vie éternelle constitue une option laissée à l'appréciation de chacun. Il n'est d'ailleurs pas impossible que certaines des sectes protestantes, si proches du judaïsme par bien des aspects, aient fini par considérer la vie éternelle comme un élément secondaire du dogme chrétien. Calvin déclare certes l'homme prédestiné par l'Éternel à mort ou à vie, mais on a souvent l'impression que, pour bien des sectes dérivées de sa théologie, la réussite terrestre de l'individu et de sa famille est la réalité de l'élection.

Tout aussi terrestres mais plus explicites que la fonction d'intégration du groupe sont les programmes économiques et sociaux des religions naissantes. Judaïsme, christianisme et islam se soucient des pauvres, définissent les obligations des riches. Les religions du Livre incluent dès le départ un élément redistributif. C'est aussi le cas du bouddhisme. La religion n'a pas attendu l'idéologie de l'époque moderne pour parler des rapports économiques entre les hommes, sur Terre. Cette constatation d'évidence apparaît fort utile lorsque nous observons dans les sociétés occidentales, entre 1980 et 2010, immédiatement après l'extinction de la foi religieuse et des idéologies de transition, la montée chez les privilégiés d'une irresponsabilité économique totale, cette « révolte des élites » dénoncée peu de temps avant sa mort par Christopher Lasch.

Symétriquement, ne sous-estimons pas l'irrationnel métaphysique des idéologies modernes, de la Révolution française, du communisme ou du nazisme. Dans leur phase d'expansion, elles assurent les mêmes fonctions psychologiques d'intégration des individus. Bien avant la réalisation de leurs programmes, elles sont des refuges où échapper à l'isolement, des remèdes contre une anomie fort terrestre. Elles n'en finissent pas d'évoquer un au-delà situé dans un futur indéfini : la République idéale, la Cité communiste, le Reich de mille ans. Leurs premiers adhérents, tranquillisés par l'appartenance à un groupe de croyants, furent tout aussi capables d'héroïsme et de sacrifice que les premiers chrétiens, avec des devises du style « La liberté ou la mort », là même où elles se proposaient d'établir sur Terre une forme de servitude.

# Chapitre 9

# La matrice anglaise
# de la globalisation

Vers 2015, le monde anglo-américain englobe 450 millions d'individus, déjà plus qu'une Union européenne qui n'en compterait que 438 une fois soustraits le Royaume-Uni et l'Irlande. Les projections nous annoncent pour 2050 une anglosphère de 560 millions d'habitants face à une Europe de 444. Je place l'Irlande et le Canada français dans ce monde anglo-américain parce qu'on ne peut concevoir l'histoire de l'Angleterre sans celle de l'Irlande, celle du Canada sans celle du Québec, tout comme on ne peut imaginer celle des États-Unis sans les Indiens et les Noirs, celle de l'Australie sans les Aborigènes, celle de la Nouvelle-Zélande sans les Maoris. Partout dans le monde anglo-américain, associé au « nous » en expansion, on trouve un « eux » interne, un « autre » englobé.

La dynamique démographique nous indique donc que le cœur culturellement anglais de l'Occident y sera bientôt majoritaire. Mais, en 1086, lorsque Guillaume le Conquérant fit rédiger le *Domesday Book*, recensement des manoirs et des familles du royaume conquis en 1066, l'Angleterre comptait au maximum 1 million et demi d'habitants, contre 6 millions pour la France de l'époque dans son territoire actuel. L'Angleterre ne possédait pas encore sa langue puisque le français de la classe conquérante s'y superposait au saxon des précédents envahisseurs, qui avait lui-même supplanté les dialectes bretons

261

antérieurs, subsistant au pays de Galles, en Cornouailles, au nord-ouest de l'Angleterre et dans une bonne moitié de l'Écosse. Dans l'Église, un peu de latin avait survécu au repli des Romains de l'île vers 409, après trois siècles et demi sous contrôle impérial[1].

La langue anglaise, fusion des dialectes populaires anglo-saxons et du français de l'aristocratie, apparaît bien formée dès la seconde moitié du XIVe siècle, ainsi qu'en témoignent *Les Contes de Canterbury* de Chaucer. En 1400, un demi-siècle après la peste noire, l'Angleterre n'atteint que 3 millions d'habitants. La France en a alors 12, toujours quatre fois plus. De même, lorsque Voltaire célèbre dans ses *Lettres philosophiques* la modernité libérale anglaise, la France compte alors 24 millions d'habitants et l'Angleterre 6 ; le Royaume-Uni de Grande-Bretagne et d'Irlande, plus les colonies d'Amérique n'en représentent que 12. Le Canada est alors à 300 000, les futurs États-Unis d'Amérique à 2 millions, déjà plus que l'Angleterre vers 1100.

Arrivé à maturité, le modèle anglais ne représente donc toujours, en termes de masse démographique, qu'une fraction du Royaume de France.

C'est un monde relativement homogène. Il existe des différences anthropologiques entre l'Angleterre, l'Écosse, le pays de Galles et l'Irlande. Il existe des nuances entre le nord et le sud de l'Angleterre. Mais la seule Angleterre ne présente pas plus de variations internes qu'une grosse province française. La taille réduite et l'insularité confèrent une unité et une cohésion spécifiques au Royaume. Le *Domesday Book* fut certes l'expression du génie administratif normand, mais il n'a été possible que parce que l'Angleterre, petite, avait une forme naturelle identifiable. Nous retrouverons dans l'œuvre de statisticiens anglais

1. Conquête en 43 AEC.

du XVII<sup>e</sup> siècle, comme William Petty ou Gregory King, une aptitude précoce à penser la totalité de la société anglaise, une approche spontanément nationale, avec une conception première du produit économique global.

À partir du XIX<sup>e</sup> siècle, l'expansion du monde anglo-américain s'emballe, à la suite de la révolution industrielle anglaise et de la colonisation du territoire américain. Elle est portée par la croissance démographique et l'assimilation, dans les colonies, non seulement d'immigrants venus des îles britanniques mais, dès le dernier quart du XIX<sup>e</sup> siècle, de toute l'Europe, et finalement de l'ensemble du monde. Aujourd'hui, l'anglosphère compte des centaines de millions d'individus d'origine allemande, suédoise, italienne, juive, japonaise, chinoise ou coréenne, sud-asiatique, arabe, sud-américaine, africaine, qui tous ont adopté, en deux ou trois générations, non seulement la langue anglaise mais le modèle familial nucléaire absolu[1].

Le demi-milliard d'individus qui constituent aujourd'hui le monde anglo-américain relèvent donc d'un système anthropologique qui en comptait 300 fois moins à la fin du XI<sup>e</sup> siècle[2]. Pour un anthropologue, la montée en puissance du monde anglo-américain peut se lire comme le succès d'une matrice apparue dans un tout petit royaume, entre 1100 et 1650. La famille nucléaire absolue, proche de la famille nucléaire indifférenciée des origines, n'est cependant pas identique à elle. Le terme « absolu » évoque ici la disparition fonctionnelle des liens de parenté au-delà du groupe conjugal et de ses enfants. Parents et enfants

---

1. Emmanuel Todd, *Le Destin des immigrés*, *op. cit.*, chapitre 3.
2. Pour suivre la croissance de l'anglosphère : Colin McEvedy et Richard Jones, *Atlas of World Population History*, Londres, Penguin, 1978, Tony Wrigley et Roger Schofield, *The Population History of England, 1541-1871*, *op. cit.*, et James Belich, *Replenishing the Earth. The Settler Revolution and the Rise of the Anglo-World, 1783-1939*, Oxford, Oxford University Press, 2009.

adultes ne doivent plus corésider, même à titre temporaire ; l'entraide entre frères et sœurs devient socialement non significative ; le tabou sur le mariage entre cousins est total.

## L'impasse essentialiste

Le livre fondateur d'Alan Macfarlane, *The Origins of English Individualism*, a déchiré le voile de l'idéologie pour discerner, sous le tempérament politique libéral et la plasticité économique de l'Angleterre, le système familial que je nomme famille nucléaire absolue. Je l'avais encensé dans *Le Monde des livres* lors de sa publication, en 1978. L'essentiel de l'essai, pourtant, consiste en une mythification non seulement du passé anglais, mais aussi de celui de la famille nucléaire absolue. Il est construit sur une opposition binaire entre les paysans anglais – jamais de vrais paysans selon Macfarlane, mais des individualistes modernes depuis le fond du Moyen Âge – et les vrais paysans, communautaires, d'Europe orientale, de Russie, d'Inde ou de Chine. Dans son « *anglotrip* », Macfarlane va jusqu'à suggérer que bien des erreurs d'interprétation sur l'histoire anglaise proviennent de ce que certains des grands historiens britanniques récents du Moyen Âge étaient originaires d'Europe orientale, tels Kosminsky, Vinogradoff ou Postan, et trop fixés, selon lui, sur une identification de l'Angleterre médiévale à la Russie.

Un médiéviste anglais, quelle que soit son origine personnelle, n'est jamais obsédé par l'histoire russe. Il regarde d'abord vers l'ouest du continent européen pour évaluer ce qui, dans la formation sociale anglaise, renvoie au passé celte, à l'empreinte romaine, au fond anglo-saxon, à la conquête normande. Pardonnons à Macfarlane l'oubli des trois siècles et demi d'occupation romaine, qui ont pourtant établi Londinium, le réseau routier initial, un semis de camps devenus villes (*chester* = *castrum*) et de grands domaines ruraux, sur le mode classique de la villa. Le contre-modèle que l'on n'a pas le droit professionnel de passer sous silence, en revanche, c'est la France. Un médiéviste anglais ne peut que regarder vers la France, tout comme un médiéviste français ne peut que regarder vers l'Angleterre, puisque les monarchies anglaise et française ont vécu, de la conquête normande de 1066 à la fin de la guerre de Cent Ans, en interaction, ainsi qu'en témoigne la symbolique commune des rois thaumaturges[1]. Des deux côtés de la Manche, le roi guérissait des écrouelles par simple imposition des mains.

L'Angleterre et la France, les deux plus vieux États-nations du continent, sont nées ensemble. Elles ont évolué en miroir, avec, le plus souvent, un temps d'avance pour la monarchie anglaise. Dans son ouvrage comparatif sur *La Monarchie féodale en France et en Angleterre*, Charles Petit-Dutaillis montre clairement que les Capétiens jouent « en contre », résistent à l'expansion de l'Empire Plantagenêt, plus moderne dans sa pratique administrative[2]. Selon lui, à la fin du XII<sup>e</sup> siècle, la France a un siècle de retard[3]. Et la guerre de Cent Ans n'est que la dernière étape (médiévale) d'une compétition qui a commencé au XI<sup>e</sup> siècle. En attendant la reprise de la compétition au XVIII<sup>e</sup>…

Parce que l'Île-de-France et la Normandie constituent ensemble la vallée de la Seine, et parce que l'Angleterre a été conquise par des Franco-Normands, nous pouvons

1. Marc Bloch, *Les Rois thaumaturges* [1924], Paris, Gallimard, 1983.

2. Charles Petit-Dutaillis, *La Monarchie féodale en France et en Angleterre. X<sup>e</sup>-XIII<sup>e</sup> siècle* [1933], Paris, Albin Michel, 1971. Notamment p. 122, p. 127 et p. 133.

3. *Ibid.*, p. 179.

même nous demander si nous avons affaire au Moyen Âge à deux pays distincts. Pour revenir à Macfarlane : s'abstenir de comparer la paysannerie anglaise à la paysannerie française, dans un livre qui prétend démontrer le caractère unique et séparé de l'histoire anglaise, revenait à tenter un tour de passe-passe. Le dernier chapitre de l'essai, intitulé « *England in Perspective* », témoigne d'un sublime retour du refoulé, la France. Son besoin d'éjecter de l'histoire anglaise cette mère, ou cette sœur, française, selon le paramètre considéré, est cependant irrépressible et Macfarlane tombe alors au-dessous du niveau du guide touristique, s'acharnant à expliquer qu'à toutes les époques, l'Angleterre fut différente de la France.

Au bout du bout, on aperçoit la clef de voûte du « système » : l'affirmation explicite de l'insignifiance de la conquête normande et le caractère purement anglo-saxon de l'Angleterre. Au terme de ces contorsions antihistoriques, nous aboutissons au lieu commun de la « liberté germanique », que Macfarlane puise d'ailleurs chez un Français, Montesquieu, ignorant sans doute que la noblesse française avait elle-même une forte prédisposition à délirer sur ses origines germaniques[1]…

Du point de vue de l'analyse des structures familiales, l'absurdité des affirmations de Macfarlane est facile à mettre en évidence. Son livre traite, certes, beaucoup de primogéniture, très anglaise pour lui, mais il ne semble pas comprendre qu'elle est la source de la famille-souche, un modèle complexe non-nucléaire. Il est convaincu que la primogéniture se fait rare sur la Terre alors qu'on la trouve sur tous les continents. Il semble ignorer que son apparition en Europe est française, ainsi que l'avait bien vu Evelyn Cecil dans *Primogeniture,* ouvrage publié à Londres… en 1895. Mais surtout, Macfarlane nous cache

---

1. *The Origins of English Individualism, op. cit.*, p. 170.

que l'expression familière du droit anglais pour désigner la coutume de primogéniture masculine, transmission du bien au fils aîné, était « *borough French* », par opposition à l'ultimogéniture, transmission au dernier-né, dite « *borough English* ». Pour l'historien de la famille, la primogéniture est tout simplement l'élément franco-normand central de la culture anglaise. L'ultimogéniture n'est qu'une trace de la famille nucléaire indifférenciée, qui admettait la récupération des parents âgés par le plus jeune des enfants[1].

Nous devons donc nous résigner : la meilleure des sciences sociales, le meilleur historien n'échappe pas à l'idéologie, dans ses conclusions comme dans ses déterminations. La percée réalisée par Macfarlane fut le fruit d'une passion nationale. *The Origins of English Individualism* a été publié en 1978, au terme d'une époque de déclin économique anglais, un an avant la prise du pouvoir par Margaret Thatcher, dont la révolution fut autant néo-nationale que néo-libérale. L'obsédante composante nationaliste du livre ne m'avait pas choqué à l'époque, peut-être parce que la France d'alors allait bien et que j'étais peu attentif aux angoisses nationales. Surtout sans doute parce que l'image personnelle d'Alan Macfarlane, qui fut mon examinateur de thèse à Cambridge, immense chercheur, homme sympathique et ouvert, occultait à mes yeux le narcissisme national de son essai.

Essentialiser l'histoire anglaise ne pouvait mener qu'à une impasse. Les rares données sur la famille remontant à l'époque des royaumes anglo-saxons témoignent au contraire d'un comportement non pas germanique mais universel, dans les familles princières. Des règles d'héritage incertaines, des associations au pouvoir de pères et

---

1. Emmanuel Todd, *L'Origine des systèmes familiaux*, *op. cit.*, p. 140-142.

de fils, de frères, des successions horizontales entre frères, des rois choisis dans la parenté plus vaste, bilatérale, et l'exogamie entre familles princières des royaumes[1] : tout cela se retrouve chez les autres peuples, germaniques, celtes ou slaves.

## Famille et collectivité en Angleterre

Je tenterai plus bas une reconstitution schématique de l'histoire de la famille anglaise depuis le Moyen Âge, mais avant de nous plonger dans ces tréfonds, nous devons être sûrs d'avoir une vision exacte et complète de la famille nucléaire identifiée par Peter Laslett pour une date bien postérieure au Moyen Âge. Le principal échantillon utilisé par Laslett, qui comprend cent listes d'habitants, s'étale sur les années 1576 à 1821. Les deux paroisses les plus anciennes et les plus centrales à sa réflexion furent Ealing dans le Middlesex, proche de Londres, en 1599, et Clayworth, plus au nord dans le Notthinghamshire, en 1676. Pour ces deux paroisses, nous disposons d'une analyse détaillée de la structure des ménages et nous constatons effectivement qu'à Ealing, 1 ménage seulement sur 85 comprenait deux couples, parents et enfants mariés, 4 seulement des individus adultes agrégés au couple conjugal, pour moitié des enfants, pour moitié un frère ou une sœur[2]. À Clayworth, aucun ménage sur 78 ne contenait deux couples mariés simultanément, 8 incluaient

1. Voir par exemple, Douglas J. V. Fisher, *The Anglo-Saxon Age c 400-1042*, Londres, Longman, 1973, notamment p. 118, p. 120-121, p. 122 et p. 216.
2. Peter Laslett, « Introduction », in Peter Laslett, Richard Wall et *al.*, *Household and Family in Past Time*, *op. cit.*, p. 1-158, voir p. 85 et p. 130.

des individus supplémentaires agrégés, 4 verticalement, 3 horizontalement[1].

Avec des nuances, les autres listes d'habitants du XVIIe siècle confirment la nucléarité de la famille anglaise. 12 individus vivaient seuls à Ealing, 8 à Clayworth. Nous pouvons donc évoquer une *famille nucléaire absolue* à la fin du règne d'Elizabeth Ire d'Angleterre (1558-1603). Un doute subsiste toutefois sur la date : 95 des 100 listes d'habitants qui constituent l'échantillon principal de Laslett sont postérieures à 1660. Or la transformation culturelle fut telle entre 1550 et 1660, en Angleterre comme dans toute l'Europe occidentale ou centrale, que cette surreprésentation statistique de la fin du XVIIe siècle est un vrai problème pour une datation sûre de la famille nucléaire absolue. Nous ne disposons en particulier d'aucune description de la famille nucléaire absolue avant la transformation de la culture anglaise par la Réforme protestante.

Mais comment pouvaient bien vivre, ou survivre, dans ce contexte familial nucléaire pur, les individus isolés par l'âge ou par le décès de leurs proches, conjoints ou parents : les vieux, les veuves, les orphelins ? Comment était donc socialement traité ce que Laslett a appelé le problème de la « *nuclear hardship* », « l'adversité nucléaire[2] » ? Richard Smith, David Thomson et quelques autres ont étudié et résolu cette question.

La collectivité locale anglaise a maîtrisé le problème par une précoce fiscalité sociale. Les lois sur les pauvres

1. Peter Laslett, *Family Life and Illicit Love in Earlier Generations*, Cambridge, Cambridge University Press, 1977, « Clayworth and Cogenhoe », p. 50-101, et p. 96-97.
2. Peter Laslett, « Family, Kinship and Collectivity as Systems of Support in Pre-Industrial Europe : a Consideration of the Nuclear-Hardship Hypothesis », *Continuity and Change,* vol. 3, n° 2, 1988, p. 153-175.

de 1598 et 1601 ont exigé des paroisses la levée d'un impôt, géré localement par un *Overseer of the poor*, pris en pratique dans la partie supérieure ou moyenne de la paysannerie locale. N'imaginons pas une action à la marge, n'affectant que quelques cas dramatiques et exceptionnels. Un échantillon de 20 communautés, pour la connaissance desquelles ont pu être combinés le registre paroissial (l'état civil ancien) et le registre des pauvres, permet l'étude de 110 000 paiements de pensions entre 1660 et 1740. Or, l'analyse statistique révèle que 5 % de la population recevait une pension hebdomadaire, proportion qui s'élevait à 8 ou 9 % en ville, et à 40-45 % pour les plus de 60 ans[1]. Pour ces derniers, le niveau moyen de la pension correspondait au salaire d'un ouvrier agricole.

Au lendemain du premier virage néo-libéral de l'idéologie anglaise, les réformes des années 1830 mirent en avant le devoir de responsabilité des parents. Mais pour le début des années 1840 encore, David Thomson compte deux tiers de femmes de plus de 70 ans recevant une pension, la moitié des hommes de plus de 70 ans, la moitié des femmes de 65-69 ans, ainsi qu'une minorité significative de femmes de 55-60 ans. Mary Barker-Read évoque, quant à elle, un âge moyen à l'entrée en retraite de 70 ans pour les hommes, et de 3 à 4 années plus jeune pour les femmes, dans les communautés rurales du Kent à la fin du XVIIe ou au XVIIIe siècle[2]. Nous retrouvons

---

1. Richard Smith, « Charity, Self-Interest and Welfare : Reflections from Demographic and Family History », in Martin Daunton et *al.*, *Charity, Self-Interest and Welfare in the English Past*, Londres, UCL Press, 1996, p. 23-49, voir aussi p. 36-38.

2. D'après Richard Smith, qui cite la thèse de Ph. D de Mary Barker-Read, *The Treatment of the Aged Poor in Five Selected West Kent Parishes From Settlement to Speenhamland (1662-1797)*, Londres, Open University, 1988. Voir aussi William Newman Brown, « The Receipt of Poor-Relief and Family Situation : Aldeham, Hertfordshire,

ici le seuil de 70 ans mis en évidence par l'étude des chasseurs-cueilleurs.

Dans un article étonnant, Thomson a montré la continuité de l'histoire de cette sécurité sociale anglaise, ou, mieux encore, son caractère cyclique, avec les hauts et les bas non seulement des prestations, mais des débats sur ce que devraient être leur niveau et le degré de responsabilité des familles et des individus. Il évalue à 70-90 % du salaire moyen des jeunes adultes ouvriers le pouvoir d'achat des pensions attribuées aux vieux ruraux :

« Un paroissien de l'époque des Tudor ou des Stuart transféré dans la Grande-Bretagne des années 1990 n'y reconnaîtrait pas grand-chose, mais serait familier de ses débats tourmentés sur le *Welfare*[1]. »

Richard Smith, grand médiéviste, suggère que les lois sur les pauvres de l'époque élisabéthaine ont été vraisemblablement précédées par une gestion purement locale des retraites des paysans âgés, bien des cas étant supervisés par la cour manoriale (*manorial court*), les versements associant des tenanciers et leurs successeurs qui pouvaient n'être pas leurs parents[2].

Mais ne tirons pas de cet encadrement collectif l'image d'une communauté locale fermée. C'est tout le contraire. La paroisse s'occupe le plus souvent de gens âgés dont les fils et filles adultes sont partis. La famille nucléaire

---

1630-90 », in Richard Smith et *al.*, *Land, Kinship and the Life Cycle*, Cambridge, Cambridge University Press, 1984, p. 405-422.

1. David Thomson, « The Welfare of the Elderly in the Past. A Family or Community Responsability », in Margaret Pelling et Richard Smith, *Life, Death and the Elderly*, Abingdon-on-Thames, Routledge, 1991, p. 194-221, p. 204, et p. 214.

2. Margaret Pelling et Richard Smith, *Life, Death and the Elderly*, *op. cit.*, p. 31.

encourage cette mobilité. Les enfants circulent très jeunes comme domestiques entre les grandes exploitations. Même les fils de gros paysans sont expédiés ailleurs comme domestiques par la pratique du *sending out*. La mobilité géographique qui en résultait était extrême, ainsi que l'a montré l'étude pionnière de Peter Laslett dans son article sur Clayworth et Cogenhoe[1].

Keith Wrightson a pu calculer que, dans le village de Terling, 50 à 60 % des chefs de ménage n'avaient pas de parents dans le village, particulièrement moderne et prospère, situé il est vrai en Essex, à seulement 60 kilomètres de Londres, mégalopole de l'époque[2]. Parmi les personnes se mariant à Terling entre 1580 et 1699, et qui y eurent par la suite au moins un enfant, seulement 25 % des hommes et 33 % des femmes avaient été baptisés dans la paroisse, soit 75 % de mobilité pour les hommes et 67 % pour les femmes[3]. La néolocalité du mariage est la règle puisque l'on se marie et vit hors de son village de naissance.

On peut saisir à Terling un léger biais matrilocal puisque les femmes y sont un peu moins mobiles. Cette matrilocalité est concentrée sur les villageois ordinaires ; dans l'oligarchie des *yeomen*, la primogéniture masculine dominante ne peut qu'entraîner un biais patrilocal opposé. Nous sommes ici probablement confrontés à un fait très

---

1. Peter Laslett, *Family Life and Illicit Love in Earlier Generations*, *op. cit.*, « Clayworth and Cogenhoe », p. 65-86.

2. Keith Wrightson et David Levine, *Poverty and Piety in an English Village*, *op. cit.*, p. 82-87. Les comparaisons effectuées par Wrightson et Levine avec les mesures que j'avais moi-même effectuées pour les réseaux de parenté des communautés de Longuenesse, Wisques et Hallines, dans le Pas-de-Calais à la veille de la Révolution française, dans une région de grande exploitation agricole, suggèrent le relâchement particulier du réseau de parenté anglais.

3. *Ibid.*, p. 79.

général en Europe et en système de parenté bilatéral : la différenciation sociale s'accompagne d'une polarisation anthropologique, selon laquelle la patrilocalité progresse dans le groupe dominant, stable, qui contrôle les maisons et la terre, et la matrilocalité augmente dans le groupe dominé, non fixé au sol. J'ai pu constater ce mécanisme dans des communautés du XVIIIe siècle en Artois et en Basse-Bretagne, ou pour le début du XIXe siècle en Scanie (au sud de la Suède, face au Danemark)[1].

La mobilité des ruraux anglais est, certes, extrême au XVIIe siècle, mais n'imaginons pas qu'elle fait contraste avec une immobilité qui caractériserait le passé. Les règles d'exogamie très strictes appliquées par les populations européennes imposent la sortie du village. La taille moyenne des communautés anglaises devait être de 200 habitants au XVIIe siècle, échelle qui implique une forte mobilité pour éviter la consanguinité des unions[2]. Nous trouvons donc ici des communautés rurales pré-industrielles qui continuent de fonctionner selon la norme *homo sapiens*. Les chasseurs-cueilleurs originels, on l'a dit, étaient exogames et mobiles. La première agriculture aussi fut mobile : née au Moyen-Orient, un temps associé à la sédentarité, elle partit ensuite à la conquête de l'Europe, de l'Afrique du Nord et de l'Asie du Sud.

## L'État et la famille

L'État des Tudor et des Stuart était donc un « État fort », dont le système de sécurité sociale assurait le fonctionnement de la famille nucléaire absolue. Mais il était

1. Emmanuel Todd, « Seven Peasant Communities in Pre-Industrial Europe », Thèse de Ph.D, dactylographiée, Cambridge, 1975.
2. Peter Laslett, *The World We Have Lost*, op. cit., p. 56.

dépourvu de bureaucratie. Il fut précocement efficace en Europe, mais se contentait, pour l'essentiel, de faire édicter centralement par le Parlement des lois nationales qu'il n'avait pas les moyens d'imposer localement par la force. La mise en place de la loi sur les pauvres par les paroisses se fit sur une base pratiquement volontaire, et fut gérée par les élites paysannes locales.

Pour comprendre le précoce État centralisé anglais, le bon concept dont il faut se munir est, selon la distinction appropriée de Steve Hindle, « l'autorité » plutôt que « le pouvoir »[1]. Cet État, faiblement prédateur, fut obéi en dépit de l'absence d'un appareil répressif. Cette « autorité » requiert deux types d'explication. Elle s'explique d'abord par la séparation insulaire, la petite taille et la relative homogénéité culturelle de l'Angleterre ; mais aussi par le respect populaire des hiérarchies sociales, cette culture de la déférence déjà si bien mise en évidence, pour le XVIIe siècle, par Keith Wrightson. Ni l'autorité de l'État, ni celle des grands propriétaires, ni celle des élites paysannes ne sont contestées par les masses. Cette culture de la déférence résulte, selon moi, de l'absence d'une valeur d'égalité dans le système familial.

Le mécanisme de la loi sur les pauvres, géré par les paysans aisés dans l'intérêt de la collectivité, fait apparaître le dualisme de base de la communauté rurale anglaise typique. Les pratiques d'héritage, divergentes pour les gros et les petits paysans, expriment quant à elles la profondeur de cette dualité. La règle théorique, héritée des temps médiévaux, est la primogéniture masculine. Mais les années 1540-1645 ont vu l'établissement de la liberté de tester, parachevée sous Cromwell

1. Steve Hindle, *The State and Social Change in Early Modern England, 1550-1640*, Basingstoke, Palgrave, 2002, p. 206 et p. 236.

pendant la première révolution, d'essence fondamentalement individualiste malgré son issue militaire et dictatoriale[1]. Les descentes monographiques au niveau des communautés rurales mettent en évidence, à partir du XVIIe siècle, une double pratique. Les gros paysans, dans l'ensemble, pratiquent la primogéniture, l'atténuant s'ils le peuvent en assurant quelques transferts de terres à leurs cadets. Au-dessous d'eux, la division libre des biens est d'autant plus pratiquée que l'on est moins riche. On observe parfois une surreprésentation, contre-intuitive, du testament chez les humbles[2].

Le ménage nucléaire est cependant commun à toutes les catégories sociales rurales puisque l'introduction de la primogéniture ne semble pas avoir eu le temps nécessaire pour conduire à une corésidence en milieu paysan des générations adultes, comme en Allemagne, au Japon, dans le sud-ouest de la France ou au nord de la péninsule Ibérique. Reste que la primogéniture franco-normande, introduite dans l'île par l'aristocratie conquérante, a suffisamment diffusé vers le bas de la structure sociale pour atteindre la couche supérieure de la paysannerie, les *yeomen* de la vieille Angleterre, groupe directeur des communautés paysannes élémentaires. La valeur d'inégalité inhérente à la primogéniture fait donc bien partie de la matrice initiale anglaise, mais elle est contredite par les tendances plus souples des couches profondes de la population paysanne. À tous, cependant, la liberté de tester donne la possibilité de ne suivre aucune règle. Cette liberté ne doit pas être perçue comme une innovation à proprement parler. Elle est la mise en forme légale et moderne de l'indifférenciation primitive : la liberté du

---

1. Emmanuel Todd, *L'Origine des systèmes familiaux*, *op. cit.*, p. 457.
2. *Ibid.*, p. 402-403.

paysan anglais demeure celle du chasseur-cueilleur des origines.

Lorsque nous saisissons avec précision la famille nucléaire absolue, dans la seconde moitié du XVIIe siècle, le dualisme économique de la communauté villageoise apparaît redoublé par une dimension culturelle. Le taux d'alphabétisation des *yeomen* tourne autour de 70 % pour les hommes, sauf dans le nord arriéré de l'Angleterre où il peut tomber à 30 %. Pour ce qui concerne la capacité de lire, les gros paysans sont alignés sur les classes artisanales et marchandes urbaines. La masse des paysans plus pauvres n'atteint en général que 30 % d'alphabétisation[1].

Keith Wrightson a noté une opposition entre les paroisses « fermées » des plaines, d'habitat groupé, bien contrôlées par l'oligarchie paysanne et le noble local, et les paroisses « ouvertes » des zones plus accidentées, souvent d'habitat dispersé en hameaux, moins dominées par le principe de déférence sociale[2].

## Les cycles dans l'histoire anglaise

Les historiens anglais les plus récents ont donc retrouvé et confirmé ce que Karl Polanyi avait mis en évidence dans *La Grande Transformation* : l'encadrement de l'individualisme par les monarchies Tudor et Stuart. Les révolutions du XVIIe siècle mettent en place un cadre légal nouveau, capable en théorie de libérer l'homme de la communauté, essentiellement rurale à cette époque.

---

1. David Cressy, *Literacy and the Social Order. Reading and Writing in Tudor and Stuart England*, op. cit., notamment p. 118-141. Voir aussi Keith Wrightson et David Levine, *Poverty and Piety in an English Village*, op. cit., p. 145-151.

2. Keith Wrightson, *English Society, 1580-1680* [1982], Abingdon-on-Thames, Routledge, 2003, p. 179-181.

Les *enclosures*, achevées par actes du Parlement au XVIIIᵉ siècle, finiront effectivement par détruire les restes des contraintes collectives héritées de la vie agraire. Toute tradition de responsabilité sociale ne fut pas cependant brisée par les révolutions agraire et industrielle anglaises : l'individualisme économique resta longtemps encadré par les autorités locales. Les poussées libérales n'en finissent décidément pas, en Angleterre, de déclencher des réactions collectives. Polanyi consacre un chapitre entier à la jurisprudence Speenhamland, qui empêcha, entre 1795 et 1834, l'établissement d'un marché libre du travail.

À nouveau, le rôle des autorités locales apparaît décisif, plus encore même que sous les Tudor puisque c'est une décision locale qui finit par être généralisée. « Les justices de paix du comté de Berkshire, réunies à l'auberge du Pélican, à Speenhamland, près de Newbury, le 6 mai 1795, par des temps de grande détresse, décidèrent qu'un supplément aux salaires devait être assuré aux pauvres, en fonction du prix des grains, de sorte qu'un salaire minimum soit assuré aux pauvres quels que soient leurs revenus[1]. » Il ne s'agissait pas vraiment d'une loi, puisqu'aucune grille générale ne fut jamais adoptée, mais l'exemple fut suivi dans la majorité des campagnes et dans une partie des villes, suffisamment en tout cas pour que le marché du travail en soit affecté.

Au début des années 1830 s'ouvre une phase libérale dure de l'histoire anglaise. Le *Reform Bill* de 1832 ouvre aux classes moyennes la voie du Parlement. En 1834, la jurisprudence Speenhamland est abolie. Le moment semble venu d'une application féroce des préceptes économiques malthusiens et ricardiens. Fini le paternalisme

---

1. Karl Polanyi, *The Great Transformation* [1944], Boston (Mass.), Beacon Press, 2001, p. 82 (*La Grande Transformation. Aux origines politiques et économiques de notre temps*, Paris, Gallimard, 2009).

hérité des Tudor. Une première révolte des élites désigne les pauvres comme moralement coupables et destinés au redressement moral par la loi du marché.

L'important n'est pas ici d'apprécier la qualité du débat sur les conséquences économiques ou morales de tel ou tel type de régulation, ou du refus de la régulation du marché du travail. L'important est de réaliser que l'image d'une culture anglaise ultralibérale par nature est une fiction. L'Angleterre fut, certes, le lieu de naissance du capitalisme individualiste. Il existe bien un lien entre la famille nucléaire absolue et la plasticité de la société anglaise, entre l'absence de valeur d'égalité et la faiblesse des réactions populaires aux violences de la révolution industrielle. Mais nous découvrons toujours, et même après 1834, ainsi que l'a montré David Thomson, que cette famille nucléaire n'aurait pu exister sans l'apport d'une prise en charge collective des individus décrochés du noyau familial élémentaire, les vieux principalement, mais aussi les orphelins et, dans la phase de transition de la campagne vers la ville, les ouvriers en perdition.

L'État Tudor lui aussi fait donc partie de la matrice anthropologique anglaise. La famille nucléaire absolue et la loi sur les pauvres, c'est-à-dire la paroisse en action, constituent une totalité fonctionnelle. C'est tellement vrai que la désintégration du paternalisme Tudor a fait apparaître une complexification de la structure des ménages anglais entre 1750 et 1880, ainsi que l'a montré Steven Ruggles[1]. La révolution industrielle développe ses effets

---

1. Steven Ruggles, *Prolonged Connections. The Rise of the Extended Family in 19th Century England and America*, Madison (WI), University of Wisconsin Press, 1987, voir notamment le graphique p. 5. Les premières études de Peter Laslett et du Groupe de Cambridge ont exagéré la constance de la structure des ménages anglais, sans doute parce que Laslett s'est contenté d'observer « la taille moyenne des ménages » (« *Mean household size* ») sur la longue période. Voir

à l'extérieur des communautés rurales, et les nouveaux prolétaires doivent, plus que les paysans, s'appuyer sur leurs liens familiaux. Michael Anderson a analysé le phénomène en détail pour le Lancashire du milieu du XIXᵉ siècle. Il a compté, dans la communauté industrielle de Preston, 23 % de familles élargies au-delà de la famille conjugale et 65 % des hommes de 20-24 ans vivant avec leurs parents, contre seulement 53 % dans la campagne environnante[1].

L'Angleterre, nous l'avons dit, a devancé la France dans la course à la modernité politique, inventant la représentation politique et la nation bien avant 1789. Nous devons désormais mettre en question un autre lieu commun de nos manuels scolaires, qui nous assurent que Bismarck et l'Allemagne ont inventé la sécurité sociale. Non, une fois de plus, c'est en Angleterre que nous pouvons observer le premier État social européen, associé à une culture familiale individualiste plutôt que communautaire ou souche.

## Plus loin dans le passé : l'empreinte de Rome dans les campagnes

La famille nucléaire absolue nous apparaît, dans la seconde moitié du XVIIᵉ siècle, avec ses caractéristiques essentielles, mais solidement encadrée par une communauté villageoise qui se veut l'incarnation locale de l'État. En l'absence d'un échantillon plus ancien de listes d'habi-

---

par exemple Peter Laslett, « Mean Household Size in England Since the 16ᵗʰ Century », in Peter Laslett, Richard Wall et *al.*, *Household and Family in Past Time*, *op. cit.*, p. 125-158.

1. Michael Anderson, *Family Structure in 19ᵗʰ Century Lancashire*, Cambridge, Cambridge University Press, 1971, p. 44 et p. 85.

tants qui décriraient la structure des ménages, nous ne pouvons remonter plus haut, avec rigueur, dans l'histoire de la famille anglaise. Nous pouvons en revanche saisir l'origine de cette communauté villageoise si puissante et hiérarchisée. Au plus profond du Moyen Âge, en effet, nous trouvons le manoir, lui-même héritier plus que vraisemblable de la villa romaine.

Dans l'Angleterre du XIIIe siècle domine un système agraire familier aux médiévistes, particulièrement aux spécialistes de l'espace central carolingien situé entre la Loire et le Rhin. Le village est groupé au centre de son terroir. Ce terroir est divisé en trois soles, dont chacune est elle-même finement divisée en lanières. Les paysans cultivent des tenures qui comprennent des éléments dans chacune des trois soles. Une partie du terroir est gérée directement par le seigneur du lieu, ou par son intendant, la réserve, travaillée par les tenanciers[1]. L'assolement triennal fait que, chaque année, l'une des soles est consacrée à des blés d'hiver, une autre à des blés de printemps et la troisième est laissée en jachère pour laisser reposer la terre. Tous les paysans se plient à la discipline collective de l'assolement triennal, même si leurs parcelles constituent ensemble une exploitation tenue en propre. L'entraide entre voisins est évidemment essentielle. Des droits de pâture, de glanage, appartenant indifféremment à tous les membres de la communauté, complètent la forte dimension collective du système. Le seigneur du lieu exerce des droits économiques spécialisés, tel un éventuel monopole du moulin, du pressoir ou du four villageois (dits banals). Les paysans sont des serfs, attachés au sol, mais dont le statut ne peut être assimilé à celui des esclaves. Ils appartiennent à leur seigneur, mais

---

1. On dit aussi « domaine » pour la « réserve », mais le mot « domaine » renvoie parfois à l'ensemble du terroir.

possèdent des droits coutumiers, dont celui de transmettre à l'un ou à plusieurs de leurs enfants leur tenure.

Max Weber avait noté une différence fondamentale entre le serf médiéval et l'esclave antique : le serf a retrouvé le droit au mariage et à la famille[1]. Weber s'est inspiré des agronomes romains pour nous décrire la villa romaine comme une véritable caserne. Elle est peuplée d'esclaves, sous-hommes privés de vie familiale et sexuelle régulière. La villa, dont on trouve les restes archéologiques à travers tout l'Occident romain, fut donc, selon Weber, incapable d'assurer la reproduction de sa population. En l'absence d'un approvisionnement régulier en esclaves fournis par la guerre, elle était condamnée à disparaître ou à muter en autre chose. La paix romaine, qui a tari l'approvisionnement en main-d'œuvre servile, a induit par elle-même une crise et une transformation du mode de production agraire. C'est la thèse de Weber, et elle est fort convaincante.

Mais Rome a laissé dans toute l'Europe de l'Ouest la marque de cette cellule rurale de base, l'empreinte de la villa étant d'autant plus marquée que la région concernée était moins avancée sur le plan agricole au moment de la conquête. Voici désignées comme marquées du sceau de Rome les campagnes du nord de la Gaule, de la Germanie occidentale et de l'Angleterre.

Si le servage n'a pas ramené le travailleur agricole à la liberté, il lui a donc rendu le droit au mariage et à la famille. Le serf n'est pas une chose, un bien mobilier, transférable à volonté. Le seigneur qui succède au maître de la villa exerce cependant un droit de basse justice sur les individus et les familles, l'exercice de la peine de mort étant réservé au roi. Il existe aussi des droits seigneuriaux

---

1. Max Weber, *Économie et Société dans l'Antiquité* [1909], Paris, La Découverte, 2001, p. 71-73.

sur la famille, qui concernent la transmission de biens et le mariage à l'extérieur de la communauté. Idéalement, la seigneurie est tenue du roi en fief, mais il existe des seigneuries extérieures au système féodal, comme on trouve des tenures libres, allodiales.

### Le manoir anglais

Le manoir anglais (*manor*) fut un peu plus tardif et beaucoup plus parfait que la seigneurie française. Marc Bloch (1886-1944), qui a tenté de comparer les deux en 1936 dans un cours inachevé, les a définis comme des *groupes de souveraineté*, qui mêlaient fonctions économiques et organisation politique, et étaient les éléments constitutifs locaux du système féodal[1].

Le manoir anglais a représenté la forme la plus achevée de l'encellulement politique de la paysannerie. Michael Postan (1899-1981) a repris sur ce point Frederic William Maitland (1850-1906), l'un des grands ancêtres de la discipline, pour suggérer que, dans le cas du manoir anglais, « *the estate is the state*[2] » (le domaine c'est l'État). C'est l'une des raisons pour lesquelles certains de ces manoirs ont laissé une documentation prodigieuse, les *manorial court rolls*, même s'il est vrai que l'absence, dans l'histoire anglaise, d'une révolution agraire « par en bas » explique pour une part la survie et l'abondance de ces archives. La cour manoriale, régulatrice juridique de la vie des paysans du Moyen Âge, est sans doute la source originelle du juridisme anglais et, au-delà, anglo-américain.

1. Marc Bloch, *Seigneurie française et Manoir anglais*, Paris, Armand Colin, 1967, cours professé en 1936, p. 17.
2. Michael Postan, *The Medieval Economy and Society*, Harmondsworth, Pelican Books, 1975, p. 87.

Nous trouvons déjà, dans la communauté villageoise anglaise du XIIIe siècle, la stratification sociale du XVIIe. Postan nous donne comme typique de l'Angleterre du Sud : 22 % de gros tenanciers, 33 % de moyens et 43 % de petits[1].

Une telle stratification, mais décalée vers le bas, à une époque où existaient encore des esclaves et où la majorité des paysans étaient des serfs, était présente dans le *Domesday Book* de 1086, rédigé en latin par des clercs et des commissaires normands ou manceaux pour décrire ces communautés de langue anglo-saxonne soumises à des seigneurs francophones depuis au maximum une vingtaine d'années. Commençons par les traces les plus anciennes, les catégories antiques résiduelles : 9 % d'esclaves (*servi*), 4 % d'hommes libres (*liberi homines*), 8 % de *sokemen* (*sochmanni*, libres personnellement mais qui travaillaient une terre frappée de servitudes). Restent, pour la masse des paysans, en descendant l'échelle sociale : 38 % de vilains (*villani*), 32 % de bordiers et de cottiers (*bordarii et cotarii*). Le groupe des gros paysans n'était pas alors dégagé de la masse des vilains.

Comment expliquer la puissance, en Angleterre, à partir du XIIe ou du XIIIe siècle, de l'organisation collective locale, l'existence d'une cellule paysanne si clairement verrouillée par sa strate supérieure ? La réorganisation normande des royaumes anglo-saxons est évidemment un facteur essentiel. C'est un système féodal déjà conceptualisé qui a été plaqué sur la communauté rurale anglaise et l'a transformée. La classe dirigeante anglo-saxonne fut éradiquée, la primogéniture imposée. L'esprit administratif et juridique des Normands, leur idée de l'État sont entrés dans les mœurs. Mais les Normands n'ont créé en Angleterre ni le manoir ni le servage. Je l'ai déjà

1. *Ibid.*, p. 145.

suggéré en évoquant Rome : l'histoire « régressive » ne peut s'arrêter aux Normands. Le grand domaine, carolingien ou anglo-saxon, renvoie ultimement à la villa romaine, si importante dans la mise en forme des terroirs de l'Europe du Nord-Ouest. C'est une évidence dans le cas des domaines situés entre le Rhin et la Loire, et à propos desquels il n'y a guère de débat. Dans le cas de l'Angleterre, l'éradication par les conquérants angles, saxons et jutes, non seulement de la langue mais aussi des toponymes bretons ou latins, a beaucoup obscurci les choses. En outre, à partir de 1890, une école germaniste est née outre-Manche, qui s'est employée à brouiller l'évidence. Le fantasme victorien tardif d'une Angleterre vierge de toute latinité, romaine ou franco-normande, s'est alors répandu[1].

Pour ce qui me concerne, je considère que la question avait été, si l'on peut dire, réglée avant même d'être posée, par le premier grand historien anglais du village médiéval, Frederic Seebohm. Dans *The English Village Community, Examined in Its Relation to the Manorial and Tribal Systems and to the Common or Open Field System of Husbandry,* publié en 1883[2], Seebohm avait tracé le type idéal de la communauté rurale anglaise dans l'histoire. Il était parti du terroir de Hitchin, qu'il avait

---

1. Son destin semble d'ailleurs lié aux fluctuations du prestige de l'Allemagne. Frederic W. Maitland (dans *Domesday Book and Beyond. Three Essays in the Early History of England* [1897], Londres, Fontana, 1969) avait suivi les historiens allemands qui voulaient associer les structures sociales de leur époque aux ethnies originelles, avec, au cœur du fantasme, la liberté germanique. En 1896, Ernest E. Williams avait publié *Made in Germany*, best-seller qui s'inquiétait du triomphe de l'industrie allemande. Déjà ! Et c'est au lendemain de la Seconde Guerre mondiale que l'on rétablit l'importance de Rome dans l'histoire de l'Angleterre. L'état de l'Europe en 2017, dominée par l'Allemagne, laisse prévoir une nouvelle poussée germaniste...
2. Réédition, Cambridge, Cambridge University Press, 2012.

sous les yeux, pour remonter aux origines romaines du système. Seebohm, et non Maitland, est selon moi le vrai génie de l'historiographie médiévale britannique. Développée cinquante ans avant celle de Marc Bloch, sa démarche « régressive » et comparative impressionne. L'opposition qu'il propose entre le système anglais et les systèmes tribaux – irlandais, gallois ou germaniques – transcende les catégories ethniques banales. Seebohm ne décèle, en effet, une parenté de terminologie et de conception qu'entre l'Angleterre et les peuples germaniques du continent qui ont subi, à l'intérieur de l'Empire, la marque de Rome. À noter que l'une des erreurs puériles des historiens « germanisants » est de presque toujours oublier la contribution romaine à la formation de la civilisation allemande, dans la structuration des villages et des villes autant que dans la mise en forme écrite de la langue.

Quoi qu'il en soit, ce que nous découvrons donc au plus profond de l'histoire, dans le manoir anglais, sous l'empreinte normande, c'est la trace de Rome. Le manoir est l'État parce qu'il vient de Rome, qui a porté en Europe du Nord-Ouest l'ensemble de l'acquis des civilisations méditerranéennes et, au-delà, moyen-orientales : l'écriture, la ville, l'État, et ici, plus spécifiquement, une organisation collective de l'agriculture. Le manoir n'est certes plus la villa romaine. Son exploitation centrale n'occupe plus tout le terroir et il n'est plus cultivé par des esclaves. Mais loin de renvoyer à un passé tribal indéfini, le mode de production simultanément individuel et collectif du village médiéval anglais, organisé, politique, évoque Rome et son principe d'ordre. Le tribal n'existe qu'en dehors de l'influence politique, administrative et culturelle de Rome.

285

## De la famille nucléaire indifférenciée
## à la famille nucléaire absolue

Quelques éléments nous manquent pour décrire précisément les variétés régionales de la vie rurale anglaise, mais nous sommes néanmoins en mesure de définir un type-idéal du manoir, et donc de la collectivité locale au XIIIᵉ siècle. Ce qui n'empêche pas la famille médiévale de demeurer, pour l'essentiel, inaccessible.

George Homans en a pourtant tenté une reconstitution en s'appuyant sur la distribution géographique des règles d'héritage, primogéniture, ultimogéniture ou divisibilité des patrimoines. Mais aucune liste d'habitants ne nous confirme, comme il semble le croire, que la primogéniture impliquait, au XIIIᵉ siècle, une forme étendue de la famille[1]. Compte tenu de la densification progressive du ménage qui suit en général l'établissement d'une règle de primogéniture, la nucléarité ultérieure de la famille anglaise suggère, au contraire, que la corésidence systématique de deux générations adultes n'existait pas au XIIIᵉ siècle. Nous avons bien affaire à un type familial nucléaire. Mais ce type nucléaire médiéval peut-il être raisonnablement décrit, ou imaginé, comme « absolu », ou restait-il « indifférencié » ? Le tableau qui suit indique, à gauche les traits caractéristiques du type idéal de la famille nucléaire indifférenciée, à droite ceux de la famille nucléaire absolue observée en Angleterre dans la seconde moitié du XVIIᵉ siècle, au milieu ce que nous savons et ne savons pas du système familial anglais du XIIIᵉ siècle.

---

1. George Homans, *English Villagers of the 13ᵗʰ Century* [1941], New York, Harper and Row, 1970.

**Tableau 9.1. Quelle famille nucléaire anglaise au XIIIᵉ siècle ?**

| Traits caractéristiques | Type idéal de la famille nucléaire indifférenciée | Famille dans l'Angleterre du XIIIᵉ siècle | Famille nucléaire absolue dans l'Angleterre du XVIIᵉ siècle |
|---|---|---|---|
| Parenté bilatérale | Active | ? | Désactivée |
| Localisation mariage | Flexible | (flexible) | Flexible |
| Nucléarité | Tempérée | ? | Stricte |
| Monogamie | Tempérée | Stricte | Stricte |
| Héritage | Flexible | ? | Flexible |
| Exogamie | Tempérée | Stricte | Stricte |

• Pour le Moyen Âge central, nous n'avons que deux certitudes, qui résultent des interdits catholiques sur la polygamie et sur le mariage dans la parenté : la famille nucléaire du XIIIᵉ était déjà détachée de la monogamie et de l'exogamie « tempérées » du type originel.

• Nous ne pouvons affirmer que la localisation du mariage par rapport aux parents était flexible, mais cela est vraisemblable puisqu'elle l'est encore au XVIIᵉ.

• L'incertitude est plus grande encore pour l'héritage, flexible dans le type idéal archaïque comme dans le type moderne. Le travail de G. Homans exagère certainement l'emprise des règles de primogéniture, puisque nous avons vu qu'au XVIIᵉ siècle, encore, celle-ci ne touchait que les paysans aisés dans un système globalement flexible, mais il nous contraint quand même à laisser la case en blanc.

• Nous ne savons pas du tout si la nucléarité admettait encore la corésidence temporaire au XIIIᵉ siècle.

• Nous ignorons si la parenté bilatérale était encore, comme dans le type idéal indifférencié, active, ou si elle était déjà désactivée comme elle le serait au XVII<sup>e</sup> siècle, remplacée par la collectivité locale, devenue élément fonctionnel du cycle de vie, avec ses pensions pour les vieux les moins riches. Au XIII<sup>e</sup> siècle, la mutation protestante n'a pas produit son effet désintégrateur sur la parenté.

Nous disposons d'une étude, magnifique mais unique en son genre, de Richard Smith sur le fonctionnement de la fratrie dans un manoir du Suffolk entre 1260 et 1320[1]. L'interaction des frères y est évidente, plus importante encore que celle entre pères et fils, et Smith souligne la prédominance de la latéralité dans la parenté. C'est un élément central du système nucléaire indifférencié, et sur la foi de cette seule étude nous pourrions affirmer qu'au XIII<sup>e</sup> siècle, le processus de nucléarisation absolue n'avait pas eu lieu dans le manoir de Redgrave, qui fournissait pourtant un encadrement collectif fort ainsi qu'en témoigne la qualité de la documentation qu'il a laissée. Mais à Redgrave, on partageait les héritages, trait archaïque, comme dans la majorité des manoirs du comté de Suffolk en East Anglia. Seul le Norfolk, immédiatement au nord, et le Kent, au sud de la Tamise, divisaient encore davantage les héritages sur la frange est de l'Angleterre. À l'ouest, le pays de Galles pratiquait pleinement la divisibilité du Gavelkind. À Redgrave, nous sommes sur la périphérie est de la zone centrale couverte par le type idéal de la communauté rurale du XIII<sup>e</sup> siècle. Rien n'indique donc que ce manoir soit représentatif. Et

---

1. Richard Smith, « Families and Their Land in an Area of Partible Inheritance : Redgrave, Suffolk 1260-1320 », in Richard Smith et *al.*, *Land, Kinship and the Life Cycle*, *op. cit.*, p. 135-195.

c'est même plutôt l'inverse qui semble vrai. Le *Domesday Book* nous révèle en effet qu'en 1086, deux siècles plus tôt, le Suffolk était hautement atypique : 35 % de *libres* (moyenne anglaise 4 %), 5 % de *sokemen* (moyenne 8 %), 4 % d'*esclaves* (moyenne 9 %), 14 % de *vilains* (moyenne 38 %), 30 % de *bordiers et cottiers* (moyenne 32 %)[1]. Nous sommes ici en East Anglia, point d'arrivée, comme son nom l'indique, des Angles.

Ce que pourrait prouver la parenté latérale si active du manoir de Redgrave, c'est qu'en ce point d'arrivée, le modèle « germaniste » s'applique, quoique avec des conséquences imprévues pour ses partisans. Massivement implantés, les envahisseurs germains auraient vraiment remplacé les populations plutôt que pris le contrôle de manoirs et de serfs déjà existants, d'où le très grand nombre d'hommes libres. Mais ce qui resterait alors de la germanité, ce serait, ironiquement, la banalité d'une parenté vivante, de frères proches, ce que les généalogies royales anglo-saxonnes avaient déjà fait apparaître et qui rapprocherait les Germains en question des Celtes ou des Slaves de l'Antiquité, des Irlandais ou des Polonais du début du XIXᵉ siècle.

Sur la zone centrale, couverte au XIIIᵉ siècle de champs ouverts, de villages groupés, occupés par des serfs transmettant en théorie leur tenure par primogéniture, nous ne pouvons rien dire. Je doute que l'on parvienne un jour à reconstituer pleinement la structure familiale du XIIIᵉ siècle dans ce cœur de l'Angleterre. Nous restons à ce stade face à notre dilemme : la force du collectif local, le manoir, rend concevable une nucléarisation absolue

---

1. Voir Frederic Seebohm, *The English Village Community, Examined in Its Relation to the Manorial and Tribal Systems and to the Common or Open Field System of Husbandry, op. cit.*, cartes entre les pages 86 et 87.

des familles dans cette période très ancienne. Cependant, tant de mutations sociales capitales sont intervenues entre 1350 et 1650, dans des domaines si proches de la vie familiale – mutations juridiques, économiques, religieuses, démographiques, éducatives, judiciaires –, que le principe de vraisemblance conduirait à situer après le XIIIᵉ siècle l'apparition de la famille nucléaire absolue. Les années 1550-1650 sembleraient cruciales dans un tel processus.

## La mutation des années 1550-1650

Reprenons une séquence simplifiée des éléments qui peuvent avoir conditionné l'évolution de la famille dans l'histoire anglaise : l'affaiblissement du servage commence au XIIᵉ siècle, mais une renaissance temporaire se produit au XIIIᵉ, et sa liquidation n'intervient qu'après la grande peste de 1348, qui tue 40 à 45 % la population mais fait augmenter les salaires et mène à la première privatisation complète de certaines exploitations agricoles. À ce stade précoce des *enclosures*, des terres de cultures sont converties en pâturages[1]. La disparition du servage, et des droits qui l'accompagnent, évoque la possibilité d'un accroissement de la mobilité des individus par rapport aux villages, et peut-être aussi d'une distanciation par rapport à leur parenté.

Mais les années 1550-1650 sont, en Angleterre comme dans toute l'Europe, le moment de la grande mutation mentale. C'est alors que tout bouge. Menée par Henri VIII, l'Angleterre se sépare de Rome entre 1532 et 1536. La Réforme protestante ne produit vraiment ses effets,

---

1. Michael Postan, *The Medieval Economy and Society, op. cit.*, p. 160-173.

en transformant les esprits, qu'à partir du règne d'Elizabeth, dont le règne commence en 1559. L'histoire
des arts, des lettres et des sciences désigne l'époque
élisabéthaine comme le moment du décollage culturel
de l'Angleterre.

Dès le règne d'Henri VIII, cependant, avait été formalisée la liberté de tester. En 1540, il devient possible
de disposer librement des deux tiers de la terre relevant
d'une obligation « militaire » (le fief) et de la totalité
des autres. Sous la révolution, l'idée de tenure militaire
devient franchement anachronique et le Long Parlement
établit une entière liberté de disposer de ses biens en
1645. L'aristocratie protégera toutefois ses enfants de la
liberté anglaise par la procédure des *entails*, capables de
maintenir une primogéniture échappant à la liberté des
individus sur plus de deux générations.

De la masse confuse et simultanée des changements,
on tire le sentiment qu'une famille nucléaire absolue a
émergé entre 1550 et 1650. Nous pouvons ici tirer parti
des progrès considérables de l'histoire quantitative. Tony
Wrigley et Roger Schofield nous ont ainsi montré, ainsi
qu'on l'a dit plus haut, une élévation de l'âge au mariage,
et une augmentation de 8 % à 24 % du nombre des individus qui ne se marient pas entre la génération née vers
1555 et celle née vers 1605[1]. C'est, vu d'Angleterre,
l'émergence du modèle de mariage ouest-européen saisi
par John Hajnal, décrite au chapitre 5.

La famille ne peut qu'en avoir été transformée. Le
mariage tardif est, entre autres, le fait d'adolescents qui
quittent leurs familles pour aller travailler sur d'autres
exploitations que celles de leurs parents. Le célibat définitif place, quant à lui, des masses d'individus à l'extérieur
du cycle de reproduction.

---

1. *The Population History of England, 1541-1871, op. cit.*, p. 260.

D'autres indicateurs sociaux profonds évoquent un bouleversement des mentalités dans l'Angleterre des années 1550-1650, dont on aurait du mal à croire qu'ils n'aient aucun rapport avec la vie familiale.

David Cressy nous permet ainsi d'observer une alphabétisation qui décolle chez les nobles, les gros paysans, les commerçants et les artisans entre 1530-1550 et 1600, n'atteignant cependant pas encore massivement les catégories rurales inférieures[1]. C'est bien sûr l'effet de la Réforme protestante, qui exige l'accès direct de tous aux Écritures. Les élites rurales s'empressent aussitôt, dans la période, de tenter un redressement des mœurs de la partie inculte de la population. Moralisme et rigorisme colorent la vie sociale et politique de l'époque, qui laissera à l'Occident le mot « puritain ».

Lawrence Stone a évoqué, dans un article consacré à la violence interpersonnelle entre 1300 et 1800, une poussée de fièvre à la fin du XVIe siècle, à l'intérieur d'un mouvement général de diminution de l'homicide identifié par T. R. Gurr. Stone saisit une poussée générale de ce que Durkheim aurait qualifié d'individualisme, comprenant rupture des liens sociaux, isolement et colère des individus[2]. Partant de l'exemple du village de Terling en Essex, où Wrightson et Levine ont perçu, à travers l'augmentation des conflits interpersonnels dans les cours de justice, que « quelque chose » se passait, Stone généralise :

« Ce quelque chose n'affectait pas un seul village mais la société tout entière, ainsi que le montrent les données pour

---

1. David Cressy, *Literacy and the Social Order, op. cit.* graphiques p. 159-163.
2. Sur le lien entre alphabétisation et révolution, voir Lawrence Stone, « The Education Revolution in England 1560-1640 », *Past and Present*, n° 28, juillet 1964, p. 41-80, et « Literacy and Education in England, 1640-1900 », *Past and Present*, n° 42, février 1969, p. 63-139.

tous les comtés du Home Circuit[1]. D'autres indicateurs de désintégration sociale et d'anomie, dans l'Angleterre de la fin du XVI^e et du début du XVII^e siècle, étaient un taux élevé d'illégitimité, un niveau élevé d'accusations de sorcellerie entre villageois, un stupéfiant niveau de dénonciations entre voisins pour déviance sexuelle, et un taux élevé de poursuite pour diffamation de toutes sortes entre voisins (principalement des femmes). Tout cela suggère qu'entre 1560 et 1620, une hausse brutale d'indicateurs très variés d'anomie sociale est intervenue, ainsi qu'un effondrement de la méthode de règlement consensuelle des conflits dans la communauté[2]. »

## Intériorisation dans l'individualisme

Une histoire du seul Occident, frange maritime de l'Eurasie, pourrait conduire à caractériser cette phase des années 1550-1650 en Angleterre comme celle d'une « montée de l'individualisme ». En un sens local, restreint, l'expression est parfaitement acceptable. Le réseau de parenté large, certes flexible, s'est néanmoins défait, et a été remplacé par l'État, incarné localement par une communauté capable de s'occuper des orphelins et des vieux. Et c'est ainsi qu'en effet, le passage de l'indifférenciation à la nucléarité absolue pourrait, d'une certaine manière, être interprété comme une « montée de l'individualisme ».

Mais l'expression pose des problèmes aussitôt que l'on tente de l'appliquer là où la tendance historique

1. Le Home Circuit couvre, autour de Londres, les comtés d'Essex, Hertfordshire, Kent, Surrey et Sussex.
2. Lawrence Stone, « Interpersonal Violence in English Society, 1300-1980 », *Past and Present*, n° 101, novembre 1983, p. 22-33, citation p. 31-32.

293

est, à la même époque, au contraire, à l'augmentation de la densité du système familial, autrement dit là où se condense autour de l'individu la contrainte de ses plus proches parents. Elle devient, par exemple, inopérante au-delà du Rhin, du Massif central ou des Alpes, partout en fait où l'on observe, durant cette période, une montée en puissance de structures familiales denses, anti-individualistes par essence, qu'il s'agisse de la famille-souche allemande ou occitane, ou du modèle communautaire d'Italie centrale.

Réservant le mot « individualisme » à l'étude des systèmes familiaux, je vais utiliser celui d'« individuation » pour décrire le processus de transformation de la personnalité modale durant les années 1550-1650. La distinction est particulièrement importante lorsque nous sommes confrontés à des régions où l'histoire concrète révèle simultanément un processus d'individuation et une chute de l'individualisme familial, comme en Allemagne à partir de la Réforme. L'opposition allemande classique de l'homme intérieur libre et de l'homme extérieur serf, et plus généralement la dualité liberté/servitude de la rhétorique luthérienne, illustre assez bien ce mouvement complexe d'une individuation dans un reflux de l'individualisme.

La prudence conceptuelle dans l'emploi du mot individualisme s'impose aussi dans le cas de l'Angleterre. La famille nucléaire s'y épure et l'on peut, certes, évoquer une montée de l'individualisme familial. La Réforme protestante y produit aussi, comme en Allemagne, ses effets d'individuation. Mais en Angleterre autant qu'en Allemagne et en Suède, l'intériorité protestante s'accompagne d'une intensification du contrôle communautaire sur la morale et les conduites. Ainsi que je l'avais noté en conclusion du chapitre sur la grande transformation mentale, le surplus protestant d'individuation trouve sa

294

contrepartie dans une emprise plus grande de la communauté locale et de l'État sur l'individu.

## Liberté familiale et domination politique en Angleterre

Nous pouvons désormais situer, géographiquement et historiquement, l'Angleterre dans le développement de l'Eurasie.

Celle-ci a reçu du Moyen-Orient l'agriculture vers 4000 AEC. La conquête romaine puis l'invasion normande y ont formé ses cellules rurales et leur rapport à l'État.

La famille nucléaire indifférenciée des « barbares », Celtes ou Germains, s'y est transformée assez tardivement en famille nucléaire absolue. Le système de parenté bilatéral a été désactivé, la solidarité des frères et sœurs a cessé d'être une composante essentielle du fonctionnement des groupes locaux. La nucléarité du ménage s'en est trouvée radicalisée. Enfin, le type épuré de la famille nucléaire absolue anglaise est apparu, hostile à la corésidence des générations.

Mais certaines des valeurs fondamentales de la famille nucléaire indifférenciée demeurent visibles dans le type nucléaire absolu. L'usage du testament est une version formalisée de l'indifférenciation originelle. La famille nucléaire absolue n'est ni égalitaire, ni franchement inégalitaire. Nous devons toutefois relever l'importance, en Angleterre, du concept de primogéniture noble, amené par l'aristocratie franco-normande. L'idéal de primogéniture n'a, certes, pas mené à l'émergence de la famille-souche. Mais nous pouvons interpréter bien des traits de la famille nucléaire absolue comme résultant soit d'une influence acceptée, soit d'une réaction de rejet.

Du côté de l'action positive : le principe vertical de la famille-souche, qui insiste sur le lien entre père et fils, et sépare les frères, n'a pu que jouer un rôle dans la disparition de la solidarité latérale entre groupes domestiques à l'époque de la famille nucléaire indifférenciée.

Du côté du rejet : la famille-souche tend à établir progressivement la contrainte d'une cohabitation du père et du fils adulte. Nous pouvons voir, dans le trait central de la famille anglaise qu'est l'évitement de cette cohabitation, une application du principe d'acculturation négative dissociative de Georges Devereux, une inversion de la norme proposée ou imposée.

L'émergence historique de la famille nucléaire absolue révèle surtout à quel point celle-ci ne peut fonctionner dans le vide. Elle forme, avec une collectivité rurale forte, capable de fiscaliser l'entretien des orphelins et des vieux, une totalité fonctionnelle. L'Angleterre semble avoir inventé l'État social en même temps que la famille nucléaire absolue. La puissance de l'encellulement local fait partie de la matrice anthropologique anglaise, avec ce paradoxe supplémentaire d'un collectif local qui autorise une mobilité extrême des hommes et des femmes entre les communautés.

Ce type familial individualiste n'aurait jamais fonctionné en Angleterre sans l'existence d'une autorité supérieure, que l'on peut saisir comme « pouvoir normand », « aristocratie », « *gentry* », ou « oligarchie paysanne ». L'individualisme anglais se manifeste ainsi dans le contexte d'une domination. Il est pris dans une verticalité sociale. Nous allons maintenant voir ce qu'il est devenu outre-Atlantique, où la révolution américaine a consciemment rejeté cette dimension verticale et tenté l'éradication du principe de domination.

# Chapitre 10
## *Homo americanus*

La famille américaine du XVII<sup>e</sup> ou du XVIII<sup>e</sup> siècle peut
être décrite comme nucléaire, mais le qualificatif d'absolu,
appliqué au chapitre précédent à la famille anglaise de
la même époque, est moins adapté. Les hommes qui ont
fondé les colonies d'Amérique du Nord étaient, certes,
des Anglais, débarqués dans le Nouveau Monde avec
leurs systèmes de valeurs et leurs formes d'organisation
sociale. David Hackett Fischer a même montré qu'on
pouvait retrouver, dans les différences entre les diverses
colonies, les traces des cultures régionales d'origine des
premiers immigrants – East Anglia au Massachusetts,
sud de l'Angleterre en Virginie, nord des Midlands en
Pennsylvanie, nord de la Grande-Bretagne dans le *Back
country* –, même s'il force un peu le trait quand il entreprend de brosser les nuances de l'organisation familiale[1].
Mais quand même, dans les colonies, l'organisation
sociale a bel et bien muté, et la famille avec.

Au Sud, l'esclavage polarise la société. Au Nord,
l'abondance des terres fait du gros de la population des
paysans indépendants, et l'exploitation familiale domine.
Hors du monde des planteurs du Sud, les différences de
richesse entre exploitants agricoles, sans être nulles, sont

1. David Hackett Fischer, *Albion's Seeds. Four British Folkways
in America*, Oxford, Oxford University Press, 1989.

*domination/verticalité chops in New England*

marginales par rapport à ce que l'on peut observer dans les campagnes anglaises de la même époque. Mais l'Amérique coloniale ne s'identifie nulle part, dès l'origine, à un idéal de liberté individuelle : partout des « *indentured servants* », hommes et femmes, y remboursent leur passage de l'Atlantique par des années de servitude contractuelle.

L'histoire des colons puritains du XVII<sup>e</sup> siècle nous montre que le sens anglais du collectif local a été transporté d'un bord à l'autre de l'Atlantique. Toutefois, le sentiment d'appartenance religieuse, volontaire dans le cas du protestantisme radical, se substitue en Amérique à l'encellulement vertical hérité du manoir médiéval anglais. Le modèle d'une communauté locale stratifiée, tenue par une oligarchie de gros paysans qui relaient dans le village l'autorité de la *gentry*, qui elle-même contrôle le pays, ne s'applique pas à la Nouvelle-Angleterre. Ainsi que l'a suggéré Kenneth Lockridge, une oligarchie initiale existe, mais elle est morale, définie par l'appartenance à une élite de saints, en conformité avec la doctrine calviniste de la prédestination et de la grâce[1]. Sans croire le moins du monde à l'égalité des hommes – certains sont élus, d'autres damnés –, les habitants des premières communautés rurales fondées en Nouvelle-Angleterre participent en masse au processus de décision. Le sentiment collectif des premiers Américains est tout aussi fort que celui des Anglais ruraux, mais il est d'une nature différente, plus horizontal, moins vertical.

Une famille substantiellement élargie reprend de l'importance. La vie économique et sociale américaine exclut, en effet, la possibilité d'une nucléarité pure. La grande exploitation rurale n'existe plus pour assurer une circulation massive de domestiques et la sortie précoce des jeunes de leur famille originelle. La règle de primogé-

---

1. Kenneth Lockridge, *A New England Town. The First Hundred Years* [1970], New York, Norton, 1985.

niture des gros paysans a implosé pour être remplacée par
une « divisibilité préférentielle » (*preferential partibility*).
L'usage très libre du testament est, en revanche, bien
anglais. Les parents s'efforcent de répartir leurs biens
tout en assurant la viabilité des exploitations. Le système
n'est certes pas égalitaire, mais il permet le maintien sur
place d'une partie importante de la descendance.

Car, paradoxalement, la population du Nouveau Monde
est au départ moins mobile que celle de l'Ancien[1]. Certains enfants s'en vont, certes, défricher un peu. Mais
pour l'essentiel, au XVIIᵉ siècle, les communautés locales
sont des îlots de survie dans un monde hostile. Leur
but est l'autoconservation plutôt que la conquête. Dès
le milieu du XVIIIᵉ siècle, on voit donc apparaître des
poches locales de surpeuplement, avec pour conséquence
de l'accroissement de la densité rurale, une polarisation
socio-économique.

Dans l'Amérique coloniale, les familles nucléaires,
ainsi que l'a montré Philip Greven, présentent des extensions plus nombreuses qu'en Angleterre, sauf peut-être
dans le Sud esclavagiste où la grande exploitation produit
ses effets nucléarisants habituels[2]. Pour aboutir à cette
conclusion, Greven a comparé, dans une très belle étude
de la communauté d'Andover, dans le Massachusetts, le
nombre des familles recensées, nucléaires, à celui des
maisons. Il n'a pas trouvé assez de maisons. Certaines
devaient donc contenir plusieurs familles. Greven a tracé
le modèle d'une famille « patriarcale » du XVIIᵉ siècle, qui

1. *Ibid.*, p. 64 et p. 139-140.
2. Philip Greven, « The Average Size of Families and Households
in the Province of Massachusetts and in the United States in 1790 :
an Overview », in Peter Laslett, Richard Wall et *al.*, *Household and
Family in Past Time*, *op. cit.*, p. 545-560. Critiqué cependant par
John Demos, « Demography and Psychology in the Historical Study
of Family Life : a Personal Report », *ibid.*, p. 561-569.

extended family system in US

permettait aux pères d'exercer longtemps le contrôle sur leurs fils. Les fils, de leur côté, devaient loger leur mère lorsqu'elle devenait veuve. Autour de la famille, le réseau de parenté tendait à se reconstituer parce que les ménages des pères, des fils et des frères restaient proches. L'âge au mariage était élevé, comme en Europe : 26,7 ans pour la deuxième génération d'hommes, contre 26 à 28 ans en Angleterre à la même époque, phénomène que Greven interprète avec justesse comme signe du contrôle des pères sur le mariage des fils[1].

L'héritage, s'il n'était pas égalitaire, était quand même chargé d'obligations vis-à-vis de frères et de sœurs moins bien lotis, ainsi que l'a montré Toby Ditz. Les filles étaient pour l'essentiel exclues de l'héritage de la terre. Ditz a caractérisé comme « étendues cognatiques » les pratiques d'héritage des communautés du Connecticut (*extended cognate inheritance practices*)[2]. On y voit réapparaître des cas de propriétés conjointes de plusieurs frères, temporaires le plus souvent. Cette latéralisation montre que, dans le domaine de la parenté comme dans celui du fonctionnement communautaire, une certaine horizontalité s'est à nouveau manifestée.

Le modèle présenté par Mary Ryan pour une période légèrement postérieure, un peu plus à l'ouest, là où l'État de New York approche les lacs Ontario et Érié, vérifie dans le détail ce modèle d'une famille pionnière qui maintient au départ les liens entre générations, entre frères et sœurs, et pratique une séparation fonctionnelle des sexes[3].

1. Philip Greven, *Four Generations. Population, Land, and Family in Colonial Andover,* Ithaca, Cornell University Press, 1970.
2. Toby Ditz, *Property and Kinship. Inheritance in Early Connecticut, 1750-1820,* Princeton, Princeton University Press, 1986.
3. Mary Ryan, *Cradle of the Middle Class. The Family in Oneida County, New York, 1790-1865,* Cambridge, Cambridge University Press, 1981.

La famille américaine ne fut donc pas, au départ, une version accentuée de la famille nucléaire absolue anglaise mais, au contraire, une version très atténuée, présentant dans tous les domaines une réversion vers la famille nucléaire indifférenciée, visible dans les extensions du groupe domestique, la divisibilité plus grande des héritages et le retour à des interactions entre frères et sœurs. Nous sommes, en ces temps coloniaux, très loin du modèle américain actuel de désactivation maximale des liens de parenté.

Nous sommes également loin de la position actuelle des femmes dans la société américaine. Tous les observateurs, et parmi eux Tocqueville, ont noté le statut élevé des femmes américaines de l'Amérique fondatrice. Les épouses des paysans puritains furent, dès le départ, respectées et actives dans la vie religieuse et sociale. Mais elles étaient exclues de l'héritage de la terre et des maisons, et ce quelle que soit leur secte d'appartenance, congrégationnaliste ou quaker[1].

La division sexuelle de la vie économique et sociale fut aussi rigide chez les protestants américains des origines que chez les chasseurs-cueilleurs. Et il semble bien que la répartition des biens, défavorable aux femmes dans la première Amérique, doive être interprétée dans les termes de la division sexuelle originelle du travail d'*homo sapiens* plutôt que comme l'effet d'un début d'innovation patrilinéaire. Ainsi que l'a montré T. Ditz, l'avantage masculin n'avait pas pour but la définition d'un lignage et ne peut donc être interprété comme une amorce de patrilinéarité[2].

---

1. Daniel Snydacker, « Kinship and Community in Rural Pennsylvania, 1749-1820 », *Journal of Interdisciplinary History*, vol. 13, n° 1, été 1982, p. 41-61. Sur la famille quaker, voir aussi Barry Levy, « "Tender Plants" : Quaker Farmers and Children in the Delaware Valley, 1681-1735 », *Journal of Family History*, vol. 3, n° 116, 1978.
2. Toby Ditz, *Property and Kinship, op. cit.*, p. 165.

Reste qu'en termes d'héritage, le statut initial des femmes américaines fut très inférieur à celui des paysannes du Bassin parisien à la même époque, puisque celles-ci héritaient aussi bien que leurs frères. Mais le système français, lui, n'était pas naturel, originel, puisqu'il dérivait, au terme d'une longue histoire, de l'égalitarisme sexuel du Bas-Empire romain, formalisé dans le code Justinien.

Les colons qui ont fondé la Nouvelle-Angleterre avaient emporté avec eux leur livre saint, la Bible, et ils pouvaient s'identifier au peuple hébreu mieux encore que les calvinistes européens. Ils s'installaient dans leur Terre promise, qu'ils devaient arracher aux païens du lieu, les Indiens. Dans tous leurs actes, ils s'efforçaient de reproduire l'antique histoire d'Israël. L'onomastique coloniale aligne les Benjamin, Jacob, Salomon, Ezra, Sarah, Rachel, Esther, Rebecca. Les Épiscopaliens, qui vivaient dans les régions situées au sud de la Nouvelle-Angleterre et de la Pennsylvanie, étaient eux aussi des protestants, de tradition anglicane, lecteurs d'une certaine version de la Bible.

La Bible est une histoire familiale fantasmée, on l'a vu, mais on doit quand même se demander si la déformation subie par la famille nucléaire absolue anglaise durant la traversée de l'Atlantique lui doit quelque chose. La Bible, ainsi qu'il a été dit au chapitre 4, fut le rêve inappliqué d'une culture familiale demeurée nucléaire indifférenciée. On y trouve la notion obsédante de primogéniture patrilinéaire, mais toujours combattue par les cadets et les mères. Appliquée en Amérique coloniale, la Bible put soutenir un rêve de primogéniture patrilinéaire dans une société fonctionnant selon la norme d'une famille nucléaire plus si absolue que cela. Paradoxalement, la coexistence dans l'Amérique coloniale de la Bible et d'une famille nucléaire imparfaite nous montre à quel point l'image que j'ai donnée d'un Israël antique combinant « famille nucléaire indifférenciée » et « Bible souche » était possible.

Et l'on ne peut effectivement exclure une temporaire influence biblique dans la légère réversion, en Amérique, de la famille nucléaire absolue anglaise vers l'indifférenciation. La réactivation temporaire du réseau de parenté, évoquée par P. Greven et T. Ditz, est hautement compatible avec la vision des rapports familiaux que l'on trouve dans la Bible. L'usure de l'utopie puritaine, avec ses communautés idéales fondées dans un monde sauvage, ne pouvait toutefois qu'induire l'élimination de ce facteur d'indifférenciation et ramener au modèle nucléaire absolu anglais. Nous pouvons dater ce processus.

### *Retour à la nucléarité pure*

L'étude de P. J. Greven sur Andover permet de dater l'émergence du modèle nucléaire pur américain, timidement à la troisième génération, nettement à la quatrième – entre 1720 et 1770. L'âge au mariage des hommes tombe alors à 25,3 contre 27,1 pour leurs pères[1]. La mobilité géographique augmente, sans toutefois atteindre les niveaux des paroisses anglaises de Clayworth et de Cogenhoe au XVIIe siècle[2]. Greven observe alors une dispersion de familles nucléaires sur l'ensemble de la Nouvelle-Angleterre[3].

Plus à l'ouest, dans le comté d'Oneida étudié par Mary Ryan, la transition est plus tardive. En fait, l'ensemble de la séquence – renforcement familial puis retour à une

---

1. Philip Greven, *Four Generations, op. cit.* p. 206.
2. *Ibid.*, p. 212.
3. *Ibid.*, p. 214.

nucléarité pure – est décalé dans cette région qui demeu-rait, vers 1790, une frontière. Entre 1800 et 1865 s'y est enfin développée l'égalité des filles et des garçons devant l'héritage[1]. Entre 1850 et 1865, on y voit chuter la fréquence des partenariats économiques familiaux[2].

Le déplacement vers l'ouest de la « frontière », qui s'accélère au XIX<sup>e</sup> siècle, produit donc une vague continue du même cycle anthropologique : chaque complexifi-cation de la famille est suivie, après la stabilisation de la communauté, par une réaffirmation progressive du modèle nucléaire. Le contexte économique et social de ces flux et reflux demeurait celui de la petite entreprise individuelle, puisque la révolution industrielle fut beau-coup plus tardive aux États-Unis qu'en Grande-Bretagne. Rostow date le décollage américain de 1840[3]. Au début du XIX<sup>e</sup> siècle, les quatre cinquièmes des Américains étaient encore des travailleurs indépendants, et vers 1870, un tiers[4]. La société industrielle et le salariat de masse vont assurer le retour au modèle nucléaire anglais.

## La famille nucléaire absolue comme type idéal : 1950-1970

Il faut en effet attendre le XX<sup>e</sup> siècle pour que la famille américaine retrouve une nucléarité dont la per-fection évoque celle de l'Angleterre. Selon Steven Ruggle, le pourcentage de ménages contenant des parents qui s'ajoutent au noyau conjugal est tombé aux États-Unis

1. Mary Ryan, *Cradle of the Middle Class, op. cit*, p. 252.
2. *Ibid.*, p. 255.
3. Voir tableau 7.1, p. 226-227.
4. C. Wright Mills, cité par Mary Ryan, *Cradle of the Middle Class, op. cit.*, p. 14.

de 16 % en 1900 à 12 % en 1963 et 5 % en 1973[1]. On entend, dans ces chiffres, comme l'écho d'une marche à la perfection nucléaire. Le triomphe du salariat délie les liens familiaux secondaires – avec les frères et sœurs adultes ou avec les cousins – et semble recréer l'environnement, idéal pour l'épanouissement de la famille nucléaire absolue, qui avait existé dans la communauté villageoise anglaise du XVIIe siècle. L'entreprise capitaliste remplace la grande ferme comme pourvoyeuse de salaires. La communauté locale fournit l'école plutôt que l'assistance aux pauvres. Mais la sécurité sociale, mise en place par le New Deal de Roosevelt, assure des pensions aux personnes âgées. Dans les États-Unis des années 1950-1970, l'État contribue, ainsi qu'il l'avait fait dans l'Angleterre des Tudor et des Stuart, à la perfection de la famille nucléaire.

Le rapport modal entre hommes et femmes paraît à cette époque sur le point de revenir au type *homo sapiens* originel d'une spécialisation dans l'égalité. L'homme travaille au-dehors ; sa femme gère la maison, aidée de son tout neuf équipement électro-ménager. Cette spécialisation a permis le baby-boom d'après-guerre et une remontée de l'indicateur conjoncturel de fécondité à 3,1 enfants par femme en 1950, à 3,65 en 1960. Il était tombé à 2,30 en 1940. Le taux de naissances illégitimes a atteint un point bas historique de 4 % en 1950 pour l'ensemble de la société américaine, tombant à 1,8 % seulement dans son cœur blanc.

Les années 1950-1970 ont bien vu l'apogée de la famille nucléaire absolue aux États-Unis : le couple conjugal, isolé de son réseau de parenté, y domina comme jamais.

---

1. Steven Ruggles, *Prolonged Connections. The Rise of the Extended Family in 19th Century England and America*, Madison (WI), University of Wisconsin Press, 1987, graphique p. 5.

Nous verrons plus loin que la remise en question néo-libérale de l'État social rooseveltien contribue aujourd'hui à une remontée de l'entraide familiale et à une nouvelle dénucléarisation du modèle, phénomène dont on peut observer l'équivalent en Angleterre.

Mais dans l'ensemble, au-delà des oscillations séculaires ou décennales, l'Amérique se révèle dans la longue durée moins dogmatique que l'Angleterre dans son adhésion à l'individualisme nucléaire de la famille.

Une étude a mesuré, au début des années 2000, pour les États-Unis et pour le Royaume-Uni, la proportion d'individus qui avaient passé une partie de leur vie dans un ménage à trois générations[1]. Aux États-Unis, cette proportion était de 31 % pour les Hispaniques, de 30 % pour les Asiatiques, et de 18 % seulement pour les individus classés comme Blancs. Ce taux de 18 % pourtant n'est pas insignifiant : les « Blancs » du Royaume-Uni ne s'étaient retrouvés dans cette situation que dans 6 % des cas. Notons, pour finir, une différence importante sur laquelle je reviendrai : l'écart de comportement familial entre Noirs et Blancs aux États-Unis. Pour les Noirs, la proportion d'individus qui avaient passé une partie de leur vie dans un ménage à trois générations était de 34 %, soit près de deux fois la fréquence observée pour les Blancs. Ne tirons toutefois pas de cet écart l'hypothèse d'une « culture noire » spécifique : le taux pour les Noirs du Royaume-Uni n'était que de 7 %, presque identique à celui des Blancs, 6 %. La famille « noire » des États-Unis est bien américaine.

---

1. Natasha Pilkauskas et Melissa Martison, « Three-Generation Family Households in Early Childhood : Comparisons between the United States, the United Kingdom, and Australia », *Demographic Research*, vol. XXX, article 60, http://www.demographic-research.org.

## Idéal nucléaire et poussée religieuse

Un léger regain de la religion a accompagné le perfectionnement de la famille nucléaire américaine. On enregistre ainsi une montée en puissance de la pratique religieuse entre 1940 et 1960. Le taux d'assistance à l'office du dimanche passe alors de 39 à 48 %. Ces chiffres, dérivés de sondages d'opinion, doivent tout de même être pris avec distance tant ils exagèrent la pratique réelle, inférieure de moitié lorsqu'elle est contrôlée par un pointage sur les lieux de culte[1]. Ils enregistrent donc simultanément la pratique religieuse et un taux d'hypocrisie. Mais la tendance ascendante des années 1940-1960 est incontestable[2].

L'appartenance à une Église ou à une secte est aux États-Unis, pays de faible intégration étatique verticale, un important élément d'intégration sociale horizontale. Appartenir à un groupe religieux localisé peut être un élément de sécurité indispensable à l'individu ou à sa famille nucléaire. Et la religiosité résiduelle des États-Unis, plus forte que celle de l'Europe du Nord-Ouest, résulte sans doute plus de la faiblesse de l'État que d'une prédisposition particulière des habitants du Nouveau Monde à la spéculation métaphysique. Le Dieu moderne des Américains, peu exigeant, très modérément répressif, n'est plus celui de la Bible et il ne surgit pas d'une terrible transcendance, ne figure pas une autorité particulièrement menaçante. Quoi qu'il en soit, la hausse de la pratique

1. Kirk Hadaway, Penny Marler et Mark Chaves, « What the Polls Don't Show : a Closer Look at U.S. Church Attendance », *American Sociological Review*, vol. 58, décembre 1993, p. 741-752.
2. Robert Putnam et David Campbell, *American Grace. How Religion Divides and Unites US*, New York, Simon and Schuster, 2010, p. 83-84.

*[manuscrit:] Suburbanisation in 40-60s inverse*
*religious → community-building process*

religieuse des années 1940-1960 a marqué une intensification de l'intégration communautaire locale à une époque où la classe moyenne s'épanouissait dans les espaces suburbains. C'est ainsi que le caractère un peu léger du Dieu de l'Amérique ne doit pas nous empêcher de le prendre au sérieux sur un plan sociologique : à nouveau s'impose un rapprochement, cette fois entre les banlieues américaines d'après la Seconde Guerre mondiale et la forte communauté villageoise anglaise du XVIIe siècle, structurée par la religion protestante, et qui fut elle aussi nécessaire au bon fonctionnement de la famille nucléaire absolue.

Notons enfin que, dans l'Amérique du XXe siècle comme dans les villages anglais de Cogenhoe et de Clayworth au XVIIe, la puissance de la communauté locale n'interdit pas une mobilité géographique exceptionnelle[1]. Aux États-Unis, la période de nucléarisation de la famille fut d'ailleurs caractérisée par un accroissement de la mobilité géographique : la proportion de la population ayant changé d'État durant les cinq dernières années était passée de 6 % en 1900 à 13 % en 1950[2]. Mais le conformisme de voisinage et le contrôle de la vie par la communauté locale sont aussi caractéristiques de la vie américaine à cette époque que la mobilité géographique.

## L'effet modéré de l'immigration

L'immigration massive du XIXe siècle et du début du XXe siècle a conduit aux États-Unis des hommes et des

1. Peter Laslett, *Family Life and Illicit Love in Earlier Generations*, *op. cit.*, « Clayworth and Cogenhoe », p. 65-86.
2. Raven Molloy, Christopher Smith et Abigail Wozniak, « Internal Migration in the United States », *Journal of Economic Perspectives*, vol. 25, n° 3, p. 173-196.

familles dont les valeurs n'étaient pas nucléaires : Allemands, Suédois et Norvégiens de l'Ouest portaient les
valeurs de la famille-souche, Irlandais et Juifs celles de
leurs modèles nucléaires indifférenciés[1]. Les Italiens du
Sud étaient nucléaires égalitaires. Dans tous ces groupes,
le choc de l'immigration a conduit dans un premier temps
à une réaffirmation des solidarités familiales, puis, en trois
à quatre générations, à leur éradication et à un alignement des mœurs sur le type américain central, lui-même
en train de se conformer à nouveau au modèle anglais
standard, nucléaire absolu[2].

L'immigration de masse a cependant déformé le modèle
familial anglais en conférant aux enfants plus que l'autonomie, une réelle centralité. L'anthropologue britannique
Geoffrey Gorer a saisi ce phénomène en 1948, dans un
essai plein d'humour sur le caractère national américain[3].
Il montre que le processus d'assimilation produit, dans
chacune des histoires familiales, une phase durant laquelle
l'enfant maîtrise l'anglais comme n'importe quel Américain (« *the all American child* »), tandis que le père
patauge encore dans une maîtrise imparfaite de la langue.

---

1. Sur les Irlandais, je corrige ici ce que j'ai écrit dans *Le Destin
des immigrés* (*op. cit.*). Les Irlandais y étaient décrits, sur la base
d'études monographiques menées au xxᵉ siècle, comme porteurs de
la famille-souche. L'analyse historique présentée dans *L'Origine des
systèmes familiaux* (*op. cit.*) montre cependant le caractère extrêmement
tardif de la famille-souche irlandaise, postérieure à la Grande Famine
(1845-1852). Famille-souche et émigration vers les États-Unis peuvent
être considérées comme deux conséquences parallèles de la Grande
Famine. Les émigrés étaient, pour l'essentiel, porteurs du système
familial ancien.

2. Voir par exemple dans Emmanuel Todd, *Le Destin des immigrés*,
*op. cit.*, p. 75-80 de l'édition de poche, sur la destruction des modèles
familiaux norvégiens et juifs.

3. Geoffrey Gorer, *The American People. A Study in National
Character*, New York, Norton, 1948, édition révisée en 1964.

Le fils devient alors le point de référence culturel de la famille[1]. L'anthropologue évoque un affaissement de la puissance paternelle.

Mais il va plus loin encore. La chute de l'autorité du père expliquerait la montée en puissance du rôle maternel, et des femmes en général, qu'il s'agisse de la mère, de la grande sœur ou de l'institutrice. Gorer voit ainsi en l'Amérique une « *motherland* »[2]. Il n'est pas le seul à cette époque à attribuer un pouvoir exagéré à la femme américaine, coupable, selon ce Britannique, d'avoir imposé le phénomène ahurissant de la prohibition de l'alcool. D'autres ont attribué à la femme américaine une malfaisance plus grande encore. Au lendemain de la Seconde Guerre mondiale, la psychiatrie locale a évoqué une surpuissance maternelle susceptible de mener l'enfant à la schizophrénie[3] : certains auteurs ont certes fait remarquer, pour modérer les corrélations calculées, une surreprésentation des milieux populaires parmi les schizophrènes. Cette constatation altère cependant peu les termes du débat si l'on tient compte de la déviation matriarcale classique du monde ouvrier.

1. *Ibid.*, chapitre 3.

2. *Ibid.*, chapitre 2.

3. Ruth Lidz et Theodore Lidz, « The Family Environment of Schizophrenic Patients », *American Journal of Psychiatry*, vol. 106, 1949, p. 332-345 ; Suzanne Reichard et Carl Tillman, « Patterns of Parent-Child Relationships in Schizophrenia », *Psychiatry*, vol. 13, 1950, p. 247-257 ; J. C. Mark, « Attitudes of Mothers of Male Schizophrenics Toward Child Behavior », *Journal of Abnormal and Social Psychology*, vol. 48, 1953, p. 185-189 ; C.W. Wahl, « Some Antecedent Factors in the Family Histories of 568 Schizophrenics of the United States Navy », *American Journal of Psychiatry*, vol. 113, 1956, p. 201-210 ; Melvin Kohn et John Clausen, « Parental Authority Behavior and Schizophrenia », *American Journal of Orthopsychiatry*, vol. 26, 1956, p. 297-313.

Ce thème de la mère génératrice de schizophrénie s'est diffusé au moment même où la famille conjugale, chère à Talcott Parsons, atteignait, dans la réalité des pratiques sociales, son apogée. La spécialisation sexuelle des fonctions était alors maximale avec des mères maîtresses absolues du foyer.

C'est alors qu'est apparu en Amérique le thème de la mère juive envahissante, qui n'avait aucun précédent dans les traditions d'Europe centrale[1]. Il témoigne de la déformation subie par le système familial juif aux États-Unis. Celui-ci y fut en vérité, comme les autres types immigrés, liquidé, puisqu'en trois générations, la famille juive américaine en finit avec l'importance accordée à la parenté proche et lointaine, c'est-à-dire sa dimension indifférenciée.

Depuis 1965, la reprise de l'immigration réactive le mécanisme bien connu d'une complexification temporaire des structures familiales puisque Asiatiques et Hispaniques arrivent porteurs de systèmes familiaux très variés, mais tous plus denses que la famille nucléaire absolue. Nous pouvons prévoir, dans leurs cas, une répétition de la séquence assimilatrice, incluant nucléarisation, centralité de l'enfant et montée en puissance du statut de la femme, à cette réserve près que le contexte est moins favorable : dans le monde blanc central, le repli de l'État social et les difficultés économiques ont conduit à un certain renforcement des interactions familiales.

## *L'exogamie aux États-Unis*

En Amérique, une légère réversion vers l'indifférenciation a aussi affecté le modèle de mariage. Au

1. William Novak et Moshe Waldoks, *The Big Book of Jewish Humor*, New York, Perennial Library, 1981, p. 268.

XVIIᵉ siècle, l'ensemble de l'Europe occidentale s'était éloigné du type originel d'*homo sapiens* par l'apparition d'une proportion importante d'individus destinés au célibat. L'Amérique, libérée par l'espace de ce modèle malthusien, est assez vite revenue vers le modèle naturel d'un mariage qui va de soi. En 1860, par exemple, la proportion de femmes célibataires à 50 ans, qui atteignait 12 % en Angleterre et 13 % en France, était retombée à 6 % aux États-Unis.

La puissance de l'exogamie chrétienne n'a cependant jamais été entamée en Amérique. Les puritains, comme tous les protestants d'Europe, ont en théorie relâché l'interdit catholique sur le mariage dans la parenté pour revenir à l'autorisation biblique du mariage entre cousins. Mais ils l'ont fait sans enthousiasme. C'est dans le Sud épiscopalien (c'est-à-dire anglican d'Amérique), chez les planteurs esclavagistes à la veille de la guerre de Sécession, que le mariage entre cousins fut le plus fréquent : 10 % pour les cousins du premier et du deuxième degré en Caroline du Nord[1]. Je doute qu'ailleurs les taux se soient élevés d'une manière quelconque par rapport à l'Europe.

Au contraire, on a pu observer aux États-Unis, entre 1840 et 1920, une remontée en puissance de la phobie du mariage entre cousins, qui n'a pas eu sa contrepartie dans l'Ancien Monde. Une législation répressive contraire à la Bible fut alors mise en place, innovation dont on peut localiser l'origine dans les nouveaux États de l'Ouest, le Kansas en tête. Martin Ottenheimer attribue cette vague de réaffirmation exogame pure à la peur d'un retour de la barbarie naturelle. C'est amusant, si l'on peut dire,

---

1. Martin Ottenheimer, *Forbidden Relatives. The American Myth of Cousin Marriage*, Champaign (IL), University of Illinois Press, 1996, p. 27.

312

lorsque l'on sait que l'exogamie est naturelle et en aucune manière un acquis de la civilisation. Nous n'observons ici, toutefois, que des fluctuations à la marge. Le taux global de mariage entre cousins du premier degré n'a sans doute jamais dépassé 1 % aux États-Unis... pour tomber à 0,01 % dans les années 1950[1]. Un tel taux inclut l'éradication du mariage entre cousins dans la population d'origine juive.

## Homo americanus, homo sapiens

Nous pouvons maintenant situer *homo americanus* dans l'histoire générale de l'espèce *homo sapiens*. La matrice nucléaire absolue anglaise du XVIIe siècle restait elle-même proche du type originel par sa bilatéralité, sa nucléarité et son exogamie, son absence de règle d'héritage égalitaire ou franchement inégalitaire. Elle s'en était éloignée par son interdit sur la corésidence temporaire des générations et, comme l'ensemble du monde chrétien, par son tabou absolu sur le mariage entre cousins. *Homo americanus*, lui, s'est dans un premier temps, plutôt rapproché de la forme primordiale, par un assouplissement de la règle de non-corésidence, pour s'en éloigner à nouveau ensuite, avec cependant, on le sent, la possibilité toujours ouverte d'un nouveau rapprochement.

En effet, si l'on ne se contente pas de définir la matrice initiale par la famille, mais que l'on y inclut la structuration du groupe local, la culture américaine se distingue fondamentalement de sa matrice anglaise par l'absence d'un fort principe de verticalité, par la disparition d'une clef de voûte sociale ou étatique, élément transcendant qui surplombe l'organisation sociale et les mentalités. La

1. *Ibid.*, p. 59.

révolution américaine a supprimé l'allégeance au Roi et ce qui restait de primogéniture ; elle a aboli la régulation des communautés locales par l'État et par son Église. La religion protestante, commune à l'ensemble des Anglais qui ont fondé l'Amérique, y fut fragmentée en sectes. À la bilatéralité, à la nucléarité et à l'exogamie, l'Amérique a donc ajouté un retour à l'horizontalité du groupe humain primordial.

Les groupes de chasseurs-cueilleurs qui constituaient à l'origine le type *homo sapiens* étaient, eux aussi, régis par un principe d'horizontalité. Ils se côtoyaient, coopéraient, s'affrontaient, échangeaient des conjoints, en l'absence de tout principe vertical d'organisation, que l'on pense la verticalité en termes de différenciation sociale stable, d'État, ou de transcendance religieuse commune à un ensemble de groupes locaux.

Nous pouvons, à ce stade, commencer à approcher le paradoxe américain.

Si nous considérons l'éducation, la technologie, l'économie, l'Amérique a fait, entre 1900 et 2000, la course en tête dans le monde. Mais au-delà de cette modernité connue de tous, nous savons maintenant que le fond anthropologique de l'Amérique, plus encore que celui de l'Angleterre, doit être considéré comme primitif, ou, pour le dire d'un mot moins chargé, primordial. Armés de cette nouvelle clef interprétative, nous allons enfin pouvoir comprendre, et peut-être même accepter, bien des éléments troublants du mécanisme social américain, qui n'expriment en réalité que la persistance outre-Atlantique d'un monde plus proche que le nôtre des origines de l'humanité. Le génie de l'Amérique est celui de l'*homo sapiens* originel, dont nous devons bien admettre qu'il a fait de grandes choses.

Revenons sur quelques-unes de ces caractéristiques.

La mobilité géographique, si caractéristique de la population américaine, qui se déplace d'État en État à un rythme inconcevable en Europe, fut typique des chasseurs-cueilleurs. C'est une erreur commune de penser la stabilité des populations paysannes comme le fond ancien de l'humanité. En vérité, l'agriculture elle-même, certes inventée grâce à la sédentarisation de quelques groupes humains au Moyen-Orient, en Chine, en Amérique centrale ou du Sud, en Afrique et en Nouvelle-Guinée, fut portée sur l'ensemble de la planète par des peuples revenus à la mobilité originelle *d'homo sapiens*. Beaucoup de groupes humains ont d'ailleurs continué longtemps de pratiquer une agriculture itinérante sur brûlis.

La forte dépendance aux ressources naturelles qui caractérise depuis l'origine l'économie américaine, la tendance à gaspiller sols, pétrole, eau et forêts, renvoie au modèle de prédation qui caractérisait l'homme des origines. Le patient perfectionnement d'une terre agricole, tout comme l'attention portée au renouvellement des ressources, furent des innovations, associées dans l'histoire à l'émergence de types familiaux permettant la continuité des lignages.

La violence physique qui caractérise l'Amérique n'est elle-même qu'un archaïsme qui ne fait que prolonger le modèle humain primitif. Dans le cas des populations européennes, nous savons désormais exactement quand l'affrontement physique a été, pour l'essentiel, éliminé des rapports interpersonnels. Les taux d'homicide se sont effondrés entre 1600 et 1650. C'est l'époque de l'élévation de l'âge au mariage, du taux de célibat, et de la montée des États absolutistes. Robert Muchembled a montré comment l'État monarchique, longtemps tolérant à la violence privée, dispensateur de pardons aux coupables, avait finalement revendiqué pour lui-même un

315

monopole de la violence[1]. Le « temps des supplices »,
selon son expression, fut l'époque de transition durant
laquelle l'État mit en scène sa propre capacité de violence
pour l'interdire à ses sujets. En Angleterre, malgré certaines particularités, nous voyons aussi le taux d'homicide
s'effondrer entre 1500 et 1700[2].

Partie de taux d'homicide médiévaux compris entre
20 et 100 pour 100 000 habitants, l'Europe occidentale
se trouve désormais partout au-dessous de 1. Vers 1930,
le taux d'homicide pour 100 000 habitants n'était plus
que de 0,5 en Angleterre, 0,9 en Suède, 0,9 en France,
1,9 en Allemagne, 2,6 en Italie, 0,9 en Espagne, et 0,7
au Japon, européen dans son rapport à l'État. Il est de
1,9 au Canada, né du refus de la liberté américaine,
mais encore de 8,8 aux États-Unis[3]. L'Amérique est
restée plus violente tout au long de son histoire, ainsi
que le montrent les statistiques (pas faciles à obtenir, il
est vrai). Entre 1900 et la Seconde Guerre mondiale, le
taux d'homicide américain est monté de 6 pour 100 000
à près de 10, il est retombé à un peu plus de 4 dans les
années 1950, pour s'élever à nouveau jusqu'à 10 dans
les années 1970-1980 et retomber à 5 aujourd'hui[4]. La
violence américaine est tout simplement un archaïsme,
préservé par l'imperfection du monopole étatique de la
violence légitime, par l'absence d'un principe de verticalité sociale, en somme par le maintien d'une certaine
horizontalité anthropologique. La possession privée

1. Robert Muchembled, *Une histoire de la violence*, *op. cit.*, et
*Le Temps des supplices*, Paris, Armand Colin, 1992.
2. Laurence Stone, « Interpersonal Violence in English Society,
1300-1980 », *op. cit.*, p. 22-33, graphique p. 26.
3. Jean-Claude Chesnais, *Histoire de la violence*, Paris, Laffont,
1981, p. 35.
4. Eric Monkonnen, *Murder in New York City*, Berkeley, University
of California Press, 2001, p. 11.

d'armes à feu y perpétue le port usuel du couteau dans l'Europe médiévale.

Le mystère du rapport modal entre hommes et femmes aux États-Unis peut également être percé. Un curieux mélange de machisme et de féminisme, de rodomontade masculine et d'indépendance féminine, caractérise en effet la culture américaine. De manière plus neutre, parlons plutôt d'une affirmation simultanée des rôles masculins et féminins dans la vie américaine et d'une tension structurelle dans les rapports entre les deux sexes, bien antérieure à l'évolution actuelle vers le féminisme. Avant de chercher dans l'histoire une émancipation des femmes, ce que nous ferons au chapitre suivant, identifions déjà dans l'Amérique des profondeurs la perpétuation de la division sexuelle du travail qui caractérisait les chasseurs-cueilleurs, et combinait la spécialisation des hommes dans la chasse avec celle des femmes dans la cueillette et l'éducation des enfants.

Admettons toutefois ici, avec G. Gorer, une déviation féministe initiale par l'immigration, qui a produit des fils mieux adaptés que les pères à leur environnement – mécanisme évoqué plus haut.

Le paradoxe le plus central et le plus brûlant de la culture américaine demeure bien, cependant, celui d'une modernité qui ne parvient pas à surmonter une organisation dualiste opposant les catégories « Blanc » et « Noir ». À nouveau, identifier *homo americanus* comme proche d'*homo sapiens* nous permet d'échapper à l'incompréhension, scientifique et morale. En effet, ce que vit ici l'Amérique n'est sans doute que l'effet de l'état mental originel d'*homo sapiens*, tel qu'il avait été perçu et défini par Adam Ferguson dès le XVIIIe siècle[1]. Ainsi que je l'ai écrit à sa suite, à la fin du chapitre 3,

1. Voir *supra*, p. 132-135.

partout le groupe humain se définit par rapport à d'autres groupes humains. Il n'existe pas d'« identité » absolue. Dans l'Ancien Monde (du moins avant la construction européenne), le principe étatique de domination et l'organisation en nations avaient apprivoisé (ou masqué, ou transféré) l'application de ce principe de base. À l'intérieur de chaque nation, l'État a défini une équivalence des individus, tandis qu'il a désigné et placé à l'extérieur l'Autre, nécessaire à l'autodéfinition du groupe : l'Anglais, l'Allemand, le Français, le Russe… En Amérique, l'État n'a pas eu cette capacité, l'horizontalité subsiste, la nation n'est pas définie par des nations voisines menaçantes. L'Autre, pourtant, doit être pour que le Nous existe. Il sera donc intérieur. Les Indiens ont été éliminés. Il sera donc noir.

## Homo americanus *en version noire*

Parce que cet Autre est intérieur, et qu'il coexiste avec le Nous blanc depuis l'origine, sa culture n'est qu'américaine.

Avec les Noirs américains, nous sommes confrontés à un cas rare de discontinuité dans l'histoire des structures familiales. Ainsi que l'a montré Franklin Frazier dans *The Black Family in America*, où il décrit la difficile émergence d'une organisation stable de la famille noire entre 1650 et 1930, les traditions des esclaves déportés d'Afrique ont été soigneusement broyées aux États-Unis[1].

Ce fut un choix politique que de mélanger les groupes ethniques et de briser les embryons de noyaux familiaux. Nous retrouvons dans le Nouveau Monde des esclaves

1. Première édition 1939. J'utilise l'édition de 2001, Notre-Dame (IN), University of Notre Dame Press.

privés du droit à la famille, semblables à ceux qu'avait analysés Weber pour l'Empire romain. Les Noirs américains ont perdu le souvenir de leurs histoires familiales. Seuls semblent subsister, dans quelques familles, quelques mythes sur des généalogies princières, dont l'invention semble d'ailleurs bien tardive. Une transmission quelconque aurait d'ailleurs, à l'opposé de ce que l'on observe, donné un biais patrilinéaire à la culture familiale noire américaine, puisque la majorité des esclaves ont été achetés dans l'Afrique de l'Ouest patrilinéaire. Certes, la patrilinéarité y est plus faible sur la côte, ainsi qu'on l'a vu, mais bien des individus déportés furent capturés à l'intérieur des terres, très patrilinéaires, avant d'être transférés comme du bétail outre-Atlantique. Quelques Antilles, comme Haïti, ont permis la survie de ces traits patrilinéaires.

La destruction de la famille noire fut d'abord celle du rôle masculin et paternel, ce dont la composition génétique des Noirs américains garde aujourd'hui la trace. Sur les plantations, les maîtres blancs ne se sont pas gênés, par le viol ou la séduction de domination, pour avoir des relations sexuelles avec les femmes noires. C'est pourquoi la génétique moderne mesure un quart d'ascendance européenne chez les Noirs américains, mais constate aussi que la composante européenne masculine fut de 19 % et la composante féminine de seulement 5 %[1]. Les relations sexuelles entre des hommes noirs et des femmes blanches placées dans la quasi-servitude du statut d'« *indentured servant* » ne furent, certes, pas négligeables, mais elles furent écrasées dans la statistique par l'utilisation sexuelle des femmes noires par leurs propriétaires blancs.

---

1. Katarzyna Bryc et *al.*, « The Genetic Ancestry of African-Americans, Latinos, and European-Americans Across the United States », *The American Journal of Human Genetics,* vol. 96, n° 37-53, janvier 2015, p. 43.

Frazier fut caricaturé plus tard dans le rapport Moynihan de 1965. Mais il a donné un tableau objectif et nuancé des relations interraciales et familiales dans l'histoire américaine. On trouve dans son œuvre, non seulement le thème de la prédominance des femmes et de l'importance des grands-mères, donc d'un lignage matrilinéaire implicite dans la famille noire, mais aussi celui de la progressive et difficile émergence d'un statut de mari et de père, sans cesse menacé par les chocs sociaux et économiques, par l'abolition de l'esclavage puis par la grande migration vers le Nord.

L'attachement à la religion et à la Bible, si fort chez les Noirs américains, peut être en partie perçu comme l'effet de cet effort de stabilisation de la famille et du rôle masculin. La Bible est un rêve patrilinéaire, un contrepoids à la bilatéralité, même chez les Juifs et les Américains blancs, et elle peut servir de support idéologique à une reconstruction du rôle masculin.

S'il y a un préjugé chez Frazier, c'est le schéma évolutionniste menant du stade matriarcal au stade patriarcal, poncif des anthropologues et des idéologues de son temps, dérivé de Bachofen, Morgan et Engels. Frazier atteint en revanche une originalité maximale lorsqu'il définit les différences de classe dans la communauté noire. Deux de ses derniers chapitres sont intitulés « *Brown middle-class* » et « *Black proletariat* ».

En Europe, la vie industrielle a plutôt mené, dans la classe ouvrière, à plus de pouvoir féminin, à une inflexion matriarcale décrite dans toutes les monographies, dont le classique *Family and Kinship in East London* de Michael Young et Peter Willmott[1]. Mais aux États-Unis, l'industrie, génératrice précoce d'une « classe moyenne »

---

1. Première édition, Abingdon-on-Thames, Routledge and Kegan Paul, 1957, révisée Londres, Pelican, 1962.

prospère, a plutôt constitué pour les Noirs une chance de stabilisation du rôle masculin. Une source de revenu stable a donné au mari et au père l'autorité nécessaire à l'équilibre d'une famille nucléaire.

Vers 1950, à l'apogée de la prospérité industrielle américaine, on trouve donc non seulement un monde blanc adhérant au modèle d'une famille nucléaire absolue séparant rôles masculins et féminins, mais aussi une famille noire qui, quoique portant la trace de sa déformation matriarcale initiale par la domination blanche, semble en convergence avec le modèle blanc de la famille. L'instabilité masculine y existe certes puisque 18 % des femmes noires sont alors divorcées ou séparées de leur mari, contre 4 % seulement des femmes blanches, mais, lu à l'envers, ce chiffre nous donne aussi 82 % de femmes noires pourvues d'un mari stable[1]. Nous verrons plus loin comment la destruction du monde ouvrier américain par la globalisation a frappé de plein fouet la famille noire américaine. Restant fidèle à Frazier, nous distinguerons alors les différentes classes sociales qui constituent aujourd'hui la « communauté » noire américaine. Plus en profondeur, nous verrons comment l'évolution matriarcale de la famille blanche américaine elle-même a déstabilisé la famille noire dans les milieux populaires.

Reste qu'à toutes les étapes de son histoire, il faut y insister, la famille noire des États-Unis n'est que l'une des composantes d'une histoire américaine. Les Noirs ne sont qu'une variété dominée de l'*homo americanus*.

Nous voici maintenant mieux armés intellectuellement pour comprendre pourquoi l'Amérique suscite chez nous,

---

1. Lee Rainwater et William Yancey, *The Moynihan Report and the Politics of Controversy*, Cambridge (MA), MIT Press, 1967. Contient le texte du rapport Moynihan, dont ces chiffres sont extraits.

Européens, inlassablement, une perception double et contradictoire, simultanément de modernité et de primitivité. Nous ne cessons de nous dire : ils sont en avance mais si peu sophistiqués, frôlant ainsi, sans le savoir, une vérité toute simple.

Ils sont en avance parce que peu sophistiqués. C'est *homo sapiens* originel qui a réussi en tant qu'espèce animale, bougeant, expérimentant, vivant tension et complémentarité entre hommes et femmes. Ce sont les sociétés patrilinéaires moyen-orientales, chinoises ou indiennes qui se sont arrêtées, paralysées par l'invention de cultures sophistiquées abaissant le statut de la femme et détruisant la liberté créatrice des individus.

Je reviendrai plus loin sur le problème, qui traverse tout ce livre, du cas intermédiaire et particulier de la famille-souche, premier niveau de la patrilinéarité, capable d'accélérer la croissance tant qu'elle ne devient pas un type anthropologique trop parfaitement normé. L'Angleterre eut sa composante souche, d'origine franco-normande, mais l'Amérique aussi, grâce à l'arrivée en masse, dans la période décisive de son décollage industriel, d'individus formés en Allemagne et en Scandinavie. Entre 1870 et 1890, les Allemands ont constitué l'immigration la plus nombreuse. Et puis, comme la culture juive, la culture américaine a trouvé dans une lecture littérale de la Bible le contrepoids indispensable à son horizontalité : un Dieu transcendant et sévère, le rêve d'une famille-souche verticale qui n'a jamais existé.

Les matrices anthropologiques anglaises puis américaines ayant été posées, leurs proximités respectives au type originel *homo sapiens* établies, nous sommes en mesure de comprendre la modernisation du monde depuis le XVIIe siècle. C'est alors que le monde anglo-américain est devenu leader dans la transformation de l'Eurasie, proposant ses modèles puis imposant ses rythmes. L'Angleterre, la première, définit à son échelle modeste, par les révolutions de 1642-1651 et 1688, les conditions institutionnelles du décollage industriel. Elle a « inventé » le gouvernement représentatif, au moment même où le continent européen, et notamment la France, s'enfonçait dans l'absolutisme. À partir de 1776, et plus encore à partir des années 1820, l'Amérique a « inventé » la démocratie. À nouveau, nous constatons que la transformation politique a précédé, aux États-Unis cette fois, la montée en puissance économique.

Mais que veut dire « inventer » la démocratie, s'il existe un lien entre structures familiales et idéologies politiques, et si les formes familiales qui caractérisaient alors l'Angleterre et les États-Unis étaient archaïques par rapport à celles qui occupaient la masse de l'Eurasie ? Dans le chapitre qui suit, je vais montrer que la démocratie moderne, posée sur des formes familiales archaïques, est elle-même, pour une large part, archaïque. Il est de tradition, depuis Morgan, d'opposer la démocratie primitive des sauvages à la démocratie moderne des Occidentaux. Nous allons voir qu'en un sens, la démocratie est toujours primitive.

Chapitre 11

# La démocratie est toujours primitive

L'analyse de l'évolution des formes familiales, puis de l'effet de ces dernières sur l'idéologie, nous a conduits à la définition de deux grandes séquences historiques.

La première séquence a identifié l'origine nucléaire indifférenciée de la famille et décrit la différenciation des types anthropologiques entre 3000 AEC et 2000 EC. Famille-souche, famille communautaire exogame, famille communautaire endogame, ou polygyne, représentent les stades successifs d'une complexification de l'organisation familiale, les deux derniers types cités présentant des niveaux de complexité comparables. N'oublions pas l'émergence, sur la périphérie ouest de l'Eurasie, de types nucléaires purs, débarrassés de leur insertion dans le réseau de parenté indifférenciée. N'oublions pas non plus la persistance, ici et là sur cette périphérie, du type nucléaire indifférencié originel.

Cette première séquence établit des relations simples entre la complexité familiale, d'une part, et l'espace et le temps, d'autre part. Plus on est près du centre d'émergence de l'agriculture, plus le temps d'expérimentation sur les formes familiales et sociales (l'histoire) a été long, plus la famille est complexe. Plus on est loin de ce centre, plus le temps historique écoulé a été court, plus la famille est nucléaire.

La deuxième séquence établit un rapport nécessaire entre les formes idéologiques qui ont émergé à la suite de l'alphabétisation, puis de la sécularisation, et les diverses structures familiales engendrées par le processus précédent de différenciation.

Si l'on combine le lien entre idéologie et structure familiale avec la position des types familiaux dans l'espace défini par la première séquence, on aperçoit immédiatement que les idéologies individualistes, démocratiques et libérales, sont périphériques, placées dans des régions à l'histoire courte. À l'inverse, les idéologies anti-individualistes et autoritaires – nazisme, communisme, fondamentalisme musulman – occupent des positions géographiques plus centrales, dans des régions ou l'histoire a été plus longue.

## Décentrer la démocratie

Échappant au narcissisme occidental, nous allons détacher le concept de démocratie libérale de celui de modernité, en admettant toutefois que cette opération intellectuelle a déjà été, par deux fois, réalisée par des chercheurs.

J'ai déjà longuement commenté le travail d'Alan Macfarlane et sa découverte du lien entre famille nucléaire et individualisme anglais. Je vais maintenant citer, opérant à partir de l'autre côté de l'Eurasie, un sociologue philippin, pour son identification du caractère anthropologiquement archaïque de la démocratie. En 1987, soit neuf ans après la publication de *The Origins of English Individualism*, Raul S. Manglapus a décrit, dans *Will of the People. Original Democracy in Non-Western Societies*[1], les démocraties

1. New York, Greenwood Press, 1987.

qui avaient précédé celles de l'Occident. Avec un instinct très sûr, il a commencé son enquête par la démocratie originelle de Sumer, au début et au cœur de l'histoire. Là où la civilisation a commencé, la démocratie fut en effet antérieure aux constructions politiques autoritaires.

Manglapus s'appuie sur l'article que Thorkild Jacobsen avait consacré, en 1943, aux formes politiques qui avaient précédé le stade impérial en Mésopotamie[1]. Sumer apparaît tout d'abord, à l'instar de la Grèce 2 500 ans plus tard, comme un monde de cités. Jacobsen a repéré la persistance à l'époque impériale de traces de vie démocratique dans les assemblées d'habitants, mieux, dans la confusion linguistique entre ville et assemblée, deux concepts désignés par le même mot. Mais c'est surtout le comportement des Dieux mésopotamiens, survivants d'une époque révolue, qui lui a donné la clef de l'histoire politique. Alors même que le monde terrestre est devenu impérial, autoritaire et vertical, les dieux qui le supervisent sont libres, se réunissent, délibèrent, désignent leurs chefs, les contestent. Ils sont une assemblée d'hommes libres, une démocratie primitive. Jacobsen a noté la similarité entre sa représentation et celles des nombreux historiens qui ont décrit les premiers temps germaniques. Macfarlane n'avait pas tort de parler, après Montesquieu, de la liberté des peuples germaniques, mais il commit l'erreur de la croire spécifique, ethnique, alors qu'elle fut universelle dans le passé d'*homo sapiens*[2].

Les temps primitifs furent donc ceux d'un monde d'assemblées, capables de désigner des chefs en cas d'urgence. Manglapus a repris et étendu l'intuition de

1. Thorkild Jacobsen, « Primitive Democracy in Ancient Mesopotamia », *Journal of Near Eastern Studies*, vol. 2, n° 3, juillet 1943, p. 159-172.
2. Voir ci-dessus, chapitre 9, p. 266.

Jacobsen et fait, dans *Will of the People*, un inventaire des formes démocratiques qui ont partout précédé l'âge de la domination et des empires : dans l'Inde ancienne des républiques bouddhistes, dans les villages du subcontinent indien récent ou de Chine, dans les communautés locales des Empires inca et aztèque, chez les Indiens Iroquois, à propos desquels l'anthropologue Morgan avait déjà évoqué une « démocratie primitive ». Manglapus n'oublie pas son propre pays, les Philippines, où aucune forme étatique n'avait perturbé, jusqu'à l'arrivée des Espagnols au XVIᵉ siècle, le fonctionnement démocratique des communautés locales.

Morgan, Jacobsen et Manglapus nous donnent la clef d'une histoire inversée des formes politiques, parallèle à l'histoire inversée de l'histoire des formes familiales que je propose. Cette double inversion produit un ordre logique satisfaisant : à la montée des formes familiales complexes correspond celle de formes politiques autoritaires, avec au centre de l'évolution la construction de l'État.

Qu'est-ce que la démocratie primitive, dans sa forme la plus générale ? C'est la possibilité pour les membres masculins et adultes d'un peuple de se réunir en assemblée pour prendre des décisions collectives. Cette assemblée est une institution de fait, dont nous pouvons cependant observer une formalisation institutionnelle dans le cas des sociétés primitives qui ont emprunté l'écriture au monde plus avancé de leur époque, telles les cités grecques ou la première Rome. Les assemblées des peuples germaniques, illettrées, n'avaient pas un caractère formalisé. Elles prenaient toutefois des décisions et élisaient des chefs, que nous pouvons appeler rois par habitude, ou présidents à vie si nous désirons troubler la routine d'une histoire académique qui veut penser la démocratie moderne.

Si l'on met de côté le cas des Iroquois matrilinéaires, les groupes de parenté étaient indifférenciés dans les peuples précédemment évoqués, et la transmission automatique du pouvoir à travers un lignage était donc impossible[1].

Mais ces démocraties primitives n'étaient pas viscéralement égalitaires puisque, le plus souvent, les chefs (les rois, les présidents à vie) étaient choisis au sein des groupes de parenté prestigieux. Cela ne doit pas nous surprendre, puisque les règles d'héritage n'incluaient alors aucun principe d'égalité ou d'inégalité. Il s'agissait d'un monde où une relative égalité des conditions pouvait exister sans qu'une opposition structurée entre inégalité et égalité ait été véritablement pensée. On a parfois le sentiment qu'il serait plus juste de parler d'oligarchie primitive.

En l'absence d'un quelconque principe d'égalité, la naissance des villes, en Mésopotamie comme en Grèce, fit en effet apparaître des mécanismes de représentation spontanément oligarchiques. La séquence qui voit la cité précéder l'État autoritaire semble tout à fait universelle dans l'espace aujourd'hui communautaire et patrilinéaire. Avant l'Empire assyrien, il y eut la République marchande d'Assur, avant l'Empire russe, ou même la principauté de Moscou, il y eut au Moyen Âge la république marchande de Novgorod, membre de la Ligue hanséatique.

Dans certains cas seulement, comme à Athènes, on assista par la suite à une évolution démocratique formalisée, selon un processus que j'étudierai plus loin. La distinction entre démocratie représentative et oligarchie est souvent difficile à établir, en tout lieu et à toute époque, puisque les représentants composent de facto une

1. Sur les Iroquois, voir l'ouvrage classique de Lewis H. Morgan, *League of the Iroquois* [1851], New York, Citadel Press Book, 1993.

oligarchie. Quoi qu'il en soit, la démocratie primitive, ou l'oligarchie primitive, apparaît, à la suite de la famille nucléaire indifférenciée, flexible, floue, instable.

## *Survie et épanouissement des institutions représentatives en Europe occidentale*

Partant de cette représentation de la démocratie originelle, nous pouvons lire à l'envers l'histoire politique de l'Europe – après avoir lu à l'envers l'histoire de ses systèmes familiaux.

Résumons d'abord l'arrière-plan familial. La famille était, dans l'Europe du haut Moyen Âge (v<sup>e</sup>-x<sup>e</sup> siècle), nucléaire indifférenciée, des traces de la famille nucléaire égalitaire romaine ayant survécu un peu partout sur le continent dans l'ancien espace impérial[1]. Au xi<sup>e</sup> siècle, la primogéniture émerge en Île-de-France et en Normandie pour conquérir les noblesses et des peuples, qui adoptent une forme familiale souche, en Occitanie, dans l'espace germanique, au nord de la péninsule Ibérique, en Suède très tardivement et incomplètement. En Italie centrale s'impose un modèle communautaire patrilinéaire de type russe ou chinois. Dans la France du Nord, la famille nucléaire égalitaire finit par dominer les villes et les campagnes, mais en Angleterre, c'est la famille nucléaire absolue, plus proche du fond indifférencié originel, qui l'emporte. Aucune forme familiale « différenciée » ne semble nulle part pleinement définie et dominante socialement avant le milieu du xvii<sup>e</sup> siècle, ainsi que je l'ai montré en étudiant, d'abord la coévolution de la famille-

---

1. Emmanuel Todd, *L'Origine des systèmes familiaux*, *op. cit.*, p. 430-439.

souche et du protestantisme en Allemagne (chapitres 5 et 6), ensuite l'émergence de la famille nucléaire absolue en Angleterre (chapitre 9). Le même travail devra être réalisé pour la famille nucléaire égalitaire du Bassin parisien, dont nous savons toutefois qu'elle apparaît bien définie dans les années 1560-1685 grâce à la belle étude de Jérôme-Luther Viret sur les communes d'Écouen et de Villiers-le-Bel[1].

Pour ce qui concerne la démocratie en Europe, une percée théorique a été réalisée en 1992 par Brian Downing dans son étude de la différenciation des formes politiques dans l'Europe moderne[2].

La thèse de Downing tient en deux temps et quelques phrases :

« Premièrement, l'Europe du Moyen Âge tardif avait de nombreuses caractéristiques politiques qui la distinguaient des principales civilisations du monde. Ces caractéristiques, dont la plus importante était des assemblées représentatives, constituèrent les fondements de la démocratie libérale, [...] une prédisposition qui ne pourra jamais être reproduite dans le monde moderne en développement. Deuxièmement, la modernisation militaire, la "révolution militaire" des XVIᵉ et XVIIᵉ siècles conduisit au renforcement du pouvoir monarchique des pays qui s'appuyèrent sur des ressources domestiques pour financer les armées modernes[3]. »

---

1. Jérôme-Luther Viret, *Valeurs et Pouvoir. La reproduction familiale et sociale en Île-de-France. Écouen et Villiers-le-Bel (1560-1685)*, Paris, Presses de l'université de Paris-Sorbonne, 2004.
2. *The Military Revolution and Political Change. Origins of Democracy and Autocracy in Early Modern Europe*, Princeton, Princeton University Press, 1992.
3. *Ibid.*, p. 3.

Pas plus que le narcissisme anglais de Macfarlane, le narcissisme occidental de Downing ne doit nous effrayer. Au Moyen Âge, l'Europe était effectivement très différente du reste du monde, parce que très en retard sur le reste de l'Eurasie dans son développement familial et politique. Le Moyen-Orient, l'Inde, la Chine, avaient alors depuis longtemps atteint le stade de la famille communautaire patrilinéaire et de constructions politiques d'un autoritarisme maximal. L'Europe médiévale foisonna donc, non seulement de types familiaux nucléaires indifférenciés, mais aussi d'assemblées villageoises ou nobles. Les villes y ont alors fleuri, particulièrement en Italie et en Flandre, et y ont constitué les pôles de cristallisation d'institutions représentatives, fortement oligarchiques, ainsi que le note Downing.

Ce stade urbain, médiéval en Europe, fut caractéristique des VIᵉ et Vᵉ siècles AEC en Grèce, et du tournant du IIIᵉ millénaire en Mésopotamie. La représentation politique était en Europe toujours vivante au bas Moyen Âge, tout simplement parce que cette région périphérique de l'Eurasie était effroyablement attardée dans son développement historique.

À partir du XVIᵉ siècle, la croissance des bureaucraties étatiques s'y est accélérée. Une « révolution militaire » conduisit à une augmentation massive de la taille des armées, qui asphyxia la noblesse féodale ; elle fut une composante essentielle de l'épanouissement de l'absolutisme. Ce qui est pour nous capital est que Downing lit correctement le sens et la géographie de l'histoire en Europe occidentale : il identifie une progression des formes autocratiques (antidémocratiques) dans la partie centrale du continent, qui échoue sur sa périphérie. La montée en puissance militaire successive des diverses nations lui permet de constituer les poussées d'étatisme autoritaire en une véritable séquence : Espagne et

Autriche, puis France, Suède, Prusse enfin. Sur la périphérie de cet axe central de développement de l'armée et de l'État, nous voyons subsister des formes représentatives en Suisse, aux Pays-Bas, en Angleterre. Brian Downing étudie méthodiquement la mise au pas des « États » des royaumes, qui représentaient traditionnellement auprès du roi les « ordres », c'est-à-dire la noblesse, le clergé, les roturiers enfin, ce tiers-état qui l'emporta finalement en France en 1789. Un tel modèle complète, sur le plan politique, celui de Macfarlane.

Si l'Angleterre a pu accoucher, au XVII⁰ siècle, d'une révolution libérale, c'est qu'il y subsistait suffisamment de la représentation démocratique ou oligarchique primitive (ou originelle). Le Parlement, loin de disparaître comme les assemblées du continent, finit au contraire par s'y emparer de la totalité du pouvoir. Il est vrai que la position insulaire de l'Angleterre la mettait à l'abri d'une révolution militaire puisqu'il revenait à la flotte, extérieure au territoire, d'assurer la protection du Royaume. Une telle analyse n'exclut évidemment pas le rôle de facteurs modernes et nouveaux dans le développement des institutions représentatives anglaises, comme l'alphabétisation de masse ou le développement du commerce, de l'artisanat puis de l'industrie.

Brian Downing, historien méthodique, note ensuite l'échec final des absolutismes français et suédois. Le maintien d'une représentation des quatre ordres en Suède – noblesse, clergé, citadins, paysans – est typiquement périphérique, et l'on peut effectivement distinguer un affaissement du pouvoir monarchique dans ce pays à la fin du XVIII⁰ siècle. Je ne suis toutefois pas certain que l'on puisse décrire l'évolution au XIX⁰ siècle de cette société, formidablement alphabétisée et disciplinée, comme un retour à une trajectoire libérale.

Le cas de la France est en revanche sans ambiguïté : celle-ci a semblé se séparer de l'Angleterre au XVIIᵉ siècle pour la retrouver au XVIIIᵉ. L'absolutisme de Louis XIV a correspondu dans le temps à l'épanouissement de la monarchie contrôlée anglaise, solidement établie en 1688. Un siècle plus tard exactement, la Révolution de 1789 a replacé la France, avec bien des à-coups, sur une trajectoire libérale. On peut interpréter cette correction de trajectoire comme l'irruption dans l'histoire de France d'un peuple structuré, dans le Bassin parisien, par les valeurs de la famille nucléaire égalitaire et par un taux d'alphabétisation qui a dépassé 50 % pour les hommes dans le courant du XVIIIᵉ siècle.

Reste qu'en Europe, l'absolutisme fut une innovation et le constitutionnalisme une conservation. Aux XIXᵉ et XXᵉ siècles, l'échec du libéralisme dans le monde germanique, fortement alphabétisé mais de famille-souche, confirme au fond le modèle de Downing. L'innovation idéologique réelle du grand pays de famille autoritaire et inégalitaire, l'Allemagne, fut, après la sécularisation, le nazisme. Une dizaine d'années plus tôt, le grand pays de famille communautaire, au moins dans sa partie centrale, l'Italie, avait inventé le fascisme. Formes radicalisées de l'hypertrophie de l'État, nazisme et fascisme sont allés beaucoup plus loin que les absolutismes de Louis XIV en France et de Philippe II en Espagne. Dans l'analyse des poussées d'autoritarisme et de militarisme espagnol ou français des XVIᵉ et XVIIᵉ siècles toutefois, une contribution particulière des régions de famille-souche – situées au sud dans le cas de la France, au nord dans celui de l'Espagne – est vraisemblable. Le Pays basque et la Gascogne ont fourni à l'armée, ou plus généralement à la fonction publique, plusieurs siècles durant, un approvisionnement régulier en cadets.

La démocratie libérale, avec alternance politique, ne s'implanta facilement en Europe que dans les pays de famille nucléaire : Angleterre, France, Belgique, Pays-Bas, Danemark. Le régime suédois a produit une trop longue phase de domination social-démocrate pour qu'on le considère comme libéral au sens strict. La seule véritable et importante exception à la règle associant famille nucléaire et libéralisme en Europe est l'Espagne, où le sous-développement éducatif et économique peut expliquer la faiblesse démocratique libérale. Mais ce cas mis à part, la famille nucléaire a défini, sur la frange nord-ouest de l'Europe, un Occident réduit mais réel.

### De l'oligarchie anglaise à la démocratie américaine, grâce au sentiment racial

La révolution anglaise de 1688 n'a pas mené le pays au-delà d'une représentation de type oligarchique. Le Parlement qui a pris le pouvoir ne représentait qu'une fraction de la population, même si cette proportion avait augmenté depuis le règne d'Elizabeth, surtout grâce à l'action des puritains qui firent la première révolution. Elle n'était que de 4,7 % vers la fin du règne de la reine Anne, qui disparut en 1714. Mais n'oublions pas que Louis XIV décéda l'année suivante, en laissant la France à son sommet historique d'autoritarisme endogène.

En proportion de la population masculine adulte, c'était quand même 15 %, assez pour que le fonctionnement des institutions soit rythmé par des élections qui mobilisaient, ainsi que l'a montré John H. Plumb, jusqu'à la strate sociale supérieure des villages. Un membre de la *gentry* devait séduire les gros paysans pour être élu. Plumb a cependant mesuré, pour l'ensemble du XVIIIᵉ siècle, une rétraction du corps électoral, qui est alors devenu moins important en proportion de la population, y compris au lendemain de la réforme électorale de 1832[1]. C'est l'effet de la révolution agraire et industrielle, et de la multiplication d'une population ouvrière qui a véritablement polarisé la structure sociale. Mais ce rétrécissement électoral, sur fond de bouleversement économique, n'a entraîné outre-Manche aucune instabilité politique. Rien d'étonnant à cela, l'inégalité n'y choque pas : nous avions pu définir au chapitre 9 la matrice anthropologique anglaise comme individualiste mais non-égalitaire, infrastructure familiale nécessaire pour un système politique libéral mais oligarchique.

L'Amérique du XVIIIe siècle a évolué dans le sens opposé d'un élargissement démocratique.

Les Anglais qui ont fondé l'Amérique y avaient apporté leur structure familiale, nucléaire, mais dépourvue de la valeur d'égalité qui caractérisait son homologue nucléaire du Bassin parisien. Nous devons donc maintenant comprendre comment cette culture américaine n'incluant pas un principe fort d'égalité est parvenue à produire une démocratie plus vite et plus naturellement que la France, où l'émergence et la stabilisation de la République ont pris près d'un siècle, entre 1789 et 1880. Pourtant, c'est pour la France que nous pouvons définir une séquence selon laquelle l'égalitarisme familial est transposé par l'alphabétisation et l'effondrement des croyances religieuses en une idéologie égalitaire. Mais c'est la démocratie « en Amérique » que Tocqueville a décrite dans son livre de 1835 et 1840, vivant lui-même le début d'une cascade de révolutions dans une France où la démocratie éprouvait quelques difficultés à se stabiliser.

1. John Plumb, « The Growth of the Electorate in England From 1600 to 1715 », *Past & Present*, n° 45, novembre 1969, p. 90-116.

La démocratie américaine a deux fondements objectifs originels : une morphologie agraire égalitaire au Nord, puisque le pays y fut dominé jusqu'au milieu du XIXᵉ siècle au moins par des paysans moyens, et un niveau éducatif élevé des populations, dérivé du protestantisme. Mais le calvinisme, base théologique du protestantisme des sectes américaines, ne croit pas que les hommes soient égaux. Calvin disait, en 1560, dans son *Institution de la religion chrétienne* :

> « Nous appelons "Prédestination" le conseil éternel de Dieu, par lequel il a déterminé ce qu'il voulait faire de chascun homme. Car il ne les crée pas tous en pareille condition, mais ordonne les uns à vie éternelle, les autres à éternelle damnation[1]. »

Cependant, en 1776, moins d'un siècle et demi après l'arrivée des premiers colons, nous lisons dans la Déclaration d'indépendance américaine un propos exactement contraire :

> « Nous tenons pour des vérités évidentes que les hommes ont été créés égaux, que leur Créateur les a dotés de certains droits inaliénables, que parmi ceux-ci il y a la vie, la liberté et la recherche du bonheur. »

Quel chemin parcouru par ces Américains dont les croyances originelles incluaient l'évidence d'une inégalité des hommes ! Comment une telle évolution, et si rapide, fut-elle possible ?

La Déclaration d'indépendance nous donne elle-même la solution de l'énigme : elle nous dit explicitement comment

---

1. Calvin, *Institution de la religion chrestienne* [1560], tome 3, Paris, Les Belles Lettres, 1961, p. 61.

*US democracy (and equally) born out*
*of racial differentialism - or racial*
*inequality*

OÙ EN SOMMES-NOUS ?

s'opéra le passage de l'inégalitarisme calviniste à l'égalitarisme démocratique. Elle décrit en effet les Indiens comme des « sauvages sans merci » (*merciless savages*). Après les hommes égaux, voici les hommes non-humains : l'inégalité a été expulsée du corps social blanc et fixée sur un élément extérieur, l'Indien dans le texte de la Déclaration et au Nord, le Noir dans la réalité sociale du Sud. Tocqueville avait noté le singulier égalitarisme blanc qui caractérisait les États esclavagistes du Sud : « Ainsi, chose singulière, on vit l'élan démocratique d'autant plus irrésistible dans les États où l'aristocratie avait le plus de racines ; l'État du Maryland, qui avait été fondé par de grands seigneurs, proclama le premier le vote universel et introduisit dans l'ensemble de son gouvernement les formes les plus démocratiques[1]. » La présence d'esclaves noirs nombreux y avait stimulé la conscience d'être égaux en tant que Blancs.

L'histoire des États-Unis permet d'associer chaque poussée démocratique à une montée du sentiment racial. Andrew Jackson, le président de 1826 à 1836, celui d'une Amérique qui vit se généraliser le droit de suffrage, fut un défenseur fervent de l'esclavage et un partisan décidé de la déportation des Indiens à l'ouest du Mississippi. Nous le retrouverons au chapitre 14 en idole du président Trump. Dans l'Ouest, entre 1860 et 1900, l'épanouissement d'une société totalement dépourvue d'élites traditionnelles s'est accompagné de l'extermination de 250 000 Indiens des Grandes Plaines, carnage qui se produisit dans le contexte d'une apothéose du sentiment racial[2].

1. *De la démocratie en Amérique* [1835 et 1840], tome 1, Paris, Gallimard, 1961, p. 55-56.
2. Je résume ici l'exposé et la conclusion du chapitre 2 de mon livre *Le Destin des immigrés*, op. cit., « Différentialisme et démocratie en Amérique (1630-1840) ».

Le racisme ne saurait donc être considéré comme une imperfection de la démocratie américaine, mais, bien au contraire, comme l'un de ses fondements. Il a, dans les temps fondateurs, permis le développement d'un sentiment égalitaire dans le groupe blanc. Il a par la suite facilité, à tous les stades de l'immigration, l'intégration de ceux qui n'étaient pas Indiens ou Noirs, c'est-à-dire d'abord de tous les Européens du Nord, puis, après un temps d'hésitation, de ceux qui étaient un peu sombres de peau, comme les Italiens, ou non-chrétiens comme les Juifs. Dans la phase la plus récente, la ségrégation des Noirs a permis le reclassement comme Blancs des Américains d'origine japonaise, coréenne, vietnamienne ou chinoise.

Et nous sommes maintenant en mesure d'écrire la formule magique de la démocratie en Amérique : absence d'égalité des frères + exclusion des Noirs et des Indiens ⟶ démocratie raciale.

Cette séquence nous permet aussi de mieux comprendre la facilité avec laquelle s'opère le développement démocratique en Amérique, son caractère en apparence naturel et harmonieux, si troublant pour un Français qui doit apprendre l'histoire des révolutions de 1789, de 1830, de 1848 et de la Commune de Paris de 1871 pour y comprendre quelque chose. L'Amérique démocratique est aussi stable que l'Angleterre oligarchique. Aucun principe d'égalité, ancré dans l'inconscient familial, n'y engendre à répétition, comme en France, un égalitarisme politique violent des masses.

### Le concept de démocratie ethnique

Athènes avait déjà donné l'exemple, durant l'Antiquité, d'une émergence démocratique s'appuyant avec force sur une affirmation de soi par le rejet d'un Autre, ou plutôt, dans son cas, par le rejet de tous les autres. En pleine ascension de la démocratie, une loi de 451 AEC avait exigé une mère et un père athéniens pour l'obtention de la citoyenneté. Au IV^e siècle, le mariage des Athéniens avec des étrangers sera interdit[1].

Les États-Unis furent, de leur fondation à la Seconde Guerre mondiale, l'archétype d'une *Herrenvolk Democracy*, selon le concept de Pierre Van den Berghe d'abord développé pour décrire l'Afrique du Sud[2]. J'utiliserai dorénavant le concept de « démocratie ethnique », plus neutre idéologiquement, tout en précisant que l'ethnie dont il est question doit simultanément exclure et inclure, c'est-à-dire, dans le cas des États-Unis originels, rejeter les Indiens et les Noirs, mais pour assimiler des Blancs de toutes origines. Le cas des Asiatiques, exclus jusqu'à la Seconde Guerre mondiale, puis facilement inclus ensuite, suggère une certaine flexibilité du système, que nous devons à ce stade qualifier d'anthropologique plutôt que de social. Ses racines plongent dans l'inconscient de la vie du groupe, sous les strates conscientes de l'activité économique et de l'interaction des classes. Pour le décrire, nous devons donc utiliser les mots-clefs de l'anthropologie : le corps des citoyens est défini par une endogamie blanche rigoureuse, mais il pratique une exogamie familiale tout aussi sévère puisque les familles blanches échangent systématiquement des conjoints dans un contexte de phobie des mariages entre cousins[3].

Nous aboutissons alors à une représentation un peu inattendue de la démocratie américaine.

---

1. Emmanuel Todd, *Le Destin des immigrés, op. cit.,* p. 62.
2. *Race and Racism. A Comparative Perspective*, New York/Sydney, John Wiley, 1967, p. 77.
3. Voir *supra*, p. 312.

L'Angleterre du XVIIIᵉ siècle, nucléaire non-égalitaire sur le plan familial, libérale et oligarchique sur le plan politique, était certes moderne par son taux d'alphabétisation élevé, par la révolution industrielle qui s'y amorçait, mais quand même archaïque de par la survie, suivie d'épanouissement, de ses formes politiques représentatives.

L'Amérique du XIXᵉ siècle ne réalise pas seulement un déplacement vers l'ouest du modèle. Elle s'en est également éloignée, on l'a vu au chapitre précédent, pour se rapprocher quelque peu, au niveau familial, du fond originel indifférencié de l'humanité, dont l'Angleterre elle-même n'était pas si éloignée. Ce fond inclut la démocratie primitive d'*homo sapiens*.

Aux États-Unis, la verticalité du système social anglais a pour l'essentiel disparu : la primogéniture aristocratique, l'État monarchique et son Église, une classe dominante ancienne, des oligarchies villageoises stables. C'est le principe même d'une clef de voûte du système social et mental qui a été aboli outre-Atlantique. Faut-il évoquer la disparition de la transcendance, de l'hétéronomie, d'un surmoi social ? Le terme choisi importe peu. Il suffit de constater que le système qui se définit et s'étend en Amérique, avec ses communautés locales et ses États fédérés, est beaucoup plus horizontal que le système anglais, et beaucoup plus proche de celui des groupes primitifs qui composèrent l'humanité originelle. Les pères fondateurs ont, bien sûr, donné une Constitution écrite à ce nouveau peuple, et ce texte fut respecté formellement même s'il fut souvent modifié par des amendements. C'est ainsi qu'il a vite existé un État américain et des institutions représentatives qui ont admirablement fonctionné, grâce à un niveau éducatif élevé, grâce à l'égalité initiale relative des conditions économiques, grâce aussi à l'absence d'inconscient égalitaire déstabilisateur. Mais nous avons vu plus haut que l'État américain n'a jamais pu s'assurer d'un véritable monopole de la violence légitime. La population américaine reste, de la manière la plus ordinairement archaïque, armée, et ses taux d'homicide oscillent entre 5 et 15 fois les niveaux européens.

Comment ne pas voir la résurgence du fond démocratique ou oligarchique primordial dans certaines bizarreries de la vie politique américaine, comme la tendance à élire président des chefs de guerre – Washington, Jackson, Grant, Eisenhower – ou des représentants de lignages prestigieux – des Roosevelt, des Kennedy, des Bush ? Je l'ai suggéré plus haut, l'habitude terminologique qui nous fait appeler « roi » les chefs élus dans le passé par l'assemblée des guerriers, souvent à titre temporaire, nous masque la vérité ; si nous utilisions le terme « président » pour désigner les chefs germaniques, grecs ou romains des origines, nous serions mieux capables de sentir la vitalité du fond primitif américain.

Nous tentons ici de situer l'Amérique par rapport au passé de l'humanité, reconstitué par l'histoire et par l'anthropologie. Mais nous ne savons pas tout de ce passé, et en particulier du mode de relation entre les groupes d'*homo sapiens* qui, conquérant la planète, se sont séparés et fragmentés. James G. Ferguson avait noté que les groupes humains n'existent que par opposition les uns aux autres, sur le mode nous/eux. Le groupe ethnique de base pratique l'exogamie entre familles, mais il est globalement endogame vis-à-vis du monde extérieur. Globalement mais non totalement : ce que l'on sent dans le comportement des groupes humains les plus anciens historiquement repérables – peuples germaniques, romains, et bien d'autres –, c'est le mélange d'une identité ethnique forte et d'une non moins forte capacité à intégrer, digérer, assimiler des individus ou morceaux de peuples soumis. L'Amérique, si nous acceptions de la percevoir comme une forme modernisée et massive

342

du groupe *homo sapiens* originel, nous dit peut-être ce que fut le passé de l'humanité sur le plan des relations entre tribus et entre peuples. Ce mélange d'ouverture et de racisme, d'assimilation des Européens et de rejet des Indiens ou des Noirs, n'est peut-être que l'accomplissement moderne et continental d'un vieux modèle, fragmenté mais tout aussi universel, celui d'un *homo sapiens* originel simultanément assimilateur et raciste.

### Universel concret de l'Amérique, universel abstrait de la France

Parvenus à ce stade de l'analyse, nous pouvons comprendre la réussite de l'Amérique en tant qu'idéal planétaire. C'est la France qui, certes, a produit le concept d'homme universel. Mais c'est le monde anglo-américain, moins bon théoricien de l'égalité des hommes, qui a « globalisé » la planète et lui a donné sa langue. Il ne s'agit pas ici de minimiser l'importance du modèle français.

La France a effectivement bouleversé l'Europe entre 1789 et 1848. Grâce à sa masse démographique relative, elle a pu lever, entre 1793 et 1814, les armées qui ont balayé de l'ouest du continent le régime féodal et imposé l'émancipation des Juifs. Elle a, en un sens, fait entrer l'ensemble de l'Europe occidentale dans un universel postreligieux. En 1848, alors qu'elle avait déjà perdu sa puissance militaire, sa révolution fut suivie et reprise jusqu'à Berlin et Budapest. La rationalité du système métrique français a conquis l'ensemble de la planète, si l'on veut bien oublier les quelques traces non décimalisées qui ont survécu dans le monde anglo-américain. La France mérite donc bien son siège de membre permanent au Conseil de sécurité des Nations unies. La seule notion d'homme universel le justifierait.

Les Français, en outre, par leur vision particulièrement claire du principe d'égalité, n'ont jamais cessé d'aider l'Amérique elle-même à prendre conscience de ce qu'elle pourrait être. On pense évidemment à Tocqueville et à *De la démocratie en Amérique*. Mais, beaucoup plus récemment, les travaux de Thomas Piketty et d'Emmanuel Saez sur la distribution des revenus ont placé au cœur des débats américains le concept des 1 % les plus riches et contribué au retour d'une problématique de l'affrontement démocratique outre-Atlantique. Sur la ségrégation persistante des Noirs, Loïc Wacquant, chercheur français qui enseigne à Berkeley, a récemment apporté une contribution décisive. Il a reconnu, dans l'incarcération de masse des jeunes Noirs, la troisième incarnation d'un système racial dont l'Amérique n'arrive pas à sortir. Son article « America's New Peculiar Institution. On the Prison as a Surrogate Ghetto », publié en 2000, a rendu possible le bel ouvrage, et best-seller, de Michelle Alexander, *The New Jim Crow*, et bien d'autres textes sur la situation actuelle des Noirs aux États-Unis[1].

Mais l'homme universel des Français est un personnage abstrait. Il est, selon moi, la projection idéologique des valeurs contenues dans une structure familiale spécifique, la famille nucléaire égalitaire du Bassin parisien. La liberté des enfants y est devenue en 1789 liberté des citoyens ; l'égalité des frères et des sœurs y a muté en égalité des hommes et des femmes, des peuples et des nations. L'universalisme français fonctionne selon un modèle subconscient simple : les enfants sont égaux, les hommes sont égaux, les peuples sont égaux, et il existe

---

1. Loïc Wacquant, « America's New Peculiar Institution. On the Prison as a Surrogate Ghetto », *Theoretical Criminology*, vol. 4, n° 3, 2000 ; Michelle Alexander, *The New Jim Crow. Mass Incarceration in the Age of Colour Blindness*, New York, The New Press, 2010 et 2012.

donc un homme universel. La nécessité pour la France centrale d'affirmer ses valeurs contre la périphérie souche de l'Hexagone, porteuse des valeurs opposées d'autorité et d'inégalité, explique la clarté du message français. Mais il faut admettre que notre homme universel émerge tout de même d'un socle anthropologique bien particulier.

Une dimension analogue de l'égalité des frères – les sœurs étant cette fois exclues – a régulé les visions du monde chinoise, arabe ou russe, toutes universalistes. En Russie, dans le monde arabe ou en Chine, l'anti-individualisme de la famille a toutefois conduit, au contraire de ce que l'on a pu observer en France, à une préférence pour l'homme universel intégré à une structure close – parti politique, économie centralisée, religion, nation –, égal aux autres certes mais toujours ethnique. Peut-être devrait-on parler dans leur cas d'un idéal de la nation universelle.

Le mécanisme subconscient simple qui mène de la famille à la vision de l'autre en général peut aussi produire, si les enfants sont inégaux, comme c'est le cas dans la famille-souche, une détermination équivalente mais de sens opposé : les enfants sont inégaux, les hommes sont inégaux, les peuples sont inégaux, et il n'existe pas d'homme universel, séquence caractéristique de l'Allemagne, du Japon, du Pays basque ou de la Catalogne. Un gros peuple souche se verra en haut de la hiérarchie, un petit peuple souche se contentera d'affirmer un particularisme fort. La taille du peuple et l'interaction des forces géopolitiques peuvent définir des grands et des petits frères.

La famille nucléaire absolue anglo-américaine a sa séquence propre : les enfants sont différents, les hommes sont différents, les peuples sont différents. L'inégalité n'est pas affirmée, mais la notion d'homme universel n'est pas non plus une certitude. C'est pourquoi l'intégration de l'immigré sur une base individualiste est possible, mais seulement s'il existe quelque part, proche, un Autre qui sert de repoussoir et permet toutes les assimilations sauf une.

L'une des particularités du monde anglo-américain est donc qu'il existe une ligne séparant l'homme universel de l'homme non-universel. Je reste hanté par une soirée de mes années d'étudiant à Cambridge, à l'époque de la guerre du Kippour, durant laquelle un Gallois, par ailleurs sympathique et drôle, très à gauche, avait exclu les Arabes de son champ de responsabilité en prononçant la phrase fatidique : « *There's some place where you must draw the line.* »

L'une des particularités les plus remarquables de cette ligne anglo-américaine, qui sépare l'universel humain du pas tout à fait humain, est sa faculté de se déplacer, dans le sens de l'élargissement de l'humanité incluse en général. L'Irlandais, l'Italien, le Juif, le Japonais, le Chinois, le Coréen, très récemment l'Indien, et on va bientôt s'en apercevoir, l'Hispanique (un nom de code pour d'autres Indiens venus du sud), finissent par être reclassés comme Blancs, sous l'effet de mariages mixtes faciles et nombreux. Mais le Noir ?

La France n'a pas ce genre de limitation « raciale », même si elle est capable d'une xénophobie culturelle spectaculaire quand le groupe immigré est porteur de mœurs un peu trop manifestes et éloignées de celles qui ont cours dans l'Hexagone et qui mettent en doute le présupposé idéologique de l'homme universel. La culture familiale arabe, antiféministe et endogame, rend comme fou l'universalisme français, parce qu'elle semble le démentir. Les hommes, tous les hommes, devraient être semblables.

C'est le problème de la grandeur idéologique française, particulariste à son insu. L'universalisme français n'émerge pas d'un universel anthropologique concret mais des rêves de la famille nucléaire égalitaire, ancrés dans un terroir. Le rêve français de l'homme universel va donc sans cesse se heurter, dans la vie sociale réelle, et en géopolitique, à des systèmes anthropologiques différents, à des attitudes, qui, selon son concept, ne devraient pas exister. Le Bassin parisien avait déjà dû mettre au pas, dans l'Hexagone, durant la Révolution, sa périphérie porteuse de valeurs différentes. Mais l'ensemble du monde concret regorge, pour les Français, de valeurs et de comportements incompréhensibles et intolérables : le libéralisme non-égalitaire de la famille anglo-américaine, l'inégalitarisme autoritaire de la famille allemande ou japonaise, l'égalitarisme autoritaire de la famille communautaire russe ou chinoise, l'égalitarisme plus horizontal de la famille communautaire endogame arabe.

L'Amérique n'excelle pas autant que la France à définir les hommes comme semblables, en tous lieux et en toutes cultures. Elle aura toujours besoin, au-delà d'une ligne mystérieuse, d'un Autre pour se sentir exister. Mais le système anthropologique américain, et l'idéologie spontanée qui en découle, racisme inclus, sont plus proches que ceux de la France du type originel de l'humanité, et donc, en un sens concret, plus universels. L'Amérique incarne mieux, dans sa façon d'être, l'*homo sapiens* archaïque et universel.

C'est, je pense, dans cette naturalité vraie que réside la séduction profonde de l'Amérique. Bien sûr, l'Amérique a offert au monde ses terres vierges, sa richesse, la possibilité pour des millions de paysans affamés de s'y ménager une vie économique décente, et de rêver à un destin encore meilleur pour leurs enfants. Elle a su parler d'avenir. Mais l'Amérique représente aussi, par son mode de vie, une sorte de passé humain général. Elle en appelle, souterrainement, à nos instincts enfouis, à ce fond archaïque qui existe en tous les hommes de tous les peuples de la terre, y compris chez ceux dont la structure familiale et anthropologique a évolué vers la complexification, la sophistication, la norme, que celle-ci soit patrilinéaire ou matrilinéaire, égalitaire ou inégalitaire. Le vrai mystère de l'Amérique c'est que, si elle se présente à nous comme figurant l'avenir, elle porte en elle également notre passé. Elle nous offre simultanément l'espoir du progrès et le bonheur de la régression.

### La démocratie toujours primitive

C'est pour la même raison de naturalité primordiale que l'Amérique a, avant la France, inventé la démocratie moderne : parce que celle-ci y a résulté d'une simple application de l'alphabétisation de masse au fond humain archaïque, qui comprend la démocratie primitive, naturelle.

L'égalitarisme virulent de la France du Bassin parisien aura finalement été moins efficace pour définir un corps de citoyens égaux que l'indifférence à l'égalité venue d'Angleterre.

Le principe d'égalité, construit par l'histoire – la longue histoire d'une famille romaine communautaire et patrilinéaire sous la République, devenue nucléaire égalitaire sous l'Empire –, ne saurait en effet que définir une égalité abstraite entre individus. L'égalitarisme est désintégrateur du groupe. Laissé à lui-même, il engendre un monde d'individus dont aucun n'accepte la subordination à l'ensemble, l'anarchie, au sens littéral du concept. La démocratie, phénomène collectif, ne peut spontanément en sortir. Si l'on entre dans le détail de l'histoire de France, nous sommes même obligés d'admettre une contribution indispensable de la périphérie souche de l'Hexagone à la naissance de la démocratie, parce que c'est cette périphérie qui a fourni au pays dans son ensemble l'idéal d'une intégration de l'individu au groupe et la possibilité d'une action collective. Un double coup d'œil à l'Andalousie et à sa tradition anarchiste, puis à l'Italie du Sud et à ses pratiques mafieuses – deux terres de famille nucléaire égalitaire –, est révélateur du potentiel démocratique limité de la famille nucléaire égalitaire seule. Si l'on ajoute que ce type familial descend par filiation légitime de la domination impériale romaine, on cesse de s'étonner de ne pas le voir engendrer spontanément une organisation démocratique.

L'indifférenciation anglo-américaine laisse, mieux que l'égalitarisme français, subsister une conscience de soi du groupe : la non-égalité des enfants et des hommes implique des peuples divers, ayant des identités définies qui permettent, dans certaines conditions, un ancrage démocratique. Nous pouvons dire les choses d'une autre manière, plus simple mais résignée : la démocratie a toujours une base ethnique.

Résumons : l'Amérique a inventé la démocratie moderne parce que la plupart de ses habitants blancs savaient lire et écrire et que son égalitarisme éducatif concret rendait concevable l'égalité des citoyens. Mais elle ne croyait *a priori* ni en l'égalité ni en l'inégalité : elle était – et reste – indifférenciée sur ce plan. Elle a, en revanche, renoué avec le sentiment vivace d'une appartenance au groupe, définie contre un Autre vraiment autre en apparence, le sauvage sans merci ou l'esclave noir. Telles furent les conditions essentielles d'émergence de la première démocratie moderne : une réactivation des conditions qui avaient produit la démocratie primitive, plus l'alphabétisation. J'admets toutefois que l'exogamie radicale du système anthropologique anglais ou américain, hérité de la mutation religieuse chrétienne, et qui ne peut en aucune manière être qualifié d'indifférencié, doit avoir joué un rôle dans l'épanouissement de l'individualisme du groupe blanc, en interne, de même qu'elle a permis une ouverture maximale à l'immigration et à l'assimilation d'individus non-Noirs.

Nous allons maintenant montrer, dans les chapitres qui suivent, que la globalisation peut s'analyser comme un effondrement de la notion d'égalité créé par l'alphabétisation de masse, dans toutes les sociétés avancées, mais particulièrement dans l'anglosphère. Nous allons aussi constater que le regain démocratique occidental, qui a commencé vers 2000 mais s'est affirmé en 2016 avec le Brexit et l'élection de Donald Trump, a eu lieu – comme d'habitude pourrait-on dire – dans l'anglosphère, en l'absence d'une croyance *a priori* en l'égalité des hommes. Une fois de plus, nous devrons invoquer la proximité du fond naturel d'*homo sapiens* pour comprendre cette facilité anglo-américaine à nourrir des pratiques démocratiques. Dans les deux cas, cependant, nous retrouverons un élément de xénophobie dans le regain. La démocratie n'en finit jamais d'être primitive.

Chapitre 12

# La démocratie minée
# par l'éducation supérieure

Au début du XXᵉ siècle, les États-Unis n'étaient qu'un pays protestant avancé parmi les autres. Leur production intérieure brute (PIB) avait certes largement dépassé celles des deux grands pays suivants sur la liste, l'Allemagne et le Royaume-Uni : dès 1913, le PIB américain l'emportait de 12 % *sur la somme* des PIB de ces deux pays : 517 383 millions de dollars (de 1990) pour les États-Unis, contre 237 332 pour l'Allemagne et 224 618 pour le Royaume-Uni, selon les calculs d'Angus Maddison[1]. À titre de comparaison le PIB de la France n'atteignait alors que 144 489 millions de dollars. (Je laisse les chiffres dans leur absurde précision originelle pour rappeler que les économistes ne doivent jamais être complètement pris au sérieux.) La contribution technologique des États-Unis à la deuxième révolution industrielle – qui combinait électricité, automobile et aviation – s'annonçait importante, tant en matière de conception des produits que de standardisation de la production, comme en témoigne celle de la Ford T, fabriquée à la chaîne dès 1908. Mais les universités qui comptaient et la recherche scientifique étaient toujours le fait de l'Europe et, de plus en plus, de l'Allemagne.

---

1. Angus Maddison, *The World Economy. A Millenial Perspective*, Development Center Studies OCDE, 2001, p. 261.

**Tableau 12.1. L'alphabétisation aux États-Unis
et en Europe vers 1900**

| Taux d'alphabétisation (Population de plus de 10 ans, en %) | |
|---|---|
| Angleterre | 95 |
| États-Unis : Blancs nés en Amérique | 95 |
| États-Unis : Blancs nés à l'étranger | 87 |
| États-Unis : Noirs | 55 |
| Suède | Plus de 95 |
| Allemagne | Plus de 95 |
| Autriche | 94 |
| Bohême | 97 |
| Belgique | 81 |
| France | 83 |
| Italie | 52 |
| Espagne | 44 |
| Hongrie | 44 |
| Pologne (en Russie) | 26 |
| Russie européenne | 19 |

Sources : Carlo M. Cipolla, *Literacy and Development in the West*,
Londres, Penguin, 1969, p. 99 et p. 127-128.

Et puis, en 1900, l'Amérique n'était urbanisée qu'à
40 %, comme la France, alors que les villes du Royaume-
Uni représentaient 77 % de sa population. La richesse
globale des États-Unis tenait beaucoup à leur taille :

76 millions d'habitants déjà en 1900 contre 56 à l'Allemagne, 38 au Royaume-Uni ou à la France. Cette population américaine, alphabétisée à 95 %, disposait de ressources naturelles sans commune mesure avec celles des autres peuples d'Europe. Mais, vers 1900, les États-Unis n'étaient encore que plus vastes, plus peuplés, plus ruraux et plus riches que les autres pays protestants. Ils faisaient partie du groupe de tête, mais n'auraient pu être regardés comme le pays leader du monde protestant, de tout l'Occident ou de la planète entière *a fortiori*.

## *La deuxième révolution éducative : 1900-1940*

C'est cependant aux États-Unis qu'eut lieu, entre 1900 et 1940, le premier développement de masse de l'éducation secondaire, c'est-à-dire d'un enseignement allant au-delà de l'apprentissage de la lecture ou de la capacité de compter. Et c'est alors que l'Amérique prit la tête du développement mondial.

Le taux d'enrôlement dans le secondaire (*high school*) n'y était encore que de 10 % vers 1900 ; il a atteint 70 % vers 1940. Le taux d'obtention du diplôme de fin d'études était passé entre ces deux dates de 6 % à 50 %. Projet culturel national, le décollage du secondaire fut cependant mené de façon décentralisée, qu'il s'agisse de la fondation ou de la gestion des écoles. Certes, programmes et curricula furent, et demeurent, assez uniformes sur le territoire américain. Pourtant, ce sont les collectivités locales plutôt que l'État central qui contrôlèrent le processus. L'école publique apparaît ici simultanément homogène et décentralisée : manifestation typique de l'action nationale dans sa forme anglo-américaine. Le processus rappelle, à cet égard, l'établissement de la loi anglaise sur les pauvres : l'État des Tudor avait alors indiqué par sa législation l'objectif, mais laissé aux élites locales la responsabilité de la mise en marche et de la gestion. Aux États-Unis, le projet éducatif national n'a même pas été lancé, comme en Angleterre, par un État central fort (dans les esprits, puisqu'il ne disposait pas d'une forte bureaucratie outre-Manche). Ici, tout s'est passé hors du contrôle de l'État fédéral, et même les lois sur l'éducation obligatoire votées par les États fédérés ne semblent avoir eu qu'un effet limité[1]. La deuxième révolution éducative, « secondaire », fut directement portée par une idéologie, démocratique et égalitaire. Mais il s'agissait bien de la mise en œuvre d'un projet d'éducation publique, à mettre à l'actif des réussites de l'État social en un sens élargi.

Lorsque l'Amérique est entrée en guerre en 1941, la moitié de ses jeunes y avaient déjà bénéficié d'une éducation secondaire complète. L'Europe, y compris protestante, était désormais en retard, reléguée dans le sous-développement relatif de l'instruction primaire, même là où tout le monde savait lire. C'est un contrôle élitiste et étatique qui a bloqué sur l'ancien continent le développement de l'enseignement secondaire. Claudia Goldin et Lawrence Katz ont bien montré que le décalage entre le Vieux et le Nouveau Monde ne saurait être expliqué ni par la plus grande prospérité américaine, ni par une capacité plus grande à financer une éducation plus longue[2]. En 1955-1956 encore, le taux de participation à l'éducation des 15-19 ans, qui était de près de 80 % aux États-Unis, n'était que de 25 % en Suède, et compris entre 15 et 20 % en Grande-Bretagne, en France, en Allemagne, au Danemark, en Finlande et en Norvège.

L'éducation secondaire permet, certes, l'acquisition de connaissances nécessaires à l'emploi dans une société

---

1. Claudia Goldin et Lawrence Katz, *The Race Between Education and Technology*, Harvard, Harvard University Press, 2008, p. 198.
2. *Ibid.*, p. 26.

technologiquement avancée, où les activités de service se répandent, à l'intérieur comme à l'extérieur des entreprises industrielles. La communication entre les hommes y devient aussi importante que la transformation des choses. Mais l'éducation américaine fut d'emblée d'inspiration libérale, ouverte, soucieuse de l'épanouissement de l'individu autant que de l'acquisition des connaissances. Et, surtout, elle ne s'intéressait absolument pas à la performance élitiste. Projet national, elle a en outre permis l'assimilation des immigrés par la fabrication d'adolescents bien américains. La *public high school*, dont l'action s'est combinée à partir de 1924 à la restriction de l'immigration, a ainsi contribué à l'émergence, vers 1950, d'une Amérique non pas simplement prospère mais également homogène sur le plan culturel.

## L'apogée démocratique

Au début du XXᵉ siècle, l'Amérique était très inégalitaire sur le plan matériel. Le développement accéléré de l'industrie, entre la fin de la guerre de Sécession en 1865 et le début de la Première Guerre mondiale en 1914, y avait fait monter la concentration du capital et des revenus à des niveaux jamais atteints. L'infrastructure éducative du pays, toutefois, demeurait égalitaire : vers 1900, 95 % de la population blanche adulte savait lire et écrire, tandis que la proportion d'Américains des deux sexes qui avaient fait des études supérieures n'était que de 2,5 %. Dans l'Amérique du capitalisme déchaîné du *Gilded Age*, le subconscient social défini par l'enseignement restait démocratique, et l'on peut comprendre la participation politique élevée du pays et son passage à la *Progressive Era* vers l'extrême fin du XIXᵉ siècle.

Le développement de l'enseignement secondaire des *high schools*, à partir de 1900, à contre-courant de la montée des inégalités économiques, montre l'autonomie souterraine et puissante du mouvement culturel dans l'histoire. C'est sur ce fond d'expansion éducative que s'est déclenchée la crise économique de 1929. Alors, la moitié déjà des Américains avaient fait des études secondaires, complètes pour un quart d'entre eux. Le dysfonctionnement du système économique a donc très logiquement abouti à la réaction politique égalitaire du New Deal de Roosevelt. La régulation de l'économie par l'État et la taxation des revenus ont mené à une baisse, progressive mais irrésistible, du niveau d'inégalité économique. Ainsi que l'ont montré Emmanuel Saez et Thomas Piketty, la part du revenu national accaparée par les 10 % les plus riches est tombée de 46 % en 1928 à 32 % en 1952, niveau où elle a stagné jusque vers 1972 ; celle des 1 % les plus riches, qui était de 20 % en 1928, a chuté à 9 % en 1953, pour rester calée à 8 % entre 1963 et 1978[1].

### La troisième révolution éducative et son arrêt

L'éducation secondaire ne fut qu'une étape. Au lendemain de la Seconde Guerre mondiale, le mouvement ascensionnel s'est poursuivi par une troisième révolution éducative, celle de l'enseignement supérieur. En 1900, seulement 3 % des hommes et 2 % des femmes de 25 ans avaient atteint ce stade et obtenu le statut de *Bachelor of Arts* (*BA degree*, l'équivalent d'une licence) ; en 1940,

---

1. Thomas Piketty et Emmanuel Saez, « Income and Wage Inequality in the United States, 1913-2002 », in Anthony Atkinson et Thomas Piketty, *Top Incomes Over the 20th Century*, Oxford, Oxford university Press, 2007, p. 141-225, diagramme p. 147.

c'était déjà le cas de 7,5 % des hommes et 5 % des femmes ; en 1975, de 27 % des hommes et 22,5 % des femmes[1].

Ces niveaux atteints, le modèle du développement pour tous de l'éducation – applicable presque parfaitement au primaire et à peu près au secondaire – perd sa validité. L'expansion s'arrête. Entre 1980 et 1985, le taux d'obtention d'un BA est même retombé à 22,5 % pour les hommes et s'est stabilisé au même niveau pour les femmes. Il est remonté ensuite pour atteindre, vers 2000, 30 % pour les hommes et 35 % pour les femmes, qui sont donc passées en tête, phénomène observable plus tard dans la plupart des pays qui réaliseront cette révolution de l'éducation supérieure. Je reviendrai sur le sens de la reprise quantitative ultime, qui se confirme au début du III<sup>e</sup> millénaire mais dans le contexte d'un changement de signification, de motivation – et peut-être de qualité – de l'éducation la plus avancée.

L'évaluation de la population diplômée par l'enseignement supérieur pose des problèmes méthodologiques beaucoup plus importants que ceux que l'on doit affronter pour l'évaluation des formations dispensées par le primaire et le secondaire. La variété des sujets étudiés, la différenciation des niveaux sont presque infinies. L'éducation supérieure est, par nature, multiple et stratifiée. C'est particulièrement vrai des États-Unis où, dès le départ, grandes universités et *state colleges*, où l'on dispense un enseignement de moindre qualité, se sont partagés la nouvelle population étudiante[2]. L'interprétation des statistiques est rendue compliquée par l'hétérogénéité des séries, et j'ai pour ma part

---

1. Claudia Goldin et Lawrence Katz, *The Race Between Education and Technology*, *op. cit.*, p. 249.
2. Voir par exemple Josipa Roksa et *al.*, « United States : Changes in Higher Education and Social Stratification », in Yossi Shavit, Richard Arum et Adam Gamoran, *Stratification in Higher Education. A Comparative Study*, Stanford, Stanford University Press, 2007, p. 165-191.

renoncé à lever les innombrables incohérences constatées, me contentant de souligner leur compatibilité générale en termes de tendances et de distribution de la population.

L'imperfection des données ne doit pas nous arrêter. La question de l'éducation supérieure est trop importante pour qui veut comprendre la nouvelle stratification des sociétés avancées et la désagrégation du corps des citoyens.

Pour la réalisation de graphiques, j'ai utilisé, sauf dans le cas de la Russie, la banque de données Barro-Lee, après avoir contrôlé la compatibilité des chiffres qu'elle propose avec ceux de l'OCDE ou de certains annuaires statistiques nationaux. En dépit de ses approximations, et même de quelques erreurs flagrantes pour certains pays, elle a le mérite de proposer une évaluation des niveaux éducatifs par groupes d'âge, de 5 ans en 5 ans, normalisée, qui autorise une comparaison internationale des tendances.

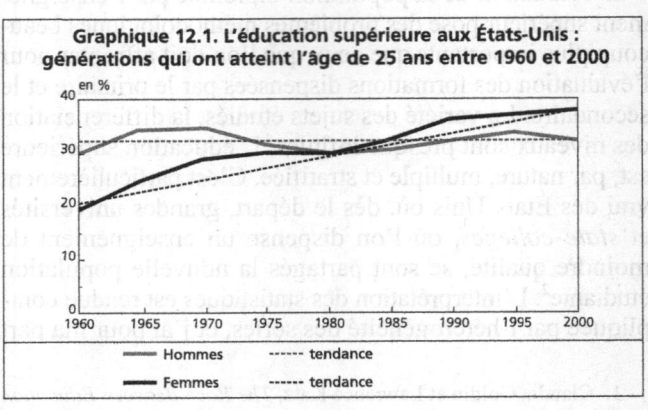

**Graphique 12.1. L'éducation supérieure aux États-Unis : générations qui ont atteint l'âge de 25 ans entre 1960 et 2000**

Sources : D'après la banque de données Barro-Lee.

Aux États-Unis, si nous fixons notre attention sur les individus de 25 ans, on peut observer pour les hommes, au-delà des oscillations, une stagnation depuis le milieu des années 1960, mise en évidence par l'ajustement polynomial standard du programme Excel. Pour les femmes, en revanche, on enregistre une progression qui conduit au dépassement de la performance masculine entre 1986 et 1990. Les proportions d'étudiants qui ont entamé des études supérieures mais ne les ont pas achevées montent évidemment beaucoup plus haut, mais leur introduction dans la discussion démultiplierait la douloureuse question méthodologique de la stratification interne de l'éducation supérieure.

En revanche, l'utilisation des tests d'aptitude réalisés à la sortie du secondaire pour gérer et canaliser l'entrée des étudiants à l'université clarifie le débat. Le *Scholastic aptitude test* (SAT) fait partie, à côté d'autres systèmes équivalents, de la tradition américaine, qui n'a pas peur, à l'inverse de son homologue française, de mettre en évidence d'éventuelles inégalités intellectuelles entre individus. On l'a vu à de nombreuses reprises, la famille nucléaire absolue n'inclut pas dans ses valeurs un principe d'égalité *a priori*. Sans que l'on sache trop ce que ces tests mesurent effectivement – l'intelligence, les connaissances, la qualité du dressage et de la discipline en situation de test –, leur évolution a suscité bien des interrogations aux États-Unis dès 1963. Ils ont en effet enregistré une chute, jusque vers 1980-1984, pour les épreuves de mathématiques comme pour celles dites autrefois *verbal* puis renommées *critical reading*. Le niveau antérieur à 1963 a été rétabli vers 2000 pour les mathématiques, mais non pour l'autre épreuve, qui s'efforce de mesurer l'aptitude à exprimer des faits et des idées.

Selon l'annuaire statistique américain, le score moyen pour l'épreuve de *critical reading* est tombé de 537 en 1970 à 502 en 1982 et il plafonnait toujours à 501 en 2010. Pour l'épreuve de mathématiques, le score a baissé de 512 en

1970 à 492 en 1980, pour remonter à 516 en 2010[1]. Les nombreuses modifications subies par ces tests, ainsi que l'élargissement des populations qui s'y soumettent, nous invitent à la prudence au moment de l'interprétation. Nous pouvons, néanmoins, affirmer sans risque que le blocage de l'éducation supérieure, à partir du milieu des années 1960 ou du début des années 1970, n'a pas résulté d'une restriction par le système d'accueil mais de l'atteinte d'un plafond d'ordre intellectuel, dont on ne peut d'ailleurs aucunement affirmer qu'il sera éternel. La reprise récente pourrait même signifier qu'après une pause, le progrès va repartir.

L'atteinte d'un plafond éducatif pour les générations qui ont atteint 20 ou 25 ans entre 1965 et 1975 ne signifie pas non plus que le niveau moyen de la société américaine a immédiatement cessé d'augmenter. À ces dates, les générations âgées se caractérisaient par des taux d'éducation supérieure très faibles, et leur remplacement progressif par des générations plus éduquées a continué d'assurer une élévation du niveau moyen de la société, qui approche donc, au rythme du remplacement démographique, du taux plafond de 30 à 35 % (celui des jeunes générations). L'atteinte de ce taux par l'ensemble de la population, toutes générations confondues, marquera l'arrêt du mouvement ascensionnel et le début de la stagnation pour la société dans son ensemble. En 2015, ce point a presque été atteint. La comparaison des groupes d'âges – en 1950, 1980 et 2010 – nous permet d'observer ce mécanisme inexorable d'atteinte de la stagnation par homogénéisation des niveaux éducatifs selon la génération. J'utilise ici à nouveau la base de données Barro-Lee. Nous voyons bien qu'en 2010, toutes les générations adultes se caractérisent par des taux compris entre 30 et 35 %, à l'exception des 70-74 ans qui n'atteignent

1. *Statistical Abstract of the United States*, 2012, p. 173.

que 24,3 %, et des plus de 75 ans, encore un peu plus bas à 19,4 %. Dans ces deux dernières tranches d'âge, nous avons affaire à des personnes dont la plupart sont à la retraite et nous pouvons ainsi considérer que, dans sa masse active, et en dépit de la légère reprise dans les générations les plus jeunes, la société américaine est depuis 2010 ou 2015 en état de stagnation éducative. C'est ce que montre aussi l'annuaire statistique américain qui suggère, quant à lui, un plafond proche de 30 %. La révolution du supérieur est, pour l'instant, achevée.

**Tableau 12.2. Proportion de la population ayant fait des études supérieures complètes selon la banque de données Barro-Lee, en %**

| Groupe d'âge | 1950 | 1980 | 2010 |
|---|---|---|---|
| 15-19 | 0,1 | 0,1 | 0,3 |
| 20-24 | 7,9 | 15,8 | 17,3 |
| 25-29 | 9,8 | 27,8 | 31,6 |
| 30-34 | 9,8 | 27,8 | 33,1 |
| 35-39 | 8,8 | 22,8 | 35,1 |
| 40-44 | 8,8 | 22,8 | 33,9 |
| 45-49 | 7,0 | 18,8 | 33,2 |
| 50-54 | 7,0 | 18,8 | 33,3 |
| 55-59 | 5,2 | 13,0 | 34,8 |
| 60-64 | 5,2 | 13,0 | 34,3 |
| 65-69 | 4,0 | 10,1 | 30,0 |
| 70-74 | 3,9 | 10,1 | 24,3 |
| 75 et + | 3,9 | 10,1 | 19,4 |
| **25 et +** | **7,4** | **18,1** | **31,6** |

**Tableau 12.3. Proportion de *college graduates* (ou plus) dans la population de plus de 25 ans, selon l'annuaire statistique américain, en %**

| 1970 | 10,7 |
|------|------|
| 1980 | 16,2 |
| 1990 | 21,3 |
| 1995 | 23,0 |
| 2000 | 25,6 |
| 2005 | 27,7 |
| 2007 | 28,7 |
| 2008 | 29,4 |
| 2009 | 29,5 |
| 2010 | 29,9 |

Sources : *Statistical Abstract of the United States*, 2012, p. 151.

## *Signification historique de la stagnation*

Nous devons être conscients de l'importance historique de cette stagnation. Depuis 1900, les États-Unis faisaient la course en tête en matière d'éducation. Si nous concluons cette analyse statistique en termes hégéliens, nous dirons qu'ils étaient la pointe avancée de l'humanité sur le plan du développement de l'esprit. En ce sens, la stagnation des États-Unis est notre stagnation à tous, en tant qu'êtres humains, tant qu'aucun pays n'a dépassé ce niveau. La question qui est posée est celle d'une limite à l'élévation du niveau éducatif de l'humanité.

L'examen des pays suiveurs nous permet, dans une certaine mesure, de vérifier déjà l'universalité de ce plafond qui pourrait, je le répète, n'être que temporaire. En France, par exemple, l'étape de la stagnation a été atteinte vers 1995 pour les individus âgés de 25 ans, avec une trentaine d'années de retard sur l'Amérique, effet du décollage plus tardif de l'éducation supérieure dans l'Hexagone[1]. La Corée du Sud, de son côté, a très récemment atteint un taux supérieur à celui des États-Unis, mais cette performance a été réalisée au détriment du nombre d'enfants produits par les familles, puisqu'un effondrement de la fécondité l'a accompagnée.

Constater de manière empirique une stagnation éducative ne doit pas nous conduire à une interprétation de type moralisateur et nous ramener au thème éculé d'une décadence intellectuelle qui serait induite par la dégradation des mœurs. La stagnation éducative américaine n'a pas été, en effet, une conséquence de la révolution libertaire des années 1960. Les générations touchées par la stagnation, et même par le déclin partiel du niveau, ont été produites et élevées plus tôt, par les familles nucléaires ultraconformistes des années 1940-1960. Une mise en séquence historique nous permet d'ailleurs d'observer que les indicateurs « moraux » (au sens de révélateurs des mœurs), comme la fécondité ou la proportion de naissances hors du mariage, n'ont commencé à bouger de manière significative, à la baisse pour la première, à la hausse pour la seconde, qu'à partir de 1960-1965. Aucune dégradation des mœurs, pour parler comme les conservateurs culturels, ne peut donc expliquer la chute des *SAT scores* et le tassement du nombre des étudiants.

1. Emmanuel Todd, *Après la démocratie*, Paris, Gallimard, 2007 et « Folio », 2008, p. 63.

Un facteur tout à fait spécifique a pu néanmoins entraîner la stagnation des performances intellectuelles dans les États-Unis des années 1950. C'est alors, en effet, que la télévision est entrée dans la vie des familles et des individus, les arrachant en partie à la culture écrite. Dès 1958, le taux d'équipement en téléviseurs des États-Unis a atteint 287 pour 1 000 habitants. J'ai évoqué plus haut le fait qu'une pratique intensive de la lecture avant la puberté rendait *homo sapiens* plus intelligent. C'est sans surprise que nous observons qu'un abandon de la lecture intensive réduit l'efficacité de son cerveau...

### Le retour de l'inégalité éducative

Conséquence de l'expansion des éducations primaire puis secondaire, le développement du supérieur fut considéré au départ comme un simple progrès. On ne s'était pas rendu compte que l'augmentation de la population étudiante allait rompre l'homogénéité du corps social. La nouvelle stratification culturelle ne fut perçue qu'après qu'on eut réalisé que l'ensemble de la population n'atteindrait pas la catégorie privilégiée des éduqués supérieurs. L'accès universel à l'instruction primaire, puis secondaire, avait nourri un *subconscient social égalitaire*, démocratique ; le plafonnement de l'éducation supérieure a engendré, aux États-Unis puis ailleurs, un *subconscient social inégalitaire*.

La persistance, dans les mots des acteurs politiques et sociaux, d'une doctrine démocratique égalitaire consciente n'y change rien. La société américaine est désormais objectivement stratifiée, ainsi que le montre le tableau ci-dessous. Celui-ci inclut cette fois, pour le supérieur, les études incomplètes, considérant le simple fait d'être allé au-delà de la *high school*, comme un symbole d'appartenance à l'univers de l'enseignement supérieur.

**Tableau 12.4. La stratification nouvelle de la société américaine**

| Niveau de formation des individus de plus de 25 ans, en % | 1950 | 1980 | 2010 |
|---|---|---|---|
| Aucune scolarité | 2,6 | 1,0 | 0,4 |
| Primaire | 45,7 | 6,3 | 2,7 |
| Secondaire | 38,2 | 62,9 | 42,9 |
| Supérieur | 13,6 | 30,0 | 54,0 |

Sources : Banque de données Barro-Lee.

La répartition des plus de 25 ans nous montre une société américaine dominée par le primaire et le secondaire en 1980, mais au sein de laquelle 30 % déjà des citoyens bénéficiaient d'une éducation supérieure d'un genre ou d'un autre. La masse centrale était alors secondaire, l'instruction primaire ne représentant plus qu'une catégorie résiduelle. Dans une telle société, savoir lire et écrire – l'horizon égalitaire du XIXe siècle – ne témoigne déjà plus d'une accession au corps des citoyens, mais d'un statut inférieur caractéristique.

Trente ans plus tard, en 2010, le groupe des « supérieurs » a dépassé la moitié de la population. Mais il ne représente pas l'amorce d'une re-démocratisation par le haut parce qu'il est lui-même stratifié : la moitié exactement des « supérieurs », soit 27 %, ont bénéficié d'une éducation complète (BA ou plus), l'autre moitié d'une éducation incomplète.

Nous prendrons la pleine mesure de l'importance de ces catégories culturelles au chapitre 14, consacré à l'ascension de Donald Trump. Les sondeurs d'opinion distingueront soigneusement, durant la campagne des primaires puis dans l'affrontement final entre républicains et démocrates, les électeurs selon qu'ils relèvent de la catégorie *College, BA* ou *College, no degree*.

Les conséquences antidémocratiques du développement de l'enseignement supérieur, venues tardivement et imparfaitement à la conscience des acteurs, avaient pourtant été prévues, et très tôt, par quelques analystes lucides. Michael Young (1915-2002), britannique, avait dès 1958 anticipé les implications du principe méritocratique, que l'on s'acharne toujours en France à présenter comme par nature égalitaire et républicain. *The Rise of the Meritocracy* se présente comme un roman d'anticipation écrit en 2033, dans lequel l'auteur décrit la stratification sociale effroyable qui a résulté du tri scolaire systématique de la population :

« Selon les nouvelles règles, la division entre les classes s'est révélée plus forte qu'elle n'était selon les anciennes ; le statut des classes supérieures est désormais plus élevé, celui des classes inférieures plus bas. [...] Tout historien sait que le conflit de classe était endémique à l'époque antérieure au règne du mérite, et pourrait s'attendre, au vu de cette expérience passée, à ce que l'abaissement rapide du statut d'une classe sociale mène nécessairement à l'aggravation des conflits. D'où la question : pourquoi les changements du siècle dernier n'ont-ils pas mené à une telle situation ? Pourquoi la société est-elle stable en dépit du gouffre qui s'élargit entre le haut et le bas de la société ?

La raison fondamentale en est que la stratification sociale est désormais en accord avec l'idée de mérite, acceptée à tous les niveaux de la société. Il y a un siècle, les classes inférieures avaient leur propre idéologie – dans ses traits essentiels, celle qui est aujourd'hui devenue dominante – et elles pouvaient l'utiliser pour progresser elles-mêmes et pour attaquer leurs dominants. Elles niaient la légitimité de la position des classes supérieures. Mais avec le principe nouveau, les classes inférieures ne peuvent plus avoir une idéologie spécifique s'opposant à l'*ethos* social dominant, pas plus que les ordres inférieurs n'en avaient à l'âge d'or du féodalisme. Dans la mesure où, en bas comme en haut de la société, on admet que le mérite doit régner, les membres des classes inférieures peuvent tout au plus chicaner sur la manière dont la sélection a été effectuée, mais non s'opposer à une norme à laquelle tous adhèrent. Rien de choquant à ce stade. Nous faillirions cependant à notre devoir de sociologue si nous nous dérobions au moment de souligner que l'acceptation généralisée du mérite comme arbitre ne peut que condamner au désespoir et à l'impuissance tous ceux, et ils sont nombreux, qui n'ont pas de mérite[1]... »

## *De l'inégalité en Angleterre et en Amérique*

Pourquoi revint-il à un sociologue britannique d'être si tôt le plus perspicace ?

Avec sa structure de classe cristallisée par des accents et des dialectes, l'Angleterre a toujours eu du mal avec l'égalité. Même la démocratisation de l'éducation primaire n'y a pas effacé le sentiment de différence entre les hommes. Sa famille nucléaire absolue, certes, se contente de ne pas définir les frères comme égaux. Mais nous

1. Michael Young, *The Rise of the Meritocracy*, Londres, Penguin, 1958, p. 123-124.

avons aussi noté dans ce pays la place, minoritaire mais structurante, d'une famille-souche embryonnaire dans l'aristocratie, la *gentry* et les couches supérieures de la paysannerie. Or ce type anthropologique accepte franchement l'inégalité. Ne nous étonnons donc pas de trouver dans la culture anglaise une forte capacité à penser ou à anticiper l'inégalité, par la sociologie comme par la science-fiction.

Le terme eugénisme (*eugenics*) fut forgé en 1883 par l'Anglais Francis Galton (1822-1911), fruit de son obsession pour les inégalités entre les hommes. *La Machine à explorer le temps* de H. G. Wells (1866-1946) a imaginé, dès 1895, des ouvriers et des classes moyennes se séparant biologiquement, se transformant en espèces vivantes distinctes. *The Inequality of Man*, de John B. S. Haldane (1892-1964) – biologiste et généticien, socialiste, marxiste et athée –, a revendiqué en 1932 un ancrage scientifique de l'inégalité[1]. *Le Meilleur des mondes* de Aldous Huxley (1894-1963) a envisagé, également en 1932, mais avec ironie, une stratification sociale programmée par la génétique. Michael Young est l'héritier de cette tradition, et son très sérieux essai de prospective se présente aussi comme un roman de science-fiction.

L'Amérique, elle, avait été libérée par sa guerre d'indépendance de la revendication explicite de l'inégalité entre les hommes. Elle avait alors rejeté la primogéniture. Et les États-Unis devront attendre l'achèvement dans les faits d'une inégalité éducative pour rattraper l'Angleterre en matière de production idéologique antiégalitaire.

Dès 1971 cependant, soit quelques années à peine après le grippage du développement de l'éducation supérieure, Richard J. Herrnstein (1930-1994), professeur de psychologie à Harvard, frappe les esprits en publiant

1. Londres, Chatto & Windus.

dans *The Atlantic Monthly* un article intitulé très simplement « IQ » (pour nous, QI, quotient intellectuel). Il y affirme que les différences de quotient intellectuel et les effets de ce quotient sur la performance sociale des individus devraient assurer une longue vie à l'inégalité. En 1972, rebelote à Harvard, Christopher Jencks (né en 1936), professeur de sociologie, publie *Inequality*, qui attaque frontalement le rêve égalitaire des « libéraux » américains, c'est-à-dire de la gauche. S'appuyant sur des masses de chiffres et cédant à tous les plaisirs liés aux effets de manche statistiques, il conteste la capacité de l'éducation à engendrer l'égalité[1]. L'Angleterre, de son côté, demeure exportatrice d'idéologie inégalitaire. C'est ainsi que Hans J. Eysenck (1917-1997) publie en 1973, sous le même titre que J. B. S. Haldane en 1932, *The Inequality of Man,* une nouvelle mise en forme de l'argumentation qui articule QI, intelligence intrinsèque, succès scolaire et performance sociale, pour aboutir très classiquement à un jugement définitif sur la nature de l'homme[2]. H. J. Eysenck, lui aussi britannique, avait cependant commencé à sévir beaucoup plus tôt, puisque son *Uses and Abuses of Psychology* remontait à 1953[3]. Il y développait déjà la problématique qui conduit de la mesure du QI à la notion d'une société stratifiée. La publication par Michael Young de *The Rise of Meritocracy* était intervenue cinq ans plus tard, en 1958.

À l'heure des bilans, il apparaît clairement que les textes américains du début des années 1970, dont l'intérêt intellectuel était relatif comparé à l'apport britannique

---

1. Christopher Jencks, *Inequality. A Reassessment of the Effect of Family and Schooling in America*, New York, Basic Books, 1972.
2. Hans J. Eysenck, *The Inequality of Man*, Londres, Maurice Temple Smith, 1973.
3. Londres, Penguin.

antérieur, furent bien les symptômes d'un revirement idéologique antidémocratique. Ils proposaient ni plus ni moins une légitimation naturaliste de l'inégalité. M. Young, travailliste et militant de l'éducation, voulait avertir la gauche britannique avant la catastrophe. Les idéologues américains qui se sont engagés dans ce combat contribuèrent à la montée en puissance du néo-conservatisme.

*The Bell Curve. Intelligence and Class Structure in American Life*, coécrit par Richard Herrnstein et Charles Murray, publié en 1994, marque l'arrivée à maturité de l'idéologie inégalitaire[1]. On y trouve les poncifs habituels sur la primauté du QI. Les auteurs ne maîtrisent pas l'analyse statistique nécessaire au sujet. Ils sont surtout aveugles à l'effet destructeur pour l'estime de soi qui résulte du seul fait de naître et d'être élevé dans une société qui vous dit que, si vous êtes noir, vous êtes inférieur. La lecture de ce livre, au moment de sa parution, m'avait vraiment écœuré.

R. Herrnstein ne va pas plus loin que M. Young dans la description de la société stratifiée née de l'éducation supérieure. Son argumentation révèle cependant qu'en Amérique, la question de l'égalité ne tourne pas, comme en Angleterre, autour de la question de l'appartenance de classe mais de l'appartenance de race. Au fond, l'inférieur pour les Anglais, ce sera toujours au final un ouvrier, un prolo ; l'inférieur, pour un Américain, ce sera toujours le Noir. Les idiotismes linguistiques du monde ouvrier anglais sont d'ailleurs souvent les mêmes que ceux du monde noir américain, qui a lui aussi son accent spécifique.

Certes, R. Herrnstein pose la question de l'inégalité des hommes en termes généraux et non simplement raciaux.

1. New York, The Free Press.

Mais, à mes yeux, il a infiniment moins de mérite intellectuel que M. Young, parce que la société stratifiée qu'il prétendait annoncer existait déjà lorsqu'il entreprit d'écrire son essai. En 1971, l'implosion de l'idéal égalitaire américain était en cours, la guerre du Vietnam (1963-1975) ayant servi de catalyseur.

## La guerre du Vietnam comme révélateur : « working-class war »

La Seconde Guerre mondiale avait été, pour la société américaine, un grand moment d'égalitarisme, peut-être même le symbole de l'arrivée à maturité de la démocratie sociale de Roosevelt. L'éducation secondaire était déjà presque généralisée ; le décollage du supérieur commençait quand tous les jeunes Américains furent enrôlés au nom de la conscription universelle. C'est ainsi que, jusqu'à George Bush senior, les hommes politiques américains, issus ou non de l'establishment, avaient souvent derrière eux d'assez belles carrières militaires. Après lui, les journalistes d'investigation ont pu commencer à traquer les planqués de la guerre du Vietnam.

Le nombre des Américains engagés au Vietnam fut important, sans épuiser pour autant les énergies nationales. Il a dépassé les 150 000 entre 1965 et 1971, avec un plafond à 536 000 en 1968. Qui fut mobilisé, qui fut épargné ? Pour bien comprendre que cette guerre a marqué la rupture de l'égalitarisme américain, nous disposons d'un livre d'une sensibilité extraordinaire : *Working-Class War. American Combat Soldiers and Vietnam* de Christian Appy[1]. Il montre à quel point la participation et l'opposition à la guerre ont cristallisé les sentiments

1. Chapel Hill, University of North Carolina Press, 1993.

de classe aux États-Unis, classes qui, dans cette société très avancée, se trouvaient déjà définies par l'éducation autant que par la position dans les rapports de production. Évoquant l'opposition à la guerre, Appy écrit :

> « [...] la plupart des soldats percevaient le mouvement [de contestation] comme typique des classes moyennes. L'image de l'activiste antiguerre qui dominait les médias (ceux de l'armée compris) était celle de l'étudiant gauchiste (*college radical*). Pour les soldats d'origine ouvrière, "*college*" signifiait privilège. Indépendamment même de la guerre du Vietnam, l'étudiant soulevait chez eux un ensemble d'émotions profondes liées à l'appartenance de classe : le ressentiment, la colère, le doute sur soi-même, l'envie, l'ambition. La séparation des classes fut exacerbée par le fait que les étudiants bénéficiaient d'un report d'incorporation[1]. »

C'est bien pendant la guerre du Vietnam qu'est apparue, aux États-Unis, l'opposition entre l'étudiant et l'ouvrier, entre l'éduqué « supérieur » et l'éduqué « secondaire ».

Lorsque nous nous attachons à situer l'émergence du même antagonisme culturel en France, nous constatons qu'il est décalé dans le temps, parce que le développement du supérieur et son entrée en stagnation y furent plus tardifs. En France, la solidarité des deux mondes de la gauche était toujours vivante en 1968 : les ouvriers se sont mis en grève à la suite de la révolte étudiante. On ne sentait encore de condescendance pour le monde ouvrier réel et son parti communiste que du côté de certains gauchistes – d'obédience trotskyste en général. L'opposition entre peuple ouvrier et classes éduquées ne s'affirmera dans l'Hexagone que 24 ans plus tard, à l'occasion du

1. *Ibid.*, p. 220.

débat sur le traité de Maastricht de 1992. Mais, à cette date en effet, l'affrontement sera particulièrement clair, le discours des acteurs en témoigne, entre le monde ouvrier et les classes moyennes, entre le peuple et les élites.

Ces élites n'étaient pas alors majoritaires mais déjà de masse, puisque les études supérieures produisaient alors en France 33 % de diplômés de niveau licence par génération. L'entrée en stagnation éducative de la France approchait. Elle est mesurable autour de 1995. En France comme aux États-Unis, une coïncidence temporelle approximative entre le début de la stagnation éducative et l'émergence d'une perception de la société comme stratifiée est évidente.

### *Academia : la machine à fabriquer l'inégalité*

La nouvelle stratification éducative répand insidieusement le sentiment que les hommes, décidément, ne sont pas égaux. En Amérique et en Angleterre, on vient de le voir, des idéologues de métiers ont formulé le credo d'une humanité séparée en groupes plus ou moins intelligents et capables. En France, le phénomène s'est produit sans qu'une mise en cause de l'idéologie égalitaire officielle soit intervenue : le quotient intellectuel y demeure, pour l'essentiel, un concept suspect. Dans ces conditions, le développement de l'inégalitarisme reste en France, en dehors des phases de crise politique, parfaitement subconscient.

Dans l'Hexagone comme aux États-Unis, cependant, nous aurions tort de nous représenter le nouveau subconscient inégalitaire comme le produit d'une évolution intervenue dans le monde pur des « idées ». L'inégalité a sa machinerie. Les individus réels sont évalués, triés, assignés, comme dans les œuvres d'anticipation de Young ou de Huxley, par des institutions concrètes, ces systèmes d'enseignement dont la fonction principale n'est plus l'émancipation mais le classement et l'orientation. Et il faut disposer d'une très puissante organisation pour sélectionner et former le tiers de la population qui sera défini comme tertiaire, diplômé, c'est-à-dire supérieur.

L'Université, à laquelle nous devons adjoindre les établissements d'élite, comme les grandes écoles en France, joue désormais un rôle important dans la vie économique et sociale des pays avancés, par le nombre des agents qu'elle emploie comme par la fraction du PIB qu'elle absorbe. Nous nommerons cet ensemble « Academia », pour nous libérer des représentations anciennes. Aux États-Unis, l'éducation comptait en tout, vers 2012, pour 5,4 % de la dépense globale, dont 2,8 % pour le supérieur, soit 450 milliards de dollars annuels environ[1]. En comparaison, relevons que la dépense militaire américaine a oscillé, dans les années 2000-2015, entre 3,5 et 5,5 % du PIB, selon le nombre d'interventions extérieures engagées, soit une tendance centrale de 4,5 %. Academia marque des territoires : elle est devenue une fonction urbaine essentielle. De sa présence ou de son absence dépend souvent, pour une ville moyenne de l'âge postindustriel, la prospérité ou le dépérissement.

Aux États-Unis, toujours, l'idéologie officielle du monde académique est aujourd'hui *liberal*, progressiste, de gauche, d'autant plus bruyamment bien sûr que l'université concernée est classée à un rang élevé dans la hiérarchie des institutions. Mais la fonction objective d'Academia est pourtant bien de détruire l'égalité. Chaque institution d'enseignement supérieur

1. National Center for Education Statistics.

assigne à chaque étudiant une place dans la hiérarchie sociale. Du savoir, indispensable, y est transmis, bien entendu, et de la recherche, non moins indispensable, y est réalisée. Mais, dans la mesure où les études sont désormais plus longues que ne le nécessite l'acquisition des compétences ou le repérage de l'aptitude à la recherche (master, doctorat, postdoc…), il est clair que, désormais, la hiérarchisation de la société est devenue l'objectif premier.

Il n'est même plus possible de considérer Academia, structure inégalitaire, comme dispensatrice d'un idéal de liberté. Car on ne fait plus des études supérieures pour s'émanciper. On fait des études supérieures pour atteindre le haut de la pyramide sociale si l'on est ambitieux, pour y demeurer si l'on est fils de famille, pour éviter le déclassement si l'on est d'origine modeste. Le tri, de plus en plus sévère, impose aux participants une attitude de soumission et de conformisme à ce concours social généralisé. Autorité, inégalité : telle est la devise secrète d'Academia. Dans le monde anglo-américain contemporain, l'un des symptômes de la fonction réactionnaire des universités est le salaire élevé des administrateurs de la machine, très supérieur à celui des enseignants et des chercheurs. Les réformes de l'Université française mènent dans la même direction. Nous verrons l'importance du rôle d'Academia, ce monde qui se pense de gauche mais organise l'inégalité et le conformisme, dans la cristallisation des alignements idéologiques de l'Angleterre du Brexit et de l'Amérique de Donald Trump.

## *L'inégalité économique comme conséquence*

Dès 1968, aux États-Unis, le subconscient éducatif inégalitaire est bien en place. L'inégalité économique, en revanche, reste faible. À nouveau, une simple mise en séquence historique va nous permettre de distinguer la cause de l'effet : c'est le culturel qui va déterminer l'économique.

Les courbes d'évolution du revenu soumis à l'impôt, établies par Emmanuel Saez et Thomas Piketty pour la période 1913-2003, nous permettent en effet de dater la montée en puissance de l'inégalité économique, qui suit effectivement celle de l'inégalité éducative[1]. Distinguons avec eux les 1 % les plus riches des 4 % suivants, puis enfin des 5 % suivants. Agrégés, les 1 %, les 4 % et les 5 % constituent les 10 %, ce « décile supérieur » généralement proposé par l'OCDE pour mesurer la hausse des inégalités. Cette institution s'est fait une spécialité de cacher la classe supérieure des 1 % dans ce décile supérieur. Admettons toutefois que, globalement, les 10 % d'en haut sont rarement défavorisés et constituent une bonne approximation de ce qu'on nomme souvent « classes moyennes supérieures ».

On observe, à partir de 1945, une hausse lente des revenus des 5 % et des 4 %, qui constituent donc ensemble, fraternellement mêlés, les moins favorisés des favorisés, le gros du premier décile. Les revenus des 1 % d'en haut évoluent alors à la baisse, jusqu'en 1963, puis ils stagnent jusqu'à 1980. À cette date commence pour ces 1 % une hausse qui s'emballe à partir de 1985. La progression des 4 % qui les suivent dans l'échelle des revenus s'accélère un peu, mais dans des proportions nettement moindres. Pour les 5 % suivants, on observe dès 1983 une stagnation.

---

1. Thomas Piketty et Emmanuel Saez, « Income and Wage Inequality in the United States, 1913-2002 », *op. cit.*, p. 141-225.

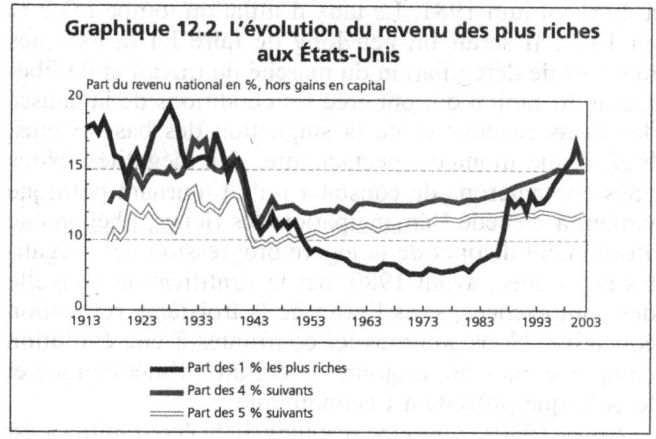

Graphique 12.2. L'évolution du revenu des plus riches aux États-Unis

Sources : Thomas Piketty et Emmanuel Saez, « Income and Wage Inequality in the United States, 1913-2002 », *op. cit.*, p. 147.

1980 est une année-charnière : avant cette date, la hausse dont avaient bénéficié les 9 % peut être interprétée comme l'effet économique normal de l'augmentation du nombre des diplômés du supérieur dans la population active : la stratification économique évolue bel et bien en reflet de la nouvelle stratification éducative. Des diplômés plus nombreux voient leur compétence nouvelle récompensée par des revenus plus élevés. Nous demeurons dans un cadre interprétatif économique classique. À partir de 1980, cependant, la libération des revenus des plus riches échappe à la pesanteur de toute rationalité technique ou économique.

1980, c'est l'année de l'élection de Reagan. Le néolibéralisme prend les commandes, dans un climat de guerre sociale. L'inflation culmine à 13,5 % en 1981. Paul Volcker porte le taux d'intérêt directeur de la Réserve fédérale à 20 % en juin 1981. Le taux d'inflation tombe à 3,2 % en 1983. Il serait un peu long de faire ici la liste des mesures de dérégulation du marché du travail et de libération du capital qui ont créé les conditions de la hausse des hauts revenus et de la stagnation des bas revenus, bref, d'une montée, spectaculaire, des inégalités. Nous nous contenterons de constater qu'un tournant politique violent a précédé l'émancipation des riches, phénomène absolument distinct de la légère progression des inégalités provoquée, avant 1980, par la stratification nouvelle des compétences, sous l'effet de la troisième révolution éducative. Nous sommes ici confrontés à une évolution complexe mais où, toujours, le culturel, l'idéologique et le politique précèdent l'économique.

Après 1980, la montée des inégalités économiques est continue. La proportion du revenu national accaparé par les 10 % les plus riches passe de 32 % en 1972 à 43 % en 2002. Celle des 1 % les plus riches de 8 % à 17 %. Elle approche alors de ce qu'avait été son niveau record du début du siècle précédent, 18 %. L'ascension des plus riches, un moment enrayée par la grande récession de 2008-2010, reprend ensuite, comme si rien de décisif ne s'était vraiment passé dans le champ économique. À partir de 2010, une sortie de crise modeste a conduit à une remontée des hauts revenus sans empêcher la baisse du revenu médian des ménages.

## Mutation idéologique, crise politique et montée des inégalités matérielles

Pour bien comprendre le conflit entre l'Amérique égalitaire, héritière de l'éducation secondaire universelle et du New Deal, et la nouvelle Amérique, inégalitaire, stratifiée par l'éducation supérieure et qui a embrassé la cause du néolibéralisme, nous devons d'abord résumer sommairement la succession des étapes politiques et idéologiques.

Vers la fin des années 1960 et au début des années 1970, l'Amérique rooseveltienne était toujours à l'offensive. La présidence d'un républicain entre 1969 et 1974, Richard Nixon, n'avait pas changé grand-chose aux équilibres d'après-guerre : l'hégémonie idéologique restait du côté de l'égalité et de l'État. Entre 1969 et 1972, le patronat américain se trouve même contraint à la défensive, menacé par de nouvelles régulations fédérales sur la sécurité du travail et la protection des consommateurs ou de l'environnement. Les classes supérieures ont cependant fini par réagir. En 1971, Lewis Powell, qui allait devenir juge, conservateur, à la Cour suprême, avait décrit le « système économique américain comme victime d'une attaque généralisée. [...] La communauté des affaires doit apprendre cette leçon. [...] le pouvoir politique est nécessaire ; ce pouvoir doit être cultivé avec assiduité ; et, quand c'est nécessaire, il doit être mobilisé avec agressivité et détermination – sans la gêne et la réticence qui sont si caractéristiques du patronat américain ».

En 1972, trois organisations patronales ont donc fusionné pour constituer la Business Roundtable, réservée aux PDG des plus importantes compagnies. Dans les cinq années qui ont suivi, 113 des 200 entreprises les plus puissantes s'y sont fait représenter. Les PME, plus véhémentes encore contre la régulation étatique, se sont organisées avec une égale vigueur : entre 1970 et 1979, le nombre d'adhérents à la National Federation of Independent Business (NFIB) a doublé[1]. La réussite politique de ces organisations patronales régénérées fut

---

1. Je reprends, pour présenter ce « moment patronal », l'analyse de Jacob S. Hacker et Paul Pierson dans *Winner Take-All Politics*, New York, Simon and Schuster, 2010, chapitre 5, « The politics of

rapide et n'attendit pas Ronald Reagan pour s'affirmer. Elle était manifeste dès la présidence Carter : en 1978, un Congrès démocrate a d'ailleurs voté une réduction de 48 à 28 % du taux de prélèvement marginal supérieur sur les revenus du capital[1].

Balayons maintenant l'ensemble de la séquence historique, tant du point de vue éducatif, politique qu'économique. Le développement de l'éducation supérieure a brisé l'homogénéité culturelle du corps social qui, dès le milieu des années 1960, peut être décrit comme stratifié, mûr pour l'inégalité économique. Il y a désormais les Américains de la *high school*, d'un côté, et ceux du *college*, de l'autre. L'Université elle-même est fortement différenciée, un gouffre séparant, en termes de prestige, les étudiants passés par les universités d'élite et le tout-venant des *State colleges*. La dynamique économique égalitaire de l'époque antérieure se poursuit toutefois comme par inertie jusqu'au début des années 1970, dans une Amérique qui ne sait pas encore à quel point l'inégalité éducative est désormais sa réalité profonde. Néanmoins, les idéologues du QI comme Herrnstein et Jencks, retranchés au cœur de l'establishment intellectuel à Harvard, amorcent vers 1971-1972 la mise en forme théorique d'un nouveau credo inégalitaire. Vers 1972 également, le patronat, qui pense lutter pour sa survie, engage, avec la gauche et les syndicats, un bras de fer. L'idéologie économique dominante va alors rapidement basculer, d'une façon assez paradoxale d'ailleurs, puisqu'elle devra utiliser, pour vanter les mérites du marché libre et justifier le désengagement de l'État, des fonds de tiroir intellectuels qui n'avaient jusqu'alors intéressé personne. En

---

organized combat ». Le livre propose une remarquable étude de la dimension politique et organisationnelle de la révolution néolibérale.
1. *Ibid.*, p. 134.

1962, Milton Friedman, par exemple, avait publié dans l'indifférence générale *Capitalism and Freedom*[1]. Dans la première et fort tardive réédition du livre en 1982, l'auteur souligne l'échec qui avait été le sien, au début des années 1960. Il y évoque, en revanche, le vaste et immédiat succès, en 1980, de *Free to Choose*[2], qui présente pourtant, dit-il, la « *same basic philosophy* »…

La lutte politique et idéologique engagée au début des années 1970, sur fond d'infrastructure culturelle inégalitaire, dans le contexte de la fin d'une guerre du Vietnam qui avait révélé le nouvel antagonisme des classes éducatives, a abouti vers 1980 à un effondrement des valeurs égalitaires du New Deal et à la révolution néoconservatrice. Celle-ci, libérale et inégalitaire, n'aura pas, on l'a vu, attendu l'élection de Reagan pour obtenir ses premiers succès, qui remontent en réalité à la présidence Carter. Quoi qu'il en soit, la révolution néoconservatrice, si friande de dérégulation et de baisse d'impôts, aura assuré une vieillesse heureuse à Milton Friedman. Et les grands vainqueurs de ces nouvelles luttes des classes n'auront pas été, finalement, les classes moyennes diplômées, mais bien les *top incomes* ciblés par T. Piketty et E. Saez, les 1 % d'en haut. Une ploutocratie de très hauts revenus s'est ainsi épanouie dans une société qui avait globalement cessé de croire en l'idéal d'une égalité régulée par l'État.

### Le libre-échange et la marche « providentielle » à l'inégalité

Nous devons constater le caractère irrésistible de la marche à l'inégalité entre 1980 et 2015, tout comme

1. Chicago, University of Chicago Press.
2. San Diego (CA), Harcourt.

Tocqueville avait dû accepter la montée de l'égalité, en son temps, comme « providentielle ». La révolution néo-conservatrice a paru, jusqu'à Donald Trump, insensible aux contradictions économiques et sociales qu'elle engendrait, dans un pays qui était pourtant de tradition « démocratique » et où des partis politiques puissants étaient en concurrence pour l'obtention des suffrages. C'est bien ce caractère de lame de fond du mouvement antiégalitaire qui nous permet d'affirmer la primauté d'une détermination par l'éducation et l'idéologie, et le caractère dérivé de l'évolution économique. Une main invisible a semblé guider toutes les décisions de politique économique vers des choix inégalitaires féroces. L'option du libre-échange intégral, qui a mis les ouvriers américains en concurrence avec des travailleurs du tiers-monde payés vingt ou trente fois moins qu'eux, ne pouvait être pensée et réalisée que dans un monde qui ne voulait plus croire en l'égalité.

Le libre-échange fait monter le taux de profit des entreprises et les inégalités, ainsi que nous le disent très explicitement les manuels d'économie internationale conçus depuis des décennies à l'intention des étudiants américains. Ceux qui en ont favorisé la diffusion savaient qu'il allait ébranler la classe ouvrière et dévaster la communauté noire. Mais l'écrasement des salaires – son premier effet dans un pays avancé – pouvait être anticipé par tous. Aucune formation supérieure n'est nécessaire à la compréhension de ce mécanisme simple. Or, si ce sont bien les élites qui ont vanté les premières les mérites du libre-échange intégral, le corps électoral américain tout entier en a accepté l'augure. C'est ainsi qu'à l'élection présidentielle de 1984, le démocrate Walter Mondale, dont le programme, soutenu par les syndicats, était explicitement protectionniste, a été écrasé par Ronald Reagan.

C'est aussi en vertu d'un environnement idéologique inégalitaire, et non pour une quelconque raison de rationalité économique, que les salaires des PDG et des cadres dirigeants d'entreprises ont pu s'envoler, au-delà de toute nécessité technique, au-delà de tout principe moral. Ne perdons pas de temps à démonter les élucubrations des économistes mercenaires qui ont prétendu trouver, en vertu de modèles complètement hermétiques, la justification de ce délire social. L'inégalité était l'esprit du temps, et tout est devenu possible. Aux commandes des grandes entreprises, les PDG ont commencé à puiser dans la caisse, en une étrange parodie pour riches du « à chacun selon ses besoins » marxiste-léniniste. En 2013, le revenu du PDG « moyen » de l'une des 500 plus grandes entreprises américaines était de 204 fois celui du travailleur moyen. Il n'était que 20 fois supérieur en 1950.

Mais sommes-nous vraiment sûrs, à ce stade de l'analyse, d'avoir tout expliqué ? L'hypothèse d'une stratification éducative qui engendrerait un subconscient inégalitaire suffit-elle ? Oui, certainement, en tant que mécanisme généralement applicable à l'ensemble du monde avancé. En Suède, comme en France, en Allemagne ou au Japon, la nouvelle stratification éducative a bien fini par mener à plus d'inégalité économique, mais plus tardivement – et dans des proportions moindres – qu'aux États-Unis. Au Royaume-Uni, la montée de l'inégalité, si elle a été plus importante que sur le continent européen, n'a quand même pas atteint un niveau de type américain.

L'effondrement de la valeur d'égalité en Amérique fut si soudain, si violent, si ample, que, pour l'expliquer complètement, il faut aller plus loin, jusqu'au plus profond du système anthropologique.

Bien loin du débat que l'économie politique contemporaine formalise sous les termes abstraits et universels de « marché », de « profit », de « salaire », de « taxation », de « liberté du consommateur », nous allons découvrir une détermination aberrante, la race, puisqu'il peut être facilement démontré que l'organisation de la société américaine en catégorie Blancs et Noirs a joué un rôle décisif dans l'acceptation et l'épanouissement des politiques ultralibérales. C'est que, sous la « rationalité » supposée d'*homo oeconomicus*, se cache son incapacité à s'émanciper de la dialectique du « nous » et du « eux ».

# Chapitre 13

# Une crise en noir et blanc

Les lecteurs de Tocqueville, et en vérité tous ceux qui voient en l'Amérique la première des démocraties occidentales, ne peuvent que s'émerveiller de la facilité avec laquelle celle-ci a accepté, entre 1980 et 2015, l'envolée des inégalités économiques. Aucun choc politique majeur n'a en effet troublé la révolution néolibérale, qui s'est déroulée dans le cadre d'institutions représentatives fonctionnant normalement. Nous l'avons vu, l'émergence d'une nouvelle stratification éducative explique largement, aux États-Unis comme dans le reste du monde avancé, la dissolution du subconscient égalitaire et la cristallisation d'un subconscient inégalitaire. Mais pourquoi donc la marche de l'Amérique a-t-elle été aussi aisée, nettement plus rapide qu'en Europe continentale et au Japon, et même qu'au Royaume-Uni, pourtant si proche des États-Unis par le fond anthropologique ?

La famille nucléaire absolue, libérale mais non-égalitaire, est commune à toutes les nations de l'anglosphère. Elle encourage l'individualisme et les ruptures intergénérationnelles. Elle n'est pas, comme la famille nucléaire égalitaire française, ou la famille communautaire russe ou chinoise, obsédée par un idéal d'égalité *a priori* et l'on comprend donc qu'une certaine montée des inégalités économiques n'ait pas affolé l'Amérique. Mais la famille nucléaire absolue ne définit pas non plus les hommes comme inégaux, à la manière de la famille-souche allemande ou japonaise. La guerre d'indépendance avait, en outre, permis à l'Amérique de se débarrasser de la primogéniture aristocratique des Anglais. Nulle trace aux États-Unis des règles d'inégalités entre enfants typiques de la noblesse et de la paysannerie aisée au Royaume-Uni. Ce qu'aurait suggéré le fond anthropologique américain, c'est une hausse des inégalités plus facile qu'en France – et cette hypothèse a été vérifiée –, mais plus lente qu'en Angleterre, et c'est ici le contraire qui s'est produit, ainsi que le montrent le tableau et le graphique suivants, tirés des recherches de Thomas Piketty. La part du revenu national absorbé par les 1 % d'en haut peine à décoller en France et ne commencera d'ailleurs vraiment à le faire que dans les années 2000 ; cette part augmente fortement au Royaume-Uni mais elle s'envole aux États-Unis, dont la tradition démocratique est quand même plus ancienne et, croyait-on, plus solide que celle de l'Angleterre[1].

**Tableau 13.1. Les 1 % supérieurs en Occident : 1900-2000, part dans le revenu national**

|  | 1900 | 1939 | 1950 | 1980 | 2000 |
|---|---|---|---|---|---|
| France | 19,0 | 13,3 | 9,0 | 7,6 | 7,6 |
| Royaume-Uni | 19,3 | 17,0 | 11,5 | 5,9 | 12,7 |
| États-Unis | 18,0 | 15,4 | 11,4 | 8,2 | 16,9 |
| Allemagne | 18,6 | 16,3 | 11,6 | 10,8 | 11,1 |
| Japon | 16,3 | 18,0 | 7,7 | 7,2 | 8,2 |
| Suède | 27,0 | 10,3 | 7,6 | 4,0 | 6,0 |

Sources : D'après Anthony Atkinson et Thomas Piketty, *Top Incomes Over the 20th Century*, op. cit.

1. Voir aussi Camille Landais, « Les hauts revenus en France (1998-2006) : une explosion des inégalités ? », Paris, School of Economics, juin 2007.

C'est l'ampleur relative du mouvement de l'inégalité aux États-Unis que nous devons expliquer. C'est impossible si nous ne repartons pas du fondement même de la démocratie américaine, celui d'une égalité blanche définie au départ par une infériorité indienne et surtout noire : l'intégration des Noirs à la vie politique a contribué à déstabiliser le sentiment égalitaire blanc. Ensemble, nouvelle stratification éducative et lutte pour la déségrégation expliquent particulièrement bien l'effondrement de l'égalité en Amérique.

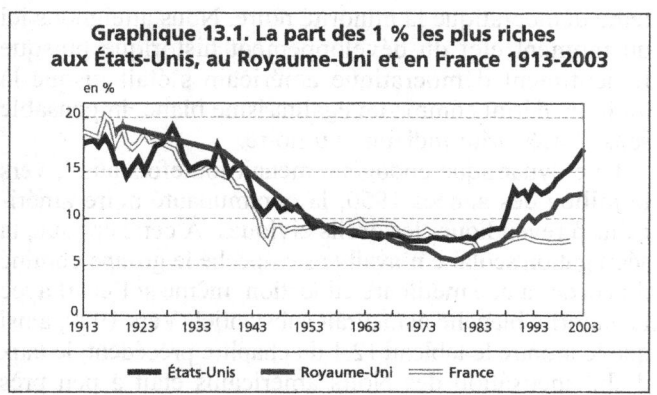

**Graphique 13.1. La part des 1 % les plus riches aux États-Unis, au Royaume-Uni et en France 1913-2003**

Sources : Thomas Piketty, « Top Incomes Over the 20th Century. A Summary of Main Findings », in Anthony Atkinson et Thomas Piketty, *Top Incomes Over the 20th Century, op. cit.,* diagramme p. 12.

## La déségrégation

Au milieu des années 1950, 80 % des citoyens américains avaient bénéficié d'un enseignement secondaire. Ce niveau de développement éducatif était l'infrastructure mentale d'une nation optimiste, puissante, acteur majeur de la planète. Les États-Unis faisaient désormais face au communisme qui, lui, recouvrait par étapes (mais sans le savoir) l'espace occupé par la famille communautaire exogame, et dominait le cœur de l'Eurasie, de l'Europe orientale à la Chine. La compétition avec l'idéologie communiste, égalitaire, dramatisait la question de l'égalité aux États-Unis. Au lendemain de la victoire sur le nazisme, dans le contexte d'un affrontement mondial, le statut d'hommes inférieurs des Noirs américains devenait un argument terrible pour l'Union soviétique.

Les États-Unis vont donc tenter d'inclure dans le système démocratique la minorité noire. Nous atteignons ici un moment clef du développement historique puisque le sentiment démocratique américain s'était jusque-là toujours défini comme un égalitarisme blanc, impensable sans l'infériorité indienne ou noire.

Une dynamique endogène menait toutefois aussi, vers le milieu des années 1950, la communauté noire américaine à revendiquer les droits civiques. À cette époque, la ségrégation scolaire n'avait pas empêché le groupe dominé d'accéder à une meilleure éducation, même si l'écart avec la majorité blanche demeurait substantiel. Vers 1900, ainsi que le montre le tableau 12.1 du chapitre précédent, le taux d'alphabétisation des Noirs américains était à peu près égal à celui des Italiens ou des Hongrois, nettement supérieur à celui des Espagnols, des Polonais ou des Russes. Parmi les Américains blancs nés vers 1900, le nombre moyen d'années de scolarisation était pour les Blancs de près de 8,5, et pour les Noirs de seulement 5. Trente ans plus tard, parmi les Américains nés vers 1930, ces durées d'enseignement étaient de 11,5 années en moyenne pour les Blancs, et de 9 pour les Noirs[1]. La démocratisation

1. Claudia Goldin et Lawrence Katz, *The Race Between Education and Technology*, *op. cit.*, p. 23.

éducative avait donc bien progressé lorsque se déclencha la lutte pour l'émancipation des Noirs.

En 1955, à Montgomery, deuxième ville de l'Alabama, dans le Sud profond, fut lancé, à l'initiative de Rosa Parks, le boycott d'un réseau de bus qui pratiquait la ségrégation. Cette lutte résultait d'une initiative venue de la communauté noire. Celle-ci refusait désormais de subir une ségrégation que son niveau de développement éducatif rendait absurde. Mais, tout aussi important, l'Amérique blanche, alors prise d'optimisme et engagée dans le combat anticommuniste, avait fait de la revendication des droits civils pour les Noirs son objectif, son horizon, à l'exception du Sud profond.

Nous pouvons dire, du point de vue de l'anthropologie politique, que la démocratie américaine tenta alors d'échapper à sa matrice raciale. Et nous devons sentir ce qu'il y a d'héroïque dans une telle tentative. Nous devons comprendre que, dans le contexte de l'histoire américaine, il s'agissait d'un véritable saut vers le ciel.

En 1964 et 1965, le Civil Rights Act et le Voting Rights Act marquèrent le basculement de la nation dans cette direction : l'inclusion des Noirs devint prioritaire. Les États-Unis avaient décidé d'en finir avec la démocratie ethnique, ce système fondé sur un groupe dominant et l'exclusion d'une population de parias. Une politique d'intégration audacieuse s'efforça d'obtenir, par le *busing*, la déségrégation des écoles. L'*affirmative action* tenta de compenser le retard accumulé par la communauté noire, tant en matière d'éducation que d'emploi, en lui réservant des places à l'Université et dans l'économie, dans le secteur public particulièrement. Les effets de cette politique furent loin d'être dérisoires. Vers 2000, les 16,6 % des Noirs âgés de 25 ans et plus disposant d'un BA sont plus éduqués que les 71,9 % de Blancs (non-hispaniques) qui n'en ont pas[1]. Policiers et pompiers noirs font désormais partie de la vie américaine.

## L'ébranlement de la démocratie blanche

Reste que l'intégration des Noirs au système sociopolitique a fragilisé l'égalitarisme interne du groupe blanc en vertu d'un terrible syllogisme. Si les Blancs étaient définis comme égaux par l'infériorité noire, l'apparition d'une égalité entre Noirs et Blancs ne pouvait que détruire dans son principe l'égalité blanche. Un tel syllogisme n'aurait pas fonctionné dans une société à inconscient familial égalitaire, prédisposant à penser que si les frères sont égaux, tous les hommes sont égaux. Mais dans une société qui considère *a priori* les frères, et donc les hommes, comme différents, la disparition du clivage Noir/Blanc ne peut que conduire à la remontée d'un sentiment de non-égalité des hommes en général.

En Amérique, l'émancipation des Noirs a donc, depuis 1965, contribué à la désorganisation de la culture égalitaire et ajouté ses effets à la désintégration endogène du groupe blanc par la stratification éducative, qui définit, elle, des Blancs d'en haut et des Blancs d'en bas. Cette approche, qui combine sentiment racial fondateur et nouvelle stratification éducative, ouvre un champ de réflexion immense, que je ne saurais parcourir entièrement dans le cadre de cette esquisse. Mais un paradoxe doit être évoqué ici, qui engage la contradiction du conscient et du subconscient dans la dynamique politique américaine.

La vie idéologique consciente nous conduirait à considérer la volonté d'émancipation des Noirs par les Blancs,

---

1. National Center for Education Statistics, *Status and Trends in the Education of Blacks*, septembre 2003, p. 107.

si manifeste et admirable au milieu des années 1960, comme une extension des principes fondateurs de la démocratie américaine, l'effet d'une dynamique égalitaire qui échapperait enfin à sa détermination raciale première. Mais ne peut-on se demander si, dans un monde blanc où le sentiment égalitaire avait été ébranlé par le développement de l'éducation supérieure, l'infériorité noire n'a pas cessé d'avoir une fonction ? L'émancipation du groupe dominé pourrait alors avoir été voulue par une catégorie éduquée supérieure qui ne croyait déjà plus en l'égalité blanche et était donc devenue indifférente à la question noire.

La logique serait alors inverse. Le bon syllogisme ne serait pas : si les Noirs deviennent les égaux des Blancs, l'égalité des Blancs entre eux perd son sens, mais : si les Blancs deviennent inégaux entre eux, l'infériorité des Noirs perd son sens.

Je pose ici une question cruelle, et vais développer dans ce qui suit une analyse non moins cruelle de la persistance du sentiment racial aux États-Unis, mais je demande au lecteur de bien comprendre que mon intention n'est pas d'activer un quelconque mouvement d'anti-américanisme. Le sujet est capital, selon moi, parce que l'Amérique représente un universel concret, parce que *homo americanus* est, dans le monde avancé, le plus proche de l'*homo sapiens* originel. La majorité des Américains, d'ailleurs, ne sont plus d'origine anglaise, et la facilité avec laquelle les enfants et petits-enfants d'immigrés, quelles que soient leurs valeurs d'origine, ont adopté et faite leur la dichotomie raciale américaine, montre à quel point celle-ci n'a rien d'exceptionnel, et à quel point elle est compatible avec la nature humaine en général.

## *Persistance du sentiment racial chez les éduqués primaires et secondaires*

En vertu de cette approche froide et dépassionnée, nous pouvons accepter de voir, si ce n'est de comprendre, l'extraordinaire mélange de progrès et de régression qui a caractérisé le destin des Américains noirs entre 1965 et 2015. Durant cette période, le sentiment racial a persisté dans une partie importante de la population blanche, et peu importe que les sondages d'opinion nous disent le contraire. C'est ce que montre une analyse du mariage, au cœur de la question raciale puisque, s'il est mixte à un taux élevé, les races se diluent pour finalement disparaître. Les sondages actuels rendraient optimistes : 43 % des Américains considèrent que les mariages interraciaux sont une bonne chose, 44 % qu'ils ne font aucune différence et 11 % seulement que c'est une mauvaise chose. Le taux d'hostilité n'est plus que de 5 % chez les 18-29 ans et de 13 % dans le Sud[1]. Mais la réalité de la vie sociale ne reflète absolument pas cette opinion émancipatrice, même si l'analyse statistique doit percer quelques écrans pour atteindre la réalité d'une ségrégation matrimoniale qui dure.

Parmi les mariés récents, le taux de mariages mixtes était en effet, en 2010, de 17 % chez les Noirs, contre 25 % environ chez les Asiatiques et les Hispaniques[2]. Typique du mariage mixte chez les Américains noirs cependant restait l'exclusion des femmes : 24 % des hommes noirs récemment mariés l'avaient été à l'extérieur de leur catégorie raciale, mais seulement 9 % des femmes.

1. PEW Research Center, « The Rise of Intermarriage », février 2012.
2. *Statistical Abstract of the United States*, 2012.

Continuons à percer les apparences. Wendy Wang, qui nous donne ces chiffres, souligne avec justesse que la progression relative des unions mixtes est intervenue dans le contexte d'un effondrement du mariage, particulièrement frappant chez les Américains noirs, puisque 31 % seulement d'entre eux étaient mariés vers 2010. Développons l'argument. En 2008, la proportion de naissances de mères non mariées atteignait 71,8 % chez les Américaines noires contre 40,6 % chez les mères classées comme blanches, et 52,6 % chez celles classées comme hispaniques. Autant dire que l'élévation du taux de mariages mixtes des Américains noirs a très peu de sens pour les hommes, et à peu près aucun pour les femmes. La mère célibataire reste le type dominant, et largement, dans la catégorie raciale ciblée par la société américaine comme différente.

On note toutefois une légère et réelle élévation du taux de mariages mixtes dans le groupe des éduqués supérieurs, où les mariages entre femmes noires et hommes blancs affichent même une stabilité supérieure à la moyenne, mariages homogènes entre Blancs compris[1]. Les éduqués supérieurs sont peut-être, effectivement, en train d'échapper aux déterminations d'une conception raciale de la vie sociale.

## Le sentiment racial contre l'État social : les républicains

En général cependant, et en dépit de l'universalisme affiché par la société, le sentiment racial a donc résisté, particulièrement dans le groupe des éduqués secondaires et primaires blancs. Il a de plus été cyniquement instru-

1. Wendy Wang, « The Rise of Intermarriage, Rates, Characteristics Vary by Race and Gender », Pew Research Center, février 2012, chapitre 3.

mentalisé par certains politiciens, des éduqués supérieurs principalement, pour accélérer l'effondrement du système socio-économique égalitaire hérité du New Deal et de la Seconde Guerre mondiale. Moteur de l'égalité blanche jusqu'à 1960 environ, le sentiment racial est devenu, à partir de 1980, un levier pour détruire l'égalité économique blanche.

En 1991, Thomas et Mary Edsall ont décrit cette séquence dans *Chain Reaction. The Impact of Race, Rights and Taxes on American Politics*[1]. Leur ouvrage est le plus important d'une cascade de livres qui ont, à partir du début des années 1990, analysé la façon dont la lutte pour la déségrégation a mené, de manière perverse, à l'ébranlement de l'État social américain. Le *busing*, qui avait tenté de mélanger, dans les quartiers populaires, enfants noirs et blancs, puis l'*affirmative action*, qui avait imposé des quotas de Noirs dans les collèges, la police, les corps de pompiers et toutes sortes d'administrations, ont fini par susciter l'hostilité des milieux blancs concernés, dans le contexte de l'effondrement de l'industrie américaine engendré par le libre-échange. La lutte pour l'émancipation des Noirs s'est, en effet, trouvée historiquement confondue avec la re-prolétarisation d'une classe ouvrière qui croyait être en passe d'intégrer durablement la classe moyenne.

Les Blancs ordinaires, chaque fois qu'ils le pouvaient, se sont donc enfuis dans les banlieues, devenues indépendantes des centres-villes. Ils ont retiré leurs enfants des écoles publiques. Le recrutement de pompiers et de policiers noirs, en vertu de l'*affirmative action,* a suscité une colère sourde dans les milieux d'origine irlandaise ou italienne, dont ces emplois étaient jusqu'alors la chasse gardée. L'impôt a semblé désormais financer un secteur public qui s'acharnait à favoriser les Noirs.

1. New York, Norton, 1991.

Or, pour qu'une population consente à l'impôt dans un système de représentation démocratique, il faut qu'une conscience de groupe suggère à chaque contribuable que la dépense de l'État bénéficiera, non pas forcément à lui-même, mais à quelqu'un dont il se sent solidaire. À condition d'admettre que la population blanche ne se sent pas solidaire de la population noire, qu'elle la perçoit comme extérieure, nous pouvons comprendre la violence du refus américain de l'impôt, qui a éclaté avec la révolte antifiscale de la Californie en 1978. Thomas et Mary Edsall notaient d'ailleurs l'approbation persistante par les Blancs d'une imposition locale qui ne peut que leur bénéficier directement[1]. Quoi qu'il en soit, autant que la très faible augmentation du taux de mariages mixtes entre Blancs et Noirs, autant que l'increvable ségrégation spatiale, autant que l'homogénéité raciale des Églises noires, la révolte contre l'impôt fédéral nous révèle la persistance du sentiment racial américain, en dépit des sondages d'opinion qui nous affirment son étiolement, ou de l'élection de Barack Obama, premier président noir des États-Unis d'Amérique.

Le rejet de la déségrégation n'a pas seulement touché des mesures ponctuelles comme le *busing* et l'*affirmative action* : il s'est épanoui en une hostilité globale à l'État fédéral qui les imposait. Et la lutte en faveur du respect des droits des cinquante États a fourni au parti républicain la première pierre d'un discours codé, dont on peut considérer que, testé sous Nixon, il est arrivé à maturité avec Reagan en 1980 : État fédéral = action pro-noire, non démocratique parce qu'appuyée sur les cours de justice, au premier rang desquelles la Cour suprême, institutions dominées à l'époque par l'idéologie libérale des éduqués supérieurs blancs. Armé de cette rhétorique codée du

1. *Ibid.*, p 228.

« *dog whistle* » (sifflet à chien), le parti républicain, qui avait été celui de Lincoln et de l'abolition de l'esclavage, a pu prendre aux démocrates leurs électeurs blancs du Sud, puis entamer sérieusement leur ancrage ouvrier en milieu postirlandais ou postitalien du nord du pays. Le parti républicain est ainsi devenu, au-delà des effets de sa mise en scène associant quelques responsables politiques noirs, un parti blanc. Et le vote noir va atteindre un niveau de communautarisation spectaculaire, démocrate à 85 ou 95 % selon les circonstances.

La haine de l'État central déségrégateur aura surtout permis aux républicains de contester la légitimité du *Welfare*, autrement dit d'un impôt supposé bénéficier de façon exagérée aux minorités. Tel fut le contexte racial, éducatif et économique dans lequel le néoconservatisme a pu s'épanouir et dans lequel Reagan a pu s'attaquer à l'État hérité du New Deal. Nous sommes bien loin d'une argumentation économique.

## L'adaptation démocrate : le jazz et la prison

Les démocrates en perte de vitesse ont lu le best-seller de Thomas et Mary Edsall, et Bill Clinton a utilisé, pour se faire élire en 1992, son propre langage codé, combinant subtilement bien-pensance antiraciste, pour s'assurer de l'électorat noir, et dramatisation du problème noir, pour gagner sa part de l'électorat blanc. Michelle Alexander montre, dans *The New Jim Crow*, à quel point Clinton avait compris l'enjeu et n'avait pas voulu, en 1992, laisser aux républicains le monopole du sentiment antinoir. À la veille de la primaire décisive du New Hampshire, il s'est ainsi envolé vers son État de l'Arkansas pour assister à l'exécution d'un Noir, un débile profond qui demandait le jour même de son exécution qu'on mette de côté son

396

dessert pour le lendemain matin[1]. La politique clintonienne d'enfermement des Noirs sera d'ailleurs aussi féroce que celle de Reagan, même si le président démocrate aimait s'afficher jouant du saxophone en compagnie de musiciens noirs. Clinton a été, selon Alexander, le président sous les mandats duquel on a vu la plus importante augmentation de l'incarcération des jeunes Noirs[2].

D'un autre côté, c'est bien la persistance du sentiment racial qui a permis au parti républicain de manipuler les ouvriers blancs et les conduire à voter, de manière répétitive, contre leurs intérêts de classe. Il a prôné durant toute cette période des valeurs religieuses, mais utilisé ses passages au pouvoir pour abaisser, de manière ample et répétitive, les impôts des riches, et réduire des avantages sociaux désormais perçus comme « noirs », avec dans la ligne de mire de Reagan en particulier les « *Welfare queens* », mères noires célibataires supposées vivre aux crochets de l'État.

Je dois ici souligner la faiblesse principale d'un livre réputé pour son excellente mise en évidence de la capacité des ouvriers américains à voter contre leur intérêt. Dans *What's the Matter with Kansas* (devenu, dans son édition anglaise, *What's the Matter with America),* Thomas Franks prétend que les électeurs blancs qui ont accepté le néolibéralisme et sont tombés dans le panneau de la lutte contre l'impôt étaient dépourvus de motivation raciale[3]. C'est rater l'essentiel : la coexistence, au sein de la culture politique américaine, d'un langage universaliste triomphant, qui conduit à des sondages d'opinion célébrant la victoire de la déségrégation, et de stéréotypes raciaux

---

1. Michelle Alexander, *The New Jim Crow, op. cit.*, p. 56.
2. *Ibid.*
3. *What's the Matter with America? The Resistible Rise of the American Right*, Londres, Vintage Books, 2005, p. 179.

persistants et forts, non-dits plutôt qu'inconscients. Martin Gilens, dans *Why Americans Hate Welfare,* a bien montré à nouveau en 1999 comment les médias avaient imposé l'image (fausse) d'une pauvreté devenue exclusivement noire et l'idée (fausse) selon laquelle l'aide publique ne se préoccupait que des Noirs. Alberto Alesina et Edward Glaeser ont ajouté, avec *Fighting Poverty in the US and Europe,* en 2004, une indispensable dimension comparative à la problématique du « racisme contre le *Welfare* »[1]. La contestation de l'État social aux États-Unis et sa résistance en Europe résultent, pour une bonne part, selon ces deux chercheurs, de la division raciale américaine et de la plus grande homogénéité de l'Europe – mais pour combien de temps encore, se demandent A. Alesina et E. Glaeser…

### *La dimension pathologique de la réaction raciale : le grand enfermement des Noirs*

Avant d'aborder la dimension pathologique de la réaction raciale blanche, nous devons nous remémorer ce que fut le climat de crise culturelle de la grande période de la lutte pour la déségrégation, entre 1965 et 1980. Le développement des études supérieures avait mené à un état d'esprit optimiste et conduit à la floraison, dans les années 1960, d'un rêve d'émancipation et d'une contre-culture incluant la contestation de l'argent, le mouvement hippie, l'expérimentation musicale et sexuelle, avec ou

1. Martin Gilens, *Why Americans Hate Welfare. Race, Media and the Politics of Antipoverty Policy*, Chicago, University of Chicago Press, 1999 ; Alberto Alesina et Edward Glaeser, *Fighting Poverty in the US and Europe*, Oxford, Oxford University Press, 2004. Voir aussi Ian Haney Lopez, *Dog Whistle Politic. How Coded Racial Appeals Have Reinvented Racism and Wrecked the Middle Class*, Oxford, Oxford University Press, 2014.

sans drogue hallucinogène. Il apparut cependant assez vite que cette évolution induisait une déstabilisation des mentalités, de l'anomie au sens originel durkheimien du terme, cet état psycho-social dans lequel les aspirations et les comportements cessent d'être définis et encadrés par des règles (la sociologie américaine désigne par « anomie » un état d'atomisation sociale et d'isolement des individus). La hausse du taux de naissances hors mariage n'est pas le bon indicateur pour observer l'évolution d'une crise de ce type puisque, nous le verrons, une stabilisation des mœurs n'est pas incompatible avec le maintien de cet indicateur à un niveau élevé. L'augmentation de la violence, en revanche, est un signal très sûr. Or le bouleversement des comportements privés a conduit à une élévation notable de la violence privée dans la société américaine. Le moins discutable des indicateurs est le taux d'homicide. (La fréquence des coups et blessures, des viols et autres comportements délinquants, sans oublier celle des infractions concernant l'usage de la drogue, est trop dépendante du taux de déclaration pour être complètement fiable.)

Or le taux d'homicide américain avait atteint vers 1962-1963 un plancher, avec 4,6 décès pour 100 000 habitants – un taux nettement plus élevé bien sûr que la norme européenne. Il a ensuite augmenté régulièrement jusqu'à 9,8 en 1974, est retombé à 8,7 en 1976, pour remonter jusqu'à 10,2 en 1980. Il a oscillé au-dessus de 8 jusqu'à 1995, pour chuter rapidement ensuite, au-dessous de 6 dès 1999, et revenir à 4,7 en 2013. Cet indicateur nous permet de regarder les années 1964-1995 comme marquant une crise de transition, durant laquelle la société américaine a semblé perdre ses marques.

C'est dans ce contexte que l'anxiété de la société s'est à nouveau fixée sur les Américains noirs. Tandis que le libre-échange détruisait les emplois des ouvriers noirs,

drug war

déstabilisant l'autorité des maris et des pères, la libération de mœurs achevait la destruction de la famille noire, en route vers une difficile stabilisation depuis l'abolition de l'esclavage. La violence a donc touché de façon disproportionnée les communautés noires, qui sont devenues pour l'Amérique les lieux de cristallisation de toutes les angoisses. C'est ainsi que, dans le contexte nouveau et inédit d'une relative stagnation économique et sociale, les Noirs sont redevenus le pôle négatif de l'organisation sociale et mentale de l'Amérique.

Avec la lutte contre le *Welfare*, le combat contre la criminalité est devenu l'un des éléments du langage codé des républicains, avant d'être adopté par le discours démocrate clintonien. En 1982, Reagan lance sa « guerre contre la drogue », début d'une saga sociale pathologique qui a mené les États-Unis, chantres de la liberté, à leur statut de leader mondial de l'incarcération. 45 % de l'augmentation de la population des prisons d'État s'explique par la lutte contre la drogue[1].

En 1985, l'administration Reagan et le parti républicain ont organisé, avec méthode, une véritable opération de propagande autour de l'épidémie de crack, qui a abouti à ce que, dans la conscience collective américaine, qui considérait déjà les Noirs comme une catégorie à part, le jeune mâle noir est devenu, indépendamment de son comportement effectif, l'incarnation d'une menace physique *a priori*[2]. Notons que le combat contre la drogue a véritablement été engagé dans une société où son utilisation était en baisse et où la violence avait commencé de reculer : Reagan s'est ainsi attaqué aux Noirs alors même que les Blancs étaient, tous produits confondus, plus grands consommateurs de drogue. Et si la police

---

1. Bruce Western, *Punishment and Inequality in America*, New York, Russell Sage Foundation, 2006, p. 50.
2. Michelle Alexander, *The New Jim Crow, op. cit.*, p. 5.

et la justice ont ciblé le crack, c'est parce que, meilleur marché, cette drogue était davantage consommée dans les ghettos. L'accélération de l'incarcération de Noirs avait, quoi qu'il en soit, précédé l'épidémie de crack.

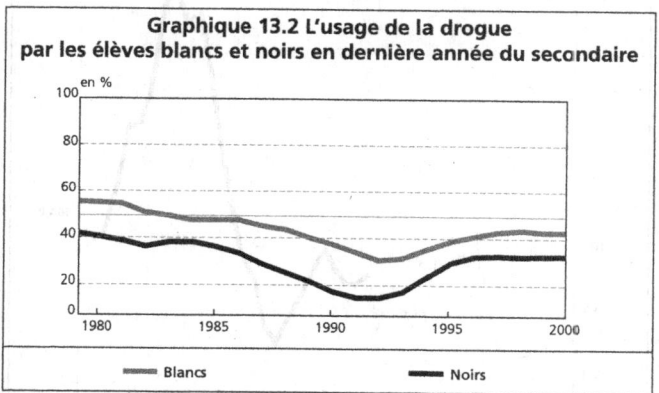

Sources : tiré de Bruce Western, *Punishment and Inequality in America*, *op. cit.*, p. 47.

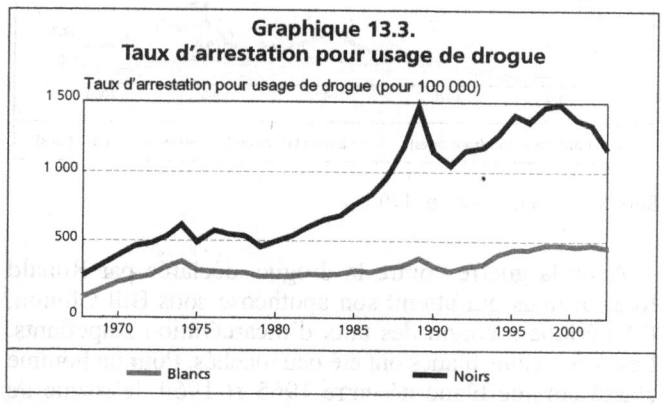

Sources : tiré de *ibid.*, p. 46.

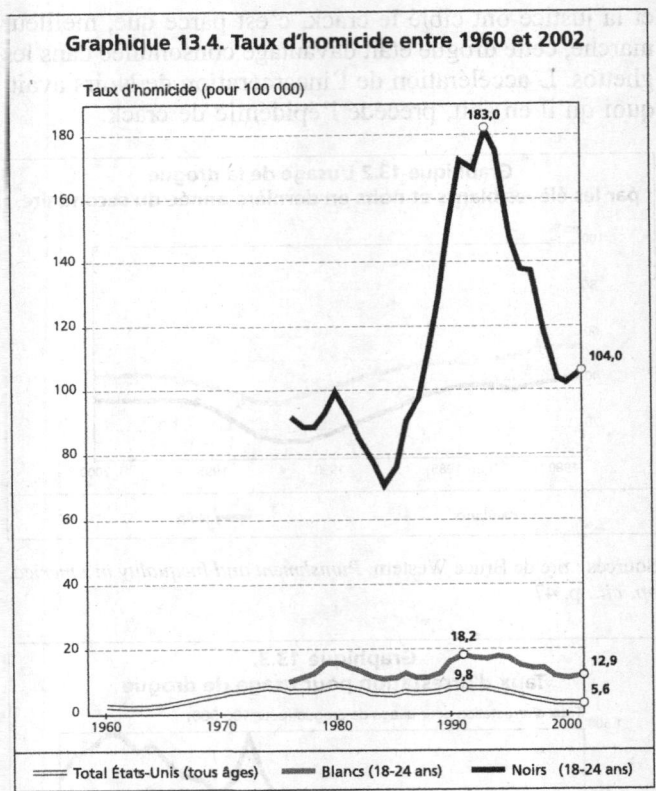

**Graphique 13.4. Taux d'homicide entre 1960 et 2002**

Taux d'homicide (pour 100 000)

═══ Total États-Unis (tous âges)   ▬▬ Blancs (18-24 ans)   ▬▬ Noirs (18-24 ans)

Sources : tiré de *ibid.*, p. 170.

Avec la guerre contre la drogue, déclarée par Ronald Reagan mais qui atteint son apothéose sous Bill Clinton, l'Amérique a connu des taux d'incarcération stupéfiants. Les Américains blancs ont été peu touchés. Pour un homme classé comme blanc né entre 1965 et 1969, le risque de passage par la case prison n'était que de 2,9 % ; il atteignait

5,3 % s'il n'avait pas bénéficié d'une éducation supérieure ; il tombait à 0,7 % s'il avait reçu une formation supérieure (complète ou incomplète). Pour les Noirs de la même génération, le risque global était de 20,5 % ; il montait à 30,2 % s'il n'était pas passé par l'université, mais chutait à 4,9 % s'il avait bénéficié d'une éducation supérieure[1].

Il faut savoir qu'aux États-Unis plus qu'ailleurs, un passage par la prison équivaut à un marquage social à vie. Il entraîne une restriction souvent définitive des droits d'accès au logement social, il restreint la possibilité de trouver un travail et, dans une bonne partie des cas, conduit à une perte du droit de vote. La durée d'incarcération est donc un mauvais indicateur de la gravité de la punition, qui consiste souvent en une exclusion de très longue durée du corps social. C'est pourquoi l'interprétation de Loïc Wacquant, qui a vu dans l'incarcération de masse une nouvelle réincarnation de la *peculiar institution* américaine, l'esclavage, apparaît si pertinente[2].

## La stratification de la communauté noire

Quiconque approche sans préjugé les faits et chiffres concernant les Américains noirs entre 2008 et 2016, par exemple, doit d'abord admettre qu'ils composent ensemble un tableau incohérent. Le président du pays est noir, et les sondages d'opinion affirment à l'époque une tolérance raciale élevée. Mais le taux de mariages mixtes, on l'a vu, reste faible. D'ailleurs, la femme du président est noire elle aussi, et le couple vice-présidentiel, blanc, n'est pas moins homogène. Les prisons regorgent de Noirs. Le meilleur

1. *Ibid.*, p. 33.
2. Loïc Wacquant, « America's New Peculiar Institution. On the Prison as Surrogate Ghetto », *op. cit.*

et le pire se mêlent. Pour sortir de cette confusion, nous devons échapper à l'illusion produite par le vote communautaire massif de cette catégorie raciale et admettre, pour les Américains noirs comme pour les blancs, l'émergence d'une stratification sociale à fondement éducatif, dramatisée dans leur cas, avec des « supérieurs » qui s'en sortent et des « primaires » qui se trouvent engloutis.

Selon les données concernant la population noire en 2015, qui témoignent de la reprise d'un mouvement éducatif ascendant, net dans le cas de cette minorité, 22,5 % des plus de 25 ans étaient titulaires d'un BA, 30,4 % avaient fait des études supérieures incomplètes, 34,1 % possédaient un diplôme du secondaire et 13 % aucun des titres délivrés par le système d'enseignement[1].

**Tableau 13.2. Niveau d'éducation selon la race en 2015 aux États-Unis**

| Éducation des + de 25 ans en % | Noirs | Blancs | Hispaniques | Asiatiques |
|---|---|---|---|---|
| Supérieure complète | 22,5 | 36,2 | 15,5 | 53,9 |
| Supérieure incomplète | 30,4 | 27,6 | 21,3 | 16,1 |
| Secondaire complète | 34,1 | 29,5 | 29,9 | 19,1 |
| Moins | 13,0 | 6,7 | 33,3 | 10,9 |

Avec *Black Bourgeoisie*, publié en 1957 en anglais après une première édition en français, Franklin Frazier avait fait scandale. Il avait non seulement mis en évidence la différenciation croissante au sein de la communauté

---

1. Camille L. Ryan et Kurt Bauman, « Educational Attainment in the United States : 2015 », United States Census, *Current Population Reports*, mars 2016, d'après le tableau 1, p. 2.

noire, mais surtout montré la situation identitaire incertaine du groupe supérieur, son insignifiance économique, sa dépendance culturelle au monde blanc dominant, son vide intérieur[1]. Soixante ans plus tard, nous devons nous aussi penser le groupe noir, obstinément classé à part et en bloc par l'Amérique, comme stratifié. Nous devons admettre la coexistence en son sein de nouvelles classes moyennes, bénéficiaires de l'*affirmative action*, et d'un sous-prolétariat confiné dans l'hyperghetto décrit par Loïc Wacquant, souvent destiné à la prison et au marquage social. Michelle Alexander, brillante auteure de *The New Jim Crow*, a évoqué en termes mesurés cet abandon de la majorité du groupe noir par ses propres élites, plus soucieuses de préserver les avantages qu'elles tirent de l'*affirmative action* que de protéger les jeunes Noirs de la rue des agressions de la police[2]. Le vote communautaire noir pour le parti démocrate ne représente peut-être pas moins que le vote ouvrier blanc pour les républicains jusqu'à Trump, un cas de fausse conscience économique.

Rien ne nous oblige toutefois à adopter une vision radicalement pessimiste sur cette question. L'Amérique est en mouvement. Les catégories sociales inférieures y sont en cours de stabilisation, comme l'ensemble de la société américaine. Ainsi, le taux de *high school dropouts*, ces jeunes déscolarisés qui constituent le gibier principal de la police, est en baisse régulière dans la population noire[3].

---

1. E. Franklin Frazier, *Black Bourgeoisie,* New York, The Free Press, 1957.

2. Michelle Alexander, *The New Jim Crow, op. cit.* Voir sa conclusion à partir de la page 244 : « The racial bribe. Let's give it back ».

3. De 21 % à 13 % entre 1972 et 2000. Voir *Status and Trends in the Education of Blacks*, National Center for Education Statistics, US Department of Education, 2003, p. 40.

## *Le goulag libéral en noir et blanc*

Évitons, en tout état de cause, de nous laisser aveugler par « la question noire ». La très grande capacité d'auto-critique de la société américaine conduit à la publication régulière de données comparatives concernant les Noirs, les Blancs, les Hispaniques, les Asiatiques, qui pourraient bien finir par produire des effets pervers : non seulement l'essentialisation par la race mais aussi une perte de vue de la dynamique globale de la nation.

Les Noirs sont des Américains, et comme tels, ils ont leur place dans le fonctionnement général de la société américaine. Nous avons vu le rôle essentiel qu'ils ont joué, dès l'origine, dans la définition de l'égalité blanche et dans la dynamique démocratique américaine. Nous avons vu ensuite comment, dans le contexte nouveau d'une stratification engendrée par l'éducation supérieure, la « question noire » a servi de levier pour lancer la révolution néoconservatrice et l'attaque contre l'État social hérité du New Deal, permettant une formidable montée des inégalités parmi les Blancs. Chaque fois, nous constatons que le destin des Noirs se joue par rapport à celui des Blancs, et inversement. Si nous nous en tenons jusqu'au bout à cette ligne de rigueur intellectuelle pour comprendre la fonction sociale générale de l'incarcération de masse des Noirs dans la période la plus récente, nous ne pouvons pas nous dispenser d'observer que toute la société a marché, à cette époque, vers l'insécurité sociale, Blancs et Noirs fraternellement mêlés, et que ce que nous devons comprendre, c'est aussi comment l'incarcération des Noirs a contribué à l'équilibre global des États-Unis.

La stabilité du système politique américain, avec ses deux grands partis alternant au pouvoir pour y mener, depuis 1978 environ, des politiques favorables aux plus riches, ne doit pas conduire à une vision fonctionnaliste exagérée, qui insisterait trop sur le caractère naturel des inégalités en système anthropologique libéral et non-égalitaire. L'absence de valeur égalitaire de type français ne conduit pas à une franche acceptation de l'inégalité. C'est la raison fondamentale, je crois, pour laquelle la montée de l'inégalité économique s'est accompagnée aux États-Unis du développement des prisons, signe indubitable d'une tension systémique.

Le taux d'incarcération par habitant, dans les prisons fédérales et dans celles des États, est passé de 100 pour 100 000 habitants en 1966-1974 à 500 en 2000, 520 en 2007. Il est retombé légèrement ensuite, pour atteindre 480 en 2013. Si l'on tient compte des prisons locales, on atteint 743 pour 2011[1]. À l'échelle mondiale, la Russie n'apparaît plus qu'en second sur la liste, mais loin derrière, à 568. En 2009, 1,4 % des adultes de sexe masculin étaient emprisonnés aux États-Unis : 0,7 % des Blancs, 1,8 % des Hispaniques et 4,7 % des Noirs. Pour bien saisir l'ampleur du problème de l'incarcération aux États-Unis, et évaluer la pertinence du concept de goulag néo-libéral, commençons par prendre l'avis d'un analyste d'origine russe, mieux préparé par l'histoire à saisir la signification sociologique du phénomène américain.

Dmitry Orlov, scientifique russo-américain, est né en 1962 à Saint-Pétersbourg. Il est arrivé en Amérique à l'âge de 12 ans. Il a écrit, en 2006, un article de futurologie hilarant sur l'effondrement à venir des États-Unis, dans lequel il soutenait, avec quelques excellents arguments, que la chute serait plus rude pour les Américains, moins préparés à la survie en conditions extrêmes que

---

1. Roy Walmsley, *World Prison Population List* (9ᵉ édition), International Centre for Prison Studies.

les Russes ne l'étaient en 1990. *Closing the 'Collapse Gap'* est un régal pour l'esprit[1].

Dans la version élargie de cet essai, *Reinventing Collapse*, un paragraphe est consacré aux prisons, qui évoque Gogol et Boulgakov. Il souligne le rapport entre montée des inégalités et développement de l'incarcération[2].

> « La course à l'emprisonnement fit d'abord apparaître un leadership décisif des Soviets, grâce à leur programme innovant "Goulag". [...]
>
> Finalement, les Américains ont gagné la course et détiennent actuellement le record du monde pour le pourcentage de leur population maintenue en prison. [...] Le système judiciaire américain favorise ceux qui ont une bonne éducation, les grandes entreprises, les riches, et il désavantage les mal éduqués, ceux qui n'ont rien, les pauvres. Il semble qu'à peu près n'importe quel problème juridique peut y être évité par l'usage judicieux d'argent, alors que n'importe quelle querelle avec la loi peut aboutir à des pénalités financières ou même à la prison pour ceux qui doivent se contenter d'avocats commis d'office. Fondamentalement, tout système juridique suffisamment complexe sera intrinsèquement injuste, favorisant ceux qui ont les ressources permettant de maîtriser son extrême complexité. C'est clairement le cas aux États-Unis, où, dans les conflits juridiques, ceux qui ont de l'argent peuvent l'emporter sur ceux qui n'en ont pas en les menaçant tout simplement de poursuites[3]. »

1. Première publication en décembre 2006 dans *Energy Bulletin*.
2. Dmitry Orlov, *Reinventing Collapse. The Soviet Experience and American Prospects*, Gabriola Island (Canada), New Society Publishers, 2011, voir notamment p. 46-47.
3. *Ibid.*

**Tableau 13.3. Taux d'incarcération dans le monde
Derniers chiffres disponibles en 2011
Prisonniers pour 100 000 habitants**

| | |
|---|---|
| États-Unis | 743 |
| Russie | 568 |
| Biélorussie | 381 |
| Ukraine | 338 |
| Taiwan | 278 |
| Pologne | 218 |
| Nouvelle-Zélande | 199 |
| Hongrie | 165 |
| Espagne | 159 |
| Royaume-Uni | 153 |
| Roumanie | 136 |
| Australie | 133 |
| Canada | 117 |
| Portugal | 113 |
| Italie | 111 |
| Autriche | 103 |
| Grèce | 102 |
| Irlande | 100 |
| Belgique | 97 |
| France | 96 |
| Pays-Bas | 94 |
| Allemagne | 85 |
| Suisse | 79 |
| Suède | 78 |
| Danemark | 74 |
| Norvège | 73 |
| Finlande | 59 |
| Japon | 58 |
| Corée | 49 |

Sources : Roy Walmsley, *World Prison Population List, op. cit.*

Le nombre des avocats est passé de 1,5 à 4 pour 1 000 habitants aux États-Unis entre 1965 et 2013, soit un accroissement de 2,5 du taux d'embrouille légale, et de 2,5 également du mécanisme juridique de domination des faibles par les forts.

Nous sommes bien loin ici de la théorie néolibérale des économistes-philosophes qui opposent la liberté du marché à la servitude étatique. Au regard des taux d'incarcération américains, les titres de certains best-sellers laissent rêveurs : *Capitalisme et Liberté* de Milton Friedman[1] apparaît massivement décalé, *La Route de la servitude* de Friedrich Hayek[2] carrément ironique. Le marché-roi a conduit à l'émergence d'un nouveau goulag. La peine de mort a été rétablie aux États-Unis à partir de 1976, et elle a dès lors été libéralement appliquée, tandis qu'elle était abolie dans les faits par un moratoire en Russie. La montée des inégalités, dans un contexte individualiste, explique le développement du système répressif américain.

Reprenons la séquence historique et anthropologique. Entre 1980 et 2015, on observe aux États-Unis une montée rapide et régulière des inégalités et de l'insécurité de l'emploi. Pour les individus s'installe une peur latente de ne pouvoir faire face à des problèmes de santé ou de vieillissement, peur d'autant plus intense que l'on se trouve en bas de l'échelle sociale. Le développement du système carcéral traite cette peur par une autre peur : celle de la mise en prison. La marche du néolibéralisme n'a pas été naturelle ou facile, en dépit de la stabilité du système politique. L'État américain a, pour une part, changé de fonction. Les élections sont restées libres ; la liberté d'expression a subsisté, même si l'irruption

---

1. *Capitalism and Freedom*, op. cit.
2. *The Road to Serfdom*, Abingdon-on-Thames, Routledge, 1944.

massive de l'argent dans l'espace idéologique – par la création de *think tanks*, les rachats de journaux et la fondation de chaînes de télévision mercenaires – a modifié les conditions d'expression de la liberté. Mais, latent et subtil, un régime de terreur a été instauré par l'incarcération de masse. Celle-ci relève bien de la violence d'État, même si une bonne partie des nouvelles prisons ont été construites et gérées par le système privé. Mais pourquoi cibler les Noirs ?

Certes, la menace de l'enfermement pèse sur tous... Mais les Blancs, généralement, y échappent. Et l'on doit considérer que la répression racialement ciblée a permis une ultime et sinistre mutation de l'égalitarisme blanc. Disparue dans l'accès à l'éducation et la répartition des revenus, l'égalité blanche subsiste sous une forme négative : ce qu'ont en commun les Blancs, désormais, c'est le privilège de ne pas être trop frappés d'incarcération.

Cette évolution sociale et économique est-elle conforme aux valeurs attachées à la famille nucléaire absolue, libérale et non-égalitaire ? Mon sentiment est que la nouvelle stratification éducative et la division raciale ont conduit l'inégalité économique et sociale au-delà de la détermination anthropologique ordinaire des sociétés de l'anglosphère. Sans l'hypothèse du dépassement d'une limite anthropologique, nous aurions d'ailleurs du mal à comprendre l'élection de Donald Trump en 2016.

# Chapitre 14

# Donald Trump comme volonté et comme représentation

Si l'élection de Donald Trump, en novembre 2016, a surpris les élites américaines et, au-delà, la planète tout entière, elle illustre parfaitement deux des thèses contenues dans ce livre. Celle, d'abord, qui affirme la détermination des affrontements économiques et politiques par la nouvelle stratification éducative. Celle, ensuite, qui identifie le fondement primitif de la démocratie, son besoin d'un Autre, et donc de la xénophobie, pour naître ou renaître.

Les médias de l'establishment ont représenté Trump comme vulgaire, aberrant, maléfique ou fou ; les électeurs, en souffrance mais rationnels, ont manifesté leur volonté d'un retour de l'Amérique à ses fondements.

### *Rationalité du vote Trump*

La globalisation, initiée et gérée par les États-Unis, à leur profit pensait-on, a cependant fini par engendrer au sein de la population américaine elle-même un excès d'inégalité économique et d'insécurité sociale, condition nécessaire et suffisante d'un basculement vers une préférence pour le protectionnisme de Bernie Sanders ou de Donald Trump.

Pour bien comprendre, non seulement l'émergence réussie de Donald Trump, mais aussi celle, enrayée, de

Bernie Sanders, nous devons d'abord retracer rapidement la séquence historique longue qui a mené les États-Unis d'une posture de relative fermeture au début des années 1930 à la situation, qui est aujourd'hui la leur, d'ouverture maximale au commerce et à l'immigration.

De la fin de la guerre de Sécession à la crise de 1929, les États-Unis avaient décollé économiquement à l'abri de barrières tarifaires élevées. Au début des années 1930, les importations taxées l'étaient en moyenne à 50 %. C'est à partir de 1934, sous Franklin D. Roosevelt, que s'est amorcée l'ouverture aux échanges. Les droits de douane s'élevaient alors, produits taxés et non-taxés confondus, à 18,4 % en moyenne. Ils étaient tombés à un plancher de 1,3 % en 2007, au moment où a commencé la Grande Récession.

Les États-Unis ont connu, dès le début des années 1970, un déficit commercial structurel dont ils ne se sont jamais départis depuis, assumant désormais pour le monde la fonction de consommateur universel, c'est-à-dire, en termes keynésiens, de régulateur planétaire de la demande globale. Mais, dès la fin des années 1970, la crise industrielle fut manifeste en Amérique avec, en son cœur, l'effondrement de l'industrie automobile. C'est pourtant au même moment que l'on a assisté à l'accélération de la politique néolibérale. Ainsi qu'on l'a vu au chapitre 12, Reagan fut élu en 1980, puis réélu triomphalement en 1984, contre Walter Mondale, qui avait pourtant fait une campagne protectionniste. Les démocrates se comportaient alors, à l'ancienne, en représentants directs du monde ouvrier, blanc et noir. Reagan l'emporta en proposant un savant cocktail antifiscal d'hostilité au *Welfare*, déclarant la guerre à un État social désormais perçu comme trop favorable aux Noirs.

L'envol des importations n'a commencé que dans les années 1960. L'Immigration and Naturalization Act de 1965 a alors rouvert l'Amérique à l'immigration, fortement restreinte depuis 1924. À l'insécurité économique s'est ajouté un sentiment nouveau d'insécurité territoriale. Le nombre d'habitants nés à l'étranger est passé de 9,7 millions en 1960 pour 181 millions d'habitants, soit 5,4 % de la population totale, à 41,3 millions en 2013 pour 315 millions d'habitants, soit 13,1 % du total. Vers 2009, le nombre d'immigrés illégaux, principalement hispaniques, était estimé à 10 millions. L'Amérique d'Obama pouvait effectivement être décrite dans les termes poppériens d'une société ouverte.

Entre 1980 et 1998, on a d'abord pu observer aux États-Unis une poussée spectaculaire des inégalités, qui n'a pas empêché, cependant, une hausse du revenu médian des ménages, de 48 500 dollars à 58 000 dollars (en équivalent 2015). Plutôt que d'une augmentation des salaires individuels, cette hausse a résulté de la contribution supplémentaire des femmes, qui entrèrent alors sur le marché du travail et multiplièrent le nombre des ménages à double revenu.

Les années 1999-2015 ont représenté, pour les États-Unis, l'apogée du projet libéral et l'entrée en crise de la globalisation. L'adhésion de la Chine à l'Organisation mondiale du commerce, en décembre 2001, a supprimé pour elle la menace d'une remontée des droits de douane. La conséquence immédiate a été l'accélération de la crise industrielle américaine, soumise à une véritable purge. Entre 1965 et 2000, la baisse relative de la population employée dans le secteur secondaire n'avait pas empêché sa stagnation en valeur absolue, autour de 18 millions de travailleurs. Mais, entre mars 2001 et mars 2007, ce chiffre a chuté de 18 %[1].

---

1. Justin R. Pierce et Peter K. Schott, « The Surprisingly Swift Decline of U.S. Manufacturing Employment », *Finance and Economics*

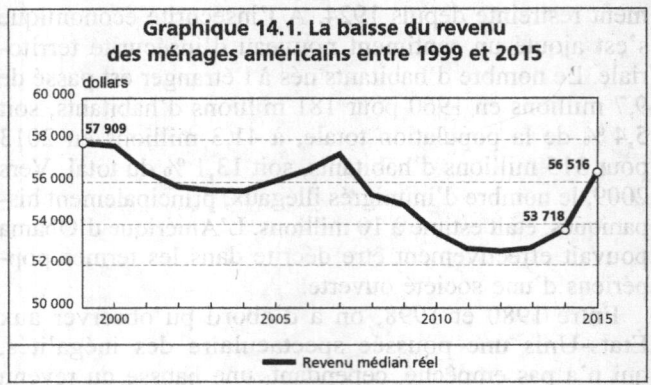

Graphique 14.1. La baisse du revenu des ménages américains entre 1999 et 2015

Sources : United States Census Bureau.

L'accroissement des inégalités a repris. Entre 1999 et 2015, en dépit d'une petite progression en 2013 et 2014, le revenu médian des ménages américains a baissé, de 58 000 à 56 500 dollars. Ces années incluent la Grande Récession, dont on ne sait trop si elle est véritablement achevée, puisque si le chômage, monté à 10 % en 2009, est bien retombé à 5,5 % au début de 2016, le taux d'emploi de la population reste bloqué à un plancher légèrement inférieur à 60 % alors qu'il était de 63 % avant la crise.

Pour comprendre l'ampleur du stress subi par la population américaine au début du IIIᵉ millénaire, nous allons devoir quitter le champ des données économiques et des revenus. Il se trouvera en effet toujours un prix Nobel d'économie disponible pour nous assurer, moyennant une somme modique, que, sans le

*Discussion Series*, Washington, Board of Governors of the Federal Reserve System, avril 2014.

libre-échange, le prix des produits aurait été plus élevé pour le consommateur. Mais si le consommateur meurt plutôt qu'il n'achète ?

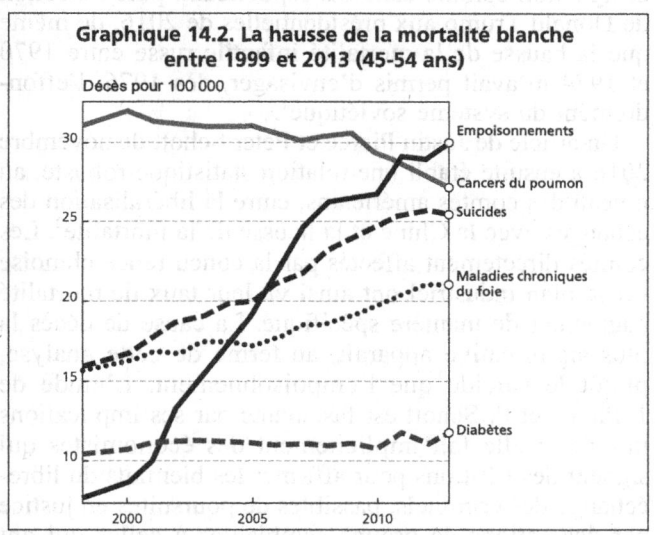

**Graphique 14.2. La hausse de la mortalité blanche entre 1999 et 2013 (45-54 ans)**

Décès pour 100 000

Empoisonnements
Cancers du poumon
Suicides
Maladies chroniques du foie
Diabètes

Sources : tiré d'Anne Case et Angus Deaton, « Rising Morbidity and Mortality in Midlife Among White Non-Hispanic Americans in the 21st Century », *PNAS*, vol. 112, n° 49, 15078-15083, décembre 2015.

Le jugement des démographes est sans appel. Un article d'Anne Case et Angus Deaton, publié en décembre 2015, révèle une hausse de la mortalité entre 1999 et 2013, au sein de la population blanche âgée de 45 à 54 ans, phénomène qui n'a son équivalent dans aucune des sociétés avancées du monde.

Les causes de cette mortalité, ainsi que le montre le graphique 14.2, sont clairement d'ordre psychosocial : empoisonnements, alcoolisme et suicide. Le débat sur les bienfaits du libre-échange et de la dérégulation est donc clos. C'est précisément cette hausse de la mortalité des adultes qui m'avait semblé rendre possible, d'abord la désignation comme candidat républicain, puis l'élection de Donald Trump aux présidentielles de 2016, de même que la hausse de la mortalité infantile russe entre 1970 et 1974 m'avait permis d'envisager, dès 1976, l'effondrement du système soviétique[1].

Un article de Justin Pierce et Peter Schott de novembre 2016 a ensuite établi une relation statistique robuste, au niveau des comtés américains, entre la libéralisation des échanges avec la Chine et la hausse de la mortalité[2]. Les comtés directement affectés par la concurrence chinoise sur le plan industriel ont ainsi vu leur taux de mortalité augmenter de manière spécifique. La cause de décès la plus significative apparaît, au terme de cette analyse, plutôt le suicide que l'empoisonnement. L'étude de J. Pierce et P. Schott est fascinante par ses implications morales : elle fait implicitement des économistes qui signent des pétitions pour affirmer les bienfaits du libre-échange des criminels, passibles de poursuites en justice par des actions de groupe semblables à celles qui ont été lancées contre des fabricants de tabac et des firmes pharmaceutiques.

1. Emmanuel Todd, *La Chute finale. Essai sur la décomposition de la sphère soviétique*, Paris, Robert Laffont, 1976.
2. Justin R. Pierce et Peter K. Schott, « Trade Liberalization and Mortality : Evidence From U.S. Counties », *Finance and Economics Discussion Series,* n° 94, Washington, Board of Governors of the Federal Reserve System, 2016.

**Tableau 14.1. L'évolution de la mortalité des 45-54 ans selon le niveau d'éducation**

| | Taux de mortalité pour 100 000 en 2013 | Évolution 1999-2013 | Causes externes | Suicides |
|---|---|---|---|---|
| Blancs non-hispaniques (total) | 415,4 | + 33,9 | + 32,9 | + 9,5 |
| Éducation secondaire ou moins | 735,8 | + 134,4 | + 68,7 | + 17,0 |
| Éducation supérieure incomplète | 287,8 | − 3,3 | + 18,9 | + 6,0 |
| Éducation supérieure complète | 178,1 | − 57,0 | + 3,6 | + 3,3 |
| Noirs non-hispaniques | 581,9 | − 214,8 | − 6,0 | + 0,9 |
| Hispaniques | 269,6 | − 63,6 | − 2,9 | + 0,2 |

La distribution des décès supplémentaires, analysée dans l'article de A. Case et A. Deaton, reflète la stratification éducative. Elle est concentrée sur ceux des Américains blancs qui n'ont bénéficié que d'une éducation secondaire ou moins (+134,4 pour 100 000). La mortalité de ceux qui ont eu une éducation supérieure incomplète a stagné (-3,3), tandis que celle des diplômés du supérieur a baissé encore un peu (-57,0). N'exagérons pas toutefois le bonheur des diplômés du supérieur. Revenons, pour une fois, aux données économiques : l'évolution différentielle des revenus suggère que l'avantage éducatif n'est que relatif.

Il est important d'avoir à l'esprit, pour bien comprendre l'évolution des années 2000-2016, que si les transformations dramatiques, du type augmentation de la mortalité, touchent en priorité les moins diplômés des Américains blancs, l'évolution économique n'est même plus vraiment favorable aux titulaires de diplômes de l'éducation supérieure. En effet, depuis 2000, le revenu moyen de leurs ménages stagne, ainsi que le montre le graphique 14.3.

L'éducation supérieure protège désormais davantage contre la chute sociale qu'elle n'ouvre la voie à l'ascension. Et c'est, en effet, la cause du regain d'intérêt pour des études longues dans les années récentes, qui révèle une quête de sécurité plutôt qu'un désir d'émancipation intellectuelle. Dans la mesure où son financement est de plus en plus assuré par l'emprunt étudiant, la dette accumulée se chargera de faire baisser les revenus futurs, si elle n'aboutit pas à une forme quelconque d'asservissement économique des éduqués supérieurs d'origine modeste. On pense irrésistiblement ici aux *indentured servants*, qui,

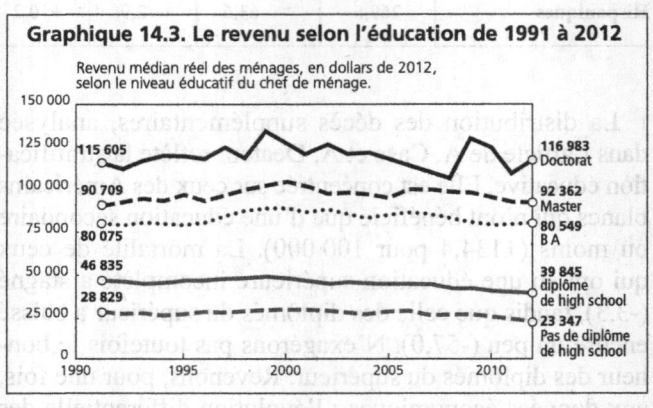

**Graphique 14.3. Le revenu selon l'éducation de 1991 à 2012**

Revenu médian réel des ménages, en dollars de 2012, selon le niveau éducatif du chef de ménage.

| | | |
|---|---|---|
| 115 605 | | 116 983 Doctorat |
| 90 709 | | 92 362 Master |
| 80 075 | | 80 549 B A |
| 46 835 | | 39 845 diplôme de high school |
| 28 829 | | 23 347 Pas de diplôme de high school |

Sources : Russel Sage Foundation, *Chartbook of Social Inequality*.

dans les temps coloniaux, payaient leur passage outre-Atlantique par des années de servitude contractuelle...

Une fois revenus du monde enchanté des économistes, nous pouvons comprendre l'élection de Donald Trump. Les insultes et les mensonges échangés entre Hillary Clinton et lui ne peuvent masquer le fait que, du point de vue des électeurs ordinaires, c'est Trump qui disait la vérité sur la société américaine. C'est lui, en effet, qui la décrivait comme souffrante dans *Crippled America*[1], tandis que les démocrates célébraient l'excellence éternelle de l'Amérique et de ses « valeurs » de tolérance et d'ouverture.

La structure socio-démographique du vote pour Trump confirme ce diagnostic et nous offre une véritable radiographie mentale de l'Amérique à l'heure de sa sortie de l'idéologie de la globalisation.

### Stratification éducative et choix politique

L'un des traits frappants de la campagne électorale américaine de 2016 aura été la prédominance d'une représentation des affrontements politiques en termes de niveau éducatif. Les partisans de Trump étaient régulièrement décrits par la presse de l'establishment de New York, Washington, Los Angeles ou San Francisco comme des « sous-éduqués », des « incultes », Hillary Clinton allant jusqu'à les qualifier, affichant un mépris de classe aux accents du XIXᵉ siècle européen, de « *deplorables* ». Pour les commentateurs, le type-idéal de l'électeur républicain était un Blanc qui avait tout juste achevé ses études secondaires. Le type-idéal du démocrate, en revanche, s'il

---

1. Donald Trump, *Crippled America. How to Make America Great Again*, New York, Threshold Editions, 2015.

n'était pas noir ou hispanique, était un *college graduate*. Les sondages dits de « sortie des urnes » ne vérifient que partiellement cette représentation, et cette vision un peu trop simple doit être nuancée. Dans tout ce qui suit, les totaux n'atteindront jamais 100 % du fait de la présence d'un candidat indépendant, dont nous n'avons aucune raison de nous préoccuper ici.

La distribution des votes selon le niveau de revenu a été particulièrement peu significative. On ne peut que noter un vote majoritaire de ceux dont le revenu est inférieur à 50 000 dollars par an en faveur d'Hillary Clinton (53 % contre 41 % pour Trump) – effet de la surreprésentation des minorités noires et hispaniques dans l'électorat démocrate. Chez les Américains qui gagnent plus de 100 000 dollars, républicains et démocrates ont fait jeu égal. Les républicains ne sont plus le parti des riches.

Le critère éducatif apparaît en revanche comme spectaculairement discriminant : chez les Blancs de sexe masculin n'ayant bénéficié que d'une éducation secondaire, complète ou non, on note ainsi un vote à 71 % pour Trump et à 23 % seulement en faveur de Clinton. Toutefois, si nous considérons les chiffres globaux, mélangeant les races et les sexes, nous obtenons des résultats moins caricaturaux : Trump n'obtient plus que 51 % chez les « secondaires » contre 46 % à Clinton. Il reste majoritaire chez les individus qui ont reçu une éducation supérieure incomplète (51 % contre 43 %), et n'est que légèrement devancé par Clinton chez ceux qui ont obtenu un *College Degree* (44 % contre 49 %). Les démocrates ne décollent vraiment qu'au niveau des éducations les plus supérieures, chez ceux qui sont allés au-delà d'un BA, les *post-graduates* : nous constatons alors un vote en faveur de Clinton à 58 % et de Trump à 37 % seulement. Cette polarisation est tout à fait extraordinaire parce qu'elle place le parti de « gauche », les démocrates, du côté de la domination culturelle absolue, et le clintonisme semble ici comme une illustration du cauchemar prémonitoire de Michael Young : celui d'un système méritocratique qui pourrait conduire les élus à mépriser les damnés de l'éducation. Les universitaires qui peuplent Academia sont presque tous, par définition, des *post-graduates*.

Au lendemain de l'élection, l'attachement des élites universitaires au libre-échange est apparu plus intense et plus homogène que celui des entrepreneurs opérant sur le marché. Le monde du capital est hétérogène et pragmatique : il est divisé entre un secteur qui tire ses surprofits du travail sous-payé de Chine et d'ailleurs, et un autre qui ne peut vivre que d'un travail réalisé sur le territoire américain. Il y a surtout, dans le monde du capital, la masse flottante de ceux qui savent qu'on peut faire de l'argent en régime protectionniste comme en régime de libre-échange et qu'il suffit de s'adapter. Chaque activité économique doit cependant être évaluée dans son rapport à la globalisation. Le jeune magnat de Silicon Valley qui mobilise un travail dématérialisable n'aura pas le même rapport au libre-échange et à l'immigration qu'un dirigeant de Ford ou de General Motors dont l'activité requiert de l'acier et de l'énergie. Face à Trump, le premier sera déchaîné, le second attentiste.

### Les citadelles de l'élite :
### Silicon Valley et Academia

Dans un ouvrage prémonitoire publié en 2014, *The New Class Conflict*, un Californien, Joel Kotkin, avait eu le bon sens de voir dans les entrepreneurs de la Silicon

Valley – les patrons de Google, Amazon ou Facebook –, en dépit de leur jeune âge, et malgré l'image moderne et branchée qu'ils donnaient d'eux-mêmes, des oligarques en voie de cristallisation, agissant en fonction de leurs intérêts économiques et intervenant déjà dans le domaine politique avec audace[1]. Jeff Bezos, patron d'Amazon, a ainsi racheté le *Washington Post*. Préservons ici la liberté humaine des déterminations statistiques : Peter Thiel, investisseur de la Silicon Valley, gay de surcroît, a soutenu Trump en intervenant en sa faveur et en contribuant à la campagne. Notons, à ce propos, histoire de prendre la mesure du conformisme local, qu'une revue communautaire gay a été jusqu'à mettre en doute la réalité de son orientation sexuelle parce qu'il avait soutenu Trump. Quoi qu'il en soit, les sondages de sortie des urnes nous disent, de fait, que 14 % seulement du groupe LGBT a soutenu Trump, contre 77 % Clinton.

J. Kotkin considère Academia, qu'il désigne par l'expression « The New Clerisy » (la nouvelle *intelligentsia*), comme le deuxième cœur du pouvoir établi. Les préoccupations des surdiplômés ne sont pas fondamentalement économiques puisque leur statut les met à l'abri du marché. Fondamentalement, ils sont pénétrés d'un sentiment de supériorité intellectuelle et peuvent à ce titre mépriser le bas-peuple, fermé aux valeurs de tolérance internationale ou sexuelle. Ils carburent donc à l'idéologie pure et peuvent exprimer mieux que le monde des affaires un attachement de caste au libre-échange.

Academia, nous l'avons vu plus haut, est devenue la grande machine à trier la population : c'est elle qui fait vivre l'inégalité, et il est logique de la retrouver en fidèle

1. Joel Kotkin, *The New Class Conflict*, New York/Candor, Telos Press Publishing, 2014.

de ce libre-échange qui nourrit l'inégalité économique (même si les *colleges* qui ne sont pas d'élite sont un peu moins fiables de ce point de vue). Son amour des hommes en général, par ailleurs, la rend particulièrement ouverte à l'idéal d'immigration, légale ou clandestine. Les conditions matérielles et idéologiques d'une hostilité maximale à Trump étaient remplies par Academia. Le même phénomène de conformisme internationaliste avait pu être observé en Angleterre dans l'Université, particulièrement à Cambridge et Oxford : l'hostilité maniaque au Brexit, avant et après le vote, y préfigurait la fureur anti-Trump des grandes universités américaines. Academia est de gauche, mais elle n'aime plus le peuple, ces *chavs* (prolos incultes) selon la terminologie anglaise d'en haut, dramatisée localement par des attitudes de classes qui n'ont jamais eu leur équivalent aux États-Unis[1].

Les choses sont moins assumées en France, et en outre non-dites, mais Academia, toujours de gauche, y représente aussi sans doute l'un des pôles les plus conformistes de la société. Sans le savoir ou sans l'admettre, elle rejette les notions d'égalité et de démocratie : par son attachement à l'Europe autoritaire et à sa monnaie faillie, par son acceptation d'un libre-échange qui détruit les ouvriers, par sa tendresse pour une immigration sauvage qui nie, au fond, la nécessité d'un territoire stable pour que la démocratie fonctionne. Moins conscient de lui-même, le magma conformiste d'Academia version française est d'une épaisseur sans équivalent outre-Manche ou outre-Atlantique.

Concluons ce point par une interrogation plus vaste sur le rapport étrange qui s'est établi, dans le monde avancé, entre une Academia de gauche et la défense de

1. Un magnifique essai sur le sujet : Owen Jones, *Chavs. The Demonization of the Working Class*, Londres, Verso, 2011.

politiques économiques défavorables aux masses. Nous ne pouvons nous en tenir à une vision « accidentaliste » de cette coïncidence : tant de gauches modernes, bien implantées dans l'éducation supérieure, ne peuvent être, en parallèle, hostiles au peuple par hasard.

La destruction de l'homogénéité éducative, qui portait le sentiment égalitaire et la démocratie, explique, on l'a vu, l'émergence dans les sociétés avancées d'un subconscient inégalitaire et antidémocratique. Mais c'est la gauche qui a voulu l'éducation de masse, enseignement supérieur compris. Elle a donc, à son insu, guidé la société vers l'inégalité. Le lien historique et idéologique entre la gauche et l'éducation nous permet sans doute de comprendre pourquoi et comment la dérive inégalitaire du système éducatif a entraîné et transformé la gauche en droite, sans qu'elle s'en rende compte elle-même, et dans les trois grandes démocraties occidentales.

## *Le conflit économique se substitue au conflit racial*

Le vote des Noirs à 89 % en faveur d'Hillary Clinton, à 8 % seulement en faveur de Trump, pourrait nous faire croire que l'élection de 2016 a suivi les rails qui guident la politique américaine depuis l'époque de Ronald Reagan, et peut-être même depuis celle de Richard Nixon, à savoir que l'appartenance de « race » y détermine les trajectoires. La chute de la participation noire, particulièrement celle des jeunes, a cependant joué un rôle non négligeable dans l'échec de Clinton, et nous indique que les choses ne sont plus si simples.

Le parti républicain, brisé par Trump, avait tenu, on l'a vu, son électorat populaire blanc dans la fausse conscience. Il utilisait la technique du *dogwhistling* racial, à laquelle se superposait l'affirmation de « valeurs » religieuses et morales, pour impulser une politique économique aux conséquences désastreuses non seulement pour les ouvriers mais aussi pour les classes moyennes. Le parti républicain réalisait effectivement l'enfermement des Noirs, promettait l'interdiction de l'avortement sans jamais l'imposer, mais surtout multipliait les baisses d'impôts en faveur des riches. Or Donald Trump a gagné, contre l'establishment républicain d'abord, puis au cœur du système politique global, en cessant d'alimenter la machine à fausse conscience et en ramenant le monde ouvrier à une certaine forme de conscience de classe. C'est le sens de son attaque du libre-échange et de son plaidoyer en faveur du protectionnisme, seul capable de permettre aux ouvriers blancs et à leurs frères de classe noirs, plus maltraités encore par l'effondrement de l'industrie, un retour dans la classe moyenne américaine.

Chaque fois qu'il est confronté à la xénophobie ou au racisme, l'historien doit être capable de repérer, au-delà ou en deçà d'une nécessaire méditation sur l'universalité du mal, quel groupe ethnique ou racial spécifique a été ciblé par le groupe dominant. La France actuelle, par exemple, diabolise les Arabes plutôt que les Noirs, et ce fait nous dit que son supposé « racisme » relève plutôt de la catégorie « xénophobie à fondement culturel ». La cause première du Brexit, l'immigration massive de Polonais en Angleterre, mérite encore plus clairement d'être rangée sous la catégorie « xénophobie à fondement culturel », non-raciale, puisque les Polonais n'ont rien à envier aux Anglais pour la clarté du teint.

Avec son projet de mur à construire (ou à finir) le long de la frontière sud des États-Unis, Trump n'a pas diabolisé les Noirs mais les Mexicains. Et ses attaques ne se sont pas contentées de cibler des immigrés récents,

427

légaux ou illégaux. Rappelons celles lancées contre un juge d'origine hispanique. De tels faits, dans un contexte américain moderne, signifient aussi que Trump a pris ses distances avec le dualisme racial blanc/noir qui en était devenu l'axe idéologique.

La qualification de racisme ne peut cependant être si vite évacuée, au profit de celle de xénophobie culturelle, dans le cas de Trump. La catégorie *hispanique* du système statistique et mental américain est une bizarrerie qui, certes, met à l'honneur la langue castillane, mais a surtout pour but de cibler l'origine indienne de la majorité des Mexicains. *Hispanique* renvoie à une fixation simultanément culturelle et raciale.

Reste que les Hispaniques ne sont pas noirs le plus souvent, et que le « racisme » antilatino n'est pas de même nature que celui qui est dirigé contre les Noirs. Le mur antimexicain ayant été son motif central, il semble même que le concept de xénophobie, qui évoque la peur d'un autre extérieur, une phobie à base territoriale, soit mieux adapté pour décrire le trumpisme. Après tout, les Noirs et les Hispaniques, que ces derniers soient citoyens américains ou immigrés légaux, seraient parmi les premiers bénéficiaires d'une politique économique protectionniste revalorisant le travail manuel.

Si nous définissons la campagne de Trump comme anti-libre-échange et xénophobe – les deux concepts étant associés dans un projet de protection économique et ethno-nationale –, il n'est pas raisonnable de la considérer comme raciste, et surtout pas antinoir, même si Trump n'a pas réussi à, ni même vraiment essayé de, séduire l'électorat noir.

Reste à expliquer la persistance du vote démocrate des Noirs. Au moment même où les républicains, secoués par Trump, finissaient par aligner leur programme sur les intérêts de leur électorat populaire blanc[1], les démocrates clintoniens, eux, faisaient vivre avec une intensité renouvelée le concept racial et parvenaient à maintenir dans la fausse conscience leur électorat noir. La stratification interne du groupe a joué un rôle important dans la persistance de son aliénation.

### Triomphalisme racial et projet impérial clintonien

À partir de 2010, le discours des politologues et des journalistes américains s'était teinté de démographie : on prévoyait la fin de l'Amérique blanche et l'arrivée d'une majorité électorale dominée par les minorités – noire, asiatique et surtout hispanique. De fait, l'augmentation de la fraction « non-blanche » de la population avait été, depuis 1970, très importante. Mais le corps électoral restait encore blanc à 72 % en 2016. Certes, la stratification éducative induisait l'éclatement de ce groupe, les « éduqués supérieurs blancs » semblant destinés à soutenir le parti démocrate, les « secondaires ou moins » le parti républicain. Tout bien pesé, l'idée s'installait d'un parti démocrate porté par l'évolution démographique : l'augmentation incessante de la masse des minorités, s'ajoutant à un noyau blanc civilisé, rendrait à l'avenir sa victoire inéluctable. On s'inquiétait même de la survie du parti républicain, tristement enfermé dans le groupe minoritaire des Blancs sous-éduqués. Un tel discours a bien sûr puissamment contribué à maintenir vivant le concept racial.

1. Pour une analyse de ce réalignement du parti républicain sur son électorat, voir Michael Lind, « This Is What the Future of American Politics Looks Like », *Politico Magazine*, 22 mai 2016.

L'élection de Barack Obama, noir et éduqué supérieur de très haut niveau, a pu sembler confirmer cette perspective. Remarquons d'ailleurs que ce projet n'était pas dénué d'une certaine grandeur, puisqu'il mettait en scène une Amérique capable de « changer » de nature raciale, et de cesser d'être, par son ouverture à l'immigration, latino-américaine et asiatique, une nation blanche d'origine européenne. Du côté de la petitesse, relevons quand même le soutien massif de l'establishment financier à Barack Obama puis à Hillary Clinton : il s'agissait surtout pour eux de contribuer à l'installation d'une oligarchie capable de contrôler le corps électoral par la mobilisation habile d'un mercenariat noir et hispanique.

Même identifié dans sa détermination oligarchique, le projet restait grandiose puisque la domination devait s'étendre au niveau planétaire, aux yeux en tout cas de Hillary Clinton. Il s'agissait d'un « projet impérial », par opposition à celui de Trump, « projet national ».

Mais c'est bien Trump qui a été capable d'assumer l'évidence d'une Amérique roulée par la Chine, bafouée par ses alliés (turcs, saoudiens ou philippins) et qui a su dire aux électeurs la réalité du monde. Son titre de gloire aura toutefois été d'identifier l'Allemagne comme un adversaire économique, dont l'un des objectifs stratégiques est désormais d'achever l'industrie américaine mise à mal par la Chine.

### Le contrôle clintonien de l'électorat noir : une autre trahison des élites

Le projet impérial n'était pas raisonnable. Mais, à très court terme, il pouvait assurer le maintien d'un taux de profit maximal en faveur de l'oligarchie des 0,1 % supérieurs de l'échelle des revenus américains, et un niveau de vie plus qu'enviable à ceux qui les suivent immédiatement au sein du groupe des 1 %, qui inclut, rappelons-le, une bonne partie des économistes qui ont pétitionné contre Trump. Dans le contexte d'une culture dominée par l'économisme et d'une vie politique nourrie par l'oligarchie financière, le rêve impérial semblait parfaitement rationnel.

Mais comment les démocrates clintoniens pouvaient-ils prétendre, armés d'un tel projet, contrôler l'électorat noir, détruit économiquement par la globalisation économique et menacé dans ses emplois par l'immigration mexicaine ?

Nous devons, à la suite de Franklin Frazier, et en radicalisant le propos de Michelle Alexander, tenir compte de la stratification du groupe noir pour comprendre sa « fausse conscience » et sa discipline de vote. Dans sa masse inférieure, il est la victime prioritaire du chômage et de la prison, le bouc émissaire dont la souffrance a contribué à stabiliser le système social néolibéral entre 1980 et 2015. Il aurait dû s'opposer violemment à la direction démocrate. Mais la strate supérieure du groupe racial, bénéficiaire de l'*affirmative action,* pouvait, en dépit de la persistante ségrégation territoriale et matrimoniale, se satisfaire sur le plan économique du projet globaliste et impérial clintonien. Les couches moyennes et inférieures étaient tout simplement tenues dans l'obéissance par leurs élites. Et celles-ci étaient puissamment soutenues par la tradition tant il est vrai que, depuis le président Lyndon Johnson, le parti démocrate avait été le fer de lance de l'émancipation politique de tous les Noirs.

Un épisode de la campagne présidentielle de 2016 a révélé la domination qu'exerçaient alors les élites clintoniennes sur les électeurs noirs, disposés à voter contre leur intérêt économique.

Je l'ai dit plus haut, un virage protectionniste serait favorable économiquement à la majorité des Noirs, moins qualifiés en moyenne que la population blanche. Or il y avait, en 2016, au sein même du parti démocrate, un candidat protectionniste. Bernie Sanders aurait donc dû, en bonne logique de classe, être soutenu, non seulement par les jeunes démocrates, mais aussi, et avec un égal enthousiasme, par les Noirs. C'est le contraire qui s'est produit : l'électorat noir « captif » a assuré sa défaite, révélant un niveau élevé d'aliénation politique. Primaire après primaire, nous avons pu voir Hillary Clinton l'emporter sur Bernie Sanders dans les États à forte population noire. Le coefficient de corrélation associant « vote pour Sanders à la primaire » et « proportion de Noirs » fut négatif au niveau des États, égal à – 0,81[1]. Un tel coefficient, extrêmement élevé, rare en sciences humaines, signifie, selon la théorie statistique, que près des deux tiers de la « variance » du vote anti-Sanders peut être expliquée par la présence noire. Ce qui signifie, tout simplement, que c'est la manipulation de l'électorat noir qui a rendu possible le contrôle clintonien – oligarchique et impérialiste – du parti démocrate. Sans la complaisance des élites noires, bénéficiaires à leur manière et à une bien petite échelle, du système globaliste, un tel dévoiement n'aurait pas été possible. Michelle Alexander a, quant à elle, soutenu Bernie Sanders.

## Le problème hispanique des démocrates

L'électorat hispanique représente désormais 12 % du corps électoral américain. En dépit des agressions de Donald Trump, il n'a voté pour Hillary Clinton qu'à 66 % et Trump à 28 %. Son orientation de base ne semble pas

---

1. Un coefficient de corrélation varie entre −1 et +1. Négatif ou positif, il est d'autant plus fort qu'il se rapproche d'une valeur absolue égale à 1.

fortement démocrate puisqu'en 2004, déjà, il avait voté en faveur de George W. Bush à 40 %. Du point de vue de l'anthropologie et de la dynamique sociale, ce serait une grave erreur de fourrer les Hispaniques et les Noirs des États-Unis dans le même sac conceptuel. Au contraire des Noirs, les Mexicains et la majeure partie des Latinos possèdent un système familial spécifique et cohérent.

Franklin Frazier avait décrit la famille noire américaine comme une entité fragile qui, depuis la fin de l'esclavage, cherchait à se stabiliser sur la base des valeurs blanches environnantes. Minée dans ses fondements par le maintien de l'homme, mari ou père, dans un statut inférieur, la famille noire est sans cesse menacée par les crises économiques et par les mutations culturelles. Avec ses mères célibataires réfugiées chez leur propre mère, elle apparaît au début du IIIᵉ millénaire comme une version caricaturale de la famille nucléaire instable, à fort taux de divorce, type qui avait semblé, au lendemain de la révolution culturelle des années 1960 et 1970, être le destin de la famille blanche dans les milieux ordinaires. Hannah Rosin a tracé en 2012, dans *The End of Men and the Rise of Women*, livre exagéré, simultanément fin et vulgaire, le tableau d'une société américaine devenue dans sa masse matriarcale, remplie de femmes responsables et d'hommes irresponsables, mais laissant toutefois subsister une mince classe supérieure patriarcale[1]. Les Noirs figureraient, en vertu d'un tel modèle, un cas extrême de destruction du rôle masculin dans le monde populaire. Les statistiques éducatives révèlent en effet désormais un avantage féminin encore supérieur en milieu noir à ce qu'il est en milieu blanc.

Les Mexicains et tant d'autres Hispaniques, surtout quand ils sont d'origine péruvienne ou bolivienne, sont porteurs d'un type familial bien différent. Ainsi qu'on

1. Londres, Viking/Penguin, 2012.

433

l'a vu au chapitre 2, la famille nucléaire à corésidence temporaire patrilocale qui les caractérise a pour objectif ultime l'indépendance des enfants mariés, bien qu'elle prévoie pour eux une phase de cohabitation de quelques années avec la famille du jeune mari, éventuellement suivie d'un établissement autonome mais à proximité. Le dernier-né doit s'occuper de ses parents âgés selon une procédure parfaitement formalisée d'ultimogéniture.

S'il n'a pas vraiment favorisé le décollage précoce du Mexique, du Pérou ou de la Bolivie, ce type familial semble en revanche assurer une protection remarquable des immigrés soumis au stress de l'assimilation. Ici encore, le taux de mortalité infantile apparaît comme un excellent indicateur. En 2007, le taux de mortalité infantile des Américains blancs était de 5,6 pour 1 000 naissances vivantes, performance médiocre quand l'on sait que celui du Japon ou de la Suède était de 2,5, celui de la France de 3,8, celui de l'Allemagne de 3,9, celui de la Corée de 4,1, celui du Royaume-Uni de 4,8 et celui de Cuba de 5,3. Ce taux était de 13,3 pour les Américains noirs (non-hispaniques), soit plus de deux fois supérieur à celui des Blancs, mais, de façon surprenante, il n'était que de 5,4 pour 1 000 pour les « Mexicains » et de 4,6 pour les autres Latino-Américains, soit légèrement ou nettement au-dessous du taux du groupe blanc dominant[1].

En dépit du niveau éducatif très bas des Latinos, inférieur à celui de toute autre catégorie ethno-raciale américaine, nous avons, par ailleurs, déjà noté chez eux un taux de mariages mixtes élevé, très supérieur à celui des Noirs.

Les Latinos ont été longtemps caractérisés par une surfécondité notable, mais cet indicateur aussi révèle

1. Center for Disease Control, M. F. MacDorman et T.J. Mathews, « Understanding Racial and Ethnic Disparities in US Infant Mortality Rates », NCHS Data Brief, n° 74, septembre 2011.

une trajectoire d'assimilation qui s'accélère. On attribue souvent la baisse récente de l'indicateur conjoncturel de fécondité des États-Unis aux difficultés économiques qui ont résulté de la Grande Récession pour les jeunes couples. Or, si l'on observe bien, entre 2006 et 2013, une baisse de l'indicateur conjoncturel de fécondité pour les Blancs, de 1,91 à 1,75 enfant par femme, et pour les Noirs, de 2,12 à 1,88, on enregistre pour les Hispaniques une vraie plongée, de 2,85 à 2,15[1]. Au moment même où Trump cible les Hispaniques, leur alignement démographique, signe sûr d'assimilation, s'accélère.

Bref, rien dans la trajectoire des Hispaniques n'indique une proximité ou une convergence avec le groupe paria noir. Il ne s'agit pas ici de prétendre que le processus d'immigration-assimilation est pour eux un chemin semé de roses, mais de constater que leurs difficultés sont de type traditionnel. Il est vraisemblable que leur destin sera, avec cent cinquante ans environ de décalage, et en moins dur, celui des Irlandais catholiques, initialement méprisés et brimés mais finalement assimilés.

C'est pourquoi la stratégie hispanique des démocrates débouchera, à terme, sur un échec. Déjà 28 % d'entre eux, je l'ai dit, ont voté pour Trump. Pourquoi ? Nous pouvons certes évoquer la stratification éducative et économique du groupe, qui favorise la diversité du choix. Nous devons aussi mentionner la spécificité de la communauté cubaine, fixée à droite par son anticastrisme. Mais nous devons surtout admettre que le discours généralisateur sur les minorités non-blanches est en contradiction avec la dynamique sociale américaine. Sur le terrain, la bonne adaptation latino contraste avec la fuite sans fin des familles noires. Le quartier de Watts à

---

1. CDC, *National Vital Statistical Report*, vol. 64, n° 1, tableau 8. Noirs et Blancs sont non-hispaniques.

Los Angeles, peuplé essentiellement de Noirs au moment des émeutes de 1965, est désormais une zone hispanique. Les Noirs refluent de cette Californie dont on avait un temps espéré qu'elle serait, à l'ouest de l'Ouest, avec ses taux de mariages mixtes plus élevés, le lieu où s'évanouiraient enfin les obsessions raciales américaines.

Terminons par le pire, avec une vraie tristesse, et le caractère angoissant du message subliminal délivré par le parti démocrate aux Hispaniques en voie d'assimilation : « Nous allons vous protéger : pour nous, vous êtes comme des Noirs. » Car l'axiome de base de la société américaine, pour qui veut s'y sentir bien, y être un homme parmi les hommes, c'est justement qu'il ne faut pas être noir. Les Latinos n'ont donc pas, malgré Trump, sauvé Clinton en 2016, et il paraît peu vraisemblable qu'ils assurent aux démocrates une majorité garantie dans les décennies qui viennent.

### Un regain démocratique toujours xénophobe

Les regains démocratiques de l'anglosphère, Brexit puis élection de Trump, nous apparaissent fortement teintés de xénophobie, antipolonaise en Angleterre, antimexicaine aux États-Unis. Cette xénophobie ne fait aucun doute, et l'habitude où nous sommes d'identifier démocratie libérale et universalisme nous conduirait volontiers à nier le caractère authentiquement démocratique des révoltes électorales de l'année 2016. Si l'homme est bon, le principe d'égalité devrait agir en externe autant qu'en interne. À l'égalité du corps des citoyens devrait répondre celle de tous les hommes sur terre. La gauche démocrate aurait applaudi une victoire du protectionniste Sanders, mais elle se doit de considérer Trump comme une abomination. De la

436

même manière, en France, nous aurions préféré une classe ouvrière séduite par Mélenchon plutôt que par Le Pen.

Nous sommes ici les victimes d'une vision fausse de l'histoire, d'une conception déductive et philosophique de la démocratie plutôt qu'empirique et anthropologique. L'histoire nous montre par de multiples exemples, je l'ai développé au chapitre 11, que la démocratie n'est pas, à sa source, d'essence universaliste. Avant que n'émerge le concept d'*isonomia* (l'égalité des citoyens devant la loi), la naissance de la démocratie athénienne fut violemment ethnique, avec un corps des citoyens défini contre les esclaves, contre les métèques, contre les citoyens des autres cités grecques, et contre les barbares. L'Angleterre révolutionnaire de Cromwell, protestante et nationaliste, traita les catholiques en parias, et fut capable de commettre, au nom de la supériorité du nouveau peuple élu, des atrocités en Irlande. La démocratie américaine avait, elle, trouvé sa dynamique première dans l'hostilité aux Indiens et aux Noirs, pour arriver à maturité avec le racisme du président Jackson, idole de Trump et son égal en vulgarité. La montée générale de la démocratie en Europe, entre 1789 et 1900, s'est accompagnée d'une progression non moins générale du nationalisme, c'est-à-dire de la définition du corps social contre l'Autre, le plus souvent un peuple voisin perçu comme spécifiquement menaçant. Pour ce qui concerne la France, ce fut l'Anglais en 1793, l'Allemand en 1914.

Une démocratie, c'est un peuple spécifique qui s'organise, pour lui-même, sur son territoire. Ce groupe défend sa frontière. Il n'est pas un collectif abstrait, décidant pour l'humanité en général. Si nous acceptons cette évidence historique d'une composante sombre, ethnique, nationale, de la démocratie originelle, nous pouvons accepter de voir, et comprendre, pourquoi la résistance à l'oligarchie, le regain démocratique qui touche une à une les « démocraties » occidentales, désorganisées par la nouvelle stratification éducative et par le libre-échange, se colore toujours de xénophobie. La démocratie renaît, mais contre les Mexicains en Amérique, contre les Polonais en Angleterre. Le choix actuel de la France, « contre les musulmans », est dysfonctionnel puisqu'il cible un groupe interne qui représente, parmi les jeunes, 10 % de la population, et ne peut aboutir qu'à une implosion de la nation. Ce début d'énumération évoque quand même un mouvement général de retour des peuples vers la démocratie, vers le populisme selon la terminologie actuelle des oligarchies occidentales, une « marche providentielle » aurait dit Tocqueville. La nouvelle stratification éducative inégalitaire exclut toutefois la possibilité d'un simple retour à la démocratie classique de la première moitié du XXᵉ siècle, ancrée dans l'homogénéité culturelle de l'alphabétisation universelle, mais sans développement d'une université de masse.

Revenons sur l'histoire passée de la démocratie. Son développement, même s'il n'est pas universaliste dans ses fondements, a pu apparaître comme universel dans la mesure où elle a existé, si ce n'est partout, du moins en de nombreux lieux. Des solidarités ont pu s'établir entre des formes parentes et conduire à l'illusion tardive que la pluralité des émergences démocratiques était le produit d'un universalisme inné. D'ailleurs, seul un nouveau dogmatisme pourrait nous contraindre au pessimisme : la démocratie pluraliste aboutit effectivement à l'émancipation d'individus égaux, à l'intérieur du corps des citoyens, et elle peut conduire, par une dynamique propre, à la conception abstraite d'un citoyen libre et égal aux autres, partout, en général. Cet universalisme dérivé finira bien par colorer d'une nuance positive les rapports entre des peuples voisins qui évoluent de manières semblables. La marche parallèle des xénophobies, émancipatrices en interne, pourrait bien produire, au final, de l'universel démocratique et libéral.

À condition qu'elle émancipe l'individu au sein de chaque peuple, et décèle la même tendance chez ses voisines, la démocratie est parfaitement susceptible d'accéder à une étape supérieure, une phase II, de revendication universelle. Ce jeu s'est déjà joué entre les États-Unis, l'Angleterre et la France, trois nations que leur fond anthropologique définissait *a priori* comme individualistes. Mais là où le fond anthropologique n'encourageait pas l'émergence de l'individu – en Allemagne, au Japon, en Russie ou en Chine –, on n'a guère vu s'épanouir une conception universelle de la démocratie libérale.

## *Projet global contre projet national*

Il existe une interprétation pessimiste de l'avenir américain, imaginant une stabilisation du conflit entre deux idéologies opposées de forces équivalentes. D'un côté un parti républicain national, démocratique, protectionniste et blanc, de l'autre, un parti démocrate globaliste, élitiste, impérial et multiracial. Le climat de guerre civile froide qui a suivi l'élection de Trump suggère une telle possibilité. La presque égalité des scores en voix des deux candidats, avec même un léger avantage à Hillary Clinton, ne laisse pas deviner le basculement radical des États-Unis du côté d'une vision nationale. L'ancrage dans le camp démocrate de deux États leaders comme la Californie et New York, la prédominance du globalisme dans les grandes villes et dans les universités les plus prestigieuses, semblent exclure *a priori* un alignement de l'ensemble de la société sur le projet trumpiste.

Plus en profondeur, le clivage éducatif persistant de la société américaine entre moins et plus éduqués suggère que l'établissement de deux camps, de deux forteresses idéologiques, pourrait aussi bien diviser durablement l'Amérique et, en vérité, la condamner à l'impuissance économique et stratégique. Le regain démocratique demeurerait alors prisonnier de sa matrice xénophobe, posture absurde pour une nation qui reste la première puissance mondiale et la première orchestratrice de notre avenir commun.

Mais il existe aussi une interprétation optimiste qui ne verrait dans la victoire de Trump, dans le regain démocratique xénophobe, qu'une première étape, précédant une progression accélérée de la démocratie vers sa phase II, universaliste. Il n'est même pas certain que Trump représente vraiment la première étape de ce schéma. Car c'est sous Barack Obama que s'est effectué le début du virage démocratique et protectionniste.

Le *Buy American provision,* adopté en 2009, a en effet réservé le financement d'un plan de relance à des infrastructures utilisant des matériaux et des produits fabriqués aux États-Unis. Prolégomènes à la phase II du regain démocratique : quoi qu'il en soit, la montée en puissance du protectionnisme, élément central de la réémergence nationale, a donc précédé Trump, et touché les deux grandes forces politiques américaines presque simultanément, même s'il est clair que la localisation sociologique de la xénophobie a permis le succès de Trump plutôt que celui de Sanders. Reste que la chute de la croyance dans le libre-échange affecte l'ensemble de la société américaine, phénomène qui apparaît rationnel et raisonnable lorsque l'on sait que les diplômés du supérieur eux-mêmes ne bénéficiaient plus de la globalisation économique et voyaient leurs revenus stagner. Mais alors, comment choisir entre les deux hypothèses : division durable de la société américaine ou ralliement majoritaire à une conception nationale non-xénophobe ?

Le destin économique et le comportement idéologique des jeunes générations peuvent nous permettre d'anticiper l'avenir. Avec l'endettement étudiant, on l'a vu, les jeunes générations de diplômés vont subir une accélération de la baisse de leurs revenus. Mais cette fois encore, pour prendre la pleine mesure de la crise vécue par les jeunes Américains, nous allons devoir descendre vers les couches profondes des comportements familiaux et religieux. Quand les données existent, je montrerai la généralité de cette crise dans les démocraties occidentales.

## Le déclin de la famille nucléaire absolue et l'enfermement des jeunes

L'analyse selon l'âge de l'évolution des revenus révèle, dans toutes les démocraties occidentales sauf peut-être en Australie, une évolution défavorable de la situation relative des jeunes. Dès 1999, Louis Chauvel avait mis en évidence le phénomène pour la France, en soulignant que la crise (durable) n'empêchait pas que les générations anciennes achèvent des trajectoires économiques heureuses, au moment même où les jeunes commençaient à « galérer » dans des emplois incertains et mal payés[1]. Un excellent dossier du quotidien britannique *The Guardian* a traité le sujet en 2016 sur un mode comparatif[2].

Aux États-Unis, entre 1979 et 2010, le taux de croissance du revenu disponible des ménages dont le chef avait entre 25 et 29 ans était inférieur de 9 % à l'élévation moyenne, tandis que celui des 65-69 ans était de 28 % supérieur, et celui des 70-74 ans de 25 % supérieur. Le tableau 14.2 nous révèle que le déséquilibre a été encore plus fort au Royaume-Uni, en France, en Espagne et en Italie.

---

1. Louis Chauvel, *Le Destin des générations. Structure sociale et cohortes en France au XXᵉ siècle*, Paris, PUF, 1999.
2. « Revealed : the 30-Year Economic Betrayal Dragging Down Generation Y's Income », 7 mars 2016.

**Tableau 14.2. Jeunes et vieux dans la révolution néolibérale**
Écart à l'évolution moyenne du revenu disponible des ménages
entre 1979 et 2010, en %, positif ou négatif

|  | 25-29 ans | 65-69 ans | 70-74 ans |
|---|---|---|---|
| Royaume-Uni | − 2 | 62 | 66 |
| Canada | − 4 | 5 | 16 |
| Allemagne | − 5 | 5 | 9 |
| France | − 8 | 49 | 31 |
| États-Unis | − 9 | 28 | 25 |
| Espagne | − 12 | 33 | 31 |
| Italie | − 19 | 12 | 20 |
| Australie | 27 | 14 | 2 |

La contraction du revenu de la partie la moins âgée de la population est un effet mécanique de la révolution néolibérale et, très spécifiquement, du libre-échange, qui écrase avec une grande impartialité tous ceux qui ne possèdent pas de capital. Les jeunes ont donc été, avec les ouvriers, placés parmi les premiers sur l'autel du sacrifice. Le règne du marché a dramatiquement accentué, qu'ils soient diplômés ou non, leur dépendance économique à leurs parents. Au moment même où les élites mûrissantes célébraient plus et mieux que jamais la liberté de l'individu, l'individu jeune subissait une diminution de ses possibilités réelles d'autonomie.

Se loger est devenu pour lui très difficile. Le contraste entre l'affirmation idéologique et la réalité sociale avait véritablement atteint, dans l'anglosphère, à la veille du basculement brexito-trumpien de 2016, une intensité de type brejnevienne. Aux États-Unis comme en Angleterre, au Canada et même en Australie, on a vu augmenter la proportion de jeunes de 18-34 ans qui continuaient à vivre chez leurs parents, catégorie incluant nombre de diplômés qui devaient retourner à la maison après l'achèvement de leurs études universitaires[1]. Une étude du Pew Research Center nous a également appris, en mai 2016, que le niveau de cohabitation des individus de 18-34 ans avec leurs parents était revenu aux États-Unis à ce qu'il était vers 1880, phase de nucléarité faible ainsi qu'on l'a vu plus haut[2].

Actuellement, la famille nucléaire américaine est tout bonnement en train de perdre son caractère absolu : elle opère clairement une réversion partielle à la corésidence temporaire des jeunes, à l'indifférenciation des origines. Nous avions vu que la quasi-perfection de la famille nucléaire, dans l'Angleterre du XVIIᵉ siècle, avait exigé un système agricole capable d'accueillir les jeunes comme domestiques et une intervention de l'État en faveur des vieux sans ressources. De même, aux États-Unis, une famille nucléaire réellement absolue n'avait pu s'épanouir que vers 1950, dans le contexte du plein-emploi et de l'État social hérité de Roosevelt. La révolution néoconservatrice, en rendant difficile l'accès à l'emploi et en affaiblissant l'État, a inversé la tendance et rapproché, pour la deuxième fois dans l'histoire, la famille amé-

---

1. Aux États-Unis, la proportion d'hommes de 25-34 ans vivant chez leurs parents augmente de 30 % entre 2000 et 2011. Au Royaume-Uni, la proportion des 20-34 ans vivant chez leurs parents augmente de 20 % entre 1997 et 2011. En Australie, la proportion des 15-34 ans vivant chez leurs parents augmente de 8 % en 1996 et 2006. Au Canada, la proportion des 20-29 ans vivant chez leurs parents augmente de 16 % entre 1981 et 2006.
2. Richard Fry, « For First Time in Modern Era, Living With Parents Edges Out Other Living Arrangements for 18-34 Year-Olds », Washington, Pew Research Center, 24 mai 2016.

ricaine du type nucléaire indifférencié, c'est-à-dire du modèle originel d'*homo sapiens*.

Au vu de cette réversion, nous comprenons mieux l'intérêt des jeunes diplômés américains pour l'interventionnisme étatique, et l'enthousiasme de certains pour le « socialisme » de Bernie Sanders. Au contraire de ce que professe le catéchisme néolibéral, qui ramène en pratique les jeunes sous l'autorité du père, l'État, pour les jeunes des pays avancés, c'est la liberté[1].

Au Danemark, pays de famille nucléaire absolue, la résistance de l'étatisme venu des temps luthérien et social-démocrate a préservé le caractère nucléaire absolu de la famille. Les jeunes y bénéficient d'aides substantielles, qui leur permettent de quitter très vite le domicile parental. Cécile Van de Velde a bien étudié, non seulement la norme d'autonomie des jeunes dans la tradition anglaise, mais aussi l'affaiblissement de sa réalisation pratique par les difficultés d'accès au logement. Elle a aussi décrit la bonne résistance du modèle nucléaire et étatiste danois[2].

Les données comparatives fournies par Eurostat mettent aujourd'hui en évidence la mauvaise performance « nucléaire » de l'Angleterre, après près de trois décennies de néolibéralisme[3].

---

1. La contradiction n'aurait peut-être pas existé aux yeux d'un Friedrich Hayek, issu d'un pays de famille-souche, qui n'aurait sans doute pas vu dans la liberté du marché et la soumission au père des notions antagonistes.

2. Cécile Van de Velde, *Devenir adulte. Sociologie comparée de la jeunesse en Europe*, Paris, PUF, 2008, voir notamment, p. 100-108. Diagramme p. 67 pour prendre la mesure de la puissance de la nucléarité danoise en 1994-1997.

3. La « décohabitation » des jeunes n'est pas aujourd'hui le seul effet d'une norme nucléaire héritée du passé. La possibilité de s'établir en couple hors mariage est un facteur nouveau qui explique les bonnes performances de la Suède et de la France, et l'enfermement des jeunes Espagnols ou des jeunes Italiens. Mais l'écart de performance entre le

**Tableau 14.3. Jeunes adultes résidant chez leurs parents en Europe en 2008, en %**

|  | Femmes | Hommes | Total des 25-34 ans |
|---|---|---|---|
| **Danemark** | **0,5** | **2,8** | **1,6** |
| Suède | 2,0 | 3,9 | 2,9 |
| Norvège | 2,2 | 4,7 | 3,5 |
| Finlande | 1,9 | 8,0 | 4,9 |
| Pays-Bas | 3,1 | 11,8 | 7,5 |
| France | 8,0 | 13,0 | 10,5 |
| Islande | 7,4 | 15,1 | 11,2 |
| Belgique | 9,0 | 18,8 | 13,9 |
| Allemagne | 9,2 | 18,7 | 13,9 |
| **Royaume-Uni** | **10,5** | **20,0** | **15,2** |
| Autriche | 14,7 | 30,7 | 22,7 |
| Irlande | 17,9 | 32,2 | 25,0 |
| Espagne | 29,8 | 41,1 | 35,5 |
| Italie | 32,7 | 47,7 | 40,2 |
| Portugal | 34,9 | 47,6 | 41,2 |

Sources : Eurostat, « Un homme sur trois et une femme sur cinq âgés de 25 à 34 ans habitent chez leurs parents », n° 149, octobre 2010.

Danemark et le Royaume-Uni, de même tradition nucléaire absolue, est hautement significatif.

### La résistance de la jeunesse américaine à la xénophobie

Toutes catégories éducatives et raciales confondues, les 18-29 ans n'ont voté Trump qu'à 36 % et Clinton à 55 %. L'écart est important. Chez les jeunes classés comme Blancs, toutefois, Trump l'a emporté avec 48 % des voix contre 43 % à sa rivale. Il existe donc bien un effet jeune, qui éloigne du pessimisme trumpien, mais ne peut annihiler dans cette tranche d'âge l'orientation fortement pro-Trump du groupe blanc. La jeunesse est l'une des catégories brimées par le système, et l'on ne doit pas s'étonner qu'elle ait participé à la révolte du corps électoral. Nous devons donc quand même tirer de sa résistance relative à la xénophobie l'hypothèse que la dimension optimiste et ouverte de la culture américaine est toujours bien vivante.

**Tableau 14.4. Le vote des Américains selon l'âge en 2016, en %**

| Âge | Trump | Clinton |
|------|-------|---------|
| 18-29 | 36 | 55 |
| 30-44 | 41 | 51 |
| 45-64 | 52 | 44 |
| 65 et plus | 52 | 45 |

Nous pouvons, par ailleurs, être certains que l'évolution idéologique de la partie la plus jeune du corps électoral américain n'en est qu'à ses débuts et qu'une accélération prochaine du changement est vraisemblable. Un élément capital souligne le basculement idéologique des générations américaines qui sont parvenues à l'âge adulte au tournant du III<sup>e</sup> millénaire. Il nous garantit que des phénomènes comme Trump, Sanders, et la contestation de la globalisation ne sont pas des fièvres de courte durée : les études les plus récentes révèlent en effet, aux États-Unis, une chute des croyances religieuses, dont nous avons vu à maintes reprises que, toujours dans l'histoire, elle annonçait une révolution idéologique.

L'Amérique s'est toujours distinguée de l'Europe par la résistance de ses croyances religieuses, même si, je l'ai dit plus haut, les taux de participation à l'office dominical donnés par les sondages d'opinion (40 à 50 %) surestiment la pratique effective[1]. Une division par deux s'imposerait le plus souvent. Mais si nous comparons la pratique déclarée des générations arrivées à l'âge adulte vers 1950 à celles qui ont atteint leur majorité au début du III<sup>e</sup> millénaire, nous observons une chute de la pratique déclarée : de 40-50 % à 20 %[2]. La proportion de jeunes adultes qui se déclarent « agnostiques », « athées » ou « n'adhérant à aucune religion en particulier », est passée de 25 à 35 % entre 2007 et 2014[3].

Ce que nous constatons ici, c'est probablement la sécularisation terminale de la société américaine, qui nous garantit que le néo-conservatisme à base religieuse est bien en train de mourir du côté républicain et qu'une révolution générale est en marche. Cette chute explique la victoire de Trump dans le camp républicain et la montée d'attitudes favorables à l'État chez les jeunes. La relative

1. C. Kirk Hadaway, Penny L. Marler, et Mark Chavez, « What the Polls Don't Show : a Closer Look at U.S. Church Attendance », *American Sociological Review*, vol. 58, décembre 1993, p. 741-752.
2. Robert D. Putnam et David E. Campbell, *American Grace, op. cit.*, p. 74.
3. Michael Dimock, « How America Changed During Obama's Presidency », Washington, Pew Research Center, 2017.

résistance des jeunes générations à Trump rend, quant à elle, raisonnable l'hypothèse optimiste d'un regain démocratique qui, parti d'une matrice xénophobe, atteindrait ensuite, sur un mode accéléré, sa phase II, universaliste.

# Chapitre 15

# La mémoire des lieux

Après six chapitres consacrés à la dynamique de longue durée du monde anglo-américain, dont le type familial est nucléaire, voici venu le moment d'étudier l'évolution récente de quelques grandes nations du monde dont les structures familiales avaient été, à des degrés divers, touchées par la mutation patrilinéaire. L'Allemagne et le Japon furent des pays de famille-souche ; la Russie et la Chine, de famille communautaire exogame. Mais avant d'aborder ces pays qui continuent, en interaction avec l'anglosphère, de définir le jeu mondial des puissances, nous devons faire une pause méthodologique. En effet, la famille-souche, allemande ou japonaise, n'existe plus dans les espaces urbains qui constituent désormais l'essentiel des lieux de peuplement. On ne trouvera pas à Berlin ou à Tokyo une population répartie dans des ménages à trois générations ; on ne trouvera pas à Moscou ou à Pékin beaucoup de ménages associant un père et ses fils mariés. Et pourtant, je vais raisonner dans la suite de cette esquisse comme si les valeurs de la famille-souche et celles de familles communautaires exogames continuaient de guider, souterrainement, les évolutions et les adaptations de ces nations. Je dois donc commencer par expliquer comment, et pourquoi, j'ai fini par accepter l'hypothèse d'une telle permanence. Pour ce faire, j'aborderai, pour commencer, le cas de la France.

**Carte 15.1. La cohabitation avec des proches
entre 1982 et 2011 en France**

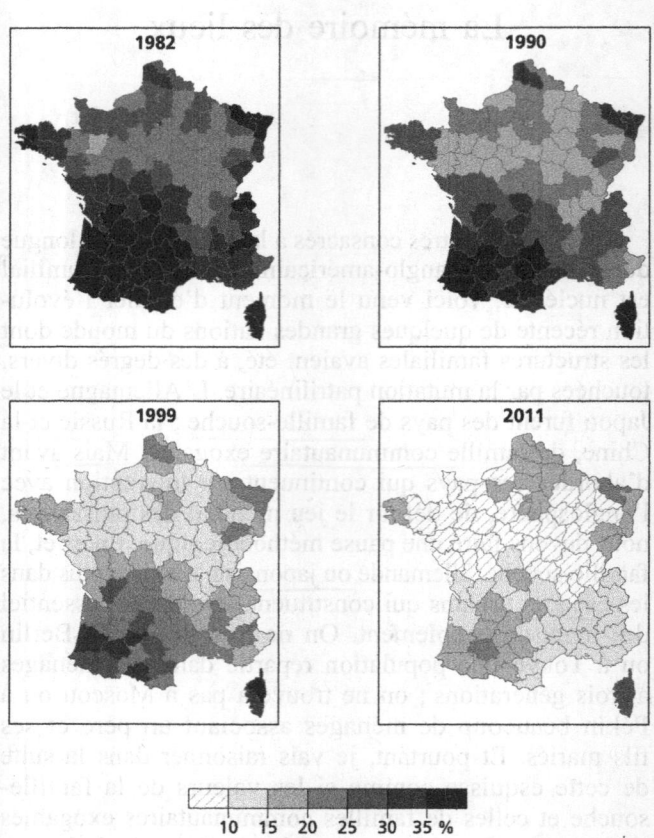

Sources : Tiré de Loïc Trabut et Joëlle Gaymu, « Habiter seul ou avec des proches après 85 ans en France : de fortes disparités selon les départements », paru dans INED, *Population et Sociétés*, n° 539, décembre 2016, p. 114.

La question présente, en effet, un grand intérêt aussi pour l'étude de la France, dont le système anthropologique repose fondamentalement sur l'opposition d'un Bassin parisien nucléaire égalitaire et d'un Sud-Ouest souche, sans oublier la multiplicité des autres formes familiales, mosaïque qui fait de la nation « une et indivisible » la plus multiculturelle de toutes dans la réalité. Pour autant, les ménages souches du Sud-Ouest ont pour l'essentiel disparu, et l'on ne trouvera pas plus à Toulouse qu'à Berlin ou Tokyo de fréquentes cohabitations associant trois générations. Mais il subsiste dans l'Hexagone des traces, des résidus des ménages complexes d'autrefois. Une cartographie de ces formes résiduelles, réalisée en 2011, laisse apparaître, telle une trace radioactive, une surreprésentation de la complexité domestique dans le sud-ouest de l'Hexagone, s'effaçant un peu plus encore de 1982 à 2011.

Le Sud-Ouest, pôle d'épanouissement de la famille-souche entre le XIII<sup>e</sup> et le XIX<sup>e</sup> siècle, est devenu nucléaire. Des règles d'héritage égalitaire ont depuis longtemps remplacé le droit d'aînesse là où il était pratiqué, dans le Toulousain comme en Allemagne ou au Japon.

Si l'on observe à l'échelle planétaire la nucléarisation des ménages, il peut sembler facile de prophétiser une victoire universelle de la famille nucléaire. C'est ce qu'avait fait dès 1963 William Goode, sociologue américain (1917-2003), dans *World Revolution and Family Patterns*. Celui-ci ne voyait pas dans le couple émancipé un effet mécanique de la vie urbaine ou une nécessité de l'industrialisation. Il le présentait comme le triomphe d'une certaine conception de la famille, la victoire d'une idéologie portée par les jeunes, les femmes et les opprimés : « L'idéologie de la famille conjugale est radicale, destructrice des traditions dans presque toutes les sociétés. Elle se développe à partir d'un ensemble de principes généraux et radicaux qui font se soulever ces groupes, politiquement, dans probablement tous les pays sous-développés. Son appel est presque aussi universel que celui de la redistribution des terres. Elle affirme l'égalité des individus, contre toutes les barrières de classe, de caste ou de sexe[1]. »

Goode plaçait, assez banalement, l'origine de cette idéologie en Occident, mais il affirmait qu'elle s'était détachée de sa source pour rayonner partout par elle-même. Lire aujourd'hui ce livre sur la diffusion planétaire de la *famille conjugale pure* – la famille américaine d'alors en fait, puisque le type nucléaire absolu était à son apogée aux États-Unis entre 1950 et 1960 – est un exercice fascinant pour qui observe aujourd'hui la diffusion de l'idéologie occidentale suivante, celle de *l'individu pur*, détaché de la famille conjugale, idéalement incarné par l'homosexuel de l'un ou l'autre sexe. Après les droits du couple, vers 1960, les droits de l'homosexuel sont aujourd'hui définis par l'Occident comme une valeur universelle, à défendre en tout lieu. L'homophobie est l'un des reproches adressés à la Russie de Poutine et à beaucoup de pays du monde en développement.

Mais, avec Goode, nous sommes au début des années 1960 et l'universalisme de sa thèse n'implique pas, comme chez les idéologues d'aujourd'hui, un mépris absolu de la diversité du monde. Au contraire, il fut anthropologue autant que sociologue et sa connaissance des systèmes familiaux traditionnels de la planète – Allemagne, Russie, Chine, Inde, Japon, monde arabe – était remarquable. Son livre pourrait toujours servir d'introduction à leur étude. Il savait d'ailleurs que le modèle conjugal occidental était ancien et remontait à un millénaire au moins[2]. Sa description de la montée des valeurs conjugales et des formes

1. William J. Goode, *World Revolution and Family Patterns* [1963], New York, The Free Press, 1970, p. 19.
2. *Ibid.*, p. 22.

452

domestiques nucléaires est exacte et nuancée. Il a senti le potentiel d'autodestruction des types communautaires patrilinéaires, étouffants pour les individus, hommes et femmes. Son livre souligne le féminisme militant des régimes communistes, élément oublié aujourd'hui et qui peut nous aider à comprendre la régression actuelle du statut de la femme dans plusieurs régions de l'espace post-communiste, comme l'Allemagne de l'Est et la Chine[1]. Goode note aussi l'ancrage des modèles patrilinéaires et anti-individualistes dans les strates supérieures des socié-tés et l'égalitarisme sexuel relatif des groupes sociaux dominés[2].

Cette dernière constatation apparaît comme de bon sens lorsque l'on sait que les formes patrilinéaires sont inven-tées en haut de la société et que leur diffusion, lente et toujours imparfaite, opère vers le bas. C'est un enseigne-ment capital à l'heure de la globalisation, dont l'idéologie met faussement en scène des élites nationales proches les unes des autres et des peuples enfermés dans leurs cultures respectives. En réalité, partout dans le monde, les milieux populaires demeurent, à des degrés divers, plus proches de la famille naturelle d'*homo sapiens*, plus proches donc les uns des autres, plus proches de l'Amérique. Et ce sont les élites mondiales qui, lorsqu'elles ne sont pas anglo-américaines, françaises, néerlandaises ou danoises, doivent faire un effort maximal pour se rapprocher du type conjugal, égalitaire pour ce qui concerne les relations entre les sexes, même lorsqu'elles courent avec aisance d'un hôtel cinq étoiles à l'autre, d'un aéroport à l'autre.

Goode est nuancé, mais il tient à démontrer la conver-gence des sociétés et leur alignement sur un modèle nucléaire. Si l'on identifie « système familial » et « groupe

1. *Ibid.*, p. 20.
2. *Ibid.*, p. 17.

domestique » (ou ménage), sa démonstration est parfaite. Mais si l'on distingue le système familial, soit un ensemble de valeurs organisant les rapports entre hommes et femmes, entre parents et enfants, entre frères et sœurs, du groupe domestique tel qu'on peut l'observer dans les recensements, sa démonstration perd de sa force. Il est en effet tout à fait concevable qu'un système de valeurs survive à la désintégration du groupe domestique dans lequel il s'incarnait à l'époque paysanne. La nucléarisation des ménages n'implique pas forcément celle des mentalités. Autoritarisme, inégalitarisme et antiféminisme peuvent *a priori* survivre dans une société constituée de ménages nucléaires. L'expression « *a priori* » n'évoque ici qu'une possibilité logique. Seule une démonstration empirique pourrait nous faire admettre que le ménage nucléaire ne conduit pas toujours à une mentalité nucléaire, et que la destruction des ménages complexes du passé paysan ne mène pas forcément à une mentalité individualiste.

Ce point est évidemment capital, et je vais expliquer comment je suis moi-même passé d'une conception proche de celle de Goode à la conviction que des mentalités non-individualistes, patrilinéaires, ou inégalitaires, pouvaient survivre – et même prospérer – en régime de ménage nucléaire. Ma conversion fut totalement empirique et n'a découlé, je l'assure, d'aucune préférence personnelle. J'ai d'ailleurs mis beaucoup de temps à comprendre le mécanisme qui rendait cette permanence des valeurs possibles. J'ai dû pour cela me déprendre d'une adhésion implicite à une vision psychanalytique des rapports familiaux et de la transmission des valeurs. L'hypothèse d'une rémanence des valeurs étant difficile à admettre, mais fondamentale si l'on veut comprendre l'évolution actuelle de l'Allemagne, du Japon, de la Russie et de la Chine, je vais décrire rapidement les étapes de ma conversion intellectuelle.

### *Ma représentation initiale : une convergence nucléaire après la crise de transition*

C'est un modèle apparenté à celui de Goode que j'avais en tête lorsque j'avais associé, au début des années 1980, la distribution géographique des idéologies politiques à celle de systèmes familiaux sous-jacents. En vertu de ce modèle initial, la désintégration de la famille communautaire paysanne russe, chinoise, serbe ou vietnamienne « relâchait » des individus qui, temporairement inaptes à la liberté, cherchaient dans le parti, l'économie centralisée ou l'État policier un substitut à la famille large défaillante. Dans une telle représentation, la forme socio-politique totalitaire n'était que de transition. La disparition des ménages denses du passé, la vie des générations suivantes dans un milieu familial « nucléaire » – je confondais famille et ménage – devaient produire le genre de changement qu'imaginait Goode : une convergence conjugale et individualiste. Ma séquence était un peu moins angélique que la sienne puisque, si la nucléarisation y résultait bien pour une part du désir de liberté des individus, elle les conduisait dans un premier temps à un réflexe de panique et à une fuite hors de la liberté.

Ma représentation de la transmission des valeurs était implicitement freudienne. J'imaginais des enfants formatés par leur éducation. La psychanalyse avait atteint pour ma génération le statut de doctrine officielle et évoquait des inconscients remplis d'images parentales menaçantes : des prisons mentales, en quelque sorte. L'anthropologue traduisait ainsi : des normes fortes étaient implantées par les familles dans le cerveau des individus. Toute une littérature dérivée de l'École de Francfort, d'Adorno à Fromm, évoquait alors la difficulté, pour l'individu élevé dans une structure familiale autoritaire, de vivre dans la liberté. Mon modèle ne faisait qu'ajouter à cette interprétation standard l'hypothèse d'une pluralité des formes familiales, d'une pluralité des formes de dressage, et donc d'une pluralité des mentalités politiques, certaines étant totalitaires mais d'autres libérales. Et je pensais alors que, si les familles autoritaires, égalitaires ou non, disparaissaient avec la nucléarisation des ménages en milieu urbain, les idéologies correspondantes devaient à leur tour, avec le temps, s'évanouir.

Alors viendrait le temps de la convergence. Les nouvelles familles nucléaires produiraient des enfants qui, élevés selon la norme libérale, pourraient rejeter l'idéologie totalitaire de transition, le communisme dans le cas de la Russie ou de la Chine, le nazisme dans le cas de l'Allemagne.

Le nazisme ayant été éliminé militairement, la démocratisation de l'Allemagne ne saurait servir à la vérification du modèle. L'effondrement endogène du communisme, en revanche, pourrait être considéré comme un début de démonstration.

L'histoire russe nous dit aujourd'hui que le communisme ne fut qu'une idéologie de transition. Nous trouvons effectivement en Russie la séquence longue annoncée : famille communautaire, puis désintégration familiale, puis nucléarisation familiale et totalitarisme combinés, enfin désintégration du totalitarisme lui-même.

Dès la chute du communisme, je dois l'admettre, je me suis posé la question d'une possible survivance de traces communautaires dans l'organisation de la société russe libéralisée. Mais durant les années 1990, c'est, curieusement, l'évolution des sociétés occidentales elles-mêmes qui m'a troublé. Des permanences surprenantes, que seule l'anthropologie pouvait expliquer, m'ont conduit à abandonner l'hypothèse d'une convergence des sociétés avancées sur un type libéral unique.

### L'immigration des années 1990 : divergence à l'Ouest

Travaillant au début des années 1990 sur l'intégration dans quatre sociétés occidentales – aux États-Unis, au Royaume-Uni, en Allemagne et en France –, j'ai été surpris d'y constater des niveaux d'assimilation très différents, mesurables par des taux de mariages mixtes divergents pour les enfants d'immigrés d'origine musulmane. À une époque où les sociétés européennes de l'Ouest s'alignaient sur le modèle de consommation américain, une telle constatation représentait un problème théorique. Comment expliquer des taux de mariages mixtes insignifiants pour les filles d'immigrés musulmans en Angleterre ou en Allemagne, mais déjà substantiels en France ? Partout, des villes, des banlieues, de la consommation, une tertiarisation des activités et, surtout, des ménages nucléaires ; partout les mêmes valeurs politiques officielles, démocratiques et libérales, des élections, une presse non censurée, la possibilité de circuler sans entrave. Quelque chose, pourtant, était là, caché dans la vie sociale, qui produisait une divergence.

Le taux de mariages mixtes est un indicateur puissant. Il évoque le futur puisque, s'ils sont nombreux dans une société donnée, les couples mixtes qui produisent des enfants abolissent la possibilité d'une segmentation raciale ou ethnique de la société. Mais le taux de mariages mixtes résume aussi tout le passé immédiat : pour que des individus issus de groupes distincts se marient, il faut qu'ils aient été proches durant leurs vies de jeunes adultes, d'adolescents et d'enfants. Au départ du mariage mixte, il y a l'absence de tabou sur les jeux d'enfants de toutes origines. La distribution géographique des populations dans les villes joue donc un rôle, puis le nombre et le fonctionnement des écoles maternelles, primaires et secondaires, de l'université enfin. L'attitude des parents de la société d'accueil, capables ou non de lâcher leurs enfants dans la rue, d'inviter ou d'interdire, est un facteur-clef. Nous ne pouvons toutefois dire, *a priori*, lequel de ces éléments d'explication est le plus important. Nous ne savons pas, exactement, ce qui a déterminé l'ouverture française au mariage mixte, et la plus grande fermeture du Royaume-Uni ou de l'Allemagne.

Dans *Le Destin des immigrés*, qui utilisait pour ces trois pays européens des données datant du début des années 1990, je me suis contenté de mesurer des taux de mariages mixtes, d'accepter l'évidence d'une divergence, puis de suggérer qu'une permanence des valeurs familiales pouvait expliquer la diversité des modèles d'intégration[1]. Il m'a semblé raisonnable d'émettre l'hypothèse que, d'une façon ou d'une autre, la valeur d'égalité, des enfants et des hommes, repérée dans la famille nucléaire égalitaire du passé, était toujours active en France, et expliquait la capacité du pays à produire un taux élevé de mariages mixtes. De même, si la valeur un peu floue de non-égalité de la famille nucléaire absolue régnait toujours en Angleterre, et si la valeur d'inégalité de la famille-souche survivait en Allemagne, on pouvait commencer à comprendre la faible fréquence des mariages mixtes avec les enfants d'immigrés venus de cultures lointaines. Les taux de mariages mixtes des Yougoslaves étaient élevés en Allemagne, tout comme ceux des Antillais en Angleterre. Mais la France se distinguait par des taux plus élevés pour tous les groupes, européens, antillais ou musulmans. Pourquoi ne pas admettre

1. *Op. cit.*

qu'en France, une préconception anthropologique égalitaire de l'homme était toujours vivante, qui permettait d'ignorer les différences entre des individus d'origines très diverses et favorisait toujours le mariage mixte ? Inversement, l'absence de présupposé universaliste pouvait expliquer le freinage ou le blocage du mariage avec des enfants d'immigrés perçus comme d'origine trop lointaine en Angleterre ou en Allemagne, de deux manières d'ailleurs très différentes dans ces pays. Il serait trop long d'entrer dans les détails de l'explication. Ce sont les implications théoriques de la divergence pour la compréhension du mécanisme de transmission des valeurs qui importent ici.

Dans ce deuxième temps de la recherche, la disparition des différences familiales visibles m'avait conduit à évoquer, plutôt qu'une détermination des attitudes par un *système familial*, leur détermination par un *système anthropologique*, concept plus vaste qui englobait toutes les relations entre individus interagissant localement. Je tentais d'imaginer une éducation plus diffuse des enfants par les adultes, catégorie incluant, au-delà des parents, les professeurs et les voisins. Mais quand même, j'étais gêné par cette permanence des valeurs sur des territoires nationaux, entretenue par un mécanisme obscur.

### La séparation des capitalismes

Mon travail suivant, consacré à la globalisation économique, a confirmé la rémanence de ces valeurs que j'avais tout d'abord saisies, à la suite de P. Laslett ou de A. Macfarlane, dans la structuration des familles paysannes des XVIIᵉ-XIXᵉ siècles. Dans *L'Illusion économique*, j'ai dû à nouveau admettre l'action de forces invisibles de nature anthropologique dans la divergence des économies, anglo-américaine d'une part, allemande et japonaise d'autre part[1]. Dans ce domaine, il était toutefois possible de s'appuyer sur des recherches antérieures. Une vaste littérature traitait de la diversité des capitalismes. En France, Michel Albert avait opposé, dans *Capitalisme contre Capitalisme*, les types anglo-saxons et rhénans[2]. En Angleterre et aux Pays-Bas, Charles Hampden-Turner et Alfons Trompenaars avaient défini, dans *The Seven Cultures of Capitalism*, les systèmes de valeurs structurant les capitalismes américain, japonais, allemand, britannique suédois et néerlandais[3]. Il ne me restait plus qu'à imaginer une clef de lecture anthropologique à ces données, pour déceler dans les caractéristiques du modèle anglo-américain – court-termisme, recherche du taux de profit le plus élevé, liquidation de l'industrie, financiarisation et montée des inégalités – les effets économiques des valeurs de flexibilité et d'indifférence à l'égalité de la famille nucléaire absolue. Les valeurs d'intégration hiérarchique et de continuité héritées de la famille-souche rendaient compte, de leur côté, de la résistance des appareils industriels de l'Allemagne et du Japon, et de la préférence de leurs économies pour le long terme. Dans ces deux pays, l'excédent commercial structurel symbolisait à merveille la vision asymétrique produite par l'inégalité des frères allemands ou japonais, projetée ici dans l'univers des nations et de leurs échanges.

L'incapacité de tous ces auteurs à catégoriser la France – « inclassable » pour M. Albert[4], « défiant une catégorisa-

---

1. *Op. cit.*
2. Michel Albert, *Capitalisme contre Capitalisme*, Paris, Seuil, 1991.
3. Charles Hampden-Turner et Alfons Trompenaars, *The Seven Cultures of Capitalism*, New York, Doubleday, 1993. On peut lire aussi le classique des *business schools* : Michael E. Porter, *The Competitive Advantage of Nations*, New York, The Free Press, 1990.
4. Michel Albert, *Capitalisme contre Capitalisme, op. cit.*, p. 266.

tion facile » pour C. Hampden-Turner et A. Trompenaars – confirmait l'hypothèse puisque l'Hexagone, combinant centre nucléaire égalitaire et périphérie souche, ne pouvait, selon le modèle anthropologique, produire un capitalisme simple[1]. Au centre de l'Hexagone, le libéralisme tire du côté anglo-américain flexible mais l'égalité s'oppose à la différenciation des revenus ; sur la périphérie, en Alsace évidemment mais surtout en région Rhône-Alpes et dans le Sud-Ouest, pays de famille-souche, règnent une sensibilité économique plus allemande et une préférence pour la continuité technologique.

### En France, la persistance infranationale des différences

Dans le cas des nations, nous pourrions être tentés d'expliquer la persistance des valeurs par des mécanismes de reproduction institutionnels. Dans chacune d'elles, une bureaucratie, des lois, une machine judiciaire uniformes couvrent le territoire, institutions dont on peut imaginer qu'elles assurent la perpétuation de comportements nationaux typiques. Mais le cas de la France pulvérise cette position de repli explicatif. L'État français, on le sait, couvre l'Hexagone d'un même manteau administratif et légal. Pourtant, les évolutions éducatives et économiques régionales qu'Hervé Le Bras et moi-même avons étudiées dans *Le Mystère français* demeurent, en ce début de IIIᵉ millénaire, conditionnées, guidées par des systèmes familiaux provinciaux qui sont censés ne plus exister[2].

1. Charles Hampden-Turner et Alfons Trompenaars, *The Seven Cultures of Capitalism, op. cit.*, p. 333.
2. Hervé Le Bras et Emmanuel Todd, *Le Mystère français, op. cit.*

Ce livre mettait la religion à parité avec la famille dans la détermination des mentalités. Il superposait donc à la carte traditionnelle des structures familiales celle des pratiques religieuses telles qu'elles s'étaient manifestées entre 1740 et 1960. Les deux cartes se recoupaient sans coïncider pleinement. Le cœur du Bassin parisien, nucléaire égalitaire sur le plan familial, avait été déchristianisé avant même la Révolution. La majorité des régions de famille-souche ou de famille nucléaire non-égalitaire de la périphérie avaient permis la survie d'un catholicisme actif jusque vers les années 1960. La correspondance, toutefois, n'était pas absolue. On constatait des combinaisons de famille nucléaire égalitaire et de pratique religieuse forte, en Lorraine par exemple, ou de famille-souche et de déchristianisation, dans la vallée de la Garonne, notamment.

Plaçons-nous maintenant vers 1975, au terme des « Trente Glorieuses ». Les ménages complexes n'existent plus, pour l'essentiel, hors des campagnes du Sud-Ouest, de l'Alsace ou du Finistère. La pratique religieuse catholique est en train de s'effondrer là où elle avait survécu, dans l'Ouest, l'extrême-Nord, l'Est, le sud-est du Massif central, le Pays basque. Suivons alors la révolution éducative des années 1960-1995, qui voit s'envoler le nombre des bacheliers et des étudiants. Ce serait peu de dire que des traces de comportements subsistent, induits par des valeurs familiales ou religieuses anciennes. Les cartes révèlent, en effet, que le mouvement même du progrès éducatif est guidé par les systèmes familiaux et religieux « disparus ». Vers 1980, la carte de la proportion de bacheliers parmi les jeunes décalque celle de la famille-souche « disparue ». Vers 1995, la carte de la proportion de bacheliers poussant jusqu'au supérieur révèle de troublantes analogies avec celle du catholicisme, lui aussi « disparu ». L'économie et la politique ont, comme c'est si souvent le cas, suivi l'éducation : dans les zones de faible performance éducative, on trouve des taux de chômage élevés et un fort vote d'extrême droite.

Le territoire français demeure donc structuré, animé par des forces anthropologiques et religieuses qui sont censées ne plus exister. Cette fois encore, postuler la stabilité souterraine des valeurs permet de comprendre le mouvement de la société.

La famille-souche, avec son idéal de continuité et son projet lignager, peut expliquer les éducations longues du Sud-Ouest. Les valeurs d'entraide du catholicisme peuvent avoir survécu à la religion et rendu certains tissus sociaux plus résistants au stress induit par la globalisation. La prise en compte de la dimension religieuse nous rapproche d'une conception réaliste des phénomènes locaux de perpétuation des cultures : elle nous oblige à penser directement en termes de territoire et non seulement de famille.

Nous avions décidé, mon coauteur et moi-même, d'introduire la notion de *catholicisme zombie* pour évoquer une religion qui continue d'agir après sa disparition, pour traiter donc d'une croyance simultanément morte et vivante. Nous aurions aussi bien pu parler de *famille-souche zombie* ou, pour la bordure nord-ouest du Massif central, entre Dordogne et Nièvre, de *famille communautaire zombie*.

Les types familiaux qui étaient nucléaires au XVIIIᵉ siècle le restaient en l'an 2000 et ne semblaient pas devoir être, en première approche, qualifiés de zombies. Pourtant, la permanence d'une mentalité non-égalitaire dans l'Ouest intérieur nucléaire suggère qu'il ne serait pas absurde d'évoquer dans son cas une *famille nucléaire absolue zombie*. L'égalitarisme persistant du Bassin parisien, alors même que l'héritage égalitaire ne fonctionne plus correctement, par suite de l'allongement de la vie moyenne et de la multiplication des familles recomposées, suggère quant à lui qu'il pourrait se révéler utile de recourir au concept de *famille nucléaire égalitaire zombie*.

## L'adieu à Freud

Avant de travailler sur les données du *Mystère français*, j'étais parvenu à la conclusion, je l'ai dit plus haut, que la transmission des valeurs opérait, non seulement à l'intérieur de la famille, mais sur un territoire, entre adultes et enfants, la cellule familiale restant toutefois un lieu privilégié de reproduction. Or la conception d'un « système anthropologique », plus vaste que « la famille », peut mener à une représentation réellement exacte de ce qu'est un « système familial ». Le chercheur qui s'attaque au mécanisme de la transmission des valeurs privilégie instinctivement une vision verticale de la famille, dont l'axe principal serait la succession des générations, même s'il n'est en rien fasciné, comme Frédéric Le Play, par la famille-souche. Mais un *système familial*, vu correctement, n'est pas seulement, ou même principalement, une famille typique placée entre son passé et son avenir. Un système familial vivant, comme je l'ai suggéré au chapitre 3, consacré au type originel *homo sapiens*, c'est *un ensemble de familles échangeant des conjoints et produisant des enfants sur un territoire*. C'est une évidence dans le cas des systèmes exogames, majoritaires, dont l'un est originel pour *homo sapiens*. Mais cela reste vrai des systèmes dits « endogames », dans lesquels le mariage entre cousins, de degré proche ou lointain (qui n'empêche pas une certaine proportion de mariages exogames), intervient aussi sur un territoire.

Une telle représentation est hautement compatible avec la notion d'un système anthropologique fonctionnant dans un espace géographique donné, et à l'intérieur duquel tous les adultes contribuent, à des degrés divers, à l'inculcation de normes et de valeurs à tous les enfants. Mais nous n'avons pas atteint ici le terme de notre quête, et véritablement percé le mystère de l'autoreproduction des valeurs sur un territoire en l'absence d'un système familial visible, s'incarnant par exemple dans des ménages à trois générations.

Imaginer des territoires sur lesquels les adultes inculquent des normes fortes de comportement à des enfants, c'est demeurer fidèle à une interprétation implicitement freudienne de la transmission. Parti de la famille, je continuais d'imaginer des enfants formatés par leur éducation, qu'elle fût autoritaire ou non.

Travaillant avec Hervé Le Bras sur *Le Mystère français*, j'ai fini par comprendre que les migrations d'individus, et surtout leur absence d'effets sur les cultures régionales, posaient un problème insoluble à l'hypothèse de normes fortement inculquées par les parents ou par les adultes. Le travail d'H. Le Bras sur les migrations, devenues intenses dans l'Hexagone, invite à poser cette question capitale : comment peuvent donc bien survivre des cultures régionales typées quand tant d'individus déménagent et passent l'essentiel de leur vie ailleurs que là où ils l'ont commencée ? Malgré l'intensité des flux internes à la France, les tempéraments régionaux subsistent. Tout se passe comme si chaque lieu avait une mémoire, insensible à la disparition des structures familiales ou religieuses originelles, au renouvellement de la population, à l'arrivée d'individus issus d'autres systèmes de valeurs et au départ d'autres individus vers d'autres régions.

Sans pour autant renoncer complètement à l'hypothèse du dressage des enfants au sein de la famille, ou par le voisinage et l'école, nous devons sérieusement remettre en question l'hypothèse d'une permanence culturelle régionale assurée seulement par des normes puissantes au niveau individuel. Car si les individus étaient effectivement porteurs de normes très solides acquises dans l'enfance, les migrants les garderaient toute leur vie, ils les transmettraient à leurs enfants et les migrations auraient pour effet de mélanger les valeurs et de détruire l'homogénéité des systèmes régionaux, et au final de créer une culture nationale représentant une sorte de moyenne.

Or la réalité empirique atteste que les migrants se détachent plus ou moins facilement de leurs habitudes et croyances et qu'ils révèlent une forte capacité d'adaptation mimétique, au sein d'interactions humaines locales. C'est ainsi qu'ils échappent assez fréquemment aux valeurs qui avaient été les leurs dans l'enfance.

Nous devons à ce stade évoquer, non plus des individus porteurs de valeurs fortes sur la terre d'accueil, mais à l'inverse, de valeurs faibles. Or le paradoxe fondamental veut que ce soit l'hypothèse de valeurs faibles qui permet d'expliquer la persistance des tempéraments régionaux, le phénomène d'une mémoire des lieux. Si, en effet, les valeurs portées par l'écrasante majorité des individus sur un territoire donné sont faibles, l'immigration d'individus porteurs eux-mêmes de valeurs faibles ou relativement faibles, prédisposés à les échanger pour celles du groupe d'accueil, ne mène pas à la dilution du système originel.

Nous retrouvons ici un élément central de la matrice d'*homo sapiens*, la flexibilité, associée ici à la notion de comportement mimétique. Nous pouvons donc affirmer, au terme de l'analyse, que l'hypothèse de valeurs faibles au niveau des individus de la terre d'accueil peut rendre compte de l'existence d'une mémoire des lieux[1].

1. L'expression « mémoire des lieux » a été trouvée par Hervé Le Bras.

## *Valeurs faibles et persistance des nations*

Il ne s'agit pas ici de nier l'existence de valeurs « fortes » et de modes de transmission « intenses », dont certains interviennent à l'intérieur de la cellule familiale elle-même. Psychiatrie de l'enfant et psychanalyse ont suffisamment mis en évidence l'importance des premières années dans la formation de la personnalité. Entre la naissance et la puberté, le développement du corps et de l'esprit marchent de conserve et l'on doit même supposer une inscription du psychisme et des compétences intellectuelles dans l'architecture physique de l'individu. J'avais évoqué, au chapitre 6, une transformation du cerveau par la pratique intensive de la lecture entre 6 et 10 ans, mécanisme associé à la construction d'une personnalité intérieure spécifique. Mais nous devons admettre que ces modes intenses de transmission ne constituent pas la totalité des influences qui conditionnent les valeurs, les croyances et les comportements humains. Il existe aussi un univers multiple de valeurs, de croyances, et de comportements « faibles », dont la transmission résulte de processus mimétiques assez légers. Les deux niveaux de transmission, loin d'être contradictoires, peuvent se combiner et se renforcer. L'important est de saisir que les valeurs faiblement portées par des individus peuvent produire des systèmes extrêmement forts, résistants et durables au niveau des groupes. Il n'est en particulier pas nécessaire qu'une croyance soit vécue intensément par les individus pour qu'elle vive longtemps, indéfiniment parfois, sur un territoire.

Tous les groupes porteurs de valeurs ne sont pas à proprement parler territoriaux, même si un certain type d'inscription dans l'espace – village, ville, quartier –

est nécessaire pour que se produisent les interactions quotidiennes qui font vivre la valeur, la croyance ou le comportement. Un milieu social ou un groupe religieux se perpétue largement par des phénomènes mimétiques qui ne reproduisent pas des croyances intenses. Les valeurs concernées ne sont pas seulement familiales ; elles peuvent concerner des éléments importants ou insignifiants de la vie.

Je me rends compte aujourd'hui que mon premier contact avec « la force des valeurs faibles » ne fut pas lié à la question de l'immigration, bien qu'il se soit produit à l'époque même où je travaillais sur les taux de mariages mixtes. Entre 1992 et 1995, il était facile de démontrer à un individu, dans une discussion privée, l'absurdité du projet de monnaie unique européenne, mais la croyance en l'inévitabilité de l'euro était inébranlable au niveau collectif. La croyance faible était déjà portée par un groupe suffisamment large, et l'individu, un instant retourné, revenait à sa croyance en même temps qu'à son milieu après la conversation.

L'une des implications du modèle associant à des « valeurs individuelles faibles » une « valeur collective forte » est moins déprimante. Le concept de mémoire des lieux permet, en effet, de comprendre la persistance des tempéraments nationaux sans diaboliser les individus, sans faire de chacun d'eux le porteur intense des valeurs de sa nation. On peut, grâce au concept de mémoire des lieux, accepter l'évidence d'une persistance des cultures allemande, japonaise, russe, américaine, anglaise, chinoise, arabe ou suédoise sans imaginer une seconde que chaque citoyen allemand, japonais, russe, américain, anglais, chinois, arabe ou suédois est un archétype vivant et immuable. S'il est séparé de son groupe, l'individu commence immédiatement de dériver et de s'éloigner de sa culture d'origine, à des vitesses diverses il est vrai. Soyons réalistes jusqu'au bout.

L'hypothèse d'une permanence des valeurs nationales après la disparition des formes familiales complexes va maintenant nous permettre de comprendre, dans les trois derniers chapitres de ce livre, l'évolution récente de sociétés qui n'étaient pas caractérisées, vers 1850 ou 1900, par la famille nucléaire. Je commencerai par étudier les « sociétés souches » allemande et japonaise, homologues mais distinctes, puisque leur commune base anthropologique n'empêche pas aujourd'hui une véritable divergence. Je montrerai ensuite comment la persistance, à l'échelle continentale, de valeurs souches, ainsi que l'existence du catholicisme zombie, ont entraîné une métamorphose de l'Union européenne et, spécialement, de la zone euro. J'examinerai enfin les « sociétés communautaires exogames » russe et chinoise, très différentes par le statut de la femme et promises aussi à la divergence. L'examen comparatif des sociétés souches allemande et japonaise, puis des sociétés communautaires russe et chinoise, nous permettra de donner sa juste part à la détermination anthropologique sans tomber dans l'illusion qu'elle est toute-puissante.

# Chapitre 16

# Les sociétés souches :
# l'Allemagne et le Japon

Évoquer une divergence des nations les plus avancées contredit la foi des élites occidentales. Le rêve d'un individu absolu doit être universel, s'il veut affronter avec efficacité le côté obscur, collectiviste, de la force, incarné, selon l'humeur du moment, par l'islam ou par la Russie. L'Allemagne et le Japon font partie du camp occidental et ne sauraient donc suivre des trajectoires différentes de celle des sociétés à fondement anthropologique nucléaire.

Pour être franc, l'Occident s'accommode assez bien d'une différence japonaise. Elle est inscrite dans l'évidence d'une culture largement autonome, qui a tiré ses premiers éléments, l'agriculture et l'écriture, de la civilisation chinoise. Le Japon lui-même a toujours revendiqué sa spécificité, et s'il a participé de façon décisive à la globalisation, il refuse de prendre part, depuis le drame de Hiroshima et de Nagasaki, au jeu de la puissance des nations. Son rôle diplomatique demeure insignifiant, sans commune mesure avec sa puissance technologique. Son économie est pourtant la troisième du monde en termes de produit intérieur brut et, selon certaines mesures, la première du point de vue technologique. Ainsi que je l'ai dit dès l'introduction de ce livre, le *World Patent Report* nous indique que la part du Japon dans le dépôt des brevets exportables était en 2006 de 29,1 % contre 22,1 % pour les États-Unis et 7,4 % pour l'Allemagne, ses concurrents les plus immédiats. Durant les années 1980, la montée en puissance de l'économie japonaise avait un peu effrayé les États-Unis, mais sa longue dépression au cours des années 1990 a définitivement eu raison de l'hostilité à son égard. On trouvera bien un universitaire français pour s'indigner ici ou là qu'on cherche une explication « culturaliste » à la spécificité économique japonaise, pourtant souvent revendiquée par les Japonais eux-mêmes[1]. Mais dans l'ensemble, ce pays un peu « différent », avec sa littérature, ses mangas, ses robots et sa cuisine, est loué par tous pour sa contribution positive à la culture mondiale.

Le cas de l'Allemagne, plutôt absente aujourd'hui de la scène culturelle, est différent. La barbarie nazie lance un véritable défi aux tenants d'une conception universaliste radicale. Redéfinir l'Allemagne comme « ordinaire », « normale », apparaît donc à l'occidentaliste de base comme une urgence théorique. Rejeter l'idée que l'extermination de 6 millions de Juifs fut un phénomène spécifiquement allemand, inconcevable ailleurs en Europe, est même devenu une priorité. Certains des meilleurs historiens du nazisme, comme Ian Kershaw, se sont sentis obligés de participer à ce qui me semble, personnellement, une négation de l'évidence empirique[2].

L'attitude universalisante, si elle nous tranquillise, interdit toutefois de comprendre le développement historique passé, présent et futur de l'Allemagne. Décréter que l'Allemagne n'est qu'un pays comme un autre, c'est refuser de voir son rôle crucial dans l'alphabétisation de la planète et dans la transformation mentale des années

---

1. Sébastien Lechevalier, *La Grande Transformation du capitalisme japonais (1980-2010)*, Paris, Presses de Sciences Po, 2011, p. 75.
2. Ian Kershaw, *The Nazi Dictatorship. Problems and Perspectives of Interpretation*, Londres, Hodder Arnold, 2000.

1550-1650. C'est oublier la puissance de son décollage économique et scientifique des années 1880-1930. C'est refuser d'admettre son niveau d'efficacité militaire, presque surhumain, durant deux guerres mondiales – efficacité qu'Émile Durkheim avait pourtant mentionnée dans un essai polémique écrit en 1915, *L'Allemagne au-dessus de tout*[1]. Dans ce texte très court, le fondateur de la sociologie quantitative faisait de l'Allemagne en guerre un cas de *pathologie sociale*. Mais l'atteinte par le même pays, vers 1943-1944, d'un nouvel état d'efficacité surhumaine dans sa résistance aux forces combinées du Royaume-Uni, de la Russie et des États-Unis suffirait à identifier cette pathologie comme le produit d'une structure sociale et mentale. Ainsi que Durkheim le prévoyait en 1915, le monde a résisté, la tension névrotique de l'Allemagne est retombée, mais après une Seconde Guerre mondiale qu'il n'aurait jamais imaginée possible. L'Allemagne a été apaisée par le fer, divisée en 1945, et nous avons voulu oublier la puissance terrible de cette nation et de sa culture. Voici donc venue l'heure de notre punition : vingt-cinq ans à peine après sa réunification, l'Allemagne a déjà reconstruit sa partie est ruinée par le communisme ; elle a réorganisé l'Europe orientale, mettant au travail les populations actives bien éduquées des anciennes démocraties populaires ; elle a réussi, à l'Ouest, un véritable blitzkrieg industriel contre les nations plus faibles prisonnières de l'euro ; elle propose un partenariat à la Chine et se pose en rivale économique des États-Unis.

L'Allemagne vient ainsi de révéler à nouveau une capacité d'action hors du commun. Elle n'avait pourtant, vers 2015, que 81 millions d'habitants, et était l'un des deux pays comptant le plus de vieux au monde, avec un âge médian de sa population de 46,3 ans. Elle est néanmoins

1. Paris, Armand Colin.

le troisième exportateur mondial et son excédent commercial a atteint, en 2016, 8 % de son produit intérieur brut.

Comment ne pas être sensible à la puissance dont témoignent ces résultats, et au défi intellectuel qu'ils nous lancent ? Ne confirment-ils pas que l'Allemagne n'est toujours pas un pays comme les autres ? Admettre la permanence des valeurs issues de la famille-souche, et de leurs effets, va nous permettre toutefois d'analyser la spécificité allemande sans isoler ce peuple de la commune humanité. Le Japon aussi, après tout, est un pays dont les performances historiques furent et demeurent extraordinaires. Premier de tous les pays non-européens, il a décollé économiquement à la fin du XIX<sup>e</sup> siècle et il reste l'une des nations les plus avancées du monde. Sa production de brevets, on l'a vu, représente près du tiers du total mondial. Cet autre pays parmi les plus âgés du monde, avec 46,5 ans d'âge médian, n'avait pourtant en 2017 que 127 millions d'habitants. Tokyo en comptait 38 millions, mais indifférente aux usages du monde, ignorait les papiers gras. Or l'émergence de cette nation incroyable advint sur quelques îles soumises à d'incessants tremblements de terre.

En réalité, tant d'autres peuples à famille-souche développent une énergie « exceptionnelle » et une forme quelconque d'ethnocentrisme, tels les Coréens, les Basques, les Catalans, les Rwandais ou les Bamilékés du Cameroun, qu'il n'est intellectuellement pas très difficile d'échapper à l'idée que l'Allemagne ou le Japon ne feraient pas pleinement partie de l'humanité[1]. Même le cas folklo-

1. Sur la zone souche d'Afrique où l'on trouve les Bamilékés, voir le chapitre 2. Ceux-ci sont réputés pour leur dynamisme éducatif et économique. Voir Jean-Pierre Warnier, *L'Esprit d'entreprise au Cameroun*, Paris, Karthala, 1993, et Jean Hurault, *La Structure sociale des Bamilékés, op. cit.*

rique et inquiétant de la Corée du Nord vérifie le modèle d'une famille-souche capable de développer une efficacité hors du commun. Son régime communiste a muté pour adopter une idéologie ethnocentrique qui affirme le caractère unique du peuple coréen. Conformément aux règles de la famille-souche la plus traditionnelle, il a adopté un système de transmission lignagère du pouvoir à un héritier unique. Le totalitarisme coréen ne s'est pas contenté de survivre à une famine qui a fait, entre 1995 et 1998, 600 000 à 1 million de morts. Imperturbable, il fabrique, année après année, armes nucléaires et missiles balistiques[1].

Dans le cadre d'une esquisse, toutes ces sociétés ne pourront être étudiées en détail. Le traitement simultané de l'Allemagne et du Japon va cependant nous permettre de distinguer une détermination anthropologique, commune aux deux pays, d'autres facteurs, géographiques ou historiques. Et nous allons devoir expliquer, au-delà des similitudes de structures de leurs capitalismes, leur divergence stratégique actuelle, avec une Allemagne extravertie qui retrouve le chemin de l'action internationale et un Japon plus introverti qui cherche surtout à se retrouver lui-même, sous la contrainte d'une montée en puissance de la Chine si proche.

---

1. Sur la mutation du système coréen, voir le magnifique livre de Philippe Pons, *Corée du Nord. Un État-guérilla en mutation*, Paris, Gallimard, 2016, p. 168 pour l'émergence d'une conception ethnique de la nation et p. 336-338 pour une discussion des chiffres de la famine.

## *Les basses fécondités allemande et japonaise : une rémanence des niveaux de patrilinéarité*

Du point de vue conceptuel et pratique, rien n'est plus proche de la structure familiale que la production d'enfants. Or les démographes sont l'une des professions au sein de laquelle on croit le moins à la notion de convergence des sociétés développées. Le fait a été théorisé, notamment par Zsolt Spéder, directeur de l'Institut hongrois de recherche démographique, dans un article fort bien titré, « La diversité de structure familiale en Europe », qui s'intéresse au mode de cohabitation des couples et à la situation des enfants en Europe au tournant du millénaire[1]. Deux transitions démographiques successives – la première commençant en France vers 1770, la seconde, aux États-Unis vers 1960 – ont en effet conduit les pays avancés à des planchers de fécondité très distincts.

Le tableau 16.1 donne l'indicateur conjoncturel de fécondité pour les principaux pays avancés en 2015, par ordre décroissant. Pour l'essentiel, le statut de la femme, tel qu'il était défini par le système familial paysan traditionnel, explique cette distribution. En haut du tableau apparaissent les pays de famille nucléaire, la France et le monde anglo-américain, avec 1,9 enfant ou plus ; en bas, les pays de famille-souche, le monde germanique, le Japon et la Corée du Sud, entre 1,5 et 1,2. Un statut de la femme élevé est indiqué en colonne 2 par le chiffre 1, un statut plus bas par 0. La troisième colonne nous renseigne sur l'adoption (1) ou non (0) du mariage pour les couples de même sexe

---

1. Zsolt Spéder, « The Diversity of Family Structure in Europe. A Survey on Partnership, Parenting and Childhood Across Europe Around the Millennium », *Demográfia*, vol. 50, n° 5, 2007, p. 105-134.

**Tableau 16.1. Statut de la femme, homosexualité et fécondité**

| | Fécondité 2015 | Statut de la femme | Mariage homosexuel au 01/01/2017 |
|---|---|---|---|
| France | 2,0 | 1 | 1 |
| Irlande | 2,0 | 1 | 1 |
| Suède | 1,9 | 1 | 1 |
| Royaume-Uni | 1,9 | 1 | 1 |
| États-Unis | 1,9 | 1 | 1 |
| Australie | 1,9 | 1 | 0 |
| Russie | 1,8 | 1 | 0 |
| Norvège | 1,8 | 1 | 1 |
| Belgique | 1,8 | 1 | 1 |
| Pays-Bas | 1,7 | 1 | 1 |
| Finlande | 1,7 | 1 | 1 |
| Danemark | 1,7 | 1 | 1 |
| Canada | 1,6 | 1 | 1 |
| Suisse | 1,5 | 0 | 0 |
| Autriche | 1,5 | 0 | 0 |
| Japon | 1,4 | 0 | 0 |
| Italie | 1,4 | 0 | 0 |
| Allemagne | 1,4 | 0 | 0 |
| Espagne | 1,3 | 1 | 1 |
| Grèce | 1,3 | 1 | 0 |
| Taiwan | 1,2 | 0 | 0 |
| Corée du Sud | 1,2 | 0 | 0 |
| Portugal | 1,2 | 1 | 1 |

au début de 2017, évolution sociale dont nous allons voir qu'elle a aussi un rapport avec le fond anthropologique[1]. Le coefficient de corrélation associant statut élevé de la femme et fécondité est relativement fort, égal à +0,60.

La majorité des exceptions à la distribution de la fécondité par type familial s'expliquent (facilement) par des déviations du statut de la femme à l'intérieur d'un type donné : j'ai mentionné plus haut le cas de la Suède et de la Russie, où les types souche et communautaire n'empêchent pas un statut élevé des femmes. On pourrait leur adjoindre la Finlande, où se mêlent la tradition souche suédoise et un communautarisme proprement finnois, faiblement patrilinéaire, apparenté au type russe.

La fécondité très basse de Taiwan ne doit pas surprendre, puisque le pays relève de la tradition communautaire chinoise, dans sa nuance sud qui contient des traces souches. L'île est, en tout cas, fortement patrilinéaire à l'origine. L'indicateur conjoncturel de l'Italie, à 1,4, est également normal, si l'on garde en mémoire l'imprégnation patrilinéaire de l'Italie centrale et septentrionale.

Le Canada, à 1,6, est un peu bas par rapport à un monde anglo-américain homogène à 1,9. Le Québec n'est pas responsable de cette déviation. Reste le Danemark, nucléaire absolu, dont le taux de 1,7 est aussi un peu faible, mais demeure plus proche du 1,9 de la Suède que du 1,4 de l'Allemagne, ses deux voisins.

Les basses fécondités de l'Espagne, du Portugal et de la Grèce relèvent d'une interprétation différente. L'Espagne et le Portugal ne sont souches que sur leur bordure nord, entre Minho et Catalogne, à travers les Asturies, le Pays basque et la Galice. Le Portugal est, par ailleurs, aussi connu des anthropologues pour ses tendances matriarcales

---

1. Le Bundestag a aligné l'Allemagne sur l'Occident en adoptant le mariage des individus de même sexe par un vote furtif le 30 juin 2017.

que la Bretagne. Le reste de l'Espagne est nucléaire égalitaire, tout comme le centre du Portugal, dont le Sud est
caractérisé par des tendances communautaires et matrilocales. La Grèce est diverse, mais Athènes et les îles
sont dominées par une culture à dominante matrilocale[1].

On doit évoquer dans leur cas une baisse extrême de
l'indicateur de fécondité qui a peu à voir avec un statut
bas de la femme. La chute a résulté d'un effort violent de
rattrapage des modes de vie et des niveaux de consommation de l'Europe du Nord. Moins d'enfants ont permis
d'atteindre plus vite une consommation élevée et un standard de modernité apparente. Je propose pour qualifier
leur cas d'adopter une version amendée du concept de
« modernité comprimée » (*compressed modernity*), tel que
l'a proposé Chang Kyung-Sup[2]. Atteindre, en une période
de temps réduite, le modèle des pays avancés a un coût.
L'accélération produit des distorsions culturelles, dont
une chute précoce et accentuée du taux de reproduction.

Le sociologue coréen associe toutefois la notion de
« modernité comprimée » à l'anti-individualisme de
la famille-souche coréenne, dont les valeurs imposent
simultanément de produire des enfants, de les éduquer
jusqu'à ce qu'ils atteignent un niveau compétitif mondial,
et de s'occuper de ses parents âgés. Des pans entiers de
l'interprétation, dont la notion d'individualisation sans
individualisme, pourraient être appliqués à l'Allemagne
et au Japon, pays avancés, mais dont les déséquilibres
démographiques résultent aussi d'une inadaptation des
valeurs de la famille-souche à l'ultra-individualisme venu

---

1. Voir Emmanuel Todd, *L'Origine des systèmes familiaux, op. cit.,*
p. 310-311 et p. 327-330.

2. Chang Kyung-Sup, « Individualization without Individualism :
Compressed Modernity and Obfuscated Family Crisis in East Asia »,
*Journal of Intimate and Public Spheres,* Pilot Issue, mars 2010,
p. 23-39.

de l'Ouest. En Corée, cependant, c'est la compression temporelle de la modernisation – trait commun avec la situation espagnole – qui contribue à expliquer le bas niveau de l'indicateur de fécondité extrême (1,2), niveau que l'Allemagne et le Japon n'ont jamais atteint et que la famille-souche ne suffirait pas à expliquer.

Une analyse détaillée des situations nationales confirmerait la grande diversité des statuts de la femme dans les sociétés avancées. Une fécondité relativement haute, de 1,9 ou 2,0 en 2015, coïncide dans le détail avec des mécanismes institutionnels qui permettent aux femmes de simultanément travailler et avoir des enfants. La tension entre les deux pôles de la famille et du métier est particulièrement importante lorsque les femmes ont fait des études supérieures et aspirent à une carrière plutôt qu'à un emploi faiblement qualifié.

Une telle interprétation est, je le précise, absolument banale pour les démographes. On peut la trouver, par exemple, dans « Why do English-Speaking Countries have Relatively High Fertility ? », sous une forme presque ethnologique puisque la notion d'anglosphère apparaît latente dans le titre même de l'article[1] . P. McDonald et H. Moyle y soulignent qu'une culture de coopération du couple – avec des maris et des épouses qui bricolent des solutions conciliant travail et garde des enfants – permet cette fécondité plus élevée en l'absence d'un fort soutien de l'État. Des difficultés surgies récemment devraient toutefois conduire, selon ces auteurs, à plus d'intervention de la part de l'État.

L'opposition entre la France et l'Allemagne est ici un exercice obligé pour les démographes. En France, les crèches et l'école maternelle libèrent rapidement les

---

1. Peter McDonald et Helen Moyle, « Why do English-Speaking Countries Have Relatively High Fertility ? », *Journal of Population Research*, n° 27, 2010, p. 247-273, notamment p. 263-264.

mères et réduisent à un temps très court l'interruption du travail, qui n'est en rien un arrêt de carrière, même s'il est vrai que la maternité freine l'avancement[1]. En Allemagne, en revanche, prédomine le sentiment que s'occuper à plein-temps de son enfant est pour la mère une obligation morale. Une telle conception est peu compatible avec la notion de carrière. Les possibilités de garde d'enfant fournies par l'État sont donc faibles en République fédérale. Mais les institutions ne font ici que refléter les mentalités. En France, une mentalité collective « nucléaire » assure aux hommes et aux femmes que l'autonomisation précoce de leurs enfants est une bonne chose. En Allemagne, l'opinion commune fait sentir aux mères que ne pas s'occuper de leur enfant revient en quelque sorte à les abandonner : une expression terrible, « *Rabenmutter* », mère corbeau, sert à désigner celle qui aspire à autre chose qu'à une vie de mère au foyer. La République fédérale a fini par s'inquiéter pour sa fécondité et entreprend désormais de dispenser une aide de type nouveau aux familles, dont on ne voit guère cependant pour l'instant l'effet démographique.

L'Allemagne de l'Est obtenait, elle, avant la réunification, une fécondité nettement plus élevée. L'aide de l'État, en crèches et en possibilités d'emploi pour les mères, y était massive. En outre, et peut-être surtout, un idéal explicite d'émancipation des femmes était central dans l'idéologie communiste.

Au Japon, la pression collective est moins lisible dans le retrait féminin de l'emploi ; le surinvestissement maternel dans l'enfant y est souvent expliqué par l'insuffisance de la « communication émotionnelle » entre mari

---

1. Pau Baizán et Teresa Martin-Garcia, « Endogeneity and Joint Determinants of Educational Enrolment and First-Birth Timing in France and West Germany », *Genus*, vol. 62, n° 2, 2006, p. 89-117.

et femme. Les psychiatres japonais considèrent d'ailleurs qu'un lien trop fort entre l'enfant et sa mère est potentiellement pathogène[1].

Cette différence dans les représentations correspond plutôt bien à l'opposition des styles relationnels allemand et japonais. La culture allemande valorise la franchise brutale dans les rapports interpersonnels, la culture japonaise est obsédée par la peur de blesser. Il serait toutefois absurde de postuler une simple pression externe dans le cas des Allemandes, et uniquement une compulsion intérieure dans celui des Japonaises, pour expliquer le refus de la crèche ou de l'école maternelle. Au chapitre 6, j'ai évoqué la réalisation simultanée, au travers du protestantisme, d'une intériorité vertigineuse et d'une pression accrue de la communauté locale sur l'individu. La famille-souche encourage simultanément la discipline sociale et le repli de l'individu sur lui-même. Nul doute qu'au Japon comme en Allemagne, aujourd'hui, intériorisation et pression externe se conjuguent à un niveau élevé dans toutes les dimensions de la vie sociale.

Dans les deux cas, y compris quand le système « modernisé » aboutit à une image maternelle trop forte, la position particulière de la femme révèle la persistance d'une mentalité patrilinéaire de niveau 1, associée à la famille-souche, alors même que la famille-souche a pour l'essentiel disparu.

Il ne s'agit pas ici de nier l'histoire, ni la mutation continue des formes sociales, mais de ne pas tomber dans le paralogisme d'un changement qui mènerait inévitablement à une convergence. Les démographes, cadrés par des statistiques d'une grande évidence, ne peuvent commettre cette erreur. Citons P. Baizan et T. Martin-

---

1. Sechiyama Kaku, *Patriarchy in East Asia. A Comparative Sociology of Gender*, Leyde, Brill, 2013, p. 133.

Garcia, qui écrivent dans la conclusion de leur article de 2006, précédemment utilisé : « Pour continuer notre discussion sur les différences existant entre la France et l'Allemagne de l'Ouest, ces deux pays semblent avoir suivi des trajectoires différentes de modernisation de leurs modèles culturels et familiaux pour ce qui concerne les rapports de genres (*gender roles*). Dans les deux pays, le modèle de l'homme qui nourrit sa famille s'est affaibli à partir des années 1960. Mais, alors qu'en Allemagne le modèle approuvé semble inclure un homme employé à plein-temps et une femme à temps partiel, avec la possibilité d'un arrêt après la naissance d'un enfant, en France, le maintien dans l'emploi après une grossesse est devenu un modèle qui va de soi (*self-evident*)[1]. »

La divergence commence dès la phase « étudiante » de la vie puisque ces auteurs notent la possibilité pour les Français de procréer avant d'avoir terminé des études supérieures qui peuvent aujourd'hui être très longues. En Allemagne, l'incompatibilité est absolue et l'on observe des différences maximales de fécondité selon le niveau éducatif.

### Femmes sans enfants

Ron Lesthaeghe a énuméré les éléments les plus importants de la deuxième transition démographique : hausse de l'âge au mariage, généralisation de la cohabitation hors mariage, élévation de la fréquence du divorce, retard de la procréation, baisse de la fécondité, augmentation du nombre des naissances hors mariage, accroissement de la proportion de femmes qui n'auront finalement aucun

---

1. Pau Baizán et Teresa Martin-Garcia, « Endogeneity and Joint Determinants of Educational Enrolment and First-Birth Timing in France and West Germany », *op. cit.*, p. 97.

enfant[1]. Ainsi que ce démographe l'a montré, le déterminant commun à ces mouvements, très simple, est une plus grande liberté des individus dans leurs choix de vie. La variété des niveaux atteints dans les divers pays par tous ces paramètres, et non seulement par la fécondité, permettrait de tracer un tableau complexe, contradictoire et nuancé, de la « modernité » actuelle. On constaterait ainsi une hausse de la fréquence des naissances hors mariage plus modérée en Allemagne qu'en France, en Scandinavie ou dans le monde anglo-américain, ainsi qu'une hausse très faible au Japon. On pourrait aussi enrichir la description de la diversité des niveaux de fécondité par celle de la variété des techniques contraceptives utilisées.

La pilule anticonceptionnelle a, certes, été un élément fondamental de l'émancipation des femmes, mais il s'agit d'une innovation à laquelle les sociétés ont répondu en fonction de leur fond anthropologique et religieux, l'acceptant, la refusant, ou la complétant. Dans le monde anglo-américain, dominé par la famille nucléaire absolue et un protestantisme devenu largement zombie, on note aussi une fréquence élevée de la vasectomie, qui peut libérer l'homme du risque de procréation non désirée et révèle une belle résistance à la puissance féminine. L'usage de la vasectomie témoigne d'une bilatéralité persistante des mœurs plutôt que d'un triomphe du matriarcat, en tout cas dans les classes aisées de la société américaine[2].

1. Ron Lesthaeghe, « The Unfolding Story of the Second Demographic Transition », *Population and Development Review*, vol. 36, n° 2, 2010.

2. EngenderHealth (Firm), *Contraceptive Sterilization : Global Issues and Trends*, 2002 ; Michael L. Eisenberg et *al.*, « Racial Differences in Vasectomy Utilization in the United States : Data From the National Survey of Family Growth », *Urology,* vol. 74, n° 5, novembre 2009, p. 1020-1024. Le recours à la vasectomie chez les hommes de 30 à 45 ans est de 14,1 % pour les Blancs et de 3,7 % chez les Noirs.

Au Japon, le refus, puis la faible utilisation de la pilule révèlent une résistance à la liberté sexuelle de la femme conforme à l'hypothèse de persistance d'une patrilinéarité de niveau 1.

Accepter officiellement l'hypothèse d'un changement social qui ne mène pas à la convergence permettrait une redéfinition de la démographie comme branche de l'anthropologie. Peut-être devrait-on alors parler d'anthropologie démographique, ou de démographie anthropologique.

Ne pas avoir d'enfant est devenu (redevenu si l'on a en tête les taux de célibat des années 1900 en Europe) une option de vie pour beaucoup. Le concept de non-procréation est simple, mais plus difficile à mesurer et à comparer qu'il y paraît. Comme dans le cas de la descendance finale, qui enregistre la moyenne des enfants mis au monde par les femmes d'une génération donnée (ou cohorte), il faut attendre que celles-ci aient atteint la fin de leur vie féconde pour mesurer le taux de non-procréation. La chute rapide de la fertilité biologique à partir de 38 ans et le caractère peu efficace de la procréation assistée après cet âge ont conduit beaucoup de démographes à anticiper par projection ce que sera la descendance finale, ou la proportion de femmes n'ayant pas procréé à 45 ou 50 ans, c'est-à-dire à évaluer des taux définitifs avant que les cohortes n'aient atteint la limite absolue de leur période de reproduction. Les estimations diffèrent en audace et en rigueur, les années de naissance disponibles les plus récentes ne sont pas les mêmes pour tous les pays et, en conséquence, les comparaisons sont souvent difficiles à réaliser.

Aux États-Unis, la proportion de femmes de 40 à 44 ans n'ayant eu au cours de leur vie aucun enfant a augmenté

---

Le niveau de revenu est un facteur explicatif important : de 5,6 % au-dessous de $ 25 000, le taux passe à 16,5 % au-dessus de $ 50 000.

de 10 % à 15 % entre 1976 et 2015, cette dernière date correspondant à la génération née entre 1970 et 1974[1]. En Angleterre, cette proportion semble se stabiliser autour de 18 %[2], et autour de 16 % pour la Suède, mais dans ces deux cas, les dates de naissance des cohortes sont déjà un peu anciennes[3]. Pour l'Allemagne, je dois me contenter de la génération née en 1967, mais le résultat divergeait alors déjà très nettement de celui des sociétés de tradition féministe. La non-procréation atteignait pour cette cohorte le taux de 28 %[4]. D'après les chiffres des cohortes précédentes, on peut même estimer qu'en cas d'éducation supérieure complète, la proportion montait outre-Rhin à 40 %[5].

1. Gretchen Livingston, « Childlessness Falls, Family Size Grows Among Highly Educated Women », Pew Research Center, mai 2015. Voir aussi Gladys Martinez, Kimberly Daniels et Anjani Chandra, « Fertility of Men and Women Aged 15-44 Years in the United States : National Survey of Family Growth », *National Health Statistics Reports*, n° 51, avril 2012.

2. Martina Portandi et Simon Witworth, « Lifelong Childlessness in England and Wales », *Longitudinal and Life Course Studies*, 2010, vol. 1, n° 2, p. 155-169.

3. Jan M. Hoem, Gerda Neyer et Gunnar Andersson, « The Relationship Between Educational Field, Educational Level, and Childlessness Among Swedish Women Born in 1955-1959 », *Demographic Research*, vol. 14, article 15, mai 2006. Voir aussi Jan M. Hoem, « Why Does Sweden Have Such High Fertility ? », *Demographic Research*, vol. 13, article 22, novembre 2005, p. 559-572.

4. Toshihiko Hara, « Increasing Childlessness in Germany and Japan. Towards a Childless Society? », *International Journal of Japanese Sociology*, vol. 17, n° 1, novembre 2008, p. 42-62. Voir aussi María-José Gonzalez et Teresa Jurado-Guerrero, « Remaining Childless in Affluent Economies. A Comparison of France, West Germany, Italy and Spain, 1994-2001 », *European Journal of Population*, n° 22, 2006, p. 317-352.

5. Heike Wirth et Kerstin Dümmler, « The Influence of Qualification on Women's Childlessness Between 1970 and 2001 in Western Germany » *Zeitschrift für Bevölkerungswissenschaft*, vol. 30, n° 2/3, 2005, p. 313-336 et p. 323, 325.

La France se caractérise, comme la Suède et la Norvège, par un écart minimal entre les indices de fécondité selon le niveau éducatif. Dans le monde anglo-américain, l'effet négatif de l'enseignement supérieur sur la reproduction est plus fort, en dépit de l'orientation féministe de la culture, et une proportion plus élevée qu'en France de la reproduction revient aux classes populaires et moyennes.

Pour les femmes de 43 ans nées entre 1955 et 1959, on en trouvait 10,4 % en France qui n'avaient eu aucun enfant, 10,8 %, en Norvège, 16,2 % au Royaume-Uni et 16,1 % aux États-Unis. Pour les femmes de ces pays ayant bénéficié d'une éducation supérieure à bac +3, le taux d'infécondité définitive montait à 13,3 % pour la France, 13 % pour la Norvège, 21 % pour le Royaume-Uni et 21,2 % pour les États-Unis[1]. On note toutefois, pour ces deux derniers pays, dans la période la plus récente, une résorption de la contradiction entre enseignement supérieur et procréation, avec des femmes éduquées supérieures dont la fécondité s'élève. Au niveau du master (mieux que bac +3), la proportion de femmes âgées de 40 à 44 ans qui n'ont eu aucun enfant est tombée aux États-Unis de 30 % en 1994 à 22 % en 2015[2].

Au Japon, le taux de femmes n'ayant eu aucun enfant au cours de leur vie n'était encore que de 12,7 % pour la

1. Michael Rendall et *al.*, « Increasingly Heterogeneous Ages at First Birth by Education in Southern European and Anglo-American Family-Policy Regimes. A Seven-Country Comparison by Birth Cohort », *Population Studies*, vol. 64, n° 3, 2010, p. 209-227. Voir aussi Olivia Ekert-Jaffé et *al.*, « Fécondité, calendrier des naissances et milieu social en France et en Grande-Bretagne », *Population*, vol. 57, n° 3, 2002, p. 485-518.

2. Michael Dimock, « How America Changed During Obama's Presidency », *op. cit.*

génération née en 1955, mais il semble devoir s'élever à 22,7 % pour celle née en 1965[1]. Nous pouvons décrypter, dans le premier chiffre, la marque d'une base culturelle non-chrétienne, qui n'a jamais fait du célibat ou du refus de la procréation un idéal ; dans le deuxième chiffre, nous devons voir l'effet d'une tradition patrilinéaire de niveau 1, qui accepte que les femmes fassent des études mais les contraint ensuite à choisir entre enfant et carrière.

L'existence d'un passé chrétien hostile à la sexualité ne doit pas être oubliée dans le cas des pays européens : les taux actuels de non-procréation n'y mènent pas plus loin, le plus souvent, de ce que le radicalisme antisexuel de la Réforme et de la Contre-Réforme avait permis. En Allemagne, dans la génération née entre 1901 et 1905, la proportion de femmes qui n'avaient eu aucun enfant avait atteint 26 %. Leurs carrières matrimoniales avaient, certes, été perturbées par la surmortalité des hommes durant la guerre, mais le taux de non-procréation était descendu à 7,1 % pour la génération née en 1935 (dont on peut aussi imaginer qu'elle a été handicapée par la surmortalité masculine due à la guerre[2]).

Il est fascinant de constater que deux phénomènes de sens opposé ont pu mener à des résultats statistiques aussi voisins : le rejet chrétien de la sexualité des années 1650-1900 et la glorification de la sexualité des années 1960-2015 ont conduit à des niveaux d'infécondité comparables. Ensemble, les deux révolutions sexuelles, l'une négative, l'autre positive, évoquent un fond anthropologique stable, certes transformé par la religion, mais qui

---

1. Toshihiko Hara, « Increasing Childlessness in Germany and Japan. Towards a Childless Society ? », *op. cit.*

2. Jürgen Dorbritz, « Germany : Family Diversity With Low Actual and Desired Fertility », *Demographic Research*, vol. 19, article 17, juillet 2008, p. 557-598.

toujours fait de la sexualité un champ d'expérimentation, tantôt dans le sens de la répression, tantôt dans le sens de la valorisation.

Reste que les sociétés qui n'ont pas subi de transformation sous l'effet du principe patrilinéaire atteignaient vers 2015, malgré une légère baisse due à la grande récession économique, un niveau de 1,9 ou 2, proche du seuil de 2,1 nécessaire au remplacement des générations. Le statut de la femme peut y être décrit comme « fonctionnel ». Dans les sociétés patrilinéaires, le statut abaissé de la femme est dysfonctionnel puisqu'il mène, dans le contexte d'une diffusion des études supérieures et d'un élargissement des choix de vie, à un niveau de fécondité insuffisant pour assurer la reproduction de la population. Nous devons constater ici que les sociétés les moins éloignées de la forme anthropologique qui caractérisait à l'origine *homo sapiens* fonctionnent aujourd'hui mieux que celles qui ont été transformées par l'histoire.

L'évolution récente des attitudes concernant l'homosexualité, acceptée en général par *homo sapiens*, ainsi qu'on l'a vu au chapitre 3, conforte cette interprétation[1]. Au constat d'un rapport statistique positif entre statut élevé de la femme et fécondité fonctionnelle, il nous faut ajouter celui d'une corrélation entre acceptation de l'homosexualité et fécondité à peu près satisfaisante. Si l'on affecte la valeur 1 aux sociétés qui avaient institutionnalisé, au 1ᵉʳ janvier 2017, le mariage entre individus de même sexe, et la valeur 0 à celles qui ne l'avaient pas fait, nous obtenons un coefficient de corrélation positif de +0,50, très significatif donc, avec l'indicateur conjoncturel de fécondité. Plus simplement, nous pouvons calculer un indicateur moyen de 1,74 enfant par femme pour les pays acceptant le mariage homosexuel, mais de 1,46 seulement

1. Voir p. 128.

pour les autres. En d'autres termes, les sociétés qui admettent le mariage homosexuel se reproduisent mieux.

En vérité, le coefficient de corrélation associant statut de la femme élevé et mariage pour tous est encore plus fort, de +0,75. L'acceptation des conduites homosexuelles pourrait donc bien n'être qu'un épiphénomène associé à l'émancipation des femmes. La question n'est pas dépourvue d'un certain intérêt théorique. Devons-nous considérer le mariage pour tous comme un retour à l'origine, à une réémergence de notre fond *homo sapiens* ? Ou s'agit-il, en association avec l'émancipation des femmes, d'un réel phénomène de modernité ? L'atteinte, par le sexe féminin, d'un niveau d'études moyen supérieur à celui des hommes dans certaines sociétés avancées manifeste bien, en tout cas, quelque chose de radicalement nouveau dans l'histoire humaine.

Quoi qu'il en soit, l'hypothèse d'une relative naturalité du système anthropologique nucléaire, qui resterait, en ce début de III⁰ millénaire, fonctionnelle d'un point de vue démographique, se confirme. Les sociétés demeurées les plus proches du fond originel d'*homo sapiens* résolvent mieux que les sociétés transformées par la patrilinéarité les contradictions de la modernité.

*La deuxième transition démographique comme élément de la mondialisation : une mauvaise adaptation des sociétés souches ?*

Insister sur les nuances ne doit pas nous faire perdre de vue l'essentiel : le parallélisme des trajectoires démographiques de l'Allemagne et du Japon, deux sociétés issues d'une forme anthropologique souche ou, pour le dire vite, deux sociétés souches marquées par une patrilinéarité de niveau 1. Celle-ci n'interdit pas l'éducation des femmes et affecte d'ailleurs aux mères, à leurs qualités d'éducatrices, une place fondamentale. Mais si elles travaillent après leurs études, elles doivent alors adopter une caractéristique masculine : ne pas mettre d'enfant au monde. Les sociétés « nucléaires » autorisent les femmes éduquées qui travaillent à rester femme, à porter des enfants. La mise en opposition de ces deux types de sociétés avancées nous permet de ne pas confondre changement et convergence. Mais ce serait commettre un deuxième paralogisme que d'imaginer deux trajectoires rigoureusement séparées, les sociétés nucléaires et les sociétés souches vivant côte à côte des évolutions différentes et purement endogènes à chacune. Le changement démographique intervient dans un monde en cours d'unification, et la globalisation économique n'est qu'une des nombreuses dimensions de la mondialisation. La deuxième transition démographique devrait, elle aussi, être considérée comme une révolution qui s'est d'abord manifestée aux États-Unis avant de s'étendre au monde. Ses valeurs de base sont bel et bien issues d'une société nucléaire : elles sont individualistes, libérales, féministes et nous devons nous demander si ce n'est pas en tentant de s'adapter à ces valeurs que les sociétés souches allemande et japonaise ont commencé de dysfonctionner sur le plan démographique.

Nous pouvons considérer l'adaptation allemande ou japonaise à la globalisation, concept pris ici dans sa dimension purement économique, comme supérieurement efficace. Ces deux pays sont, en effet, structurellement excédentaires dans leurs échanges commerciaux, le déficit n'étant apparu au Japon qu'à la suite de l'arrêt de la production d'énergie nucléaire entraîné par la catastrophe de Fukushima. Il existe même désormais une étonnante asymétrie et complémentarité dans l'échange : tous les pays de l'anglosphère sont déficitaires, tandis que les sociétés souches sont, en général, excédentaires. Toutefois, si nous considérons la démographie comme l'un des points d'application du concept de mondialisation (plus vaste ici que celui de globalisation, et qui inclut les valeurs culturelles), nous devons poser une question douloureuse. La faible production d'enfants en Allemagne ou au Japon, loin d'être l'effet simple et direct de la famille-souche, ne serait-elle pas, plus subtilement, une réaction à la modernité américaine des sociétés souches, moins individualistes et qui ont du mal à trouver l'enfant utile si les femmes sont émancipées et les enfants rois ?

Qu'aurait été le développement démographique des sociétés souches en l'absence de la pression de l'anglosphère ? Il est impossible de le dire. Comment pourrions-nous imaginer une trajectoire autonome, purement endogène, de développement de l'Allemagne ou du Japon ? Les impulsions économiques sont bien venues du monde anglo-américain et de son aptitude au changement, *via* la destruction créatrice. J'ai noté plus haut la tendance d'une structure sociale souche trop parfaite à produire une autoreproduction simple, ou tout au plus un perfectionnement lent de la sphère économique. Si tel était le modèle, nous pourrions éventuellement imaginer des sociétés souches, non stimulées et déséquilibrées par des forces venues de l'extérieur, progressant très lentement mais trouvant le moyen de calibrer la production d'enfants à 2,1 pour s'assurer de la reproduction (1 pour 1) à chaque génération. Le Japon fermé de l'ère Tokugawa n'était pas loin de ce quasi-équilibre, combinant perfectionnement des techniques et stagnation de la population[1]. La famille-souche, cependant, était loin d'y être déjà parfaite.

Aujourd'hui, il manque à l'Allemagne et au Japon 0,7 enfant par femme, un tiers exactement, pour que la société soit à l'équilibre. Le déséquilibre, s'il met du temps à se manifester, est énorme et il a contraint ces pays à faire des choix, de natures absolument différentes on va le voir.

---

1. La population oscille entre 25 et 27 millions entre 1720 et 1820. Voir Akira Hayami, *The Historical Demography of Pre-modern Japan*, Tokyo, University of Tokyo Press, 1997, p. 46.

Suivons d'abord le destin de ces enfants produits en trop petit nombre mais si bien élevés. Déjà, les trajectoires éducatives des deux grandes nations souches divergent, pour des raisons historiques plutôt qu'anthropologiques.

### Divergence éducative de deux sociétés souches

La banque de données Barro-Lee, précédemment utilisée pour les États-Unis, nous permet de suivre le développement de l'éducation supérieure génération par génération. Les graphiques qui suivent indiquent, pour neuf générations successives, la proportion d'individus qui ont fait des études supérieures complètes. Le niveau absolu des courbes doit être considéré comme indicatif parce que les systèmes d'enseignement diffèrent énormément de pays à pays. Mais l'allure générale des courbes décrit des évolutions temporelles sûres.

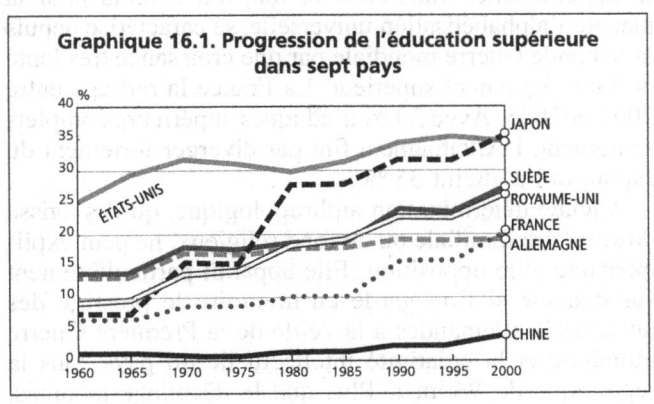

**Graphique 16.1. Progression de l'éducation supérieure dans sept pays**

Sources : Proportion de la population ayant fait des études supérieures complètes : générations atteignant 25 ans aux dates indiquées. D'après la banque de données Barro-Lee.

Sur le graphique 16.1, nous pouvons lire l'avance américaine et le rattrapage en cours des États-Unis par les autres nations, que rend possible la relative stagnation, oscillatoire, du pays leader. Partis de niveaux différents, Suède, Royaume-Uni et France suivent des trajectoires à peu près parallèles. Le Japon se distingue par une croissance accélérée, qui lui a permis de rejoindre, dès la génération de jeunes qui ont atteint 25 ans vers 2000, la proportion américaine de 35 % d'individus ayant fait des études supérieures complètes. La Suède et le Royaume-Uni étaient alors à 25 %, la France à seulement 20 %. L'opposition entre protestantisme et catholicisme semble survivre ici à la mort de la religion, et permet d'observer un double effet « zombie », protestant et catholique.

La trajectoire de l'Allemagne dévie, cependant, de ce modèle. Elle était partie du même niveau que la Suède, coïncidence normale : la Suède fut luthérienne, et l'Allemagne, quoique restée pour un tiers catholique, fonda le luthéranisme. Mais cette nation, qui inventa pour la planète l'alphabétisation universelle, se caractérise depuis la Seconde Guerre mondiale par une croissance très lente de l'enseignement supérieur. La France la rattrape entre 2001 et 2005. Avec 20 % d'éduqués supérieurs complets seulement, l'Allemagne a fini par diverger fortement du Japon, qui a atteint 35 %.

Aucune détermination anthropologique, qu'il s'agisse de structure familiale ou de fond religieux, ne peut expliquer une telle opposition. Elle apparaît particulièrement surprenante si l'on garde en mémoire le prestige des universités allemandes à la veille de la Première Guerre mondiale et la créativité intellectuelle du pays sous la république de Weimar. Plus que le décollage japonais, normal pour une société souche en rattrapage, l'arrêt de croissance allemand doit être expliqué. Et l'interprétation ne peut être qu'historique : le nazisme a détruit

*Nazism in Germany's ~~currently low~~*
*college grads rate*
LES SOCIÉTÉS SOUCHES : L'ALLEMAGNE ET LE JAPON

une partie de la haute culture et des couches sociales qui la portaient. Il a expulsé ou exterminé une proportion importante des élites nationales, juives et non-juives. Cette ablation a créé un vide durable, capable d'entraîner une déviation de trajectoire, un sous-développement relatif de l'enseignement supérieur. Le militarisme japonais n'avait pas procédé à une telle ablation. Il avait écarté, mis en résidence surveillée, emprisonné, mais non décimé le monde intellectuel, et c'est une classe culturelle intacte qui a pu mener, au Japon, le rattrapage d'après-guerre. C'est ainsi que le potentiel éducatif de la famille-souche a pu produire au Japon ses effets habituels, et une atteinte rapide du niveau américain.

Les élites économiques allemandes ont mieux survécu. Les études comparatives menées par A. Atkinson et T. Piketty montrent que la part des 1 % supérieurs dans la répartition du revenu national a plutôt bien résisté dans l'Allemagne d'après-guerre, persistance observable sur le tableau 13.1[1].

La progression de l'éducation supérieure selon le sexe confirme l'hypothèse d'une trajectoire allemande atypique.


### *Patrilinéarités allemande et japonaise, féminisme suédois*

Nous avions observé, au chapitre 5, un extraordinaire biais patrilinéaire dans le développement de l'alphabétisation en Allemagne, avec des écarts impressionnants entre hommes et femmes au XVIIIe siècle. J'avais évoqué un apprentissage de la lecture et de l'écriture qui aurait renforcé la patrilinéarité de la famille-souche allemande.

---

1. Voir au chapitre 13, le tableau 13.1, p. 386.

Les données concernant l'alphabétisation de la Suède met-
taient en évidence, à l'opposé, une extrême précocité du
rattrapage féminin, et même un dépassement des hommes
par les femmes dès le XVIIIᵉ siècle[1]. L'usage très large
du sceau empêchait, dans le cas du Japon, une mesure
des proportions d'individus sachant signer leurs actes de
mariage ou d'autres documents, et une confrontation de
ce type pour ce pays et pour cette période.

Les graphiques 16.2, 16.3 et 16.4, consacrés respectivement à la Suède, au Japon et à l'Allemagne, montrent
à quel point le développement de l'éducation supérieure
s'y est inscrit dans la continuité de celui de l'instruction
primaire, avec toutefois cette déviation atypique pour
l'Allemagne.

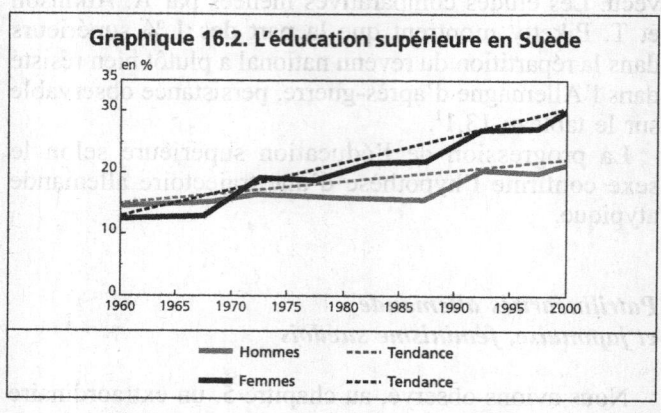

**Graphique 16.2. L'éducation supérieure en Suède**

Sources : Proportion de la population ayant fait des études supérieures
complètes : générations atteignant 25 ans aux dates indiquées. D'après
la banque de données Barro-Lee.

---

1. Voir chapitre 5, p. 197.

On observe, pour la Suède, un écart initial faible entre hommes et femmes, un rattrapage précoce par celles-ci, suivi – l'histoire se répète – d'un dépassement. Dans ce pays, dont le féminisme est aujourd'hui identitaire, dans la génération arrivée à 25 ans vers 2000, la proportion d'éduqués supérieurs complets dépasse 30 % pour les femmes mais n'est que de 22 % pour les hommes.

Au Japon, l'avantage initial masculin était fort. L'écart n'a été comblé que très progressivement, mais dans le contexte d'une ascension rapide des taux. À partir des années 1991-1995, on peut avoir l'impression d'un avantage féminin, qui disparaîtrait sans doute si l'on procédait à une étude qualitative des diplômes d'éducation supérieure concernés. Les types d'enseignement suivis par les femmes au Japon sont souvent moins prestigieux.

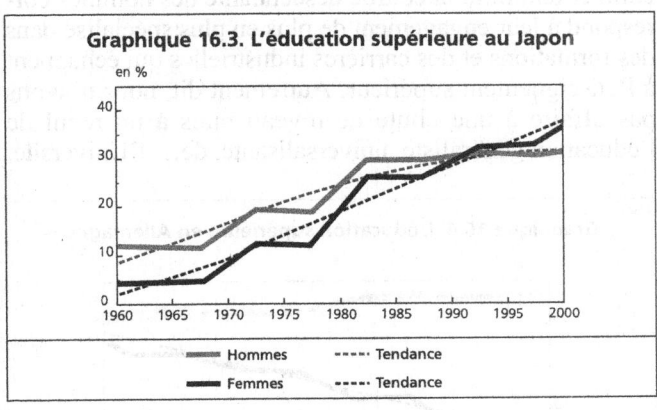

**Graphique 16.3. L'éducation supérieure au Japon**

Les courbes qui concernent l'Allemagne nous révèlent, conformément à sa matrice anthropologique, un niveau initial élevé pour les hommes et un écart important entre les deux sexes : 23,6 % contre 6,7 %. L'avantage masculin y était supérieur à celui qui prévalait au Japon (12,0 % contre 4,4 %)

et conduirait à définir, contre les stéréotypes occidentaux, l'Allemagne comme plus patrilinéaire que le Japon. La famille-souche, cependant, en Allemagne comme ailleurs, autorise sans problème l'éducation des femmes et des mères. On peut ensuite y observer une progression linéaire normale des femmes vers un taux de 19,1 % d'éduquées supérieures par génération. En revanche – et nous nous écartons ici d'une trajectoire occidentale « normale » –, la proportion d'hommes faisant des études supérieures se met à décroître lentement, de 23,6 % à 20,2 %. Les deux sexes sont alors enfin à égalité, mais au terme d'une trajectoire masculine plutôt surprenante.

Nous devons comprendre le sens de cette évolution atypique. L'analyse de la fécondité qui précède, de l'infécondité plutôt, nous indique que celle-ci ne saurait être interprétée au terme d'un équilibrage entre les rôles masculin et féminin : la courbe descendante des hommes correspond à leur engagement de plus en plus spécialisé dans des formations et des carrières industrielles qui échappent à l'enseignement supérieur. Autrement dit, nous n'avons pas affaire à une chute de niveau mais à un recul de l'éducation généraliste, universalisante, de… l'Université.

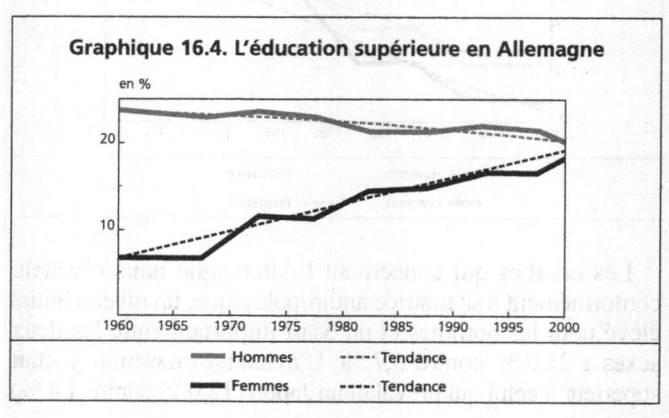

Graphique 16.4. L'éducation supérieure en Allemagne

en %

| | Hommes | - - - - - Tendance |
| | Femmes | - - - - - Tendance |

**Tableau 16.2. L'éducation supérieure selon l'OCDE. Pourcentage des 25-34 ans en 2011, tous diplômes de niveau tertiaire confondus**

| | |
|---|---|
| Corée | 64 |
| **Japon** | **59** |
| Canada | 57 |
| Irlande | 47 |
| Norvège | 47 |
| Royaume-Uni | 47 |
| Australie | 45 |
| Israël | 45 |
| France | 43 |
| Suède | 43 |
| États-Unis | 43 |
| Belgique | 42 |
| Pays-Bas | 40 |
| Suisse | 40 |
| Danemark | 39 |
| Finlande | 39 |
| **Espagne** | **39** |
| **Allemagne** | **28** |
| Portugal | 27 |
| Autriche | 21 |
| **Italie** | **21** |

Sources : *Regards sur l'éducation 2013.*
*Les indicateurs de l'OCDE*, p. 38, tableau A1.3a.

Cette trajectoire allemande est tellement étrange que nous devons la soumettre à validation, par l'examen de données venues d'une autre source, l'OCDE. Les statistiques proposées par cette organisation, au conformisme garanti, mettent en évidence le même phénomène de faible développement relatif de l'enseignement « tertiaire », selon sa terminologie, avec seulement 28 % des 25-34 ans obtenant en Allemagne en 2011 un diplôme de niveau quelconque, contre 59 % au Japon. La République fédérale se trouve ici proche du Portugal, dernier alphabétisé des pays de l'Europe de l'Ouest.

Élargissons la perspective à d'autres nations. Les données éducatives ajoutent un élément essentiel à l'étude de la grande divergence des sociétés européennes, selon des lignes de force qui ne renvoient d'ailleurs pas à des nécessités évidentes et simples comme la langue ou la religion. Germanité et latinité s'évanouissent. Le catholicisme officiel lui-même disparaît. L'Espagne, avec son taux de 39 %, semble vouloir coller au peloton de tête des nations avancées qui s'étagent toutes, hors les cas japonais, canadien et coréen, entre 40 et 47 %. Mais l'Italie, tout en bas du tableau, à 21 %, semble avoir pour sa part renoncé à développer une culture supérieure de masse. Il est vrai que ces deux pays « latins » diffèrent fortement par les structures familiales. En Espagne, la famille nucléaire égalitaire domine, bordée au nord par une masse importante de famille-souche. Son système anthropologique, à dominante nucléaire, est, au-delà des stéréotypes communs, plutôt féministe, avec un élément de verticalité et d'autoritarisme au Nord. Celui de l'Italie, dominé par la famille communautaire centrale, est au contraire fortement patrilinéaire et les plus grandes universités se trouvent bien en Émilie-Romagne et en Toscane, à Bologne et à Florence.

**Tableau 16.3. L'avantage féminin dans l'éducation supérieure. Niveau de formation tertiaire dans la population de 25-64 ans, en %**

| | Hommes | Femmes | Sex-ratio |
|---|---|---|---|
| Suède | 28 | 40 | 143 |
| Finlande | 32 | 44 | 138 |
| Portugal | 13 | 18 | 138 |
| Russie | 46 | 60 | 130 |
| Danemark | 29 | 37 | 128 |
| Norvège | 33 | 42 | 127 |
| Italie | 13 | 16 | 123 |
| Canada | 46 | 56 | 122 |
| Irlande | 34 | 41 | 121 |
| Australie | 34 | 41 | 121 |
| Israël | 42 | 49 | 117 |
| France | 27 | 31 | 115 |
| Belgique | 32 | 36 | 113 |
| États-Unis | 39 | 43 | 110 |
| Espagne | 30 | 32 | 107 |
| Royaume-Uni | 38 | 39 | 103 |
| Japon | 47 | 46 | 98 |
| Pays-Bas | 33 | 30 | 91 |
| Allemagne | 29 | 24 | 83 |
| Corée | 45 | 36 | 80 |
| Autriche | 22 | 17 | 77 |
| Suisse | 38 | 27 | 71 |

Sources : *Ibid.*, tableau A1.5a, p. 41.

Les données de l'OCDE nous permettent également de contrôler les résultats fournis par la banque de données Barro et Lee pour la comparaison entre hommes et femmes. La distribution des formations tertiaires dans l'ensemble de la population de 25 à 64 ans permet de calculer un sex-ratio spécifique, en rapportant la proportion de femmes qui ont reçu une éducation supérieure à la proportion d'hommes, et en multipliant le chiffre obtenu par 100. On obtient, pour 100 hommes, le nombre de femmes qui ont atteint ce niveau.

La distribution obtenue est typiquement « anthropologique ».

Nous trouvons sans surprise, parmi les pays dont l'indicateur est supérieur à 125, les nations scandinaves, la Russie et le Portugal. Dans ces trois cas, nous sommes sur la périphérie de l'Eurasie, dans des régions touchées tardivement par le principe patrilinéaire. Même lorsque ce principe l'a emporté, comme en Russie, et comme il a été dit à plusieurs reprises, le statut des femmes est resté élevé. Le matriarcat portugais est autant que le matriarcat breton un lieu commun pour les psychosociologues. On peut toutefois noter deux anomalies. L'Italie fait apparaître un indice plutôt féministe de 123, mais celui-ci doit être replacé dans le contexte d'un blocage du développement de l'enseignement supérieur. Le taux plutôt faible des Pays-Bas est plus troublant, parce qu'il laisse deviner un lien insoupçonné avec le monde allemand. La partie intérieure du pays est effectivement de type souche, mais je n'ose le reclasser avec l'Allemagne, l'Autriche ou la Suisse, en raison du rôle historique dominant de sa partie maritime, de la province de Hollande en particulier. Mais nous retrouverons au chapitre suivant le problème de cette ambiguïté néerlandaise dans le rapport à l'autoritarisme européen.

502

Tout en bas de l'échelle, avec des indices inférieurs à 100, nous trouvons le Japon, la Corée et tous les pays germaniques, l'Allemagne étant ici fidèlement accompagnée par l'Autriche et la Suisse (majoritairement alémanique), deux pays dominés comme elle par une famille-souche fortement patrilinéaire. L'analyse comparée des évolutions éducatives allemande et japonaise met donc en évidence à la fois parallélisme et divergence : la patrilinéarité commune aux deux nations n'empêche pas que l'une accélère et que l'autre freine le développement de son système universitaire.

Nous allons maintenant constater la survie, dans ces deux pays, d'une conscience collective forte, en contradiction avec l'idéologie dominante de l'ultra-individualisme, survie qui nous ramène à l'idée d'un fort parallélisme des deux nations. Ensuite, cependant, nous devrons tenter d'expliquer la divergence géopolitique des deux grandes nations-souches, actrices majeures de la globalisation économique.

## *Résistance d'une conscience collective : le nationalisme zombie*

La résistance de leurs secteurs industriels et les meilleures performances à l'exportation de l'Allemagne et du Japon peuvent être expliquées, ainsi qu'il a été suggéré au chapitre précédent, par la valeur de continuité de la famille-souche.

Dès son invention en Mésopotamie, ce type anthropologique avait été conçu pour transmettre, pour sa capacité à perpétuer des techniques, à les perfectionner. Cette préoccupation de base explique la continuité des appareils productifs allemand et japonais. On peut toutefois noter entre eux quelques différences. Le modèle allemand reste plus proche de son origine rurale et des villes moyennes où il s'est épanoui. Il inclut des groupes polyvalents puissants, mais repose aussi sur le dynamisme, identifié

Germany (decentralized) vs Japan
(centralized)

par Hermann Simon, des « champions cachés » (*hidden champions*), entreprises de taille petite ou moyenne qui dominent un créneau étroit de la production mondiale, et préfèrent le perfectionnement de leur produit, ou de leur gamme, à la diversification[1]. Ces entreprises sont souvent implantées dans des régions que l'on ne saurait décrire comme urbaines, et elles continuent, quand c'est possible, à préférer la transmission familiale. Elles gardent la mémoire de la primogéniture. Nous sommes ici très proches de la famille-souche originelle. H. Simon donne une définition implicitement ethnique du phénomène puisqu'il n'établit pas de distinction entre l'Allemagne, l'Autriche et la Suisse alémanique. Au Japon, ces champions cachés sont en moyenne plus gros, et ils pèsent globalement moins lourd. Ils sont surtout plus dépendants des grandes entreprises et de leurs banques. Ils sont beaucoup plus « urbains », à 74 % contre 33 % en Allemagne[2]. Nous devons ici noter une différence morphologique importante entre les deux nations : le Japon est centralisé par son tissu urbain, puisque Tokyo est devenue une mégalopole de près de 40 millions d'habitants, soit près du tiers du pays, tandis que l'Allemagne demeure déconcentrée sous l'effet d'un solide réseau de villes moyennes. Aucune ville n'y polarise l'ensemble de l'organisation sociale.

La capacité de la République fédérale à s'organiser collectivement n'en apparaît que plus remarquable. Des associations patronales et professionnelles assurent au pays une capacité d'action collective égale à celle que

1. Hermann Simon, *Hidden Champions of the 21st Century* [1996], Berlin, Springer, 2009.
2. Stefan Lippert, *World Class Beyond Toyota. Japanese Hidden Champions and Their International Peers*, Kenichi Ohmae Graduate School of Business, 2010.

le METI, organe stratégique central, assure au Japon. L'exemple du déficit d'ingénieurs apparu dans l'Allemagne des années 1990 révèle la puissance de ses réactions collectives. Un article du 21 septembre 2016 de la *Frankfurter Allgemeine Zeitung*, le journal du monde économique dirigeant, nous explique que la mobilisation de la *Verein Deutscher Ingenieure* (Association des ingénieurs allemands) a permis la résolution du problème. Selon les graphiques publiés par le journal, le nombre des actifs avec une formation d'ingénieur est passé de 815 000 à 1 016 000 entre 2005 et 2014, celui des individus employés comme ingénieurs est passé de 689 000 à 747 000 entre 2012 et 2014. En 2014, le nombre de diplômés en sciences de l'ingénieur avait augmenté de 7 % par rapport à l'année précédente et progressait alors plus rapidement que celui de tout autre groupe. Un diplômé sur six, en Allemagne, était donc un ingénieur en 2014. Au vu de la petite taille de la population étudiante, on se demande ce qui reste pour les matières générales[1]. Malgré la décentralisation, l'économie allemande réagit comme une automobile dont un conducteur mystérieux appuierait sur l'accélérateur. Le rôle des associations volontaires est évidemment essentiel. Mais rien de cela ne serait possible sans l'existence d'une conscience collective nationale : Verein *Deutscher* Ingenieure. Et en effet, la famille-souche zombie assure aujourd'hui, au contraire de la famille nucléaire, la rémanence d'une conscience collective de niveau national – et non seulement local ou professionnel.

Cette conscience collective nationale donne à l'Allemagne, au Japon et à la Corée un avantage asymétrique dans le jeu de la globalisation. En pays de famille

---

1. *Frankfurter Allgemeine Zeitung*, « Kind, werd Ingenieur ! », 21 septembre 2016.

nucléaire, l'ultra-individualisme culturel et sa composante économique, l'ultralibéralisme, ont mené à un réel abaissement des barrières douanières. Américains, Anglais et Français se comportent de la manière exigée par la théorie économique, ils deviennent, lorsqu'il s'agit d'acheter un bien, *homo oeconomicus*. Le consommateur suit son intérêt personnel immédiat et choisit le produit le moins cher. Il joue le jeu du postnational. L'abandon du protectionnisme (qui avait permis leur montée en puissance) place donc les capitalismes britannique, américain et français en situation de vulnérabilité. Ils ouvrent leurs marchés. Mais les capitalismes souches ne leur offrent pas une compensation équivalente. Le consommateur individuel allemand ou japonais ne se comporte pas conformément à la théorie économique, pas plus d'ailleurs que ses élites, puisque celles-ci contrôlent de manière informelle les circuits de distribution. Allemands et Japonais, avant de regarder le prix du produit, continuent de s'intéresser au pays de production et, chaque fois que c'est possible, choisissent le leur.

Au-delà de ses capacités de transmission technologique, la famille-souche zombie perpétue des mécanismes d'intégration collective qui s'opposent à l'émergence d'un *homo oeconomicus* postnational. Le trait inégalitaire de ce type anthropologique encourage, quant à lui, une mentalité asymétrique, une vision peu universaliste des peuples de la Terre, et l'*a priori* d'une différence de nature entre, par exemple, les Allemands et les autres, ou entre les Japonais et les autres. L'avantage commercial est immense : il induit un avantage initial de compétitivité qui ne fera que se renforcer avec le temps, puisque les gains initiaux sont réinvestis dans les industries exportatrices. La supériorité des techniques allemandes ou japonaises devient alors prophétie autoréalisatrice, et les produits peuvent en effet devenir meilleurs.

Le cas du Japon a toujours été transparent et l'on pourrait même dire que, sur ce plan, ce pays joue franc-jeu. 日本 s'autodéfinit comme un pays particulier, et tout le monde s'attend à ce qu'il pratique le jeu économique correspondant. L'Allemagne en revanche, dont l'ethnocentrisme idéologique, avec son idée de *Sonderweg* (voie particulière), a été proscrit à la suite de l'horreur nazie, joue son jeu économique dans un monde occidental qui s'efforce de croire, je l'ai dit dès l'introduction de ce chapitre, à l'universalisme de la République fédérale. Celle-ci peut donc être libre-échangiste en paroles et protectionniste en action. Sa passion pour l'excédent commercial et l'accumulation constante d'un surplus financier permettrait même de la définir comme mercantiliste. Face à un tel mécanisme mental et idéologique, la naïveté des élites françaises est maximale parce que leur propre famille nucléaire égalitaire zombie les prédispose à penser l'homme, allemand compris, comme identique à lui-même en tout lieu.

Dans le cas de l'Allemagne, nous devrions parler d'un sentiment national fort qui a survécu. Nous devrions même évoquer, dans la guerre économique qui a résulté du libre-échange généralisé, un nationalisme zombie. J'hésite à appliquer le même terme au cas japonais, à un pays dont le sentiment national est explicite et qui aspire sans doute plus aujourd'hui au retrait du monde qu'à sa conquête.

### Avantage économique et crise démographique

Nous aboutissons à ce résultat paradoxal que les pays avancés qui ont le mieux réussi dans la globalisation, si l'on s'en tient à l'efficacité dans l'échange, sont ceux qui ont été protégés par leurs systèmes anthropologiques de l'ultra-individualisme, qui ne se sont pas conformés au modèle de *l'homo oeconomicus*, ceux en somme, qui ont rejeté le postulat de la globalisation. On ne peut toutefois parler, les concernant, d'une efficacité générale. Si nous passons de la surface économique des choses aux effets de la mondialisation sur les couches profondes de la vie sociale – statut de la femme, conduites sexuelles, éducation des enfants –, nous constatons que des pays comme l'Allemagne et le Japon lui ont payé un tribut très lourd, sur le plan démographique notamment. Leur inadaptation foncière à un individualisme et à un féminisme de leur point de vue exagéré les a conduits à ne plus assurer la reproduction de leurs populations : le maintien sur la longue période d'indicateurs conjoncturels de fécondité proche de 1,4 enfant par femme implique une descendance finale (le nombre d'enfants produit par chaque génération de femmes) qui se rapprochera inexorablement de ce niveau très bas. Chaque année laisse apparaître un déficit massif des naissances. Or, avant de s'inquiéter du succès de son économie, une société doit s'assurer de la reproduction de sa population.

Nous devons donc considérer ces bonnes performances à l'exportation, dans un contexte de chute libre démographique, comme l'effet d'une rationalité partielle, ou limitée. On s'est beaucoup moqué du court-termisme des économies anglo-saxonnes, mais nous devons bien admettre que leur reproduction démographique, au moins, est assurée. Si l'on adopte une conception élargie de l'efficacité, qui inclut la performance démographique en plus de la performance industrielle, ce sont les sociétés allemande et japonaise qui sont court-termistes, puisque leurs succès économiques semblent payés d'un épuisement démographique. Mais nous y sommes : c'est à ce stade que le parallélisme entre les deux grandes sociétés souches se brise. L'Allemagne et le Japon ont réagi de deux manières absolument opposées à la menace démographique, l'une s'ouvrant largement à l'immigration, l'autre, au stade actuel, acceptant la chute de sa population et de sa puissance.

### Extraversion allemande et introversion japonaise

L'image fausse d'une Allemagne moins faite que la France ou que les États-Unis pour accueillir des immigrés aura complètement éclaté sous l'effet de l'ouverture du pays, en 2015, au flux de réfugiés venus de Syrie et d'Afghanistan. La vérité est que cette nation a derrière elle une longue et audacieuse histoire en matière d'utilisation de la main-d'œuvre étrangère et d'assimilation des immigrés. La Prusse, qui fit l'unité allemande, fut une société non pas seulement militaire, mais expérimentale, dont la montée en puissance résulta en partie d'une immigration novatrice. Celle-ci sut tirer parti, notamment, de l'arrivée massive de huguenots chassés par Louis XIV. Vers 1700, à Berlin, un habitant sur trois était français. La révocation de l'édit de Nantes, en 1685, n'a pas seulement appauvri la France en protestants éduqués, elle en a enrichi la Prusse et l'Angleterre[1]. Sautant par-dessus les siècles, nous pouvons évoquer aussi l'importation de millions de travailleurs étrangers par l'industrie allemande durant la Seconde Guerre mondiale, planifiée et gérée par un patronat certes plutôt nazi, mais surtout pragmatique.

Dans la République fédérale, la chute du nombre des naissances a commencé entre 1965 et 1975, et impliqué des classes creuses adultes à partir de 1995.

---

1. Sebastian Haffner, *The Rise and Fall of Prussia* [1980], Londres, Phoenix, 1998, p. 37.

Les historiens de l'Allemagne, dans le futur, choisiront sans doute la question démographique comme axe central pour évoquer les années 1995-2050. Le maintien de la population active aura été, de 1995 à 2017 au moins, une condition nécessaire de la puissance commerciale. Au début de cette lutte pour la survie, la chute du mur de Berlin a tout d'abord offert une solution miraculeuse : l'immigration d'Allemands venus de l'Est, puis de Soviétiques de « nationalité allemande ». Une main-d'œuvre éduquée et formée, facilement assimilable, a comblé au niveau des actifs les premiers trous de la pyramide des âges. À la veille de la vague migratoire syrienne et afghane, l'Allemagne comptait déjà sur son sol une impressionnante proportion de personnes nées à l'étranger : 13,3 % en 2012. Elle avait alors déjà dépassé les 13 % des États-Unis et surtout les 11,9 % de la France. Seule la Suède faisait mieux, avec 15,5 %.

**Tableau 16.4. Étrangers parmi les nations en 2012, en %**

|  | Étrangers | Nés à l'étranger |
|---|---|---|
| États-Unis | 6,8 | 13,0 |
| Royaume-Uni | 7,5 | 11,9 |
| Allemagne | 8,8 | 13,3 |
| Suède | 7,0 | 15,5 |
| France | 6,4 | 11,9 |
| Japon | 1,6 | – |
| Corée | 1,9 | – |
| Russie | 0,4 | 7,9 |

Sources : Données OCDE.

On doit, pour le Japon, se contenter de la proportion d'étrangers, mais la proportion de personnes nées à l'étranger s'en distinguerait peu, compte tenu de la difficulté d'obtenir sa naturalisation dans ce pays : mais nous trouvons en 2012 seulement 1,6 % d'étrangers au Japon contre 8,8 % en Allemagne. On peut, certes, constater déjà dans les îles l'amorce d'un flux migratoire, techniquement nécessaire pour combler les déficits d'actifs qui apparaissent dans l'économie du pays. Reste que l'on doit surtout prendre acte du refus du Japon de faire appel à l'immigration de masse pour résoudre son problème démographique. Dans ces conditions, sa population décroît depuis 2010. Le Japon a bien renoncé à la puissance.

La principale explication à la divergence des politiques démographiques de l'Allemagne et du Japon souligne l'attachement de la culture japonaise à un idéal d'homogénéité du corps social, notion hautement compatible avec les valeurs d'intégration et d'asymétrie de la famille-souche. Les mêmes valeurs n'empêchent toutefois pas l'Allemagne d'être ouverte. Ici, cependant, une différence entre la famille-souche japonaise et la famille-souche allemande pourrait nous éclairer sur la cause ultime de la divergence des attitudes et des politiques. Le système anthropologique allemand est farouchement exogame, comme celui de tous les types familiaux européens modifiés par le christianisme. L'exogamie radicale du christianisme n'a pas touché le Japon. L'exogamie y était tempérée par une réelle tolérance au mariage entre cousins du premier degré, dont le taux atteignait 11 % au lendemain de la Seconde Guerre mondiale. Il a chuté depuis, et tend vers zéro. Cette proportion plutôt élevée n'était probablement pas très ancienne. Elle dut apparaître pendant la fermeture au monde de l'époque Tokugawa, à partir du début du XVIIe siècle, à l'époque justement où le Japon a rejeté la tentative d'infiltration chrétienne. Souvent, le repliement endogame d'un village était motivé par le désir de préserver le monopole d'une technique moderne, de la fabrication du papier par exemple[1].

Ce que nous observons au Japon, c'est fondamentalement une dialectique de l'ouverture et de la fermeture qui associe tous les plans, le politique, l'économique, le familial. Il n'apparaît guère possible de distinguer le niveau d'où serait parti le léger mouvement vers l'endogamie.

L'endogamie familiale ne revient pas dans le Japon actuel, mais le pays a fait ce qu'il a pu pour préserver son autonomie économique, au moment même où l'Allemagne entrait dans une phase d'extraversion extrême. La République fédérale a atteint un taux d'ouverture à l'échange étonnant pour un pays de plus de 80 millions d'habitants, une taille respectable qui permettrait la préservation d'échanges intérieurs importants. En proportion du PIB, les exportations allemandes sont passées de 31 % en 2000 à 47 % en 2015. Le Japon, lui aussi, a dû s'ouvrir durant la même période, mais, partant de 11 %, ses exportations n'ont atteint que 18 % du PIB. En 2015, importations et exportations s'y équilibrent. En Allemagne, les importations ont été freinées pour plafonner à 39 %[2]. La plus grande taille de la population japonaise ne peut expliquer à elle seule une telle différence d'ouverture.

Tandis que l'Allemagne définissait des circuits de production intégrant la main-d'œuvre de l'Europe de l'Est, prenant le risque d'un abaissement de la qualité de ses

---

1. Sur tous ces points, voir Emmanuel Todd, *L'Origine des systèmes familiaux*, *op. cit.*, p. 187-190.
2. World Bank, *World Development Indicators*, 4.8 Structure of Demand.

produits, la priorité pour le Japon semble avoir été de préserver l'autonomie de ses chaînes de production. Le Japon a même conservé, après Fukushima, son industrie nucléaire civile, en dépit de la menace permanente d'un tremblement de terre. L'introversion japonaise s'oppose à l'extraversion allemande.

Si l'on cherchait en Asie un équivalent parfait à l'Allemagne, c'est en Corée qu'on le trouverait. La famille-souche coréenne est exogame, et le pays contient d'ailleurs 31,6 % de chrétiens (24,0 % de protestants, 7,6 % de catholiques), pour 24,2 % de bouddhistes. Ce pays, dont la crise démographique est plus récente, accueille pourtant déjà une proportion d'étrangers plus élevée que le Japon, l'immigration y étant il est vrai facilitée par l'existence de Coréens « ethniques » en Chine du Nord. Un anthropologue de tradition culturaliste américaine considérerait la culture coréenne comme extravertie, favorable à l'expression des sentiments, à l'opposé de la culture japonaise qui privilégie la réserve.

Rien n'est plus instructif que de lire, dans les appendices d'une étude ambitieuse comparant l'évolution des valeurs familiales au Japon, en Corée du Sud, à Taiwan et en Chine, le compte-rendu d'une discussion entre les sondeurs d'opinion japonais et les autres. Ceux-ci demandent une distribution des réponses possibles en un nombre pair, qui oblige donc à choisir entre le positif et le négatif. (L'existence d'une réponse centrale permet à l'individu d'y trouver refuge pour ne pas exprimer d'opinion.) Mais les chercheurs japonais n'ont finalement pas eu gain de cause, et tout au long de l'étude, quel que soit le thème abordé, l'échantillon japonais se distingue par son taux de non-réponses[1]. Ici encore, les catégories du

1. Noriko Iwai, Tokio Yasuda et *al.*, *Family Values in East Asia. A Comparison Among Japan, South Korea, China, and Taiwan Based on*

sens commun – Europe contre Asie par exemple – sont inopérantes, puisque la Corée ou Taiwan basculent du côté de l'extraversion européenne.

Ici, peut-être, pouvons-nous finalement recevoir l'idée que le Japon est vraiment un pays spécial. Mais sa différence, son introversion, son endogamie sont, comme sa famille-souche, les produits d'une histoire assez récente, s'étalant tout au plus entre le XVᵉ et le XXᵉ siècle.

*East Asian Social Survey 2006*, Kyoto, Nakanishiya, 2011, p. 96-97, « The Japanese Preference for Neither Agree Nor Disagree ».

# Chapitre 17
# La métamorphose de l'Europe

Depuis son élargissement à l'Est et la mise en place de la monnaie unique à l'Ouest, l'Europe semble dysfonctionner. Nous ne pourrons cependant comprendre le malaise du continent si nous restons prisonniers des deux grands principes intellectuels qui ont guidé la construction européenne : une croyance en la primauté des déterminations économiques et une hypothèse de convergence des nations dans la société de consommation. Le projet aurait pu réussir dans un monde où l'économie aurait été le moteur de l'histoire et où les niveaux d'efficacité économique se seraient rapprochés, du nord au sud et de l'ouest à l'est du continent. Notre monde, cependant, est différent. Ainsi que je tente de le montrer systématiquement dans ce livre, des forces plus profondes – éducatives, religieuses et familiales – sous-tendent les évolutions économiques. J'ai évoqué au chapitre précédent la diversité des trajectoires de progression de l'éducation supérieure en Europe. Je vais maintenant plonger jusqu'au socle anthropologique et étudier la manière dont sa diversité familiale et religieuse a provoqué une métamorphose de l'Union. J'aboutirai à la conclusion, plutôt surprenante, que, loin d'être monstrueuse, l'Europe d'aujourd'hui est telle qu'elle devait être en vertu de la vision de l'histoire développée dans ce livre.

Avant d'étudier la divergence économique et démographique des nations, je vais tracer un portrait schématique de leur diversité anthropologique, en proposant une carte des structures familiales qui, une fois combinée à la carte 8.1 des niveaux d'imprégnation religieuse, permettra une carte de synthèse révélant la distribution géographique des valeurs d'autorité et d'inégalité sur le continent.

## Diversité des formes familiales à l'extrémité de l'Eurasie

Tardivement atteinte par l'agriculture, la ville, l'écriture et l'État, l'Europe occidentale se présente à l'anthropologue comme un conservatoire de formes familiales archaïques. Les types polonais, roumain, belge, breton, vendéen, italien du Piémont, de Lombardie ou de Ligurie, français de la côte méditerranéenne étaient nucléaires mais pratiquaient encore la corésidence temporaire en milieu paysan, avec une forte nuance patrilinéaire en Roumanie, en Italie du Nord, en Provence et en Languedoc. À l'Est, nous trouvons, comme au cœur de l'Asie, des types communautaires, en Russie, en Finlande intérieure, dans les trois pays baltes, en Slovaquie, dans une partie de la Hongrie, en Bulgarie, en Serbie, en Albanie. Au nord de cet espace communautaire, le statut de la femme est aussi élevé que sur la frange ouest du continent. Au Sud, il est plus bas, mais partout, même dans la partie musulmane de la Bosnie, en Albanie ou au Kosovo, le système est exogame. Il exclut la possibilité du mariage entre cousins. La carte en couleur 17.1, page 528A, cependant, nous révèle que le type familial prédominant dans l'Union européenne est la famille-souche, qui représente le premier stade de la transformation patrilinéaire. Elle fut le type paysan dominant de pays et de régions aujourd'hui occupée par un peu plus de 180 millions d'habitants. Une telle masse représente 36 % d'une Union à laquelle on aurait ajouté la Suisse et la Norvège, avant le départ du Royaume-Uni. La masse relative de la famille-souche monte à 40 % après le départ des Britanniques, et atteint 46 % dans la seule zone euro. Dans la mesure où aucun autre type ne pèse plus de 20 % dans l'Union, on doit admettre que l'Europe de l'Ouest, dans sa partie continentale, est à prédominance souche. L'Allemagne ne constitue que 18 % de l'Union (plus la Suisse) sans le Royaume-Uni, 25 % de la zone euro. Si on lui adjoint l'Autriche et la Suisse alémanique, où la famille-souche règne autant que la langue allemande, on atteint 21 % de l'Union (plus la Suisse) sans le Royaume-Uni. Ensemble, l'Allemagne et l'Autriche pèsent 27 % de la zone euro.

Dans la construction européenne, la famille-souche non allemande pèse donc très lourd : on la trouve en Suède, dans l'intérieur des Pays-Bas, en République tchèque, en Slovénie, en Vénétie, en Alsace, en Occitanie, au nord de la péninsule Ibérique. Elle compte pour 47 % du total souche, presque la moitié. On ne peut donc attribuer à la seule Allemagne, ou même à l'ensemble du monde germanique, la prédominance en Europe des valeurs d'autorité et d'inégalité, ou, dit autrement, une préférence pour l'intégration de l'individu dans un système hiérarchique. La famille-souche pèse 31 % en Espagne, 29 % en France ou au Portugal et 11 % en Italie.

Dans la zone euro, pour nous en tenir désormais au cœur de la construction politique européenne, la famille nucléaire égalitaire ne pèse que 27 %, soit peu de chose face aux 46 % de la famille-souche. On peut toutefois faire monter à 34 % le poids des valeurs nucléaires et égalitaires si on tient compte de la famille nucléaire patrilocale de l'Italie du Nord et de la côte méditerranéenne de la France.

Ce qu'évoque la carte de la famille-souche, c'est bien un bloc germanique central, mais qui déborde sur les Pays-Bas, la République tchèque, l'extrême est de l'Hexagone, la Slovénie, le nord-est de l'Italie. Il faut, en outre, lui associer des pôles autonomes en Suède, en Occitanie, en Catalogne, au Pays basque, en Galice et au nord-ouest du Portugal. La Suède est l'autre nation-souche, mais elle n'a que 9,6 millions d'habitants et son type familial, féministe au plus haut degré, reste atypique et imparfait. Par la masse anthropologique réelle, le deuxième pays de famille-souche en Europe est en fait la France, avec 19 millions d'habitants concernés, le troisième l'Espagne avec 14 millions.

## Diversité des imprégnations religieuses

On distingue conventionnellement trois grandes variétés de christianisme en Europe, l'orthodoxie, le catholicisme et le protestantisme. Je manque de données sur la pratique religieuse orthodoxe et ne pourrai donc définir, pour cette variante, des dates de sécularisation selon le lieu. Mais j'avais, dans *L'Invention de l'Europe*, défini une époque unique de sortie du religieux pour le protestantisme, et deux époques, distinctes selon le lieu, pour le catholicisme. Ainsi que le montre la carte 8.1 (p. 244), dans une bonne partie du territoire de l'Église – le Bassin parisien, le sud de l'Espagne, de l'Italie et du Portugal –, la pratique religieuse s'est effondrée dès les années 1740-1750, en région de famille nucléaire égalitaire et de grande exploitation agricole pour l'essentiel[1]. Dans ces régions de sécularisation ancienne, la

1. Emmanuel Todd, *L'Invention de l'Europe*, *op. cit.*, chapitre VI.

force de l'intégration religieuse est minimale, résiduelle ou nulle. Dans les pays protestants, où le reflux se produisit entre 1870 et 1930, on peut supposer des traces plus importantes. Dans les régions demeurées catholiques pratiquantes jusqu'au lendemain de la Seconde Guerre mondiale et où la chute n'intervint qu'après le concile Vatican II, on doit admettre une rémanence encore plus importante. C'est dans les régions de France où le catholicisme vient de disparaître que nous avions identifié, avec Hervé Le Bras, un *catholicisme zombie*. Les départements concernés faisaient apparaître une dynamique éducative et une performance économique supérieure à celles des autres. On y trouve aussi, ainsi que je l'ai montré dans *Qui est Charlie ?*[1], des attitudes sociales prédisposant à l'acceptation de l'autorité, de l'inégalité et de formes sociales hiérarchiques. Dans le contexte actuel de crise spirituelle et économique, on y observe une forme particulière, hypocrite en quelque sorte, d'islamophobie. Mais le catholicisme zombie est un phénomène d'ampleur européenne, et même intercontinentale si l'on intègre le Québec à sa constellation. Dans cette dernière région, archétypale, la fixation négative sur la religion de Mahomet est très facile à déceler, en l'absence d'une population musulmane importante. Dans le cas des pays européens autres que la France et la Belgique, je ne dispose pas de données satisfaisantes pour traiter de l'islamophobie en termes de catholicisme zombie. J'ai par ailleurs souligné dans *Qui est Charlie ?* que les protestantismes des Pays-Bas, du Danemark et de l'Allemagne du Nord étaient mieux capables encore que le catholicisme de stimuler une xénophobie à caractère religieux. C'est que l'expression de la valeur d'inégalité est plus franche dans le

1. Emmanuel Todd, *Qui est Charlie ? Sociologie d'une crise religieuse*, Paris, Seuil, 2015, et « Points Essais » n° 795, 2016.

protestantisme, dopée par la doctrine de la prédestination qui distingue élus et damnés. Le protestantisme a, dès le départ, exigé la traduction en langue vernaculaire de la Bible et a toujours eu partie liée, si ce n'est avec le nationalisme, du moins avec l'expression initiale de l'identité nationale.

Sur le plan économique, en revanche, le catholicisme zombie est facile à identifier. Les rattrapages de la Flandre, de la Vénétie, de la Bavière ou du Bade-Wurtemberg dans leurs espaces nationaux respectifs en témoignent. Dans le cas de l'Allemagne, nous voyons même l'hypothèse wébérienne d'une association entre progrès et protestantisme frappée d'obsolescence puisque les deux Länder les plus dynamiques sont à prédominance catholique.

Le principe de la soumission au prêtre était au centre de la Contre-Réforme. Sur le plan idéologique, le catholicisme zombie encourage donc des comportements hiérarchiques, autoritaires et inégalitaires : et ce, même là où une mutation de gauche a modifié l'alignement politique apparent des électeurs. En France, ainsi que je l'ai souligné dans *Qui est Charlie ?*, la « conquête » de régions catholiques par le parti socialiste a en réalité mené à son acculturation aux valeurs autoritaires et inégalitaires du catholicisme zombie. La deuxième gauche, issue de la première droite de René Rémond, la légitimiste, a donc fait la conquête de la gauche, puis de la France, non pour les valeurs de liberté et d'égalité, mais au contraire pour celles d'autorité et d'inégalité. Le mouvement a été renforcé par les succès éducatif et économique de régions catholiques devenues conquérantes.

La stratification éducative nouvelle a partout ajouté son effet inégalitaire propre à celui des valeurs intrinsèques de la famille-souche ou du principe de la supériorité du prêtre. La France s'est ainsi convertie, avec Jacques Delors et un PS devenu rigoriste, au franc fort, puis à l'euro, monnaie conçue pour être honorée et servie plutôt qu'utile à la vie économique. Dans la trajectoire mentale des populations et des groupes sociaux restés catholiques jusque vers 1960, Dieu a été remplacé par un veau d'or monétaire. L'esprit de la République a été trahi, mais la sagesse de la Bible nous dit bien que l'or est un substitut de nature religieuse, antireligieuse plutôt. Au bout du voyage, les élites françaises, converties à l'idéologie souche, gérantes maladroites d'une société restée libérale et égalitaire en son cœur, ne pouvaient que diviniser aussi l'Allemagne, type idéal européen de la société souche.

La France, en vertu de sa diversité anthropologique, est un merveilleux champ d'expérimentation. On peut notamment y identifier le mécanisme de la transsubstantiation des valeurs issues du catholicisme. Un travail identique devrait être réalisé pour l'ensemble de la sphère catholique zombie. On pourrait alors observer une grande diversité de trajectoires. Même en France, la région de l'Ouest intérieur, de famille nucléaire absolue, n'a pas été conquise par le PS et est demeurée formellement « de droite ». Le nord-est de l'Italie est passé à la Ligue padane, le gros de l'Allemagne catholique est resté fidèle à la CDU, la Bavière à la CSU. En Flandre, la démocratie-chrétienne a surnagé, mais doit tenir compte d'une montée en puissance des nationalistes antifrancophones et antiarabes. Il n'est pas impossible que les Pays-Bas, dont le cœur historique fut maritime et protestant, aient vécu une montée en puissance du Sud-Est catholique zombie, analogue à celle qui a touché la France, où le cœur laïque et républicain a fini par être dominé par sa périphérie. La virulence islamophobe toute particulière du pays de la « tolérance » suggère toutefois une belle résistance de son centre protestant.

Mais toujours nous pouvons postuler une rémanence, après l'effondrement de la pratique religieuse – mesurable directement par des sondages ou indirectement par la chute de fécondité –, de la dimension autoritaire et inégalitaire du catholicisme contre-réformé. L'effacement de l'Église universelle, qui assurait l'unification de ces mondes particuliers, a libéré, là où les structures familiales étaient inégalitaires, des tendances ethnocentriques : en Flandre, au Pays basque, en Irlande, au Québec. Mais on doit aussi supposer la persistance, dans l'espace catholique zombie, de traces d'universalisme chrétien et d'une modération de la xénophobie qui n'a pas son équivalent en pays protestant.

Ensemble, les régions de catholicisme zombie dessinent, après la famille-souche, une deuxième constellation à l'intérieur de l'Union européenne. Elle recoupe souvent, mais non toujours, la première. Comme la famille-souche, le catholicisme zombie pèse plus lourd relativement dans la zone euro que dans l'Union dans son ensemble. Le monde germanique y apparaît un peu moins central. Le catholicisme zombie rapproche des valeurs d'autorité et d'inégalité des régions qui ne sont pas de famille-souche : l'Ouest intérieur français, de famille nucléaire absolue, la Vieille-Castille et le Léon espagnols, de famille nucléaire égalitaire, l'Italie centrale communautaire, ou encore la moitié de l'Italie du Nord, de famille nucléaire à corésidence temporaire patrilocale.

Je ne tenterai pas ici d'additionner systématiquement et finement valeurs familiales et religieuses. Un long débat sur le rapport du protestantisme à l'autorité et à l'inégalité serait nécessaire, et probablement peu concluant. À leur message d'inégalité métaphysique des hommes, luthéranisme et calvinisme ont en effet ajouté, massivement, celui de leur égalité et de leur liberté face aux prêtres.

Contentons-nous d'une combinaison pragmatique des empreintes souches, catholiques et protestantes, ce que réalise la carte en couleur 17.2, page 528B, qui combine les cartes 8.1 et 17.1.

Famille-souche et catholicisme zombie peuvent collaborer à la fabrication et au maintien d'une culture locale autoritaire et inégalitaire. Les zones où les deux forces sont en coïncidence se caractérisent par une intégration maximale des individus au modèle hiérarchique. La famille-souche peut aussi exister sans trace de l'Église : dans le gros de l'Occitanie et de la Catalogne, la famille-souche n'avait pas empêché une déchristianisation précoce. Le monde protestant, dont nous avons vu au chapitre 5 l'affinité initiale à la famille-souche d'Allemagne ou de Suède, ne peut par définition être catholique zombie.

Dans notre évaluation continentale du potentiel d'autorité et d'inégalité, nous devons accorder une attention particulière aux régions catholiques zombies mais non-souches, qui constituent comme une deuxième couronne où prédominent, quoi que plus faiblement qu'en zone de famille-souche protestante ou de coïncidence famille-souche/catholicisme zombie, un tempérament hiérarchique et une tradition d'intégration de l'individu. J'avais estimé la proportion de la zone euro dominée par la famille-souche à 46 %. Si l'on ajoute les zones catholiques zombies mais non-souches, on atteint 56 %. Allons jusqu'au bout de notre mesure de l'anti-individualisme : si l'on tient compte de l'autoritarisme des provinces et nations de tradition communautaire d'Italie centrale ou de la côte baltique, certes égalitaires mais néanmoins autoritaires, on obtient 61 %. En Estonie ou en Lettonie, une empreinte luthérienne ajoute une nuance d'inégalité protestante. J'aurai l'occasion d'évoquer au chapitre suivant le rôle des Estoniens et des Lettons dans la genèse du communisme soviétique.

Qu'il soit d'origine familiale ou religieuse, l'autoritarisme des tempéraments domine dans les sociétés locales de la zone euro. L'anthropologie nous permet ainsi d'échapper à la représentation de cette monnaie si dure aux hommes comme une anomalie. Du point de vue de la théorie développée dans cet essai, qui associe famille, religion et idéologie, l'euro (et la politique d'austérité qui lui est associée) n'est que la forme normale de la monnaie dans un espace européen qui n'est pas dominé par des valeurs libérales. Une telle analyse ne remet pas en question la centralité de l'Allemagne dans la monnaie unique. Mais elle souligne l'existence, dans toute la zone, de forces idéologiques qui préfèrent la rigueur, et adhèrent à l'idéal d'un pouvoir qui vient d'en haut, que ce pouvoir dérive de celui du père (effet souche) ou de celui du prêtre et de Dieu (effet catholique zombie).

Le rôle de la France périphérique, souche et/ou catholique zombie, a été particulièrement important dans la genèse de la monnaie unique puisque l'euro fut l'idée de ses élites, ou du moins celle des socialistes qui étaient parvenus au pouvoir en 1981. Mais la France, pays de la Révolution, est aussi, non seulement la fille aînée de l'Église, mais, ainsi que nous venons de le voir, le deuxième pays de famille-souche en Europe.

Qu'il soit associé à la famille-souche ou non, le catholicisme zombie est au cœur de la zone euro. La cartographie semble même en faire son véritable fondement, puisqu'on trouve ses bastions dans presque tous les pays de la zone euro, la Finlande, l'Estonie et la Lettonie échappant seules à sa constellation. Nous ne faisons cependant que retrouver ici, par le biais de l'anthropologie historique, un lieu commun : l'importance de la démocratie-chrétienne, et donc de l'Église catholique, dans la genèse de la communauté européenne. Le principe de la mémoire des lieux, établi au chapitre 15, nous permet d'accepter l'hypothèse d'une rémanence des valeurs religieuses, et leur transfiguration dans la conception et la défense d'une monnaie faite pour dominer les hommes plutôt que les servir.

Notons qu'à l'exception de la Finlande, de l'Estonie et de la Lettonie, qui ont choisi l'euro par peur de la Russie, les pays intégralement protestants sont demeurés à l'extérieur de la zone. La Norvège n'appartenait déjà pas à l'Union. Mais le Danemark et la Suède luthériens ont conservé leur monnaie, tout comme le Royaume-Uni de tradition calviniste. La dimension nationale forte de ce que nous pouvons appeler *protestantisme zombie* est toujours active et s'est révélée le plus souvent capable de préserver l'indépendance monétaire, et au final, l'indépendance tout court.

L'Allemagne, à l'époque de son entrée dans la monnaie unique, était dominée par sa droite, solidement implantée en pays catholique. Le rattachement de l'Allemagne de l'Est en a depuis refait un pays à majorité protestante, avec certainement pour conséquence une orientation globale qui devient plus nationale qu'européenne. Il est toujours touchant d'entendre les socialistes français attendre d'une éventuelle arrivée au pouvoir des socio-démocrates allemands, « hommes de gauche », l'avènement d'une Allemagne plus ouverte aux demandes de la France, de l'Italie ou de l'Espagne. Mais c'est bien entendu au contraire qu'il faudrait se préparer, puisque le parti social-démocrate, solidement implanté, comme jadis le nazisme, en pays protestant, est porteur de plus de nationalisme que la démocratie-chrétienne, héritière du Zentrum catholique et connectée par la religion au monde latin.

J'ai évoqué plus haut certains de mes doutes sur le caractère toujours « protestant » des Pays-Bas. Quelle que soit la réponse qu'on apporte à cette interrogation, il apparaît clairement que cette petite nation, débouché de l'Allemagne sur le Rhin, n'avait guère d'autre choix que d'entrer dans l'euro.

**Tableau 17.1. PIB par tête en 2014 dans les pays d'Europe (en dollars, en parité de pouvoir d'achat)**

| Pays | PIB par tête |
|---|---|
| Norvège | 65 970 |
| Suisse | 59 600 |
| Luxembourg | 57 830 |
| Pays-Bas | 47 660 |
| Allemagne | 46 840 |
| Suède | 46 710 |
| Danemark | 46 160 |
| Autriche | 45 040 |
| Belgique | 43 030 |
| Irlande | 40 820 |
| Finlande | 40 000 |
| France | 39 720 |
| Royaume-Uni | 38 370 |
| Italie | 34 710 |
| Espagne | 32 860 |
| Slovénie | 28 650 |
| Portugal | 28 010 |
| Malte | 27 020 |
| République tchèque | 26 970 |
| Grèce | 26 130 |
| Slovaquie | 25 970 |
| Estonie | 25 690 |
| Lituanie | 25 390 |
| Russie | 24 710 |
| Pologne | 24 090 |
| Hongrie | 23 830 |
| Lettonie | 23 150 |
| Croatie | 20 560 |
| Roumanie | 19 030 |
| Biélorussie | 17 610 |
| Bulgarie | 15 850 |
| Monténégro | 14 510 |
| Macédoine | 12 600 |
| Serbie | 12 150 |
| Albanie | 10 210 |
| Bosnie-Herzégovine | 10 020 |
| Ukraine | 8 560 |
| Moldavie | 5 480 |

Reste à étudier maintenant comment la gestion de l'Europe élargie, dans et hors de la zone euro, a réalisé la valeur d'inégalité des hommes, commune à la famille-souche et à la majorité des régions de culture catholique zombie.

## Le triomphe de l'inégalité en Europe

L'examen selon les pays de la richesse produite par habitant en 2014 (produit intérieur brut par tête) est une très belle illustration du principe de rémanence, de mémoire des lieux en action. Des décennies d'expérimentation bureaucratique, d'invention monétaire, d'acceptation ou de refus d'intégrer la zone euro n'ont en rien modifié la distribution géographique et culturelle traditionnelle de l'efficacité économique. Jacques Sapir avait posé, dès 2006, la question de la difficulté des pays européens à converger[1]. Celle-ci est mise en évidence par le tableau 17.1 qui indique, par ordre décroissant, le PIB par tête pour les pays d'Europe, sans tenir compte de leur appartenance à l'Union ou à l'euro. Norvège et Russie y trouvent leur place. Les pays de famille-souche correspondent à une case grisée, moins sombre si le type anthropologique ne concerne que la moitié de la population. Le nom des pays protestants est en gras. Les Pays-Bas sont classés parmi les pays protestants pour rappeler leur rôle dans le décollage économique et scientifique du XVIIᵉ siècle. Les valeurs sont calculées en parité de pouvoir d'achat, pour tenir compte du prix des biens et services à acheter dans les divers pays. Le haut du tableau, sans surprise, mêle protestantisme et

---

1. Jacques Sapir, *La Fin de l'euro-libéralisme*, Paris, Seuil, 2006, voir le chapitre 2, section II.

famille-souche. Ce n'est plus l'Europe protestante avancée du XVIIe siècle. Ce n'est même plus celle du début du XXe siècle, puisque l'Autriche, de famille-souche, et libérée du catholicisme actif, a rejoint le groupe de tête. L'empreinte protestante anglaise n'a pas réussi à empêcher la chute du Royaume-Uni au niveau de la France, en situation intermédiaire. Le classement reste en évolution puisque la France, par exemple, paralysée par une monnaie unique défavorable à son centre nucléaire égalitaire, régresse continûment et finira, si la tendance persiste, par être plus proche de l'Italie et de l'Espagne que du club des nations riches. On peut même l'imaginer rattrapée par la République tchèque, de famille-souche, ce qui ramènerait à vrai dire à la situation d'avant-guerre.

Le coût salarial nominal par pays, l'indicateur qui compte pour les entreprises qui délocalisent ou sous-traitent, et pour les travailleurs qui émigrent temporairement, fait apparaître des écarts beaucoup plus considérables. Les données Eurostat sur le gain horaire médian exprimé en euros sont présentées par le tableau 17.2, à nouveau selon le principe de valeurs décroissantes. En 2014, cet indicateur tombait de 25,4 au Danemark à 1,7 en Bulgarie, définissant une échelle allant de 15 à 1. À l'intérieur de la zone euro, les écarts vont de 18,3 pour le Luxembourg à 3,1 pour la Lituanie, soit une échelle de 6 à 1.

L'intégration des anciens pays communistes n'a donc pas conduit à une convergence des niveaux de vie, mais à la mise en place d'un système différencié et inégalitaire dans lequel les populations actives bien éduquées par le régime communiste servent de main-d'œuvre sous-payée, à des niveaux qui soutiennent la comparaison avec la Chine. La Pologne est devenue la reine du matériel électroménager, la Slovaquie et la Roumanie dominent la production automobile. L'Union dispose désormais

**Carte 17.1. Les types familiaux en Europe**

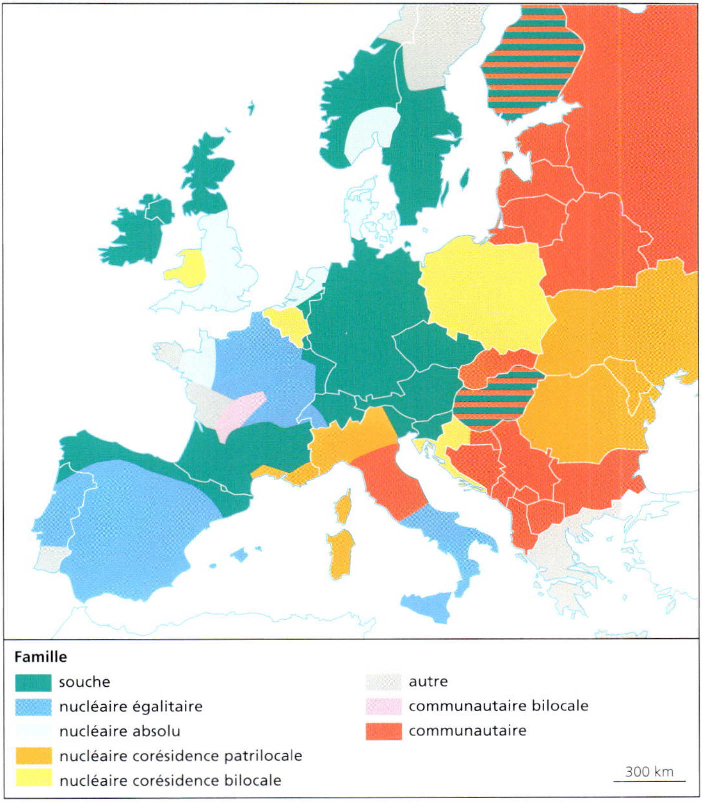

Famille

- souche
- nucléaire égalitaire
- nucléaire absolu
- nucléaire corésidence patrilocale
- nucléaire corésidence bilocale
- autre
- communautaire bilocale
- communautaire

300 km

**Carte 17.2. Autorité et inégalité en Europe**

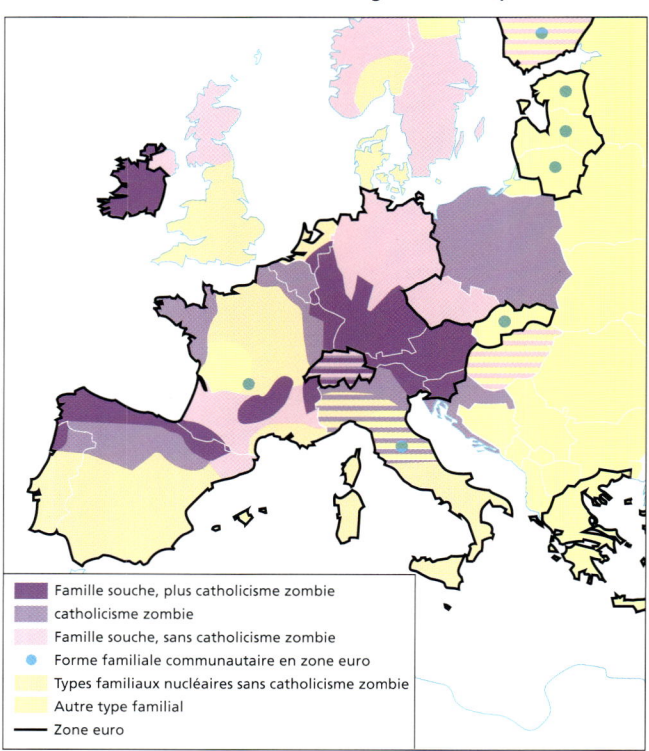

- Famille souche, plus catholicisme zombie
- catholicisme zombie
- Famille souche, sans catholicisme zombie
- ● Forme familiale communautaire en zone euro
- Types familiaux nucléaires sans catholicisme zombie
- Autre type familial
- —— Zone euro

528B

d'une sorte de Chine intérieure. Si l'on considère l'Union européenne comme une entité globale, la réorganisation continentale de sa production a fait de la distribution des revenus internes à chacune des nations composantes un indicateur obsolète du niveau d'inégalité, particulièrement si l'on veut comparer la « démocratie européenne » à la « démocratie américaine ». C'est désormais un lieu commun que de considérer les États-Unis comme plus inégalitaires que l'Europe. Cependant, un calcul à l'échelle de l'Union, plutôt que nation par nation, révèle qu'entre 1990 et 2015, le triomphe de l'inégalité « ultralibérale » a eu l'Europe comme terre d'élection.

### *Blitzkrieg industriel à l'Ouest*

On ne note même pas de convergence restreinte à l'ouest du continent. Le décrochage du PIB de la France par tête nous avait déjà suggéré cette conclusion pessimiste. Le vieux clivage entre Europe du Sud et Europe du Nord s'est au contraire réaffirmé. Le libre-échange interne à l'Union, particulièrement dogmatique, a conduit à l'émergence d'avantages comparatifs que la théorie économique ignore parce qu'elle oublie qu'*homo oeconomicus* n'évolue pas dans le vide, mais à l'intérieur de systèmes de mœurs définis par des structures familiales et des traditions religieuses. Famille-souche et protestantisme, forces zombies maintenues par la mémoire des lieux en dépit des migrations et des échanges culturels, continuent d'assurer l'hétérogénéité radicale de l'espace économique européen, à l'Ouest autant qu'à l'Est.

L'euro a aggravé la mise en compétition des économies fortes et faibles, en empêchant les secondes de se protéger par la dévaluation d'une concurrence trop efficace. Les industries italienne et française n'ont donc pu résister à la concurrence germanique ou scandinave. Une mauvaise compréhension des mécanismes de compétition commerciale à l'œuvre dans le monde explique l'erreur de calcul des Européens. L'un des lieux communs de la globalisation est, on le sait, qu'il existe un effet de concurrence primordiale, et unique, entre la main-d'œuvre chère des pays avancés et celle, bon marché, des pays en développement. Or le phénomène existe, certes, et il est en effet central. Nous venons même de constater son existence à l'intérieur de l'Union européenne, avec le recours par les entreprises de l'Ouest à la main-d'œuvre sous-payée de l'Est. Mais il faut pousser plus loin l'analyse.

Pour les nations avancées qui luttent pour garder la partie évoluée de leur industrie et engranger des excédents commerciaux, le mode de défense le plus efficace est de se retourner contre leurs voisines économiques et sociales, proches d'elles par le niveau de vie et le taux de salaire. Une étude de Patrick Artus a mis ce phénomène en évidence, en 2009, dans un livre intitulé *L'Allemagne, un modèle pour la France ?*[1]. Il y posait la question des effets que recherchait l'Allemagne en mettant en œuvre une politique de compression du coût du travail et parvenait à la conclusion qu'elle était dirigée contre ses partenaires de l'Union. Posons le problème dans ses termes les plus généraux. Une compression, en Europe du Nord, de 20 % du coût du travail ne saurait avoir pour cible et adversaire un pays comme la Chine ou l'Indonésie, où les taux de salaire sont 10 ou 20 fois plus bas. Elle est nécessairement dirigée contre des rivaux proches, chez qui les revenus sont, si ce n'est égaux, du moins comparables.

1. Patrick Artus *et al.*, *L'Allemagne, un modèle pour la France ?*, Paris, PUF, 2009.

**Tableau 17.2. Gain horaire médian,
en euros, en 2014 dans les pays d'Europe**

| | |
|---|---|
| Danemark | 25,4 |
| Irlande | 20,2 |
| Suède | 18,5 |
| Luxembourg | 18,3 |
| Belgique | 17,3 |
| Finlande | 17,2 |
| Pays-Bas | 16,0 |
| Malte | 15,6 |
| Allemagne | 15,3 |
| France | 14,8 |
| Royaume-Uni | 14,7 |
| Autriche | 13,8 |
| Italie | 12,3 |
| Espagne | 9,8 |
| Chypre | 8,4 |
| Slovénie | 7,3 |
| Portugal | 5,1 |
| Estonie | 4,9 |
| République tchèque | 4,6 |
| Slovaquie | 4,4 |
| Pologne | 4,3 |
| Hongrie | 3,6 |
| Lettonie | 3,4 |
| Lituanie | 3,1 |
| Roumanie | 2,0 |
| Bulgarie | 1,7 |

La culture autoritaire et collective allemande a permis de faire accepter le gel des salaires et cette politique de désinflation compétitive, d'essence nationaliste. (Nous constatons ici, à nouveau, qu'il existe un fondement anthropologique à tout comportement économique.) Or, de toutes les nations grandes ou moyennes de l'Europe, la France était traditionnellement la plus proche de l'Allemagne en termes de niveaux de vie, de spécialisations industrielles et aussi d'intensité des échanges commerciaux. Au-delà des embrassades entre leurs dirigeants, qui célèbrent inlassablement la fin de guerres qui n'ont plus aucun sens concret pour les moins de 70 ans, la vérité historique présente est que l'Allemagne a déclaré la guerre économique à la France et qu'elle est bel et bien en train de la gagner. L'euro, de conception française, et dont le but officiel était de ligoter le mark, n'a plus rien à envier à la ligne Maginot...

### La destruction démographique de l'Europe de l'Est, puis du Sud

L'intégration brutale de l'Europe de l'Est à l'espace occidental a conduit, non seulement au triomphe de l'inégalité économique, mais aussi à un désastre démographique. L'écart exceptionnel entre les niveaux de rémunération à l'Est et à l'Ouest a enclenché des mouvements migratoires importants, dont le premier fut l'exode vers la République fédérale des jeunes actifs de feu la République démocratique allemande. Le plus célèbre est désormais l'entrée en masse des Polonais au Royaume-Uni, qui a fini par assurer la victoire électorale du Brexit, trop de villes anglaises accueillant trop de migrants. Dans la France de 2005, la peur du plombier polonais avait contribué à la victoire du « non » à un référendum sur l'Europe. Dans les anciennes démocraties populaires, cet exode a ajouté ses effets à la chute de fécondité provoquée par l'effondrement des structures de sécurité que l'État socialiste assurait aux individus.

Le système médiatique européen s'inquiète de la montée des forces conservatrices et xénophobes en Pologne et en Hongrie, de la persistance de la corruption en Roumanie et en Bulgarie, mais il se refuse à analyser, jour après jour, le processus de destruction sociale et humaine qu'a amorcé pour ces nations l'intégration à l'Union. Cette indifférence est fonctionnelle pour le capital occidental. Les salaires très bas de l'est de l'Europe permettent aux entreprises qui y ont établi des filiales de réaliser des surprofits qui, faute d'assurer l'épanouissement de la vie personnelle et familiale des Polonais, des Hongrois, des Roumains ou des Bulgares, font le bonheur des investisseurs de l'Ouest. C'est ainsi que l'image positive des anciennes démocraties populaires libéralisées, entretenue par les médias français, allemands ou autres, reflète mieux le bonheur des capitalistes occidentaux, leurs propriétaires, que les préoccupations des populations actives concernées de l'Est, bien mal payées, et dont les systèmes médicaux et de retraite ont été assez largement détruits par l'intégration à l'espace économique globalisé. La cruelle réalité est que loin d'être de nouveaux eldorados, la Pologne, la Hongrie et les autres pays sont les lieux d'une angoisse fondamentale face à l'avenir. L'anxiété qui domine ces pays, à un niveau de richesse assez bas mais, pour l'heure, sans qu'on constate une hausse de la mortalité, n'est pas sans évoquer le malaise de la population blanche américaine qui a voté pour Trump.

**Tableau 17.3. Décroissance ou maintien de la population entre 1995 et 2015**

| | Population en millions 1995 | Population en millions 2015 | Évolution en % 1995-2015 |
|---|---|---|---|
| Lituanie | 3,7 | 2,9 | − 21,6 |
| Lettonie | 2,5 | 2,0 | − 20,0 |
| Bulgarie | 8,5 | 7,2 | − 15,3 |
| Estonie | 1,5 | 1,3 | − 13,3 |
| Roumanie | 22,7 | 19,9 | − 12,3 |
| Croatie | 4,5 | 4,2 | − 6,6 |
| Hongrie | 10,2 | 9,9 | − 2,9 |
| Pologne | 38,6 | 38,0 | − 1,5 |
| Allemagne | 81,7 | 81,2 | − 0,6 |
| Slovénie | 2,0 | 2,0 | 0 |
| Slovaquie | 5,4 | 5,4 | 0 |
| République tchèque | 10,4 | 10,5 | + 1,0 |
| Grèce | 10,5 | 10,9 | + 3,8 |
| Portugal | 9,9 | 10,4 | + 5,1 |
| Italie | 57,7 | 60,8 | + 5,3 |
| Finlande | 5,1 | 5,4 | + 5,9 |
| Autriche | 8,1 | 8,6 | + 6,2 |
| Suède | 8,9 | 9,7 | + 9,0 |
| Pays-Bas | 15,5 | 16,9 | + 9,0 |
| Danemark | 5,2 | 5,7 | + 9,6 |
| Belgique | 10,2 | 11,2 | + 9,8 |
| Royaume-Uni | 58,6 | 64,8 | + 10,6 |

| France | 58,1 | 66,4 | + 14,3 |
|---|---|---|---|
| Suisse | 7,0 | 8,2 | + 17,1 |
| Espagne | 39,1 | 46,4 | + 18,6 |
| Norvège | 4,3 | 5,2 | + 20,9 |
| Irlande | 3,6 | 4,6 | + 27,8 |
| Luxembourg | 0,4 | 0,6 | + 50,0 |
| TOTAL | 493,9 | 520,3 | + 5,3 |

D'autres indicateurs démographiques que la mortalité vont ici nous servir de guide. L'évolution globale de la population entre 1995 et 2015, le taux d'accroissement naturel et le solde migratoire en 2015, nous indiquent que les pays européens de l'Est jouent actuellement leur survie en tant que nations. Le tableau 17.3 révèle ainsi que pays baltes, Roumanie et Bulgarie ont subi, entre 1995 et 2015, des chutes de population comprises entre 10 et 22 %. La décroissance de la Croatie, de la Pologne et de la Hongrie commence à peine, tandis que seules les Républiques tchèque et slovaque restent à l'équilibre.

Cette distribution géographique suggère que la proximité avec l'Allemagne est plutôt protectrice. Effets économiques et éducatifs se mêlent toutefois ici, puisque les pays point trop menacés se caractérisent aussi le plus souvent, depuis au moins l'avant-guerre, par des niveaux éducatifs supérieurs à ceux de la Roumanie ou de la Bulgarie.

**Tableau 17.4. Accroissement naturel et solde migratoire en 2015, en milliers**

|  | Accroissement naturel | Solde migratoire |
|---|---|---|
| Allemagne | − 187,0 | + 1151,5 |
| Italie | − 161,8 | + 31,7 |
| Roumanie | − 75,7 | − 35,0 |
| Bulgarie | − 44,2 | − 4,2 |
| Hongrie | − 39,4 | + 14,4 |
| Grèce | − 29,0 | − 64,5 |
| Pologne | − 25,6 | − 12,8 |
| Portugal | − 23,0 | − 10,5 |
| Croatie | − 16,7 | − 17,9 |
| Lituanie | − 10,3 | − 22,4 |
| Lettonie | − 6,5 | − 10,6 |
| Espagne | − 2,8 | − 8,4 |
| Estonie | − 1,3 | + 2,7 |
| Rép. tchèque | − 0,4 | + 16,0 |
| Slovénie | + 0,8 | + 0,5 |
| Autriche | + 1,3 | + 122,9 |
| Slovaquie | + 1,8 | + 3,1 |
| Luxembourg | + 2,1 | + 11,2 |
| Finlande | + 3,0 | + 12,6 |
| Danemark | + 5,7 | + 41,9 |
| Belgique | + 11,7 | + 69,1 |
| Suisse | + 17,6 | + 70,0 |
| Norvège | + 18,3 | + 29,2 |
| Pays-Bas | + 23,0 | + 55,4 |

| | | |
|---|---|---|
| Suède | + 24,0 | + 79,7 |
| Irlande | + 36,0 | − 6,4 |
| Royaume-Uni | + 174,4 | + 399,7 |
| France | + 200,6 | + 45,8 |

Le tableau 17.4, qui indique l'accroissement naturel et le solde migratoire pour 2015, nous montre les évolutions les plus récentes, sans toutefois projeter vers l'avenir le déficit de naissances provoqué par la chute de fécondité. Seule l'Allemagne parvient à surcompenser son accroissement naturel négatif par une immigration massive. Dans l'ensemble de l'Europe de l'Est, baisse de la fécondité et exode conjuguent leurs effets pour faire décroître la population. À noter que l'Estonie dégage désormais un solde migratoire positif, qui lui permet de compenser son déficit de naissances. Slovénie, Républiques tchèque et slovaque affichent également un solde migratoire positif, signe peut-être d'une intégration finale à l'espace allemand, historiquement logique puisque ces nations firent partie de l'Empire austro-hongrois.

L'Espagne et le Portugal, en revanche, ont rejoint le gros de l'Europe de l'Est dans la décroissance par déficit naturel des naissances et émigration. L'immigration est, en Italie, positive mais insuffisante pour empêcher la décroissance de la population.

## La politique extérieure « démographique » de l'Allemagne

Nous devons considérer le système démographique européen comme une totalité, en interaction avec le système économique de l'Union. Les travailleurs de l'Est ont été intégrés, par la mise au travail sur place ou par la migration, au mécanisme continental d'optimisation du taux de profit. Mais dans le cas de l'Allemagne, la recherche, non seulement de main-d'œuvre mais aussi d'une immigration de peuplement, est devenue pour le patronat et le gouvernement une obsession.

Année après année, l'Allemagne doit colmater le gouffre ouvert à la base de sa pyramide des âges par sa basse fécondité. Sa puissance industrielle et son prestige lui permettent de jeter son filet de plus en plus loin et de plus en plus hardiment, avec témérité même en 2015. Nous ne pouvons comprendre la politique extérieure allemande si nous oublions cet objectif démographique : la recherche d'immigrés est désormais l'un des objectifs prioritaires de Berlin. Cet axiome permet de comprendre des comportements difficilement explicables autrement.

Il ouvre, en particulier, une interprétation nouvelle de la politique d'austérité imposée au sud de la zone euro par l'Allemagne, avec la collaboration des dirigeants de la France, et met en évidence une certaine forme de rationalité – cette rationalité limitée et terrible qui conduit à traiter un problème comme purement technique, en perdant de vue toute implication humaine et morale des « solutions » avancées.

Les politiques d'austérité compriment la demande intérieure européenne, et apparaissent donc aux économistes américains, au peuple français, et en vérité à tous ceux qui pensent que l'économie devrait servir l'homme et la vie, comme parfaitement irrationnelles. Mais pour une Allemagne dont le rêve se déploie désormais à l'échelle mondiale et inclut les consommateurs chinois et américains, la zone euro ne représente plus le marché prioritaire. Et bien que l'Europe du Sud contribue encore notablement à l'absorption de la production allemande, elle devient progressivement surtout une réserve de main-d'œuvre. La destruction des

**Tableau 17.5. Origines des migrants vers l'Allemagne (soldes migratoires positifs)**

| PAYS OU CONTINENT | 2015 | 2010-2015 | En proportion du total, en % |
|---|---|---|---|
| **Europe** | 457 405 | 1 756 035 | 60 |
| **Union européenne** | 382 449 | 1 559 941 | 54 |
| Roumanie | 86 274 | 319 426 | 11 |
| Pologne | 63 279 | 354 150 | 12 |
| Italie | 35 870 | 140 131 | 5 |
| Bulgarie | 37 850 | 155 831 | 5 |
| Croatie | 36 727 | 77 774 | 3 |
| Espagne | 11 255 | 90 332 | 3 |
| Hongrie | 18 197 | 110 640 | 4 |
| Serbie | 8 242 | 39 499 | 1 |
| Grèce | 15 519 | 88 612 | 3 |
| **Asie** | 577 481 | 913 092 | 3 |
| Syrie | 316 732 | 409 666 | 14 |
| Afghanistan | 89 931 | 127 921 | 4 |
| Chine | 10 315 | 39 164 | 1 |
| Inde | 10 214 | 39 156 | 1 |
| Pakistan | 21 581 | 41 617 | 1 |
| **Afrique** | 82 520 | 194 031 | 7 |
| **Amérique** | 8 229 | 36 563 | 1 |
| **Océanie** | 192 | 659 | 0 |

économies du Sud n'apparaît plus alors comme irrationnelle mais, à l'opposé, fonctionnelle. La contraction des appareils productifs espagnol, grec, italien et portugais libère des travailleurs, jeunes et qualifiés. J'avoue que cette hypothèse plutôt audacieuse m'est venue à la lecture d'un article d'Arnaud Leparmentier publié dans *Le Monde* du 27 février 2013. Je cite le début du texte de cet européiste loyal :

> « Ils sont beaux, jeunes et brillants. Ils sont les nouveaux immigrants en Allemagne. "Die neuen Gastarbeiter", titre en "une" le *Spiegel*. Ces "nouveaux travailleurs invités" ne sont plus les paysans turcs d'Anatolie des années 1960, venus faire tourner les usines automobiles de RFA. Ils sont italiens, espagnols, grecs ou d'Europe de l'Est. Diplômés des meilleures universités de leur pays, ils forment "la jeune élite de l'Europe pour l'économie allemande". Cette semaine, l'hebdomadaire allemand affiche une insolence digne de son confrère britannique *The Economist*. Il se moque du monde, comme l'Allemagne se fiche de l'Europe. "Deutschland AG" refuse de délocaliser ses usines, même lorsqu'elle perd la bataille industrielle. Son néoprotectionnisme l'a conduite à bloquer la fusion entre Airbus et British Aerospace pour protéger ses usines bavaroises. Et la voilà qui pille les talents latins, lesquels affluent pour échapper à un chômage endémique. Le "rêve allemand" célébré sans pudeur par le *Spiegel*, c'est le cauchemar de l'Europe. »

La franchise du *Spiegel* compense largement l'absence de données sur les discussions et les décisions prises dans les cercles gouvernementaux et patronaux allemands. Nous devons admettre la puissance explicative de l'axiome migratoire pour éclairer la politique extérieure allemande. En conformité avec le principe du rasoir d'Occam, il permet, à partir d'un minimum de faits, de fournir un maximum d'explications.

## *La ruée vers l'Est*

Poussons plus loin les implications de cet axiome migratoire, vers l'Est maintenant. Il explique sans doute largement l'activisme de la République fédérale dans les affaires ukrainiennes, dont la logique est tout à fait indépendante des rêves géopolitiques américains, à la Brzezinski[1], antirusses et planétaires. L'Ukraine est une entité politique de grande taille, mais qui n'arrive pas à construire son État depuis sa séparation d'avec la Russie. Sa fécondité est de 1,5 enfant par femme, sa balance migratoire est lourdement déficitaire. Sa population est tombée de 51,3 millions d'habitants en 1990 à 45,5 en 2013, soit une chute de 11,3 %. Ses classes moyennes la fuient, ce qui rend improbable toute stabilisation politique : la construction d'un État n'est que la cristallisation institutionnelle de l'encadrement de la société par ses classes moyennes. La pression occidentale sur l'Ukraine entretient l'instabilité d'un pays qui, de nation naissante, se transforme année après année en pool de main-d'œuvre.

C'est dans ce contexte que l'on doit interpréter l'intervention allemande dans les affaires ukrainiennes, et d'abord les visites de Martin Schulz et d'Angela Merkel à Kiev. Oublions la petite musique de la nécessaire défense des « valeurs occidentales » puisqu'une société en décomposition ne saurait faire vivre aucune valeur politique. Mais il y a ceci : mieux qu'une intégration formelle à l'Europe, qui n'est d'ailleurs plus guère concevable, la désagrégation de l'Ukraine pourrait assurer à l'Allemagne un approvisionnement abondant en main-d'œuvre et en immigrés. Dans ces conditions, entretenir le désordre

1. Ancien conseiller à la sécurité nationale du président américain Jimmy Carter.

ukrainien pourrait bien à nouveau apparaître comme un objectif « rationnel ». Admettons toutefois qu'au stade actuel, cette politique n'a pas été un grand succès et a surtout profité… à la Russie où l'immigration ukrainienne est très importante.

## Un pont trop loin : des communautés migrantes, patrilinéaires et endogames

Le déficit démographique allemand, reconduit année après année par une descendance finale insuffisante des femmes, est un problème qui n'en finit pas de s'accroître. La rationalité limitée du système mercantiliste allemand, qui recherche inlassablement la puissance commerciale et monétaire, aggrave le problème jusqu'à le rendre insoluble. Toujours plus d'immigrés, telle est la logique du système, qui inclut en son cœur la vague conscience d'une ultime impossibilité. Le sentiment de vertige qui en découle a fini par suggérer à l'Allemagne, en 2015, un saut dans le vide : l'appel et la porte ouverte à un flux massif de réfugiés venus de Syrie et d'Afghanistan, mais aussi d'autres pays appartenant à la sphère arabe ou musulmane.

Croyant affirmer des valeurs universelles, Angela Merkel a en réalité cédé à l'illusion d'un *homo oeconomicus* abstrait, dépourvu de culture spécifique. Pire, elle a prétendu importer en masse cet *homo oeconomicus* qui n'existe pas sans sa culture. Ce ne sont donc pas des individus solubles par mimétisme dans la culture allemande qui sont entrés en République fédérale en 2015 et au début de 2016, mais des communautés capables de se replier sur elles-mêmes si nécessaire.

Jusque-là, l'appel à la main-d'œuvre étrangère respectait à peu près, en Allemagne, un code anthropologique non-dit mais efficace. Les quelques difficultés engendrées par l'assimilation des migrants turcs dans les années 1960, dont le taux de mariages mixtes était encore vers 1990 infime, ont masqué le succès global de l'intégration des populations venues d'Europe de l'Est. J'avais déjà noté, dans *Le Destin des immigrés*, le taux de mariages mixtes élevé des immigrés d'origine yougoslave et de leurs enfants[1]. Il n'est d'ailleurs pas impossible que la difficulté turque, en détournant l'attention, ait favorisé cette assimilation silencieuse et rapide des populations d'origine slave. Dans ces conditions, un tel processus pourrait être regardé comme une version muette du système d'assimilation américain qui, en excluant les Noirs, permet l'intégration des Blancs de toutes origines, des Asiatiques et même des quelques Indiens qui ont survécu à la conquête.

L'immigration venue d'Europe de l'Est après 1990 n'a fait que généraliser ce modèle. Les populations concernées étaient porteuses de valeurs familiales qui n'étaient pas trop éloignées du système allemand. Elles avaient comme lui pour caractéristique fondamentale une exogamie absolue. Ni en Pologne, ni en Russie, ni en Roumanie on n'épouse sa cousine ou son cousin. Orthodoxie, protestantisme et catholicisme ne diffèrent guère sur ce point, parce que toutes ces croyances sont issues du même tronc chrétien, qui affirmait, avant leur séparation, une volonté militante d'empêcher le mariage entre cousins et le repliement du réseau de parenté sur lui-même. Le flux de migrants venu d'Europe de l'Est fut par ailleurs régulier, et fractionné par langues et par nations. Il ne présentait aucun risque pour la continuité du système social et anthropologique allemand.

1. Emmanuel Todd, *Le Destin des immigrés*, *op. cit.*, chapitre 8, « Assimilation et ségrégation en Allemagne ».

En revanche, avec l'afflux de 2015, le modèle migratoire s'est emballé. La majorité des nouveaux immigrés, et notamment ceux venus de Syrie et d'Afghanistan, sont porteurs d'un système familial spécifique, la famille communautaire endogame. Son principe patrilinéaire est encore plus fort que celui de la famille communautaire exogame. Rappelons les niveaux possibles : une patrilinéarité de niveau 1 correspond à la famille-souche allemande, une patrilinéarité de niveau 2 à la famille communautaire exogame serbe, de niveau 3 à la famille communautaire endogame arabe. (La famille russe, quant à elle, présente une architecture communautaire patrilinéaire parfaite et devrait être en théorie classée comme de niveau 2, mais ses performances éducatives suggèrent que le statut des femmes y est plutôt plus élevé que dans la famille-souche allemande.)

Dans le Moyen-Orient arabe, le taux de mariages entre cousins du premier degré tourne autour de 35 %. C'est beaucoup plus qu'en Turquie, pays où se mêlent formes nucléaires et communautaires de la famille et où le taux d'endogamie oscille autour de 15 % (8 % à l'ouest et au sud, 20 % au nord et à l'est[1]).

L'irruption soudaine d'une masse communautaire endogame en Allemagne, si elle se prolongeait, devrait logiquement aboutir à mettre entre parenthèses le principe de la mémoire des lieux. L'adaptation mimétique des immigrés, porteurs de valeurs qui sont le plus souvent « faibles », assure en général, je l'ai dit au chapitre 15, la permanence du système anthropologique de la société d'accueil. La mémoire des lieux, cependant, suppose, pour fonctionner, des flux de migrants limités et continus. L'arrivée en quelques mois seulement d'un bloc

---

1. Emmanuel Todd, *L'Origine des systèmes familiaux*, *op. cit.*, tableau XI-3, p. 507-508.

d'immigration, d'un groupe, est un tout autre phénomène. Pour donner à la réflexion un tour résolument
technique, libre de tout préjugé antimusulman ou antiarabe, on peut citer un exemple français de dysfonctionnement de la mémoire des lieux, de sens idéologique
opposé. L'arrivée des rapatriés d'Algérie, dont 800 000
environ se sont installés en un temps très court sur la
façade méditerranéenne de l'Hexagone, a engendré une
déviation durable de la culture politique locale, dans un
sens antiarabe, et à partir du milieu des années 1980, un
vote de niveau élevé pour le Front national. Rien, dans
la culture provençale ou languedocienne, ne prédisposait
à cette hostilité spécifique. Le fond local a été modifié.
Une xénophobie nouvelle a été introduite, qui elle-même
se perpétue désormais, conformément au principe d'une
mémoire des lieux altérée.

Nous ne savons pas si les flux de 2015 et du début
de 2016 vers l'Allemagne, freinés ou arrêtés à la suite
d'une prise de conscience du risque social, auront été
suffisants pour produire une déformation de la culture
nationale. Mais avec un flux initial de l'ordre du demi-
million en 2015, avec le regroupement familial qui suivra,
on peut prévoir, sans en avoir la certitude absolue bien
sûr, la stabilisation et la croissance d'une petite population séparée qui jouxtera le groupe turc. Avec Édouard
Husson, nous devons donc imaginer une Allemagne de
plus en plus préoccupée par sa stabilité interne et sa
cohésion[1]. Nous atteignons ici le terme du paradoxe :
l'extraversion de l'économie allemande devrait finalement
conduire, comme le choix japonais de l'introversion, à
un repli du pays sur lui-même. Le vrai risque est celui

---

1. *Atlantico*, 26 août 2016. Sa conclusion : « Préparons-nous à vivre
avec une Allemagne toujours plus autocentrée, de plus en plus divisée
politiquement et de moins en moins prête au compromis européen. »

du durcissement interne d'une société allemande au sein de laquelle l'anxiété conduirait à une gestion policière de la différence des mœurs. L'autoritarisme et l'esprit de système inhérents à la culture allemande faciliteraient une telle orientation.

## L'Europe postdémocratique : un monde normal

Le mot qui désigne l'Europe reste le même, sans que l'on prenne conscience d'à quel point celle-ci a changé de nature depuis la réunification allemande et son élargissement aux anciennes démocraties populaires et aux pays baltes. De sa fondation à 1990, l'Union européenne a pu être décrite comme un système de nations libres et égales. Certaines d'entre elles, la France et l'Allemagne, puis le Royaume-Uni, étaient un peu plus égales que les autres, certes, mais leurs désaccords résumaient ceux de tous, petits pays compris. La démocratie libérale était la forme politique commune, même si le fonctionnement interne de chacune des unités était spécifique : les systèmes de partis français, allemand, britannique, italien, espagnol, suédois ou néerlandais étaient tous différents les uns des autres. Ainsi qu'il vient d'être suggéré par l'emploi de l'expression « nations libres et égales », le centre de gravité idéologique du système était la France, au nom des valeurs de la famille nucléaire égalitaire.

Cette perception est périmée. Autorité et inégalité sont aujourd'hui les concepts propres à décrire le système européen. Une hiérarchie de nations, plus ou moins riches, plus ou moins puissantes, plus ou moins dominées, est apparue, et donc une entité politique dont les valeurs pratiques sont à l'opposé des valeurs fondatrices. Autorité et inégalité ne sont pas typiques de la seule Allemagne. Famille-souche et catholicisme zombie dessinent, on l'a vu, une carte de la préférence pour la hiérarchie qui déborde largement la plus puissante des nations de l'Union.

Considérer la situation de l'Europe comme anormale, « monstrueuse » même, n'a de sens que si nous en restons au niveau des valeurs conscientes de la démocratie libérale, d'origine anglo-américaine et française : si nous continuons de penser que l'objectif de l'Union est l'abondance dans la liberté et l'égalité des citoyens et des nations, nous ne pouvons pas ne pas conclure qu'en effet, elle témoigne d'un échec tragique. Tel est d'ailleurs aujourd'hui l'idée que s'en font les peuples, et sans doute, les élites. Mais si nous prenons le temps de descendre au niveau des couches profondes, subconscientes et inconscientes de la vie des nations, dans ces strates éducatives, religieuses et familiales qui sont au fondement de la vie, nous ne pouvons que conclure que tout est normal en Europe.

L'émergence d'une stratification éducative nouvelle séparant les éduqués supérieurs du reste de la population a entraîné partout, comme aux États-Unis, un étiolement du sentiment démocratique, autrefois ancré dans l'homogénéité de l'alphabétisation de masse. En Amérique, ce mouvement a été favorisé par des traces d'inégalité métaphysique protestante et, surtout, par une structure familiale libérale et non-égalitaire dont les valeurs tolèrent des écarts de revenus importants. Mais en Amérique, l'individu reste libre, et l'inégalité stricte n'est pas concevable. La souffrance de la population blanche a donc finalement mené à une révolte et à l'élection de Donald Trump. Conformément à la perspective anthropologique développée dans ce livre, cette révolte s'est faite, dans un premier temps, xénophobe. L'Amérique devra parcourir à nouveau, si elle le peut, le chemin qui mène de la démocratie primitive, hostile à l'étranger, à une démocratie plus mûre, assumant sa part d'universalité.

Sur la majorité du territoire européen, en revanche, et particulièrement dans la zone euro, le socle familial et religieux dominant est autoritaire et inégalitaire. Il peut mener beaucoup plus loin qu'en Amérique l'affaiblissement de la démocratie qui résulte de la nouvelle stratification éducative, autrement dit à son dépérissement complet. Nous y sommes déjà. Le vote des peuples de la zone euro ne compte plus. Grecs, Néerlandais et Français peuvent rejeter tout ce qu'ils veulent par référendum, leur vote sera lui-même rejeté par leurs classes dirigeantes. Le système politique allemand, au cœur du système, pourrait être considéré comme véritablement démocratique, si ses élites politiques ne pratiquaient pas, au Bundestag comme au Parlement européen, l'union de la gauche et de la droite. Pourquoi pas, au fond ? Cette pratique n'est-elle pas conforme au modèle suisse, dont chacun se plaît à vanter le caractère démocratique ? Et puis, le peuple allemand demeure, malgré son acceptation d'un pouvoir qui vient d'en haut, libre dans sa démocratie. Mais si l'Allemagne donne le ton, l'Europe, à coup sûr, se transformera en une vaste « démocratie ethnique », un système au sein duquel un peuple dominant exerce seul la plénitude de ses droits.

Répétons-le : rien de tout ceci ne relève de l'accident, d'une regrettable déviation de l'histoire. Le système politique, économique et social qui s'est développé en Europe, avec sa hiérarchie de peuples, son austérité, ses inégalités économiques, son absence de démocratie représentative, est la forme normale dont doit accoucher la famille-souche, aidée pour ce faire par le catholicisme zombie (avec, en Italie centrale, dans les pays baltes ou en Finlande, un bataillon supplétif fourni par la famille communautaire, qui renforce l'autoritarisme sans toutefois encourager l'inégalité). La montée des inégalités, supérieure dans l'Europe globale à ce qu'elle est aux États-Unis, est normale parce que le potentiel inégalitaire de la famille-souche est supérieur, en situation de pluralité ethnique, à celui de la famille nucléaire absolue.

La révolution éducative supérieure donne, certes, au principe hiérarchique une épaisseur nouvelle, et l'histoire qui se révèle à nous est, elle aussi, pour une part, nouvelle. Mais nous devons également admettre que l'Europe continentale, libérée par l'émergence allemande de la tutelle américaine, retrouve aujourd'hui le cours normal de son histoire, qui n'a jamais été, hors des Pays-Bas, de la Belgique, de la France et du Danemark, libérale et démocratique. Contemplons l'Europe de 1935 : partout des régimes autoritaires, après l'effondrement des démocraties implantées à partir de 1918 sous influence anglo-américaine et française. L'Europe continentale a inventé le communisme, le fascisme et le nazisme. Sa représentation en lieu de naissance de la démocratie libérale est une pure escroquerie intellectuelle.

Dernier élément de normalité : les révoltes contre le système se produisent dans des pays où la famille nucléaire, porteuse d'authentiques valeurs libérales, est dominante, ou l'a été. L'Angleterre seule tente de dire adieu à l'Union européenne, mais elle est aussi le seul pays, avec le petit Danemark, où une structure familiale nucléaire absolue sous-tend une tradition démocratique libérale uniforme et puissante. L'Écosse et l'Irlande du Nord, avec des traditions plus autoritaires ancrées dans des formes souches, n'ont pas voté le Brexit. Les révoltes électorales les plus notables, à l'ouest de la zone euro, ont été celles des Pays-Bas et de la France, dont les cœurs historiques sont nucléaires, absolu dans le premier cas, égalitaire dans le second. À l'Est, la Pologne est de famille nucléaire indifférenciée.

Avec la Hongrie de Viktor Orban, nous sommes confrontés à une exception puisque coexistent dans ce pays des formes familiales communautaires, souches et sans doute nucléaires indifférenciées. On doit aussi souligner la cohabitation sous tension, dans les traditions religieuses magyares, de composantes catholique, calviniste et juive, même si cette dernière a été bien affaiblie par la Shoah. Le sentiment national qui résulte de ce mélange subtil est puissant, mais spécifique. Nous devrons attribuer à ce pays, qui se souleva contre l'URSS en 1956, puis fit tomber le rideau le fer en 1989 en autorisant le passage à l'Ouest des Allemands venus de RDA, le statut d'exception qui confirme la règle. Mais en Hongrie comme en Pologne, en France, aux Pays-Bas ou en Angleterre, la révolte contre l'Union inclut indéniablement une composante xénophobe. À nouveau, tout est normal. Comme aux États-Unis, le regain démocratique doit repartir en Europe, là où c'est possible, du fondement ethnique de la démocratie primordiale, en attendant peut-être les jours meilleurs d'une universalisation du concept.

Les types familiaux nucléaires étant fort minoritaires en Europe continentale, le succès de ces révoltes n'est nullement garanti hors du Royaume-Uni, et d'autant moins sûr qu'aux Pays-Bas et en France la famille-souche et le catholicisme zombie ont peut-être pris le contrôle de ces deux systèmes nationaux, indépendamment d'une quelconque intervention allemande. Du coup, ce à quoi nous devons peut-être nous préparer, particulièrement dans la zone euro, c'est à la perspective de l'abolition de la démocratie.

Quoi qu'il en soit, la prise de l'Allemagne sur le continent est forte, aujourd'hui. La monnaie unique enferme dix-huit nations plus faibles dans un réseau d'obligations dont il est techniquement difficile de sortir. Les excédents commerciaux de la République fédérale donnent à ses entreprises et à sa diplomatie des moyens considérables pour acheter hommes et entreprises. N'oublions pas, surtout, le substrat autoritaire et inégalitaire de bon nombre de régions de la zone euro, qui se sentent une affinité avec la puissance dominante, et dont la servitude est au fond volontaire.

# Chapitre 18

# Les sociétés communautaires : la Russie et la Chine

La Russie est redevenue, pour l'Occident des années 2000-2016, une sorte de bête noire. On a un peu de mal à comprendre comment ce pays pauvre, de seulement 144 millions d'habitants en 2015, à peine plus que le Japon, peut à ce point polariser l'attention d'une anglosphère et d'une Union européenne qui en comptaient, à la même date, respectivement 450 et 438 millions. Avec le Japon et la Corée du Sud, l'Occident géopolitique dépassait alors le milliard d'habitants, près de sept fois et demie la Russie. Pourtant, durant la campagne présidentielle américaine de 2016, le pays de Vladimir Poutine a occupé une place centrale : le projet de Donald Trump d'en faire un partenaire plutôt qu'une force du mal avait suscité chez les démocrates une véritable rage, et la conviction qu'ils tenaient là un argument décisif contre leur rival. En France, dans les années 2010-2015, il était devenu à peu près impossible d'exprimer une opinion modérée sur cette nation, dans aucun organe de presse, gauche contestataire comprise. Pourtant, c'est bien cette Russie qui, par ses sacrifices durant la Seconde Guerre mondiale, a permis la destruction de la Wehrmacht et rendu possible la libération de la France par les armées américaines, britanniques et canadiennes. La récupération par Moscou de la Crimée, la prise d'autonomie de la partie russe de l'Ukraine, événements que le vieux droit des peuples à disposer d'eux-mêmes définirait comme des ajustements légitimes, furent et demeurent considérées en France et ailleurs comme des abominations. Au-delà de l'oubli, au-delà de la prise en compte des réalités géopolitiques, c'est bien la surestimation de la menace russe qui est stupéfiante. Vers 1996, la Russie avait failli imploser, frôlant, ainsi que l'avait écrit Jacques Sapir, le chaos par la démonétisation de son économie[1]. Une telle désintégration aurait mené à la séparation des provinces sibériennes. À cheval sur l'Europe et l'Asie, la Russie est certes toujours le pays le plus vaste du monde, mais elle est solidement encerclée par un réseau de bases américaines. Et si son armée est à nouveau opérationnelle, ainsi qu'on a pu le voir en Syrie, elle est tout de même de taille fort réduite. À l'évidence, la fonction pour l'Ouest de ce nouveau Satan ne relève pas de la raison pratique, mais d'abord de l'ordre symbolique.

L'émergence et les succès du communisme avaient en effet permis, à partir de 1945, la contre-définition d'un « monde occidental » magique, incluant simultanément les pays fondateurs de la démocratie libérale – les États-Unis, l'Angleterre et la France – et ceux qui avaient inventé le totalitarisme de droite – l'Italie et l'Allemagne. On peut donc comprendre pourquoi la chute du mur de Berlin produisit un tel désarroi dans l'establishment géopolitique, souvent âgé, qui se trouvait soudainement privé de son principal élément structurant. D'autant que la Russie

---

1. Jacques Sapir, « À l'épreuve des faits. Bilan des politiques macroéconomiques mises en œuvre en Russie », in *Revue d'études comparatives Est-Ouest*, vol. 30, n° 23, 1999, p. 153-213. Et « Troc, inflation et monnaie en Russie : tentative d'élucidation d'un paradoxe », in Sophie Brama, Mathilde Mesnard et Yves Zlotowski (éd.), *La Transition monétaire en Russie. Avatars de la monnaie, crise de la finance (1990-2000)*, Paris, L'Harmattan, 2002, p. 49-82.

avait quand même conservé, au plus dur de sa crise, la capacité nucléaire d'annihiler les États-Unis.

En réalité, la Russie restait le seul élément d'équilibre capable d'empêcher que l'Amérique, ivre de sa victoire, ne commence à se penser le maître du monde. Au vu de ce qui s'est passé en Irak en 2003, nous devrions tout de même lui être reconnaissants d'avoir, une fois de plus et sans même le vouloir, contribué à sauvegarder notre espace de liberté. Mais la méfiance envers la Russie n'en a pas moins augmenté, au rythme de son rétablissement. La dimension culturelle du rejet s'est affirmée : la démocratie autoritaire de Vladimir Poutine est devenue en elle-même, en tant que modèle stabilisé, un objet de haine.

Entre 2015 et 2017, l'attitude de l'Occident a commencé à changer, ou plutôt, à se différencier. Les droites américaine, anglaise et française ont semblé manifester plus de tolérance à la différence russe, la droite dure allant jusqu'à développer une certaine fascination pour le modèle poutinien. La gauche libérale, en revanche, aux États-Unis comme ailleurs, a persisté dans une hostilité des plus farouches. Partout à l'Ouest, Media et Academia polarisent la détestation de Poutine et de son pays. De l'avis des chercheurs russes qui s'attachent, avec un certain humour, à mesurer l'hostilité à la Russie, les journaux allemands sont les plus motivés. Comment se passer du concept de *russophobie* si l'on veut expliquer les choses ? Symétriquement, on sent émerger l'attitude inverse, engagement de plus faible intensité toutefois, la *russophilie*. L'inventaire de ces deux attitudes, l'analyse de leur évolution dans tous les pays, n'est pas possible dans le cadre de cette esquisse. Elle devrait combiner raison géopolitique et approche par les valeurs. La russophobie suédoise, par exemple, a quelque chose à voir avec la proximité géographique. Mais même dans le cas de ce petit pays de moins de 10 millions d'habitants, insignifiant du point de vue de la Russie – ne fut-il pas abattu en tant que puissance baltique durant la grande guerre du Nord entre 1700 et 1721 ? –, un élément irrationnel, anthropologique et culturel, se fait jour. La Finlande, qui appartint à l'Empire russe et qui a combattu Moscou en 1939-1940 et 1941-1944, sait bien, elle, que la Russie actuelle, dont le territoire est déjà trop vaste pour sa population, a besoin de partenaires économiques dynamiques et non de possessions nouvelles. La russophobie est un phénomène fascinant qui mériterait un livre complet. Je vais me contenter ici d'examiner comment l'anthropologie historique peut éclairer le cas de la Russie, apprécier les continuités.

La permanence des valeurs communautaires explique évidemment l'émergence, après les troubles des années 1990-2000, d'une démocratie autoritaire stable, combinant élections et vote de tendance unanimiste. Le processus électoral n'empêche pas, en effet, la reconduction indéfinie de Vladimir Poutine à la tête du système, soit comme président, soit comme Premier ministre. Le contrôle des médias n'est pas la cause fondamentale de permanence au pouvoir ; l'autoritarisme est ancré dans le peuple, puise à des valeurs communautaires reproduites indéfiniment par la mémoire des lieux. La continuité du pouvoir russe devrait d'ailleurs être mise en parallèle avec les non-alternances allemande ou japonaise : les démocraties souches aussi font apparaître une certaine verticalité électorale. En Allemagne, l'union de la gauche et de la droite permet, si nécessaire, de maintenir la continuité d'orientations décidées en haut de la pyramide sociale. Au Japon, à de rares exceptions près, le parti libéral-démocrate est au pouvoir, et les luttes de factions internes à son groupe dirigeant constituent la réalité du débat politique.

L'anthropologie historique va aussi nous permettre de comprendre la solidité de la Russie, et pourquoi cette nation a pu redevenir si rapidement un acteur géopolitique majeur, aussi important, mais d'une autre manière, que l'Allemagne et le Japon dans le monde globalisé.

C'est la puissance de l'intégration collective qui, dans ce cas aussi, a conféré à la Russie, à l'âge de l'ultra-individualisme, un avantage compétitif d'équilibre dans son affrontement avec un monde pourtant trois fois plus vaste et dix fois plus riche que lui : l'anglosphère.

### *De la famille communautaire exogame au communisme*

C'est la coïncidence entre la carte du communisme « achevé » du milieu des années 1970, tel qu'il se présentait au lendemain de la guerre du Vietnam, et la carte de la famille communautaire exogame – incluant la Russie, la Serbie, l'Albanie, la Chine, le Vietnam, l'Italie centrale et la Finlande intérieure – qui m'avait conduit à formuler, en 1983, l'hypothèse d'une relation générale entre les systèmes familiaux paysans et les idéologies apparues durant le processus d'alphabétisation de masse des sociétés. Cette hypothèse doit, certes, beaucoup à la formulation partielle proposée par Alan Macfarlane pour expliquer l'individualisme anglais[1]. Mais à vrai dire, ainsi que me l'a montré Pascal Tripier-Constantin, les élèves de Frédéric Le Play avaient pressenti, avant même la révolution de 1917 et la collectivisation stalinienne, le potentiel « communiste » du fond anthropologique russe[2].

---

1. Voir plus haut, chapitre 9, p. 264.
2. Pascal Tripier-Constantin m'indique, parmi les leplaysiens qui anticipent l'orientation « communiste » prise par la Russie avant la Première Guerre mondiale :

Anatole Leroy-Beaulieu, dans une somme intitulée *L'Empire des Tsars et les Russes*, fut prémonitoire. Je cite le texte de la quatrième édition publiée en 1897-1898 :

> « La grande famille patriarcale sous l'autorité du père ou de l'ancien, les communautés de village sous l'autorité du mir, l'ont d'avance façonné [le Russe] à la vie commune, partant, à l'association. Dès qu'il entreprend un travail, dès qu'il quitte son village surtout, le moujik se groupe en artel [...]. L'artel, avec ses tendances communistes et ses pratiques solidaires, est la forme spontanée, la forme nationale de l'association [...]. L'artel constitue comme une grande famille ou une petite communauté, égalitaire et solidaire, qui transporte à l'usine les relations étroites et les mœurs patriarcales du village [...].

---

– Léon Poinsard, l'économiste des leplaysiens dans les années 1890-1910, qui a écrit une très intéressante étude sur le libre-échange et le protectionnisme ;

– Edmond Desmolins, l'un des fondateurs du groupe de la « Science sociale » en 1886. On lira, par exemple, la « Conférence contradictoire sur le socialisme entre M. Paul Lafargue, député, et M. E. Desmolins, directeur de la Science sociale » à la Société de géographie le 21 mai 1892 sous la présidence de M. Funck-Brentano. Ici, E. Desmolins associe clairement système communautaire et communisme, mais parle souvent de race inférieure... ;

– Paul Descamps, lui, propose une sociologie leplaysienne plus neutre. Dans un texte intitulé « L'humanité évolue-t-elle vers le socialisme ? », publié en 1906, il écrit : « Constatons d'abord, avec M. Alfassa, que la famille paysanne russe est une association communiste. » Et d'ajouter plus loin : « D'après les renseignements que nous possédons actuellement, les corporations communistes ne sont signalées qu'en Russie. On pourrait en conclure qu'elles ne peuvent exister qu'en recrutant leurs membres dans un milieu où l'éducation familiale a dressé préalablement les individus au communisme. Cela semble assez logique ; la corporation ne se charge que de donner l'éducation technique et non celle du caractère. »

L'État s'efforce de garder à la vie industrielle un caractère patriarcal [...]. Puis, moujiks ou patrons, les Russes de toute classe se montrent aussi peu respectueux de la loi qu'ils se montrent déférents envers les autorités [...]. Il ne faudrait pas s'étonner si ce pays, habitué à voir toute initiative descendre d'en haut, rejoignait ou dépassait, un jour, les États les plus démocratiques de l'Europe, dans les voies aventureuses du socialisme d'État[1]. »

Écrites au plus tard vingt ans avant la révolution d'Octobre, ces lignes ne retirent rien au génie tactique de Lénine, d'abord bâtisseur d'un parti, puis organisateur du coup d'État que l'on sait, enfin chef inflexible durant la guerre civile de 1918-1921. Mais Lénine fut aussi le dirigeant pragmatique qui autorisa le retour du marché à travers la Nouvelle politique économique (NEP) dans les années 1921-1928. C'est après lui que se produisit l'essentiel, du point de vue anthropologique : l'irrésistible montée en puissance du rêve collectiviste, réalisé par Staline à partir de 1929, et qui ne peut s'expliquer sans l'hypothèse d'un fond anthropologique russe prédisposant à l'expérience.

### *Continuité des nuances régionales : Poutine et Loukachenko*

Anatole Leroy-Beaulieu nous offre un tableau régional nuancé des structures familiales dans l'Empire. L'expansion rapide de la population à partir d'un noyau fondateur situé à l'Ouest n'a pas créé une très grande diversité en Russie. Mais à l'Ouest, justement, quelques différences significatives doivent être notées, dont nous pouvons

1. Paris, Robert Laffont, coll. « Bouquins », 1991, p. 445-447.

sentir l'influence précoce, et persistante, assurée par une mémoire des lieux interne à l'espace russe. Leroy-Beaulieu savait que la famille ukrainienne (petite-russienne) était plus nucléaire, plus individualiste, plus anarchique aussi, et préservait un statut plus libre de la femme[1]. Ajoutons que l'épicentre du communautarisme russe se situait au nord-ouest de la Russie et en Biélorussie, ainsi que l'avait noté Kovalewsky dès 1914[2]. Les études récentes de Mikolaj Szoltysek sur l'État polono-lituanien ont permis d'observer, pour la fin du XVIIIᵉ siècle, une nette coupure entre la Pologne, dont le système familial était nucléaire et bilatéral, et la Biélorussie, communautaire et patrilinéaire. La famille nucléaire polonaise tolérait la corésidence des générations, les fils pouvant accueillir leurs pères âgés par exemple. Mais dans le cas d'un jeune couple qui s'installe un temps avec ses parents, la bilocalité est avérée. La famille de l'épouse était choisie dans 42 % des cas en Pologne. En Biélorussie, ce taux tombe à 18 %, ce qui définit 82 % de patrilocalité ; les corésidences de frères, extrêmement rares en Pologne, étaient banales en Biélorussie[3]. Avec 82 % de patrilocalité, nous sommes certes

---

1. *Op. cit*, p. 90 et p. 370. Voir aussi D. B. Shimkin et Pedro Sanjuan, « Culture and World View. A Method of Analysis Applied to Rural Russia », *American Anthropologist*, vol. 55, n° 3, août 1953, p. 329-348.

2. Maxime Kovalewsky, *La Russie sociale*, Paris, Giard et Brière, 1914, p. 106.

3. *Rethinking East-Central Europe : Family Systems and Co-residence in the Polish-Lithuanian Commonweath*, Berne, Peter Lang, 2015, p. 539-540. Je ne rends pas justice ici à la puissance et à la finesse du travail de Szoltysek, qui étudie les déterminants économiques et démographiques pour évaluer la part propre des systèmes de valeurs familiaux dans la détermination des comportements. Je pense, néanmoins, que sa réflexion est un peu embarrassée par le poids théorique de la famille-souche et par celui de la problématique de John Hajnal sur l'âge au mariage, héritage de la recherche historique des quarante dernières

loin des 99 % chinois, et même plus bas qu'en Russie centrale au XIXe siècle puisque le taux devait y atteindre 95 %[1]. Comme celle des pays baltes, la famille communautaire biélorusse était puissante, mais conservait des traces de bilatéralité[2]. J'imagine toutefois que le communautarisme se renforça dans toutes les Russies au XIXe siècle, au moins jusqu'à l'abolition du servage en 1861.

En Biélorussie et au nord-ouest de la Russie actuelle, nous sommes très proches de l'origine du communautarisme, peut-être né d'une confrontation entre famille-souche germanique et l'organisation patrilinéaire mongole. La république marchande de Novgorod, un peu au sud-ouest de Saint-Pétersbourg, appartient à cette région et fit partie de la Ligue hanséatique. Je l'ai citée au chapitre 11, à propos des formes démocratiques et oligarchiques qui ont précédé les systèmes autoritaires. Or, on peut se demander si elle ne fait pas partie de l'épicentre de la mutation communautaire. Mais la question reste ouverte puisqu'il semble qu'au XIVe siècle encore, la Hanse ignorait la primogéniture ; on devine plutôt dans ses associations commerciales les solidarités familiales multiples des temps indifférenciés, souvent horizontales et bilatérales[3]. Mais venons-en maintenant à la crise de transition qui a découlé de l'alphabétisation.

années. Une rupture typologique simple, acceptant l'hypothèse d'une famille nucléaire imparfaite et intégrant la corésidence éventuelle de parents comme élément systémique, simplifierait beaucoup l'analyse. On sent partout dans le texte de Szoltysek, à propos de la Pologne, la réalité d'une parenté bilatérale optionnelle et le flou des règles qui caractérisent la famille nucléaire indifférenciée.

1. Emmanuel Todd, *L'Origine des systèmes familiaux, op. cit.*, p. 95 pour la Russie, p. 115 pour la Chine.

2. *Ibid.*, p. 316-317 pour les traces de matrilocalité et les influences souches dans les communautarismes baltes.

3. Philippe Dollinger, *La Hanse, XIIe-XVII[e] siècles*, Paris, Aubier-Montaigne, 1964. J'utilise l'édition de 1988. Voir p. 207-209.

Les élections à l'Assemblée constituante de 1917, dissoute par les bolcheviks, ont fixé une image unique et capitale des tempéraments politiques dans l'Empire à la veille du coup d'État d'Octobre. Le parti de Lénine n'avait pas obtenu la majorité et fut distancé, et de loin, par les socialistes-révolutionnaires dans le gros de la paysannerie. En Ukraine, les partis nationaux l'emportèrent largement. Les bolcheviks toutefois contrôlaient Moscou, Saint-Pétersbourg, la région industrielle centrale, et ainsi que l'a remarqué Oliver Radkey dès 1950, la Biélorussie[1]. Il prend l'exemple de la province de Vitebsk, où les bolcheviks recueillirent la majorité absolue des suffrages, 287 101 sur 560 538, les socialistes-révolutionnaires n'en obtenant que 150 279[2]. L'implantation rurale du parti bolchevik était remarquable dans une bonne partie de la Biélorussie. Et l'hypothèse d'une association entre le communisme comme idéologie et le communautarisme familial paysan se trouve donc confirmée par l'observation des nuances de la diversité régionale russe.

Restons dans la région de fort communautarisme, mais sortons de Russie : l'hypothèse tient pour les pays baltes concernés. N'oublions donc pas, à l'heure où des commissaires européens lettons donnent un avis sévère sur la gestion économique de la France, la forte participation de leur nation à la révolution communiste... O. Radkey cite dans son texte l'Estonie, mais il évoque dans ses appendices le cas de la Livonie et celui du puissant vote letton en faveur du léninisme. La participation balte n'aura pas

---

L'évocation est toutefois trop succincte pour que nous puissions en tirer la moindre certitude.

1. Oliver H. Radkey, *Russia Goes to the Polls. The Election to the All-Russian Constituant Assembly, 1917* [1950], Ithaca, Cornell University Press, 1990.

2. *Ibid.*, p. 33.

été seulement électorale : le rôle de la garde lettone fut décisif durant le coup d'État d'Octobre, et Lénine a par la suite exprimé aux Lettons toute la confiance qu'ils lui inspiraient. Des militants issus de cette nationalité furent particulièrement actifs dans la fondation de la police politique communiste. Les bolcheviks avaient obtenu 40 % des voix en Estonie, 51 % à Saint-Pétersbourg, 56 % à Moscou et 71 % en Livonie, quand leur score moyen dans l'Empire n'avait été que de 24 %[1].

Dès l'origine, la puissance relative du bolchevisme a donc reflété celle du communautarisme familial sous-jacent. On peut constater aujourd'hui que l'effondrement du communisme, s'il est bien l'effet d'une évolution culturelle vers plus d'autonomie des individus, n'a cependant pas aboli ces fondements anthropologiques. La démocratie autoritaire qui domine la Russie du début du IIIe millénaire semble davantage l'expression d'un tempérament politique du peuple russe que l'effet des machinations d'un homme et de son clan. La mémoire des lieux, cependant, fait encore mieux, puisqu'elle nous offre l'exemple fascinant d'une Biélorussie, plus communautaire au niveau familial avant 1900, plus bolchevik en 1917, et aujourd'hui plus attachée que la Russie à l'autoritarisme. Le président Loukachenko est désormais le seul dictateur « à l'ancienne » du continent européen, mais les citoyens de la Biélorussie semblent s'en trouver fort bien – et nous allons d'ailleurs constater que leur société fonctionne de façon assez satisfaisante.

1. *Ibid.*, tableau général p. 148-151.

### Le rétablissement russe : la preuve par la démographie

Dans mon premier livre, publié en 1976, j'avais prédit, je l'ai rappelé, l'effondrement du système soviétique après avoir constaté la hausse du taux de mortalité infantile russe, c'est-à-dire une élévation du nombre de décès parmi les enfants de moins d'un an entre 1970 et 1974. Pour évaluer le rétablissement de la Russie depuis l'an 2000, il semble donc équitable de faire confiance au même indicateur. Le graphique 18.1 nous indique son mouvement depuis 1990 en Russie, en Biélorussie, en Ukraine, et à titre de comparaison avec le monde extérieur, en Pologne et aux États-Unis.

**Graphique 18.1. La mortalité infantile à l'Est**

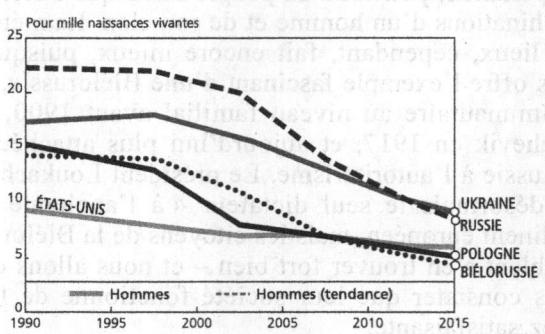

La mortalité infantile permet de suivre l'amélioration des conditions de vie des nouveaux-nés à l'ouest de l'ancienne sphère soviétique. Nous y constatons aussi la lenteur des progrès des États-Unis. La surmortalité infantile des Noirs américains, ainsi que je l'ai dit plus haut, n'est pas seule responsable de cette mauvaise performance puisque la mortalité infantile du groupe Blancs, à 5 pour 1 000 (2013), supérieure déjà à celle de la Pologne, ne mettrait pas l'Amérique en très bonne position dans la sphère occidentale.

Plus frappants encore que les progrès rapides de la Russie sont ceux de la Biélorussie, qui fait maintenant mieux que la Pologne et atteint un niveau de 3,6 pour 1 000, comparable aux 3,3 de la France et aux 3,4 de l'Allemagne. La Russie ne réalise que 7,0, mais il faut tenir compte, pour évaluer ce taux, de l'immensité de la Fédération de Russie et de la présence sur son territoire d'une multitude de groupes ethniques moins bien encadrés médicalement que la population proprement russe. De telles minorités n'existent pas en telles quantités sur le territoire ukrainien. Mais, sismographe précis, le taux de mortalité infantile place désormais l'Ukraine en retard, à 8,1, alors qu'elle était en 1990 en avance sur la Russie avec 17 pour 1 000 contre 22.

Certains indicateurs économiques pointus signalent la rapide amélioration des conditions d'existence en Russie au début du IIIe millénaire, telle la proportion de la population dont le revenu monétaire est inférieur au minimum vital, qui a chuté de 29 % en 2000 à 13,2 % en 2009[1]. Mais l'économisme pur, avec son obsession du PIB, des exportations, du monétaire, nous interdit de prendre la mesure de l'ampleur du redressement russe. Ce que l'on appelait au XIXe siècle la « statistique morale » nous permet d'approcher la réalité au plus près. Le taux de suicide a plongé de 39,5 pour 100 000 habitants en 2001 à 18,4 en 2014 (–53 %), le taux d'homicide de 30,0 pour 100 000 en 2003 à 8,7 en 2014 (-71 %), le taux de

---

1. Lidia Prokofieva, « Pauvreté et inégalités en Russie », Ceriscope Pauvreté, 2012, http://ceriscope.sciences-po.fr/pauvrete/content/part5/la-pauvrete-et-l-inegalite-en-russie?page=1, consulté le 11/09/2014.

décès par empoisonnement alcoolique de 30,0 en 2003 à 6,5 en 2014 (-78 %).

La mortalité globale, anormalement élevée avant la chute du communisme, particulièrement pour les hommes, a commencé de reculer et l'espérance de vie augmente, passant entre 2005 et 2014 de 59 ans à 65 ans pour les hommes[1].

## La fécondité russe

La meilleure explication de la stabilité du régime, loin des perspectives complotistes occidentales, est que, sous Vladimir Poutine, la société russe profonde a retrouvé son équilibre. La Russie a donc survécu à l'épreuve des années 1990, une fois de plus serait-on tentés de dire, tant ce pays a surmonté d'épreuves dans son histoire. Cette nation a retrouvé la paix civile, la sécurité et, très certainement, des rapports humains qui deviennent plus fiables et doux. C'est pour cela qu'elle résiste à la chute du prix des hydrocarbures dont les stratèges en chambre attendent, inutilement, l'effondrement du « régime Poutine ».

Le plus impressionnant toutefois, pour un démographe, est la remontée de la fécondité russe à 1,8 enfant par femme, très au-dessus de la moyenne européenne et de celle de pays comme l'Allemagne, le Japon, l'Italie ou l'Espagne, parce que sur ce plan, la Russie semble réussir ce qu'aucun des pays de l'Ouest de très basse fécondité n'a tenté : une politique active de soutien aux naissances de deuxième et troisième rangs[2]. S'agit-il d'une remontée

1. Voir aussi Piotr Grigoriev et *al.*, « The Recent Mortality Decline in Russia : Beginning of the Cardiovascular Revolution ? », *Population and Development Review,* vol. 40, n° 1, mars 2011, p. 107-129.

2. Sergei Zakharov, « Russian Federation. From the First to the Second Demographic Transition », *Demographic Research,* vol. 19, article 24, juillet 2008, p. 907, 972 ; Serafima Chirkova, « Do Pro-

conjoncturelle ? Quelle sera la descendance finale des femmes russes nées après telle ou telle date ? Il est trop tôt pour le dire, et les avis professionnels sur la question sont partagés. Baisse de la mortalité et hausse de la fécondité ont cependant permis au taux d'accroissement naturel d'être à nouveau positif en 2009. La Russie, ainsi stabilisée, est également redevenue le centre d'un système migratoire qui inclut l'essentiel de l'ancienne Union soviétique. Travailleurs venus d'Ukraine, du Caucase et d'Asie centrale assurent un flux de main-d'œuvre continu. Le solde migratoire russe est invariablement positif, au contraire de celui des anciennes démocraties populaires ou des pays baltes, et il est clair que la Russie, déjouant les prévisions de bien des experts, n'est pas sur le point de s'effondrer. Bien au contraire : placée à l'est d'une Union européenne menacée de contraction démographique, elle représente désormais un pôle de résistance au déclin. La CIA, qui anticipait dans ses rapports sur la situation mondiale une liquéfaction spontanée de l'adversaire historique, s'en trouve fort déçue[1].

Le succès final de la politique démographique russe reste en débat, mais probablement surtout parce que l'expérience est unique et laisse les Occidentaux incrédules. La fixation sur des objectifs économiques à court terme les empêche de s'attaquer au problème premier de leurs sociétés, qui est celui du renouvellement de la population. Si la situation est satisfaisante aux États-Unis et au nord-ouest de l'Europe, tant mieux. Si elle est désastreuse, comme dans le reste de l'Europe, tant pis. Seule la performance économique est digne d'intérêt et la passivité démographique s'impose.

---

Natalist Policies Reverse Depopulation in Russia ? », *Working Paper*, Université de Santiago, octobre 2013.

1. *Global Trends 2030s. Alternative Worlds. A Publication of the National Intelligence Council*, 2012.

Jamais on ne tient compte de cette détermination élémentaire : l'insécurité professionnelle du marché libre jointe à la contraction des revenus par l'austérité contribuent à déprimer la fécondité. La contraction de la demande intérieure finit en contraction de la vie.

Certes, l'action démographique de l'État russe bénéficie, on l'a dit, d'un terrain anthropologique favorable. Les terres de tradition orthodoxe n'ont en effet pas subi la vague de contrôle de la sexualité qui avait suivi la Réforme protestante et la Contre-Réforme catholique. La Russie, plus encore que le reste de l'Europe de l'Est, a échappé au modèle de mariage européen qui imposa, entre 1700 et 1900, un âge tardif à l'union et la stérilisation d'une partie de la population par le célibat. En Russie, il ne se trouve que 5 % des femmes nées entre 1960 et 1965 à ne pas avoir d'enfants entre 40 et 44 ans[1]. Mariage précoce et rareté de l'infécondité demeurent des caractéristiques de la démographie russe. Mais on doit aussi à nouveau avancer l'hypothèse, comme dans les cas de la France, de la Scandinavie ou du monde anglo-saxon, que le statut élevé des femmes facilite la conciliation entre vie maternelle et activité sociale générale.

### Une mutation du système de parenté ?

J'ai à maintes reprises souligné le caractère récent de la patrilinéarité et le statut toujours élevé des femmes dans la tradition russe. Certains auteurs débattent aujourd'hui

---

1. Anneli Miettinen et *al.*, *Increasing Childlessness in Europe. Time Trends and Country Differences,* Väestöliitto, Väestöliiton Väestöntutkimuslaitoksen työpaperi 2014, *Working Paper* n° 5, https ://www.vaestoliitto.fi/.../Working+paper+5_Increasing+Childlessness+in+Europe_1.pdf.

d'une possible réversion du système de parenté russe à la bilatéralité, telle Élisabeth Gessat-Anstett sur la base d'une étude ethnologique menée dans la province de Iaroslavl[1]. La coexistence d'une onomastique patrilinéaire (qui ajoute « fils ou fille d'untel » au prénom et au nom de famille) avec le rôle central des mères et des grands-mères dans l'organisation des ménages suggère, en fait, l'existence, dans le monde urbain russe, d'un système bilinéaire, superposant traits patrilinéaires et matrilinéaires. Plus encore qu'aux États-Unis, les progrès de l'éducation supérieure ouvrent, en Russie, la possibilité d'une mutation matriarcale.

Pour prendre la mesure de la révolution éducative supérieure en Russie, je n'ai pas utilisé la banque de données Barro-Lee, dont les chiffres contredisent ceux de l'OCDE, et j'ai préféré procéder à l'analyse directe des résultats du recensement russe de 2010[2].

Dès la génération qui a eu 25 ans dans les années 1976-1980, la proportion de femmes faisant des études supérieures complètes a rattrapé celle des hommes. Ces progrès dans l'éducation supérieure avaient puissamment contribué à l'ébranlement de l'idéologie communiste, issue de la première transition éducative et typique d'un âge « primaire », durant lequel l'écrasante majorité savait lire, écrire et compter, mais sans plus, à l'exception d'une petite minorité.

Chez les Russes qui ont atteint 25 ans vers 2005, le nombre de femmes ayant fait des études supérieures, pour une base masculine égale à 100, était de 144. La Suède,

1. Élisabeth Gessat-Anstett, *Liens de parenté en Russie post-soviétique*, Paris, L'Harmattan, 2004.
2. Ils ont été fournis, ainsi que la traduction des tableaux, par Alain Blum, que je remercie ici. L'interprétation des données relève de ma seule responsabilité.

qui veut rétablir son service militaire pour contrer une improbable attaque russe, va devoir surtout se battre sur le plan doctrinal si elle veut conserver son titre de nation la plus féministe du monde.

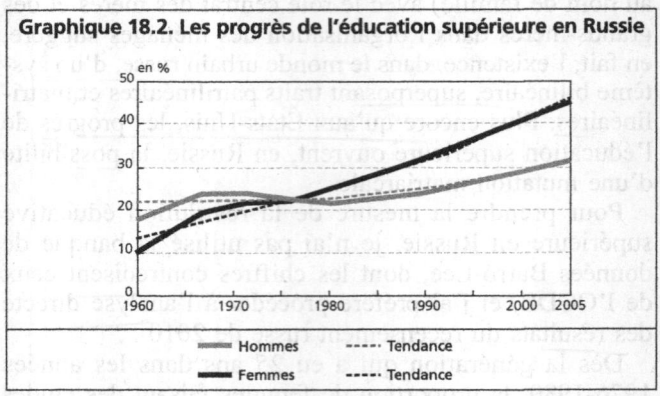

**Graphique 18.2. Les progrès de l'éducation supérieure en Russie**

Sources : Proportion de la population ayant fait des études supérieures complètes : générations atteignant 25 ans aux dates indiquées. Recensement russe de 2010.

## *L'antithèse du monde anglo-américain*

Le principe de la mémoire des lieux nous permet maintenant d'expliquer pourquoi la Russie est toujours perçue, malgré la désintégration du système soviétique, comme l'antagoniste par excellence du monde anglo-américain. C'est que les valeurs sous-jacentes aux deux mondes demeurent opposées, terme à terme. Sur le territoire des États-Unis, de l'Angleterre, du Canada ou de l'Australie, la famille nucléaire absolue continue de reproduire un idéal de liberté, indifférent à la notion d'égalité. En

Russie, la famille communautaire a disparu, mais ses valeurs d'autorité et d'égalité continuent de se perpétuer par mimétisme des comportements familiaux et sociaux. Exogamie et statut élevé des femmes sont, toutefois, communs aux deux systèmes.

L'effondrement du communisme, religion autant que système économique, a mené à une décennie d'apesanteur et de souffrance, dans une Russie fondamentalement inapte au libéralisme sauvage proposé par l'Occident triomphant. Le peuple a survécu, largement parce que les individus livrés à eux-mêmes par l'État ont pu s'appuyer sur des solidarités familiales, locales et régionales dont l'analyse, et à vrai dire la perception, échappent à une approche économique ou politologique classique. Avec Poutine, un nouveau groupe dirigeant a fini par émerger, qui a réussi à réaligner le système social sur le fond anthropologique. Les oligarques apparus durant l'ère des troubles ont été matés. Une économie de marché tempérée par un État fort a été mise en place. Celui-ci dispose désormais des revenus tirés de l'exploitation des ressources naturelles, gaz et pétrole notamment. Un régime protectionniste a été instauré pour permettre la survie, ou plutôt la reconstruction, de l'appareil industriel. Le sens idéologique profond de l'adoption d'un système protectionniste par Moscou est le refus de la classe dirigeante russe de voir le peuple vendu comme une main-d'œuvre à bon marché au capitalisme globalisé. Et c'est précisément ce choix inattendu qui explique la russophobie occidentale : toutes les élites du monde globalisé ne devraient-elles pas partager cette préoccupation ? Le parti communiste chinois est lui irréprochable, de même que les régimes nés en Europe orientale de la chute du communisme.

Mais la Russie, « décommunisée », peut bien faire toutes les élections qu'elle veut : elle reste, comme en son âge totalitaire, un contre-modèle dans un monde qui a évolué vers un ultra-individualisme féroce. Le glissement inégalitaire des États-Unis a fait que l'écart idéologique entre la Russie de Poutine et les États-Unis d'Obama est, en un sens, resté aussi significatif que celui qui existait entre les deux nations à l'époque de Nikita Khrouchtchev et de John F. Kennedy. Du coup, on peut penser que la mise en place d'un système protectionniste aux États-Unis pourrait favoriser, au-delà de l'indépassable rivalité militaire, un réel rapprochement idéologique russo-américain.

La Russie a, comme les autres nations avancées, vécu l'émergence d'une stratification éducative nouvelle, et la montée inexorable d'un subconscient social inégalitaire. Comme ailleurs, la belle homogénéité culturelle de l'alphabétisation de masse y a été brisée. La révolution des études supérieures y fut sans doute l'évolution terminale qui mena à la désintégration de l'idéologie communiste, comme elle avait mené à l'ébranlement de la démocratie américaine ou à l'effondrement de l'Église catholique là où elle avait survécu. À la fin des années 1980, le régime soviétique agonisant tenta même de bloquer le développement des universités, abandonnant à cette occasion l'un des principes fondamentaux du communisme qui, comme le judaïsme ou le protestantisme, faisait du progrès de l'éducation l'une de ses valeurs cardinales.

Le socle anthropologique russe trace cependant une limite à l'inégalité.

Nous sommes ici au cœur de la reconstruction russe : les valeurs issues de la famille communautaire assurent la persistance d'une conception intégrée de la nation. Comme en Allemagne ou au Japon, cette conception intégrée a donné à la Russie un avantage compétitif face à une anglosphère certes beaucoup plus vaste, beaucoup plus riche, et mieux armée. C'est la raison pour laquelle le pays de Vladimir Poutine – comme ceux d'Angela Merkel ou de Shinzo Abe – occupe dans le monde une place sans commune mesure avec sa réalité démographique. La disproportion entre l'importance géopolitique de la Russie et le volume de son PIB est aussi particulièrement spectaculaire. En 2016, en prix courants, celui-ci s'élevait seulement à 1 200 milliards de dollars, contre 18 700 milliards aux États-Unis, 12 300 en Chine, 4 200 au Japon, 3 500 en Allemagne, 3 000 au Royaume-Uni, 2 500 en France. Le calcul en parités de pouvoir d'achat, qui rapproche du niveau de consommation réel des populations, divise par deux les écarts, mais les valeurs brutes montrent à quel point la Russie échappe au cœur de l'ordre mondial.

### *Spécialisation militaire et égalité des nations*

La spécialisation de la Russie, dans le monde globalisé, est différente de celles de l'Allemagne et du Japon. Elle est militaire plutôt que commerciale. Compétence mathématique, patriotisme et inertie systémique ont fait de l'armement, déjà cœur du système économique soviétique, une spécialité russe. L'hostilité persistante des États-Unis a même conduit à une surprenante renaissance du secteur, et en particulier au développement d'une technologie défensive sophistiquée et bon marché. Les missiles mobiles russes, capables de neutraliser un espace aérien quelconque, ont permis au monde d'échapper en théorie à la toute-puissance de l'US Air Force. Sans cette percée, l'intervention russe en Syrie n'est pas compréhensible. Dotée d'une force nucléaire modernisée, de missiles exportables, d'une compétence informatique renouvelée, la Russie est redevenue le contrepoids naturel des États-Unis. Un tel rôle s'accorde bien avec les valeurs égalitaires intrinsèques au communautarisme.

Reprenons la séquence, subliminale en quelque sorte, qui associe aux rapports familiaux une vision *a priori* des rapports entre les peuples.

La famille-souche allemande ou japonaise, zombie puisque nous parlons au présent, induit une séquence ethnocentrique : les enfants sont inégaux, les hommes sont inégaux, les peuples sont inégaux.

La famille nucléaire absolue anglaise ou américaine génère une séquence différentialiste molle : les enfants sont différents, les hommes sont différents, les peuples sont différents.

Mais comme la famille nucléaire égalitaire française, la famille communautaire russe enclenche une séquence universaliste : les enfants dans la séquence française, les fils dans la séquence russe, sont égaux ; les hommes sont égaux, les peuples sont égaux. Comme la Révolution française, la révolution communiste fut donc agressivement universaliste et se proposa d'étendre au monde le système inventé en Russie. L'Union soviétique et l'Internationale communiste exprimèrent sur le plan institutionnel cet égalitarisme viscéral, dans une phase d'expansion de la population et de la puissance russes. Dans une phase de tassement de la population et de contraction de la puissance, le rêve impérial a mué en une vision plus paisible de la nécessaire égalité des nations. Les textes de Vladimir Poutine ou de Sergei Lavrov, ministre des Affaires étrangères, développent ainsi le projet d'un monde multipolaire, dans lequel la Russie se doit de protéger l'égalité et l'autonomie des nations. La conception intégrée, presque familiale, du peuple *(narod)*, qui caractérise la Russie, interdit que Moscou fantasme à la française sur la dissolution des nations en ces temps d'une humanité atomisée et libérale. Dans un monde où la majorité des nations sont petites en taille et militairement insignifiantes, la séduction de l'approche multipolaire russe est une évidence, et très exaspérante pour les géopoliticiens américains qui pensent encore en termes de toute-puissance.

## La Chine comme objet idéologique

La bienveillance dont la Chine a bénéficié de la part des médias nord-américains ou européens contraste avec la sévérité appliquée à la Russie. Si rien n'est pardonné à la démocratie autoritaire russe, tout n'est que péché véniel dans le totalitarisme libéral chinois. Pékin, avec son régime de parti unique, fondamentalement policier quoi que tempéré par la corruption, ne s'est attiré que quelques reproches vagues et formels. Pourquoi ? Parce qu'entre 1980 et 2015, la Chine, pays de 1,36 milliard d'habitants (en 2013), est devenue non seulement l'atelier du monde mais surtout, pour les classes aisées occidentales, le paradis du surprofit. Vendre sur les marchés des pays avancés les biens produits par une main-d'œuvre chinoise sous-payée a permis, durant quelques décennies, de réaliser des marges de rêve. Ce rêve financier a muté en fausse conscience, en refus de comprendre qu'il est impossible de pérenniser le modèle, tant du côté des Occidentaux que des Chinois eux-mêmes.

Il est bien sûr quelques auteurs raisonnables, qui analysent, en termes modérés et prudents, les structures et les déséquilibres internes de l'économie chinoise[1]. Mais ils sont bien rares.

En 2007-2008, les pays avancés sont entrés en crise et, en 2017, c'est au tour de la Chine d'affronter le mur de la réalité. Donald Trump et ses conseillers, comme Peter

---

1. Par exemple, Barry Naughton, *The Chinese Economy. Transitions and Growth*, Cambridge (MA), MIT Press, 2007.

Navarro, préfèrent parler de la Chine comme d'un problème plutôt que comme d'un miracle[1]. Et de fait, compte tenu du poids incroyable des investissements dans le PIB du pays, le taux de croissance officiel, légèrement inférieur à 7 % en 2016, devrait rapidement approcher de zéro.

Les chantres de la globalisation ont également chanté, des décennies durant, la montée en puissance des classes moyennes chinoises, l'épanouissement d'un marché de nouveaux riches devenu l'horizon du monde libre. Il ne s'agit évidemment pas ici de nier les progrès de la Chine, l'amélioration de son niveau de vie, l'élévation du PIB par tête et même la hausse des salaires. Mais de tels progrès sont tout simplement normaux pour une population complètement alphabétisée, qui pratique le contrôle des naissances et n'est plus bridée dans son activité économique par un État maoïste fou.

Et comment ne pas percevoir, dans le modèle chinois, la trace d'une économie de type stalinien, avec son taux d'investissement de 43 % du PIB en 2016, la restriction persistante imposée à la consommation intérieure, la militarisation de l'économie, les campagnes incessantes de lutte anticorruption, qui signifient tout simplement qu'il n'existe pas en Chine de marché libre garanti par des institutions stables et sûres ? La représentation des dirigeants du parti communiste chinois en stratèges économiques géniaux (*versus* des Russes incapables) aura été particulièrement ridicule. La Chine, en effet, n'a pas choisi son destin. Elle a accepté d'intégrer sa main-d'œuvre au système piloté par les États-Unis et, secondairement, l'Union européenne et le Japon.

La Chine actuelle a été inventée par l'Occident, et très tôt. Il faut lire la conclusion du classique *Imperialism*.

---

1. Peter Navarro, *Death by China. Confronting the Dragon. A Global Call to Action*, Londres, Pearson, 2011.

*A Study,* de John A. Hobson, penseur de l'impérialisme avant Rudolf Hilferding et Lénine. Cet intellectuel anticonformiste avait en effet envisagé, dès 1902, la configuration du monde actuel, et nous trouvons chez lui une puissance prophétique supérieure à celle de H. G. Wells.

> « Nous avons envisagé la possibilité d'une alliance encore plus vaste d'États occidentaux, fédération européenne des grandes puissances qui, loin de promouvoir la cause de la civilisation mondiale, engendrerait le risque massif d'un parasitisme occidental : des nations industrielles avancées dont les classes supérieures tireraient un immense tribut d'Asie et d'Afrique, avec lequel elles entretiendraient des masses apprivoisées, inutiles dans les activités de base, industrie ou agriculture, mais conservées pour le service personnel et des tâches industrielles résiduelles, sous le contrôle de la nouvelle aristocratie financière. Que ceux qui considèrent qu'une telle théorie ne mérite pas considération regardent la vie économique et sociale des districts du sud de l'Angleterre [...] et méditent sur la vaste extension d'un tel système que rendrait possible l'assujettissement de la Chine au contrôle économique de groupes semblables de financiers, d'investisseurs, de responsables des affaires et de la politique...[1] »

Hobson, qui vivait en des temps de fortes rivalités entre puissances européennes d'avant 1914, avait seulement oublié... l'Amérique. C'est pourtant à elle qu'il reviendra de réaliser sa prophétie, avant de vouloir en sortir lorsque le rêve des financiers sera devenu le cauchemar des masses occidentales.

1. John A. Hobson, *Imperialism. A Study* [1902], Londres, Unwin Hyman, 1988, p. 364 (c'est moi qui traduis).

Oui, les dirigeants chinois ont été manipulés plutôt que manipulateurs, et ils devraient prendre conscience des réalités : un retournement d'attitude à l'Ouest ne pourrait que révéler l'impuissance stratégique de Pékin. Déjà, les dirigeants chinois peinent à freiner les sorties de capitaux de leur pays. Cette fuite financière, dans tous les sens du mot « fuite », ne doit pas être considérée comme l'effet comptable, mécanique, des excédents commerciaux. Dans un pays en réel développement, ces excédents n'existeraient pas. Le pays devrait être importateur net de capital et sa balance commerciale déficitaire.

Mais la réalité est que l'extraversion économique – une croissance trop exclusivement tirée par les exportations – a fait sortir l'économie chinoise d'une trajectoire normale selon laquelle le rythme et la forme de la croissance seraient définis par ceux du développement éducatif sous-jacent. La progression de l'éducation supérieure en Chine est rapide, ainsi que le montre le graphique 18.3, mais les taux atteints sont fort bas par rapport à ceux des États-Unis, de l'Europe ou du Japon. On a déjà pu le constater sur le graphique 16.1, qui compare les puissances majeures de la globalisation : 4 % de diplômés « complets » du supérieur à 30-34 ans en Chine, dans la génération qui a eu 25 ans en 2000, contre 36 % au Japon, 35 % aux États-Unis, 27 % en Suède, 26 % au Royaume-Uni, 20 % en Allemagne ou en France. Le classement des pays avancés est, certes, ici sujet à caution, compte tenu de la diversité des systèmes éducatifs et des diplômes délivrés, mais le retard chinois est une certitude.

Cette comparaison nous permet d'en ridiculiser une autre, ou plutôt de dévoiler son caractère idéologique : le classement de Shanghai des universités. Comment les pays les plus avancés peuvent-ils accorder à un pays qui l'est aussi peu sur le plan éducatif le droit de leur distribuer notes, prix et accessits ? Ce privilège inouï, qui n'est pas sans évoquer le jour des fous, une inversion carnavalesque des statuts, n'est que l'une des composantes du système idéologique qui a fait de la Chine l'horizon du monde, ou plutôt du profit.

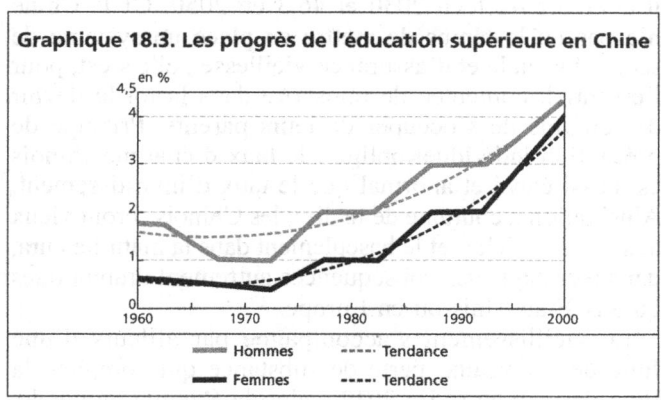

**Graphique 18.3. Les progrès de l'éducation supérieure en Chine**

Sources : Proportion de la population ayant fait des études supérieures complètes : générations atteignant 25 ans aux dates indiquées. D'après la banque de données Barro-Lee.

## *Le scepticisme des démographes*

Une fois de plus, la démographie nous aide à percer le voile de l'idéologie. La profession n'est pas optimiste à propos de la Chine. Elle sait trop bien que le dynamisme des années 1980-2010 a largement reposé sur ce qu'elle appelle, familièrement, le « bonus démographique » : la baisse de la fécondité, se combinant au petit nombre des personnes âgées, a produit une situation selon laquelle la charge de population inactive était minimale. Les travailleurs sont abondants, et on l'a vu, compétitifs sur le marché global. Mais le bonus ne peut être que transitoire. Bientôt la population vieillit, la « charge démographique » augmente, et le freinage commence. L'âge médian de la population chinoise est passé de 27,3 ans en 1950 à 34,1 en 2010. Selon les projections de l'ONU, il atteindra 42,1 en 2030 et 46,3 en 2050. Or la Chine n'a pas eu le temps de mettre en place un système de sécurité sociale et d'assurance-vieillesse ; elle s'est, pour l'essentiel, contentée de réinscrire dans la loi le devoir des enfants de s'occuper de leurs parents. Principe de précaution individuel oblige : le taux d'épargne chinois est aussi élevé et anormal que le taux d'investissement. Ainsi qu'on a coutume de le dire, les Chinois seront vieux avant d'être riches et le basculement dans la maturité aura, dans leur pays, des conséquences autrement dramatiques qu'aux États-Unis ou en Europe.

Le vieillissement s'accompagne par ailleurs d'une fuite des cerveaux, perte de substance qui complète la fuite des capitaux. En 2012, selon la Banque mondiale, le solde migratoire net était déficitaire de 1,5 million d'individus, même si l'OCDE ne recense pour 2013 que 500 000 immigrants venus de Chine. Nombre d'entre eux sont des étudiants, puisque la Chine fournit 22 % des étudiants en mobilité à l'Ouest. En 2015, le ministère chinois de l'Éducation a enregistré le départ de 523 000 étudiants pour l'étranger, se félicitant de ce que le taux de retour avait remonté, atteignant 70-80 % dans les années les plus récentes. La grande récession occidentale a favorisé ce phénomène.

Reste que la Chine, loin d'appartenir comme la Russie au club des nations prédatrices de main-d'œuvre et de cerveaux – position qui suffit à définir un pays comme membre du groupe géopolitique dominant –, fait partie de celles qui perdent, par le biais de l'émigration, de la substance humaine, et dont les classes moyennes sont ainsi anémiées. Son solde migratoire négatif n'est pas dramatique, compte tenu de la masse de sa population, mais on ne saurait sous-estimer l'effet qualitatif de ces pertes. Ce sont les meilleurs scientifiques qui ne rentrent pas. Pire encore, les Chinois qui aspirent à la liberté d'expression sont évidemment surreprésentés parmi les émigrés définitifs. Les flux géographiques renforcent donc le système autoritaire chinois en l'épurant sans cesse de ses éléments potentiellement les plus libéraux.

## Une dynamique patrilinéaire persistante, en Chine et ailleurs

Dans l'échelle des niveaux de patrilinéarité, la Chine occupe le niveau 2, qui correspond à un système familial communautaire formé il y a un peu plus de deux millénaires. L'abaissement du statut de la femme y a conduit, au nord et au centre du pays, à des taux de patrilocalité dépassant, on l'a vu, 99 %. Sur la côte sud-est, entre Canton et Shanghai, des traces de famille-souche (ou même nucléaire) et d'un statut plus élevé de la femme avaient subsisté jusqu'à la révolution, avec des résidus de mariage matrilocal montant parfois jusqu'à 10 %.

Le communisme chinois avait puisé à son modèle russe une volonté d'élévation du statut de la femme dans la société et s'était efforcé de refouler la patrilinéarité. Depuis sa chute, et alors même que les idéologues de l'Ouest vantaient l'accession de la Chine à la modernité, le principe patrilinéaire y a réémergé en force, et même, probablement, repris sa marche en avant. L'effondrement des structures de sécurité mises en place par l'État socialiste a renvoyé les individus à leurs familles et aux mœurs traditionnelles, en Chine comme en Allemagne de l'Est, mais on aurait sans doute tort de n'attribuer la chute du statut de la femme qu'à

**Tableau 18.1. Le sex-ratio dans les sociétés communautaires et dans quelques autres, vers 2010**

| Chine | 118 |
|---|---|
| Azerbaïdjan | 117 |
| Arménie | 115 |
| Géorgie | 112 |
| Albanie | 112 |
| Vietnam | 111 |
| *Inde* | 111 |
| Pakistan | 110 |
| Kosovo | 110 |
| Monténégro | 110 |
| Singapour | 108 |
| Macédoine | 108 |
| Corée du Sud | 107 |
| Bosnie | 107 |
| Serbie | 107 |
| *Italie* | 106 |
| Russie | 106 |
| Suède | 106 |
| Allemagne | 106 |
| Japon | 106 |
| Bulgarie | 106 |
| Estonie | 106 |
| *Hongrie* | 106 |
| Lituanie | 106 |
| France | 105 |
| États-Unis | 105 |
| Royaume-Uni | 105 |
| Algérie | 105 |
| Slovaquie | 105 |
| Iran | 105 |

| Arabie saoudite | 105 |
|---|---|
| Israël | 105 |
| **Lettonie** | 105 |
| *Finlande* | 104 |

En gras : Famille communautaire exogame (FCE)
En italique : FCE partiellement

cette seule mutation doctrinale et institutionnelle. On la voit, en effet, se produire aussi en Inde, où l'effondrement du communisme ne saurait l'expliquer.

En Chine, l'éducation supérieure des femmes est certes en train de rattraper celle des hommes, à un niveau minimal pour l'instant. Mais la persistance du principe patrilinéaire est révélée par une préférence des parents pour les garçons, qui éclate dans la statistique des naissances chinoises. Nul besoin ici de procéder à un sondage d'opinion. Les techniques modernes de dépistage prénatal du sexe de l'enfant permettent de « choisir » un garçon, en pratiquant un avortement sélectif des fœtus de sexe féminin. À 1,7 enfant par femme, la fécondité chinoise est basse, sans toutefois atteindre les niveaux japonais ou coréens du Sud. Mais au-dessous de 3 enfants, la probabilité pour un couple de ne pas avoir de garçon s'élève notablement. Dans plusieurs articles, Christophe Guimolto, sans doute le meilleur spécialiste mondial de la question, a fait un inventaire planétaire de l'élévation du sex-ratio à la naissance, c'est-à-dire du nombre de garçons pour 100 filles venant au monde[1]. Pour les populations

---

1. Christophe Z. Guilmoto, « La masculinisation des naissances. État des lieux et des connaissances », *Population*, vol. 70, n° 2, 2015, p. 204-265, et Christophe Z. Guilmoto, « Missing Girls. A Globalizing Issue », in James D. Wright et *al.*, *International Encyclopedia of the Social & Behavioral Sciences*, 2ᵉ édition, vol. 15, Oxford, Elsevier.

de l'Eurasie, le taux naturel tourne autour de 105-106, plus de garçons étant conçus que de filles.

Le tableau 18.1 classe par ordre décroissant les sex-ratios des pays de famille communautaire exogame, et présente à titre de comparaison quelques pays de famille nucléaire, souche et communautaire endogame. Les pays de famille communautaire exogame sont en gras, ceux où ce type est bien représenté mais partage l'espace national avec d'autres sont en italiques. Avec un indice égal à 107, un début d'avortement sélectif peut être soupçonné ; au-dessus, il est presque certain. Avec un sex-ratio de 118, la Chine apparaît en leader et on a vu un moment son influence culturelle s'étendre jusqu'à la Corée du Sud, pays de famille-souche où le taux actuel de 107 n'est que le résidu d'une crise, à peu près maîtrisée, qui avait vu l'indice s'élever jusqu'à 115 en 1994. La suprématie de la Chine en ce domaine est néanmoins en partie une illusion puisque certains États du nord de l'Inde atteignent 120. Le taux national indien de 111 intègre le relatif féminisme de l'Inde du Sud, qui agit en modérateur.

Les pays musulmans, Pakistan excepté, apparaissent immunisés contre l'avortement sélectif, peut-être par l'interdit religieux, plus encore sans doute par l'endogamie. Dans un système communautaire endogame, une fille sera destinée à un cousin. Son destin n'est pas de quitter sa famille par le mariage : de sa conception à la mort, elle appartiendra au même groupe et sa vie sera protégée.

Dans ce contexte, le taux de 110 du Pakistan – où la fréquence des mariages entre cousins du premier degré est

---

2015, p. 608-613. Voir aussi Isabelle Attané, Chistophe Z. Guilmoto et *al.*, *Watering the Neighbour's Garden. The Growing Demographic Female Deficit in Asia*, Paris, CICRED, 2007, et Tulsi Patel et *al.*, *Selective Abortion in India. Gender, Society and New Reproductive Technologies*, New Delhi, Sage Publications, 2007.

pourtant de 50 %, l'un des plus élevés du monde musulman – révèle la persistance souterraine d'une proximité culturelle entre les musulmans, les hindouistes et les sikhs de l'ancien Pendjab. La région a longtemps pratiqué, à l'ancienne, l'infanticide des bébés de sexe féminin, avant d'adopter la technique plus moderne de l'avortement sélectif. L'indice très élevé de l'Azerbaïdjan musulman, 117, montre que celui-ci continue d'« appartenir » à la périphérie sud du monde soviétique, où l'avortement fut une technique standard de contrôle des naissances. Le soviétisme l'emporte sur l'islam et l'endogamie pour faciliter le fœticide sélectif. Géorgie et Arménie, en dépit de tous les conflits internes à la région du Caucase, s'obstinent à se manifester sur ce plan comme des cousins culturels.

Le sex-ratio est un indicateur cruel pour les géopoliticiens qui ont voulu nous « vendre » la Géorgie ou le Kosovo comme des pays occidentaux, et la Russie comme étrangère à nos mœurs. Le sex-ratio russe est évidemment normal, comme ceux des pays baltes, de la Finlande, de la Slovaquie ou de la Bulgarie. Mais ceux de la Géorgie, à 112, ou du Kosovo, à 110, montrent à quel point ces deux pays ne relèvent pas de la sphère occidentale, si un statut élevé de la femme est bien une composante de l'identité occidentale. On aimerait voir la Suède s'inquiéter un peu plus vigoureusement de ces atteintes aux droits de la femme.

Ces chiffres témoignent d'une réémergence. Plus impressionnante encore est l'élévation du sex-ratio dans le sud de la Chine et dans le sud de l'Inde, où un relatif féminisme avait survécu[1]. Ces développements récents suggèrent qu'en dépit du discours mondial sur l'émanci-

1. Christophe Z. Guilmoto, « A Spatial and Statistical Examination of Child Sex-Ratio in China and India », in Isabelle Attané et Jacques Véron, *Gender Discriminations Among Young Children in*

pation des femmes, le principe patrilinéaire, qui se manifeste d'abord vers 3000 AEC en Mésopotamie, et vers 1400 AEC en Chine, achève aujourd'hui la conquête des deux nations-continents d'Asie, la Chine et l'Inde.

## La mémoire des lieux : autorité et égalité en Chine

Le déséquilibre quantitatif entre les sexes s'ajoute au vieillissement pour laisser entrevoir un avenir démographique assez sombre en Chine. Mais nous devons surtout comprendre ce que l'élévation du sex-ratio à la naissance signifie en termes de mentalités, et revenir à notre concept de mémoire des lieux.

En dépit des effets de la globalisation et de la réussite du pays à l'exportation, les valeurs traditionnelles de la Chine, établies par près de trois millénaires et demi d'évolution vers la patrilinéarité, demeurent vivantes, et continuent même parfois de progresser. Nous pouvons donc postuler aussi une rémanence de valeurs communautaires associées à un principe patrilinéaire fort, à l'autoritarisme et à l'égalitarisme. Le rôle directeur du parti communiste et l'omnipotence de la police témoignent de l'autoritarisme. Mais l'égalitarisme du système anthropologique est présent lui aussi, celui-là même qui permit à la Chine d'entreprendre une révolution communiste radicale. Les systèmes hiérarchiques de type allemand ou japonais, souches, contiennent un principe d'inégalité qui stabilise l'ordre social. L'égalitarisme latent des valeurs chinoises, dans une phase de forte progression des inégalités économiques, est une menace pour l'équilibre du système social et politique. Les dirigeants le savent, ou le sentent,

---

*Asia*, Pondichéry, IFP-Ceped, 2005, p. 133-165, et Emmanuel Todd, *L'Origine des systèmes familiaux, op. cit.*, p. 155-156.

et vivent, non seulement dans la corruption qu'entraîne la recomposition des liens familiaux patrilinéaires, mais aussi dans la crainte de leur population. Un durcissement interne du régime pèse sur le peuple chinois, à l'intention duquel le régime fabrique des leurres dangereux.

Le nationalisme xénophobe entretenu par le parti communiste, devenu de ce fait beaucoup plus proche du fascisme que du marxisme-léninisme, empoisonne la vie du Japon voisin, dont nous avons pourtant vu au chapitre 16 à quel point il avait renoncé à la puissance et à l'expansionnisme en Asie. Il ne s'agit pas, bien sûr, d'oublier avec quelle violence s'est manifesté le colonialisme japonais, mais de noter qu'elle n'a pas excédé celle du colonialisme français en Algérie ou celle des guerres indiennes aux États-Unis, bien loin de ce qu'a représenté pour l'humanité la Shoah. L'insistance des communicants chinois à nous rappeler les massacres de Nankin a quelque chose de pathétique, venant d'un pays où la folle politique économique du parti communiste avait, par le Grand Bond en avant, et en l'absence de toute intervention étrangère, conduit 30 millions de Chinois à la mort.

Nous aurions cependant tort d'exagérer l'expansionnisme chinois. La xénophobie antijaponaise et l'expansion vers les mers du Sud constituent un ajustement tactique à une situation interne difficile plutôt qu'elles ne manifestent une réelle prétention impériale. La Chine est tellement peuplée que son système gravitationnel interne lui interdit de pratiquer un véritable expansionnisme : sa masse en fait sorte d'étoile noire qui retient et concentre la matière plutôt qu'elle ne la dilate.

Sur le plan international, l'égalitarisme chinois conduit à une vision proche de celle de la Russie, celle d'un monde multipolaire constitué de nations équivalentes. À l'état stable, la Chine se présente donc comme un acteur raisonnable et fiable sur la scène mondiale, même si l'on a vu apparaître, au terme de la phase d'expansion économique, quelques théories mégalomanes sur l'État civilisationnel chinois, telle que celle décrite dans *The China Wave* par Zhang Weiwei, qui nous présente l'autoritarisme interne du système comme une valeur positive et un défi ontologique lancé à la démocratie occidentale[1]. L'émigration de millions d'étudiants chinois vers l'Amérique du Nord, l'Europe et le Japon suggère tout à fait autre chose.

Frappée par le tassement de la demande mondiale, subissant de plein fouet la baisse du taux de croissance qui en résulte, souffrant d'un fort déséquilibre démographique, subissant la montée des inégalités dans le contexte d'une culture égalitaire : avec ses 1,3 milliard d'habitants, la Chine sera l'un des grands pôles d'instabilité mondiale en ce début de IIIe millénaire.

## La Russie comme accident et comme nécessité

Je voudrais terminer ce chapitre par une courte réflexion sur la place de la Russie dans l'histoire anthropologique et idéologique du monde. Le système familial russe est communautaire exogame, et, comme tel, trouve sa place dans la même « case » typologique que la Chine, le Vietnam, la Serbie, l'Albanie et l'Italie centrale. Tous ces pays et régions ont, au XXe siècle, produit du communisme, soit par la révolution, soit par le biais d'une implantation électorale stable. Pouvons-nous tirer de cette coïncidence la conclusion qu'ils représentent exactement la même chose que la Russie, et au fond, que l'idéologie communiste aurait pu naître dans n'importe lequel d'entre eux ?

1. Zhang Weiwei, *The China Wave. Rise of a Civilizational State*, New Jersey, World Century Publishing Corporation, 2012.

L'avance de la Russie sur la Chine en termes d'alphabétisation de masse exclurait à elle seule une telle possibilité. Mais nous devons pousser plus loin l'analyse.
On constate, dans l'histoire russe contemporaine, une
créativité, une capacité d'invention, parfois meurtrière,
qui est allée au-delà de ce qu'un simple décalage de
développement éducatif peut expliquer. Le rôle particulier
des femmes dans le système familial est un trait structurel
fondamental qui distingue la Russie de ses compagnes
typologiques, et qui semble avoir évité au pays ce que
l'on pourrait nommer « la trappe patrilinéaire ». L'une
des thèses centrales de ce livre est que les civilisations
nées au Moyen-Orient, en Chine, en Afrique de l'Ouest,
ont toutes, après l'invention de l'agriculture, conçu, appliqué et renforcé une patrilinéarité qui, le temps passant,
a abaissé le statut de la femme et paralysé la société.

Marginaliser ou enfermer les femmes dans leur maison,
c'est freiner leur éducation, puis celle de leurs fils, destinés
à l'enfermement dans un réseau patrilinéaire. Les hommes
aussi cessent alors d'être des individus à part entière. Ils
dominent en tant que groupe les sociétés patrilinéaires, mais
y restent souvent, en tant qu'individus, des enfants. C'est
la raison d'un paradoxe fréquent dans le monde de la patrilinéarité : l'homme y domine sur la place publique mais est
chez lui considéré comme un gamin par son épouse. Une
société ainsi constituée ne peut indéfiniment rester créa-
tive. L'involution antiféministe des centres de civilisation
originels explique l'arrêt de leur développement historique,
et le mouvement géographique centrifuge du progrès, de la
Mésopotamie vers l'Angleterre, de la Chine vers le Japon.

Un enfermement de l'individu dans la parenté s'est bien
produit en Russie, mais très tard, et sans que le statut
de la femme s'en soit trouvé sérieusement abaissé. C'est
ainsi que la Russie se trouve être, dans l'univers de la
patrilinéarité, une exception. Elle bénéficie, si l'on peut

dire, de l'intégration collective que permet la famille communautaire et trouve donc en elle-même des ressources de cohésion sociale de niveau élevé. Mais le statut des femmes y agit comme un correctif, qui explique l'incessante créativité russe, intellectuelle, scientifique, militaire, jusqu'à la période la plus récente, pour le meilleur et pour le pire.

La Russie a donc inventé le communisme, mais qui peut affirmer avec certitude que la Chine en aurait été capable ? Engagée dans cette aventure étouffante et sanglante, la Russie a quand même trouvé l'énergie de vaincre l'Allemagne nazie entre 1941 et 1945, avec l'un des meilleurs matériels de la guerre, le char T34, dont personne ne conteste qu'il fut le meilleur à l'époque. Aujourd'hui encore, survivant à une décennie de désintégration, elle vient de ramener à niveau ses techniques militaires en fabriquant les systèmes de missiles S-400, capables de neutraliser toute supériorité aérienne.

Pour pasticher Hegel, je voudrais souligner pour finir la place paradoxale de la Russie dans l'histoire. Cette nation fut capable de s'imposer un système communiste intolérable, universaliste, et elle a sauvé le monde. Avoir abattu le nazisme doit être compté comme une contribution majeure à l'histoire universelle. Mais la Russie représente-t-elle vraiment quelque chose d'universel ? L'analyse de son infrastructure anthropologique, communautaire et féministe, montre qu'elle ne fut à l'origine qu'une bizarrerie anthropologique, un accident de l'histoire.

# Envoi

On ne peut guère conclure une esquisse de l'histoire humaine parce que l'histoire, bien sûr, ne s'arrête pas. En outre, ainsi que je l'ai dit dès l'introduction de ce livre, il s'est agi pour moi de mieux décrire plutôt que d'expliquer en un sens absolu. Et si l'on ne connaît pas le sens de l'histoire, comment lui imaginer une fin ? J'espère toutefois avoir convaincu le lecteur qu'il est possible de la comprendre un peu moins mal si l'on accepte de descendre dans les couches profondes de la vie des sociétés, à des niveaux subconscients et inconscients.

Le sentiment d'impuissance qui étreint aujourd'hui les élites et les peuples du monde les plus avancés résulte d'une ignorance des forces qui s'expriment et produisent, inlassablement, des événements prétendument incompréhensibles : inégalité et tassement du niveau de vie sur fond de progrès technologique, nihilisme d'expression religieuse, xénophobie, conflits entre les nations à l'heure où le concept de nation est réputé dépassé.

La dynamique éducative relève du subconscient. Sur ce plan, l'entrée en stagnation des États-Unis, qui fixent depuis 1945, pour l'ensemble du monde développé, le sens de l'histoire, explique largement le sentiment de régression qui nous a envahis malgré le progrès technique. La diffusion de ce sentiment est encouragée du fait que l'Amérique demeure, par excellence, le lieu de l'innovation. Et ni le Japon, ni l'Allemagne, ni la Russie, ni la Chine ne définissent une autre voie.

Plus en profondeur, la divergence persistante entre systèmes anthropologiques fait obstacle à la gestion pragmatique de l'interaction des nations. La cristallisation des systèmes religieux sous une forme zombie contribue à la persistance des forces de séparation. Mais on ne saurait prétendre gérer le monde le plus avancé si l'on refuse de percevoir sa diversité profonde, indéfiniment reconduite par une mémoire des lieux qui résulte elle-même de la différenciation de types familiaux définis par 5 000 ans d'évolution. La technologie n'efface pas les mœurs, qui demeurent nucléaires ou souches, sans oublier le communautarisme féministe accidentel de la Russie. L'homme universel existe, bien sûr, sous sa forme originelle d'*homo sapiens*, dont l'Amérique reste proche, ou dans l'utile rêve idéologique français. Mais les nations, elles, sont spécifiques.

L'idéologie de la globalisation repose sur une hypothèse d'homogénéité. Or celle-ci est impossible à réaliser. Cette idéologie, du coup, menace de nous conduire à des conflits de puissance aggravés par des affrontements de valeurs. En Europe, lorsque certains fonds anthropologiques imposent leurs valeurs à l'insu des acteurs, la démocratie libérale, je crois l'avoir montré, peut se métamorphoser en une autocratie inégalitaire.

J'espère aussi avoir contribué à convaincre l'Occident qu'un peu de modestie s'impose, en mettant en évidence le caractère archaïque de ses fondements anthropologiques. C'est en particulier la primitivité de l'Amérique qui a fait son succès. Et ce pays continue, à notre insu, de faire peser sur le monde le poids de sa division raciale fondatrice : j'ai longuement décrit la complexe interaction de la démocratie, de la poussée oligarchique et de la persistante polarité Blanc/Noir aux États-Unis. Cette analyse nous permet de saisir l'étonnante contribution du racisme à la révolution ultralibérale.

Accepter l'hypothèse de la divergence des nations, résultant de la différenciation des systèmes familiaux, est urgent si l'on tient à la paix du monde.

Certes, sur le plan de l'enseignement, on peut mentionner une certaine convergence planétaire. Le monde développé semble avoir atteint un plafond éducatif et démographique. Lorsqu'une nation dépasse ce niveau, défini par les États-Unis, elle semble le payer d'une sous-fécondité qui compense, par la réduction du nombre absolu des hommes et des femmes, la proportion plus élevée de ceux qui atteignent un niveau éducatif supérieur. La Suède et la Russie seront peut-être deux exceptions.

Quoi qu'il en soit, si le plafond est fixe, le plancher s'élève.

L'ancien tiers-monde progresse du point de vue des éducations primaire, secondaire et supérieure, et il se rapproche, d'une génération à l'autre, du monde avancé. Il vit toutefois sous la menace permanente du pillage de sa matière grise par un monde développé qui commence à en manquer.

Une reprise éducative aux États-Unis, bien entendu, contredirait ce mouvement vers l'homogénéisation, ouvrant à nouveau l'écart entre pays avancés et en rattrapage. Sans être inconcevable, elle est néanmoins peu vraisemblable. Il manque à l'Amérique un minimum de verticalité mentale, de structures souches qui faciliteraient la discipline dans l'éducation, et une plus grande efficacité dans la transmission culturelle en général. La voie du pillage des ressources humaines, ici ou là sur la planète, solution traditionnelle des États-Unis, continuera d'être arpentée. Compte tenu de la taille démographique atteinte par cette nation-continent, les besoins seront considérables demain. La Chine, autre nation-continent, exportatrice non seulement de ses marchandises mais aussi de ses hommes, devrait redouter cette perspective.

Quoi qu'il en soit, la tendance à l'homogénéisation éducative, pour l'heure, prédomine.

Nous devons accepter d'aborder l'histoire par ses deux dimensions majeures.

Le niveau subconscient, éducatif, avec ou sans homogénéisation, représente sa dimension universelle. Partout, la trajectoire de l'éducation, malgré ses décalages et différences de rythme, est la même pour toute l'espèce *homo sapiens*. Elle constitue la réalité de la mondialisation. Partout aussi, cependant, dans le monde avancé, une stratification éducative nouvelle a brisé l'unité du corps des citoyens. Un nouveau subconscient inégalitaire a pulvérisé les idéologies et les restes de religion issus de l'âge de l'instruction primaire. La crise de la démocratie et les regains populistes sont des phénomènes universels.

Une deuxième dimension, anthropologique, implique, au contraire, au minimum une séparation persistante des peuples ou, pire, une divergence qui pourrait s'accentuer.

Quoi qu'il advienne du progrès, certaines nations demeureront libérales et d'autres autoritaires. Dans quelques pays, un certain égalitarisme venu du fond anthropologique résistera à la tendance oligarchique, dans d'autres, une tradition inégalitaire la renforcera.

L'émancipation des femmes est un faux universel. On la constate certes partout, et c'est parfois là où on l'attendrait le moins qu'elle se manifeste avec le plus de force, comme en Russie par exemple. Mais elle provoque, dans la plupart des sociétés de fond patrilinéaire, et à des degrés divers selon l'intensité du principe, des dysfonctions majeures dans le domaine démographique, ainsi en Allemagne, au Japon ou en Chine.

L'analyse concrète des grandes nations révèle également la coexistence des systèmes stables (les États-Unis, la Russie, et probablement aussi le Japon, qui accepte sa chute démographique) et de systèmes instables (l'Allemagne et la Chine, parce qu'ils se sont fixé des objectifs que leur base démographique et éducative rend inaccessible). De quoi cette coexistence est-elle grosse ?

Je me garderai bien de proposer des solutions pour surmonter le mouvement contradictoire de l'histoire, tiraillée entre universel éducatif et divergence anthropologique. Je m'en tiendrai ici à une neutralité wébérienne stricte : le rôle du chercheur est d'éclairer les hommes sur les forces qui les meuvent, non de proposer une solution, c'est-à-dire une nouvelle idéologie. C'est à tous les acteurs, s'ils acceptent de se voir tels qu'ils sont dans l'histoire, qu'il appartient d'en discuter et d'en décider. Le rapport des hommes politiques à l'histoire rend toutefois improbable l'émergence, chez eux, d'une conscience des forces de longue durée. Mais qui sait ?

# Post-scriptum :
# l'avenir de la démocratie libérale

Je voudrais, pour finir, concentrer l'analyse sur le destin de l'Occident le plus étroit, celui qui a réellement inventé la démocratie libérale, avec en son cœur trois nations de tailles désormais inégales : le Royaume-Uni, les États-Unis et la France. Mon monde. Les mois écoulés entre juin 2016 et juin 2017 ont constitué une sorte d'*annus mirabilis* du « populisme », qui a vu se succéder le Brexit, l'élection de Donald Trump et l'effondrement du système des partis français avec un deuxième tour opposant un parti d'extrême droite à un jeune inspecteur des finances, issu du cœur de l'establishment étatique et bancaire français. Cette année peut être décrite, du côté anglo-américain, comme celle du regain démocratique, du protectionnisme, de la xénophobie, d'un retour au national. La France a pour l'instant pris le chemin inverse d'une réaffirmation du choix postnational, européen et libre-échangiste, mondialiste, indifférent à la question des frontières et de l'immigration. Le score du Front national, au premier comme au deuxième tour, y fut somme toute modeste, au terme pourtant d'un quinquennat qui avait produit 25 % de hausse d'un chômage déjà élevé au départ et qui fut rythmé par la violence du terrorisme islamique.

Reste que, dans les trois cas, l'analyse des résultats électoraux révèle la même prédominance du niveau éducatif dans la détermination du vote. Partout, conformément à la représentation de l'histoire proposée dans ce livre, l'éducation supérieure a brisé l'homogénéité culturelle des démocraties libérales et créé des « mondes d'en haut » attachés aux valeurs d'ouverture, et des « mondes d'en bas » qui revendiquent le droit d'une nation à contrôler ses frontières et à considérer l'intérêt de ses citoyens comme prioritaire. Dans chacun des trois cas, Academia représente le cœur du monde universaliste et libéral, enragé contre le Brexit en Angleterre, contre Trump aux États-Unis, contre le Front national en France, signant et publiant pétitions et injonctions, destinées à leurs enseignants, à leurs étudiants et aux citoyens « mal informés ». Le monde de l'entreprise, généralement globaliste, fut en général, sauf peut-être en France, plus attentiste. Le chercheur est ici si proche de son propre univers de référence – Academia – qu'une prudence renouvelée s'impose, et que le précepte wébérien de neutralité doit être, une fois de plus, rappelé, au lecteur et surtout à lui-même. Il s'agit bien ici, non de juger, mais de comprendre et d'essayer d'entrevoir les orientations que prend le monde, attitude intellectuelle qui n'exclut d'ailleurs pas l'usage du droit à l'ironie.

Une précision d'ordre sociologique s'impose. L'identification de la stratification éducative comme cause du clivage idéologique nous permet d'affirmer que le problème est d'ordre structurel, et en un sens, indépassable. L'alphabétisation universelle, base de la démocratie moderne, est, quoi qu'en disent certains déclinistes, toujours en place, mais il s'y est superposé une division de la société en « ordres méritocratiques » primaire, secondaire et supérieur. L'ordre supérieur est lui-même finement gradué par les niveaux de prestige des divers diplômes et titres universitaires. La sélection méritocratique ne peut, en effet, fonctionner sans la base d'alphabétisation dont est extrait l'ordre des supérieurs. Les sociétés avancées doivent donc vivre sous tension : l'éducation primaire universelle nourrit inlassablement la possibilité de la démocratie, l'éducation supérieure approvisionne non moins inlassablement une classe supérieure qui, parce qu'elle est sélectionnée par le mérite, se pense intellectuellement et moralement supérieure en droit. Cette supériorité est une illusion collective : l'homogénéité et le conformisme engendrés par le mécanisme de sélection produisent le paradoxe ultime d'un monde d'en haut sujet au repliement intellectuel, faiblement apte à la pensée individuelle. C'est ainsi qu'en un sens sociologique, on peut dire que le monde d'en haut est idiot et peu moral. Mais, comme le peuple primaire, cette « élite de masse » est en place pour durer. Certes, elle s'efforce de préserver ses propres enfants de la compétition scolaire, par divers mécanismes, et tente elle-même de miner le principe méritocratique. Parce que la réussite scolaire ne mène finalement, d'un point de vue systémique, qu'à l'argent, la méritocratie vit sous la menace permanente de la fermeture ploutocratique. Mais Academia, la machine à trier les hommes, est elle-même riche et solide, et elle semble capable de reproduire pour de nombreuses années encore notre société d'ordres, au premier rang desquels cette élite de masse empêtrée dans ses difficultés intellectuelles.

Le bon sens nous indique qu'aucun choix brutal ne saurait résoudre la contradiction entre l'égalitarisme, qui résulte de l'instruction primaire, et l'inégalitarisme, qui découle de l'enseignement supérieur, et que les sociétés avancées, si elles veulent rester cohérentes et viables, doivent définir une voie moyenne. Bref, il nous faut parvenir à concilier les valeurs des gens d'en bas et celles des gens d'en haut, la sécurité des peuples et l'ouverture au monde. Parce qu'une démocratie ne peut fonctionner sans peuple, la dénonciation du populisme est absurde. Parce qu'une démocratie ne peut fonctionner sans élites,

599

qui représentent et guident, la dénonciation des élites en tant que telles est tout aussi absurde. L'obstination dans l'affrontement populisme/élitisme, s'il devait se prolonger, ne saurait mener qu'à la désagrégation sociale. Rappelons que, dans chacun des trois pays concernés, le peuple et les élites parlent la même langue : l'anglais ou le français. L'exogamie rend les strates sociales poreuses. Une hypothèse qui ferait des éduqués supérieurs une variété raciale en cours de séparation de l'espèce *homo sapiens* tombe, du point de vue de la vraisemblance, au-dessous de *La Machine à explorer le temps* de Wells.

Nous pouvons maintenant avancer dans la compréhension du dilemme qui frappe la démocratie libérale si nous faisons l'effort de comparer les destins, pour l'instant divergents, des trois pays fondateurs. Trois niveaux de négociation entre « peuples » et « élites » sont déjà décelables.

La France définit un niveau de négociation zéro. L'aspiration « populiste » à la redéfinition d'une nation protectrice y a été mieux que contenue, refoulée. Le vote Front national constitue toujours, pour les deux tiers des électeurs, un tabou. Au deuxième tour de l'élection présidentielle de mai 2017, le choix de l'extrême droite est demeuré minoritaire dans tous les groupes – d'éducation, de revenu, d'âge, de métier, à l'exception des ouvriers. Mais l'introduction dans le décompte des bulletins blancs et des abstentionnistes aurait révélé un Front national minoritaire aussi chez les ouvriers. L'horizon de la société française, violemment polarisée, sur un mode asymétrique, reste donc l'ouverture, une autodissolution dans l'Europe et dans le libre-échange. Un tiers de sa population pourrit économiquement et moralement, et enrage de son impuissance inlassablement reconduite.

Les États-Unis sont engagés dans une négociation entre peuple et élites de niveau intermédiaire, qui a, au moment où j'écris, conduit la société américaine à un état que l'on pourrait qualifier de « schizophrénie dynamique ». Donald Trump a été élu avec un nombre de suffrages légèrement inférieur à celui obtenu par Hillary Clinton. Le système électoral américain, qui lui donnait la majorité des grands électeurs, lui a cependant permis d'être désigné. Mais tout le monde ne reconnaît pas la légitimité de la bête noire de l'establishment. L'Amérique d'en haut – celle des bien-diplômés, de la Silicon Valley, des journalistes en place – n'a pas désarmé. Elle a engagé contre le nouveau président ce que beaucoup considèrent comme une guerre civile froide. L'existence de nombreux contre-pouvoirs, et notamment d'un système judiciaire indépendant, a conduit à l'installation d'une guerre de tranchées.

Contentons-nous de considérer à ce stade l'issue du conflit comme incertaine. Mais gardons à l'esprit que l'analyse en termes éducatifs signifie que le choix réel, pour l'Amérique, n'est pas entre Trump et l'establishment, mais entre négociation et désintégration. L'hypothèse d'une victoire totale de Trump est impensable, celle d'un retour du triomphalisme globaliste également.

Au Royaume-Uni, la négociation entre le peuple et les élites semble avoir abouti, assez rapidement, à un résultat impensable en France et aux États-Unis : un accord. Le Brexit aussi fut voté par les moins éduqués. La rage des universitaires et des journalistes de l'establishment de centre-gauche fut et reste outre-Manche d'une intensité qui n'a rien à envier à celle des antitrumpistes d'outre-Atlantique. Mais nous avons eu la surprise d'assister à un spectacle improbable : celui que nous a donné le parti conservateur qui, dirigé par Theresa May, a accepté le verdict populaire et se prépare à gérer la sortie du Royaume de l'Union européenne. L'important n'est pas ici de distribuer les bons et les mauvais points démocratiques, ou des certificats de xénophobie. Nous devons le rappeler, un important élément de rejet de l'étranger est commun au vote FN (antiarabe), à l'électorat de Trump (antimexicain) et à celui du Brexit (antipolonais). L'essentiel est de comprendre les différences en cours de révélation entre les trajectoires française, américaine et britannique.

Cette ultime divergence entre sociétés avancées, à l'intérieur même du club étroit des nations qui ont fondé la démocratie moderne, est en effet elle-même un paradoxe puisqu'il ne fait aucun doute que des trois sociétés, la britannique est la moins égalitaire de tempérament. J'ai longuement insisté plus haut sur l'importance en Angleterre d'un véritable sentiment d'inégalité aristocratique, associé à une famille-souche embryonnaire dans les strates nobles et paysannes du XVIIᵉ siècle. J'ai montré comment, aux États-Unis, le sentiment racial avait permis, malgré l'indifférence de la famille nucléaire absolue à l'égalité, l'émergence d'un égalitarisme blanc. En France, l'égalitarisme est encore plus profond, puisque les structures familiales du Bassin parisien, nucléaires égalitaires, y prédisposent à une vision *a priori* égalitaire des hommes et des femmes, même si la périphérie souche de l'Hexagone modère cette prédisposition. Paris reste, du point de vue de l'anthropologie des sociétés avancées, la capitale du libéralisme égalitaire.

Pourtant, de manière absolument contre-intuitive, ce que nous devons observer est une prise en compte des aspirations populaires d'autant plus facilement réalisée – au Royaume-Uni – que la société est moins égalitaire de tempérament. Certes, en Angleterre, le mépris académique des *chavs*, terme intraduisible qui condense en lui-même toutes les gracieusetés des termes « prolo » et « plouc » en français, est avéré. Mais c'est aussi en Angleterre que l'on trouve déjà les meilleures formulations intellectuelles de la légitimité des aspirations populaires à la sécurité territoriale et sociale, formulations qui ne rejettent pas la légitimité équivalente des aspirations du monde d'en haut à l'ouverture et à la mobilité. Dans *Exodus*, publié en 2013 mais déjà devenu un classique, Paul Collier, économiste du développement, avait donné une analyse nuancée du phénomène migratoire, qui, tout en comprenant fort bien le point de vue des migrants, ne considérait pas comme *a priori* illégitime le droit des peuples avancés à préserver un certain niveau d'entre-soi et de stabilité culturelle[1]. Plus récemment, en 2017, David Goodhart, fondateur de la revue libérale de gauche *Prospect*, a exposé dans *The Road to Somewhere*, la nécessité de prendre en compte les aspirations des gens d'en bas[2]. Sa description de la société, très semblable à la nôtre, oppose les *Anywheres* (ceux de n'importe où) aux *Somewheres* (ceux de quelque part) et le besoin pour chaque société, et pas seulement le Royaume-Uni, d'une négociation entre les deux visions du monde. Il recourt à la magnifique expression de « populisme décent », qui, loin d'être un oxymore, témoigne d'une sortie de la pensée binaire primitive et, pour les démocraties libérales, montre la seule issue possible si elles veulent éviter la fragmentation et la désintégration. La description de Goodhart est nuancée, mais son interprétation est, au fond, plutôt mono-factorielle, et juste : au cœur du mécanisme de la polarisation idéologique, il place l'émergence du groupe massif des éduqués supérieurs. Nous sommes tous les élèves de Michael Young. Mais pourquoi l'Angleterre a-t-elle si facilement précédé ses sœurs en démocratie libérale dans la définition d'un nouveau pacte social ?

---

1. Paul Collier, *Exodus. Immigration and Multiculturalism in the 21ˢᵗ Century*, Londres, Penguin Books, 2013.
2. David Goodhart, *The Road to Somewhere. The Populist Revolt and the Future of Politics*, Londres, Hurst and Company, 2017.

Les différences de structure sociale entre la France, les États-Unis et le Royaume-Uni sont trop nombreuses pour que l'on identifie facilement, alors même que le processus n'est pas achevé, ce qui fait que c'est dans la plus aristocratique des grandes démocraties libérales que le populisme est pour l'instant le mieux intégré.

Évoquons dans le désordre les différences qui caractérisent nos trois démocraties. L'Amérique est continentale, raciale depuis l'origine, militaire et impériale. La France et le Royaume-Uni sont des pays de taille moyenne, privés d'empires, et le nationalisme d'agression y est devenu impensable. La stratification éducative est plus ancienne et presque stabilisée aux États-Unis, récente en France et au Royaume-Uni. Les deux nations de l'anglosphère sont issues de la culture protestante, la France de la tradition catholique.

La France, en outre, a renoncé à son autonomie monétaire, et le processus de décomposition nationale y est plus avancé. Son exécutif n'a plus la capacité de décider d'une politique économique indépendante. On pourrait même dire que la France, si elle a toujours des classes privilégiées, n'a plus de classe dirigeante, tout simplement parce qu'il n'y a plus rien d'essentiel à diriger. Il est désormais impossible d'y faire les choix primordiaux, qui sont d'ordre économique.

Confrontés à tant de facteurs divers, il est bien délicat de proposer une interprétation rigoureuse de l'avance britannique dans la définition d'un pacte nouveau entre élites et nation, sur la base de l'acceptation par les gens d'en haut d'un populisme décent. Je vais cependant m'y risquer à travers une hypothèse, dans l'esprit de la logique générale de l'esquisse de l'histoire humaine que je propose dans ce livre.

Repartons de l'hypothèse de Young, celle d'une méritocratie qui mine le sentiment égalitaire parce que celui qui a été sélectionné par le système scolaire finit par se penser intrinsèquement supérieur. Ne perdons pas de vue, d'abord, que l'idéal méritocratique est fils de la démocratie. Il est l'effet pervers d'une aspiration égalitaire, l'égalité des chances, égalité des chances qui finit par créer une inégalité de mérite. Plus une société est au départ égalitaire, démocratique de tempérament, plus l'idéal méritocratique y sera fort, et – c'est ici que le paradoxe est dévoilé – plus la perversion inégalitaire engendrée par accident sera puissante. Autrement dit, plus le système scolaire règne en maître, conformément à l'idéal méritocratique, plus le tri des hommes sera efficace. Là où coexistent, avec le système scolaire, l'idéal d'une aristocratie de naissance et des mécanismes de transmission extra-scolaire des statuts, des contrepoids existent à la férocité du tri inégalitaire géré par Academia.

On donnera de cette interprétation une formulation individualiste et morale. Le méritocrate, parfois issu du peuple mais plus souvent de la petite ou de la moyenne bourgeoisie, pense tout devoir à son intelligence et à son travail, à son mérite. Loin d'aspirer à faire vivre l'égalité, au-delà du mot, il considère trop souvent ceux qui ne l'ont pas suivi dans sa trajectoire ascendante comme, selon son tempérament, des gens moins doués, stupides ou débiles. Dignes de voter pour Trump ou pour le Front national. En revanche, celui qui a hérité de son statut privilégié, aristocrate ou non, sait bien, au plus profond de lui-même, ce qu'il doit à ses ancêtres. Il exprimera spontanément moins de mépris pour ceux qui n'ont pas réussi dans leurs études. Dans le cas d'une pleine tradition aristocratique, dont l'esprit peut avoir été transmis à des petits-bourgeois et/ou à des ouvriers, s'ajoutera à la modestie la notion d'une noblesse qui oblige, de devoirs qui accompagnent les privilèges.

Nous devons ainsi sérieusement envisager la possibilité que la moins bonne réussite des États-Unis, et surtout de la France, dans la prise en compte de l'anxiété populaire soit un effet pervers de l'égalitarisme qui y règne et d'un idéal méritocratique par trop dominant. Symétriquement, l'élégante prise en charge de sa nation par le parti conservateur britannique pourrait résulter d'une tradition aristocratique qui transcende les individus et les classes. Le tri par l'Université, et même par Oxford et Cambridge, ne détermine pas outre-Manche la valeur d'un être humain.

Cette histoire-là aussi va poursuivre son cours. L'Amérique, après un temps d'hésitation, devrait suivre l'exemple de l'Angleterre dans la voie du grand compromis entre le peuple et les élites. Le destin de la France est beaucoup plus obscur. Il est déjà partiellement soudé à celui de l'Allemagne, où le peuple embraye le pas à des élites dont la rationalité économique et démographique est pourtant limitée. Mais pour la France aussi sonnera bientôt l'heure des décisions qui engagent, des décisions qui redéfiniront le rapport entre le peuple et ses élites, décisions d'ordre sociologique et moral au fond, mais qui prendront la forme d'un choix géopolitique entre l'Allemagne et le monde anglo-américain.

E. T., Paris, le 16 mai 2017.

# Table

# Du même auteur

La Troisième Planète
Structures familiales et systèmes idéologiques
*« Empreintes », 1983*

L'Enfance du monde
Structures familiales et développement
*« Empreintes », 1984*

La Nouvelle France
*« L'Histoire immédiate », 1988*
*et « Points Politique » n° 136, 1990*

L'Invention de l'Europe
*« L'Histoire immédiate », 1990*
*et « Points Essais » n° 321, 1996*

Le Destin des immigrés
Assimilation et ségrégation dans les démocraties occidentales
*« L'Histoire immédiate », 1994*
*et « Points Essais » n° 345, 1997*

La Diversité du monde
Structures familiales et modernité
*« L'Histoire immédiate », 1999*
*et « Points Essais » n° 821, 2017*

Le Rendez-vous des civilisations
*(avec Youssef Courbage)*
*Seuil/La République des idées, 2007*
*nouv. éd., 2011*

Le Mystère français
(avec Hervé Le Bras)
*Seuil/La République des idées, 2013*
*et « Points Essais », n° 783, 2015*

Qui est Charlie ?
Sociologie d'une crise religieuse
*« Essais H.C. », 2015*
*« Points Essais », n° 795, 2016*

CHEZ D'AUTRES ÉDITEURS

**La Chute finale**
Essai sur la décomposition de la sphère soviétique
*Robert Laffont, 1976*
*nouv. éd., 2004*

**Le Fou et le Prolétaire**
*Robert Laffont, 1979*

**L'Invention de la France**
Atlas anthropologique et politique
*Pluriel/Hachette, 1981*
*nouv. éd., Gallimard, 2012*

**L'Illusion économique**
Essai sur la stagnation des sociétés développées
*Gallimard, 1998*
*et « Folio Actuel », 1999*

**Après l'empire**
Essai sur la décomposition du système américain
*Gallimard, 2002*
*et « Folio Actuel », 2004*

**Après la démocratie**
*Gallimard, 2008*
*et « Folio Actuel », 2010*

**Allah n'y est pour rien !**
Sur les révolutions arabes et quelques autres
*Le Publieur, 2011*

**L'Origine des systèmes familiaux**
1. L'Eurasie
*Gallimard, 2011*

RÉALISATION : NORD COMPO À VILLENEUVE-D'ASCQ
IMPRESSION : NORMANDIE ROTO IMPRESSION S.A.S. À LONRAI
DÉPÔT LÉGAL : SEPTEMBRE 2018. N° 140143-6 (1906221)
IMPRIMÉ EN FRANCE